U0113481

白话华严经

洪启嵩 译讲

第一册

上海三联书店

图书在版编目（CIP）数据

白话华严经 / 洪启嵩译讲 . —上海：上海三联书店，2014.1
ISBN 978-7-5426-4515-9

Ⅰ.①白…　Ⅱ.①洪…　Ⅲ.①大乘 – 佛经 ②《华严经》– 译文
Ⅳ.① B942.1

中国版本图书馆 CIP 数据核字（2014）第 006564 号

白话华严经

著　　者 / 洪启嵩

责任编辑 / 陈启甸　王倩怡
装帧设计 / 曲晓华
监　　制 / 吴　昊

出版发行 / 上海三联书店
　　　　　　（201199）中国上海市都市路 4855 号 2 座 10 楼
　　　　　　http://www.sjpc1932.com
邮购电话 / 021-24175971
印　　刷 / 北京鹏润伟业印刷有限公司
版　　次 / 2014 年 3 月第 1 版
印　　次 / 2014 年 3 月第 1 次印刷
开　　本 / 710mm×1000mm　1/16
字　　数 / 1 750 千字
印　　张 / 167.5

ISBN 978-7-5426-4515-9
B・325 / 定价：780.00 元

皈命颂

南无大智海毗卢遮那如来

南无大方广佛华严经

南无莲华藏海华严会上佛菩萨

皈命圣不动自性大悲者　　大智海普贤现流清净道

因道果圆满毗卢遮那智　　唯佛与佛究竟大华严经

净信为能入道源功德母　　发心即成堕佛数成正觉

殊胜了义不可思议佛音　　住不退真实随顺如来语

愿佛摄我莲华藏清净海　　性起唯住帝珠正觉道场

相摄相入广大悲智力用　　平等受用寂灭金刚法界

皈命大方广佛常住华严　　随顺华严法流永无退转

序：佛境菩萨行

　　《华严经》是一切众生成佛的典范，是不退转菩萨的皈命之处。基于宿缘，《华严经》也一直是我修学佛法的力量与明灯，希望在未来的生生世世当中，能够永不退转地护持着《华严经》，并成就伟大的普贤行愿。

　　《华严经》直显圆满的佛果妙境，至究竟，至微妙；依不坏信心信解如来的真实境界，并依普贤菩萨行持修证者，终将成就毗卢遮那佛的庄严境界。所以《华严经》可说是以"佛境菩萨行"来作为吾等信解、依皈、修证、成就的圆满开示。

　　在修学华严的过程当中，我体认到《华严经》从来没有离开过现前的法界；我们所存在的这个法界，乃至于每一个众生，都是华藏世界海的示现，所以我们都活在《华严经》中。就另一个意义而言，《华严经》就是法界中每一个众生从初发心、勤修普贤行愿，到圆满毗卢遮那佛果的修证记载，是每一个众生孜孜矻矻于菩提大道的生命奋斗史！所以，每一个发菩提心的人都是善财童子，也就是未来《华严经》中的主角"毗卢遮那佛"。

　　法界就是现前的《华严经》，如果愿意承担，我们的一生就在实践《华严经》，就是在圆满普贤的行愿。在这一刹那，我们可以现前了悟华藏世界海，就是我们所安立的世界，其清净与杂染，也就在一心当中了。此时，我们能够彻见四周一切的国土与众生，现前证入华严法界，现前示现圆满佛果。这样的感受庶几相应于《华严经》中究竟的"海印三昧"了。

　　《华严经》也可以将之视为法界的大剧本，以毗卢遮那佛为中心，以普贤行作为贯串。因此，《华严经》中首先以一切的世主的赞诵来彰显伟大的毗卢遮那如来，接着以如来的示现来标举众生依皈的如来果地，并以普贤三昧导引出无尽圆满的华严世界海。而以十信、十住、十行、十回向、十地、十定、十通等菩萨阶位，解说趣入佛果的境界因缘。最后翻入《入法界品》，以善财童子五十三参来实践前述的佛境。

因此，我们要了知普贤在《华严经》中的殊胜。普贤因即为众生的清净佛性；普贤行即为一切的菩萨行，而以普贤菩萨为示现；普贤果即一切众生圆满成就的毗卢遮那佛果位。落实到人间的修习即以善财为表征，当其发起菩提心，即具足圆满普贤因，开始实践普贤行；而其成就的依皈，即是在菩提场中始成正觉的"毗卢遮那佛"——释迦牟尼。

在面对《华严经》时，千万勿与《华严经》切割，而必须以炽诚的信解，将自身融入《华严经》中，这或许是证入"海印三昧"最适当的方法了。

为了使大众能够亲近《华严经》，不会因为其广大深远而无缘亲近，因此于一九九三年，笔者首次将《华严经》完整译成现代白话文，希望帮助读者跨越文字的障碍，并作为了悟《华严经》的因缘。二○一二年，进而将白话语译加上注释与原经文对照，以更完整的格式呈现。希望《白话华严经》的出版，能够使大家无碍地趣入华严原典，并期望法界众生共同证入华严法界。

在《白话华严经》的翻译过程当中，尽量以加字的译解方式，希望不要失去《华严经》的原味，而且许多用语的精确、微妙与意味，都要仔细掌握。有些文句看来意思相同，但要体会其意味的境界与微妙，却又必须以加字解释比较恰当。因此，在翻译的文句上如果牺牲了一些流畅程度，依然是值得的。另外，为了使读者在阅读过程中，对佛法的法相能够自然地了悟，因此常用同义的叠句，使读者自然地去除文字的障碍，更轻松自在地阅读《白话华严经》。

在佛陀大悲恩德的加持下，而有此因缘来完成《白话华严经》。

祈愿一切生命皆能

圆成　毗卢遮那佛果

并庄严　莲华藏世界海

南无　本师释迦牟尼佛

《华严经》导读

《华严经》的地位

在大乘佛教中,《华严经》占有极为重要的地位,尤其在汉译中国佛教经典当中,本经是一部弘伟的大经,有着无比崇高的地位,向来与《般若经》、《宝积经》、《大集经》、《涅槃经》等,合称为"五大部"。《华严经》的全名为《大方广佛华严经》,梵名 Buddhāvataṃsaka-mahāvaipulya-sūtra,意思是"称为佛华严的大方广经",简称为《华严经》。

《华严经》是毗卢遮那如来于菩提道场始成正觉时,为文殊、普贤等大菩萨,宣说佛陀广大圆满、无尽无碍的内证法门。菩萨依不坏信心来信解如来的真实境界,并依普贤菩萨行持修证者,终将成就毗卢遮那佛的圆满境界。

本经从一切世主的赞颂来彰显伟大的毗卢遮那如来开始,接着以如来的示现来标举众生依皈的如来果地,并以普贤三昧导引出无尽圆满的华藏世界海。而以十信、十住、十行、十回向、十地、十定、十通等菩萨阶位,解说趣入佛果的境界因缘。最后翻转回到《入法界品》,以善财童子五十三参,来实践前述的佛境。

因此,整部经就是法界中每一个众生从初发心、勤修普贤行愿、圆满毗卢遮那佛果的修证记载,是每一个众生在菩提大道的生命奋斗史。而善财童子五十三参,正是修行者的典范。我们发起菩提心即是善财童子,也终将成为未来《华严经》中的主角——毗卢遮那佛。

关于《华严经》宣说的时间，根据过去的说法，《华严经》是毗卢遮那如来于菩提场始成正觉时所宣说的。世亲菩萨所著的《十地经》与尸罗达摩翻译的《十地经》中，则以为成道未久第二七日所宣说，这个说法广为后代所使用。这时期佛陀所说的法，大都是针对文殊、普贤等大机菩萨，演说佛陀所内证的法门。根据这样的说法，《华严经》于是被传述为佛陀最初所宣说的法要。

中国在二世纪后半期至三世纪末，相继翻译出有关华严的支分经典。在这期间，从事佛学研究讲述，并着手将之整理为有系统组织的各家学派，尚未成熟；而在东晋到六朝之际，及六十卷《华严经》初传到中国的时候，中国佛教界已经开始着手整理历来所传译至中国的各种经典，并作系统性的研究。此时判教的研究逐渐兴起，时人将佛陀的一代时教，依据各自的思想，设定各种经典的地位，分别其间的关系，给予经典的思想内容作适当的评价，将全体佛教作一有系统的比列研究。

因此，六十卷《华严经》在佛驮跋陀罗三藏（觉贤，公元三五九～四二九年）晚年传译到中国之后，受到佛教界极大的瞩目，也使得研究此经的学者辈出，对中国佛教产生极大影响。

《华严经》经中国古德的弘扬，而成立了"华严宗"。在中国佛学中，判教的说法，从南北朝来就持续开展着，经隋代到唐初前后百余年间，著名的判教不下二十家。华严宗也继承了这些说法加以判释，而成立了"小、始、终、顿、圆"五教说。

贤首法藏（公元六四三～七一二年）在他判教的基本著作《华严一乘教义分齐章》中，略述十家立教，作为其判教之龟鉴。这就是：一，菩提流支的一音教；二，护法师的渐、顿二教；三，光统的渐、顿、圆三教；四，大衍的因缘、假名、不真、真实四教；五，护身的因缘、假名、不真、真实、法界五教；六，耆阇的因缘、假名、不真、真、常、圆六教；七，南岳慧思与天台智顗的藏、通、别、圆四教；八，江南愍师的屈曲、平等道二教；九，光宅法云的三乘、一乘四教；十，玄奘的转、照、持三法轮三教。

根据贤首的意见，上面所举十家中，前六家比较为旧说，后四家为新说，大都推崇《华严经》为最尊最上，只有玄奘的说法概括不了"华严"。但重视《华严经》的各家，实际上观点也并不一致，贤首对此并未加以分别，平等推崇，不能不说是有所欠缺。

在华严宗的传承中，明显受到了"地论师"的影响。《十地经论》是印度世亲菩萨对《十地经》的解释，在大家的心目中是最有权威的一部经典，而"地论学派"乃是以《十地经论》为研究中心的学派。《十地经论》经由菩提流支与勒那摩提翻译出之后，因为他们两人对此论的理解有所差别，所以在说法上也产生分歧，因此形成了两个流派。

北道派由流支传道龙，南道派由摩提传下，因为摩提兼传定学，所以在禅定方面传给道房、定义二人，教学方面传给了慧光（光统律师）。光统律师以研究华严的中心《十地经》为主，他将佛陀教法判为渐、顿、圆三种，判定《华严经》为圆教。

南道派的传承，由慧光传法上、道凭、僧范、昙遵，法上传净影寺慧远，道凭传灵裕，昙遵传昙迁等。这一系的传承，到隋、唐未断，最后随着华严宗之发展而被融入。

《华严经》的意义与价值

华严宗为了进一步阐明本经特有的意义与价值，又拉出了本、末二教与同、别二教的判教。本、末二教，就是认为《华严经》是说明佛陀所自证法门的根本经典，为根本法经，因其原本并非是对机而说法，所以其中没有受到他人丝毫的掣肘。其他的经典则不然，都是站在受法者的立场所宣说，这时为了使听法者能理解，必须使用方便教说，不能直畅本怀，所以是为逐机破病的末教，为枝末法轮。即使是一乘的经典，也是对机的说法，并不能说是如实显现佛陀的自证境界。基于这种看法，《华严经》可说是真正能明白宣示佛陀所自证境界的经典。

所谓同、别二教，是说明即使是同属一乘教之中，又必须分别同教一乘与别教一乘。同教是"会三归一"，是一乘、三乘相通的法门；而仅以大机菩萨为对机者，只有阐述圆教者，即是别教。

依此判法，《华严经》是忠实述说法界无尽缘起的教法，为"一乘纯粹之教"（直显门）；其他的一乘教，则为依于三乘之教，而有说一乘的"一乘、三乘混同之教"（寄显门）。因此，同是一乘教之中，也只有《华严经》才是最圆满，占有着最高的地位。

从华严宗的教学而言，同教、别教的判教，具有很深的含意，若从各种观点来研究，就可以明白《华严经》的地位，及《华严经》与其他经典的关系。现在我们依三论宗嘉祥大师之三转法轮的判教来看，所谓三转法轮，是将释迦牟尼佛一代时教分类为三，以《华严经》为根本法轮，《阿含经》以下的诸经为枝末法轮，《法华经》为摄末归本法轮。

以《华严经》为根本法轮，在上述的华严宗判教已说得很清楚，即使《华严经》在史实上并非释尊最初说的法，但《华严经》本身的内容却明显表现出佛陀证悟的境界。因此，若将一切教法定义为源于释尊之成正觉，自此流出者，则不能不推《华严经》为根本法轮。

从而《阿含经》以下诸经，自然都被列为《华严经》的分支流派。而为了标举出释尊五十年化导之实，总结其成，则必然要归其本怀，因此以"开三显一"、"废权显实"的《法华经》为摄末归本的法轮，这是极为巧妙的看法。

但是由华严宗或天台宗的教学而言，此判教仍然有未尽之处，不过大体上仍可以说是对于《华严经》及《法华经》的意义及地位作了极高的评价。

若将《华严经》视为大觉的初显、为化导的本源者，则《法华经》就是化导的终局，而反过来见其本源。其倾向的相异，是由于二经立足点的不同而导致的必然结果。在中国，这两部经典的研究最后开展出华严、天台二宗，成为中国佛教的精华，接着又成为日本、韩国佛教的基础，并开展出许多宗派。

《华严经》的汉译本

汉传佛教经典自东汉开始传译入中国时，有关《华严经》的支分经典也就随之传译过来。根据经录记载，最早的经典是竺法兰所译的《十地断结经》，但此经早已亡佚。之后，继东汉支娄迦谶及三国东吴支谦亦有翻译相关经典，几乎历朝皆有传译。直到华严宗成立为止，经中单品或译本其中的一部分逐渐译出，根据《华严经传记》的记载共有三十五部，除了有些已散佚不见外，现今存在藏经的支分经典约有二十几部，今与其本经品名对照如下：

《佛说兜沙经》一卷（《名号品》）　　　　　　　　（东汉）支娄迦谶译

《菩萨本业经》一卷（《净行品》）　　　　　　　（三国·吴）支谦译

《诸菩萨求佛本业经》一卷（《净行品》）　　　　　（西晋）聂道真译

《菩萨十住行道品》一卷（《十住品》）　　　　　　（西晋）竺法护译

《渐备一切智德经》五卷（《十地品》）　　　　　　（西晋）竺法护译

《等目菩萨所问三昧经》三卷（《十定品》）　　　　（西晋）竺法护译

《如来兴显经》四卷（《如来出现品》及《十忍品》）（西晋）竺法护译

《度世品经》六卷（《离世间品》）　　　　　　　　（西晋）竺法护译

《菩萨十住经》一卷（《十住品》）　　　　　　　　（东晋）祇多蜜译

《十住经》四卷（《十地品》）　　　　　　　　　　（前秦）鸠摩罗什译

《显无边佛土功德经》一卷（《寿量品》）　　　　　（唐）玄奘译

《较量一切佛刹功德经》一卷（《寿量品》）　　　　（宋）法贤译

《佛说罗摩迦经》三卷（《入法界品》）　　　　　　（西晋）圣贤译

《大方广佛华严经入法界品》一卷（《入法界品》）　（唐）日照译

《文殊师利发愿经》一卷（《入法界品》）　　　　　（东晋）觉贤译

《佛说十地经》九卷（《十地品》）　　　　　　　　（唐）尸罗达摩译

《大方广如来不思议境界经》一卷（《普光法堂会》）（唐）实叉难陀译

《大方广如来智德不思议经》一卷（《普光法堂会》）（唐）实叉难陀译

《大方广普贤所说经》一卷（《别本华严》）　　　　　　（唐）实叉难陀译

《大方广佛华严经不思议佛境界分》一卷（《别本华严》）（唐）提云般若译

《佛华严入如来智德不思议经》二卷（《普光法堂会》）（隋）阇那崛多译

《大方广佛华严经修慈分》一卷（《别本华严》）　　　　（唐）提云般若译

而《大方广佛华严经》完整译本传入，是东晋支法领到西域游学时，自于阗请回的三万六千偈的梵文经本，由佛驮跋陀罗在安帝义熙十四年开始翻译，在法业、慧观等百余人的协助下，共费时三年译出。当时译为五十卷，后来又加上校订，成为六十卷本，即现存的《六十华严》，也是华严宗创宗所依之经典，相较于唐代新译《八十华严》，本经又称"旧译《华严》"。

新译《八十华严》则是唐武则天时由实叉难陀所译出，共有八十卷，分为三十九品，又称"唐译本"。所有译本中以唐译本文辞流畅，义理明晰，故广为传诵至今。三藏实叉难陀（公元六五二～七一〇年），于阗人，梵名为"学喜、喜学"之意，为唐代译经三藏大师。他于唐时持梵本《华严经》至洛阳，奉武则天之命，与菩提流志、义净等共译成汉文，即新译八十卷《华严经》。此外，另译有《十善业道经》、《地藏菩萨本愿经》、《文殊授记经》等多部经典。实叉难陀世寿五十九，遗体火化后，舌部完好并未烧坏，由门人悲智等护送灵骨及舌回返于阗，建塔供养；后人并在其火化处建造七重塔，名"华严三藏塔"，以表对其崇敬之意。

在《八十华严》之后，唐代般若法师译出四十卷《大方广佛华严经》，简称为"四十卷本"。此经虽名《大方广佛华严经》，但内题名为"入不思议解脱境界普贤行愿品"，是《八十华严》中的《入法界品》的异译本，但所译内容较为增多，其中最重要的是第四十卷，一般称之为"普贤行愿品"，并有别出刊行，其普贤十大愿行为中国佛教徒所常称诵，此品通常作为《华严经》的流通分用。

《华严经》经题宗趣

在佛教经论中，《华严经》常被引用，并冠以种种不同的异名，如真谛译的《摄论》即将本经依颂数称为"百千经";在《涅槃经》及《观佛三昧经》中则名之为"杂华经":而《大智度论》则称本经为"不思议解脱经"。本经依汉译译音为"脯怛阿瓦怛萨甘拿麻麻诃希噜亚麻诃衍那苏怛啰",梵文为 Buddhāvataṃsaka-mahāvaipulya-sūtra,意译为"大方广佛杂华严饰经",略称为"大方广佛华严经",意思是"称为佛华严的大方广经",而华严即有"杂华严饰"之意。

本经的经题,根据经名注疏传统可知是法喻、因果并举,理智、人法兼备的经题。如华严宗贤首与清凉二位大师的释经题中,即说明此经名为法与喻:"大方广佛"为法,"华严"为喻。又法之中,"大方广"为所证之理,"佛"为能证之人、为智。佛陀所证得的法界无尽妙理,是超越言说思虑的称性之理,将此方便以言语表现,则名为"大大方广"。其中"大"是包含义,指法的当体;"方"是规则义,表示其德用;"广"是周遍义,表为体用合一,普遍圆满。

佛即是证得此法、将此法体现的人;而法依人、人依法,人法是一体的。而体现此法的佛是本经的教主毗卢遮那佛,为融三世间十身具足的佛陀。体现法的圆满人格并非自然的存在,而是具足因行的果。因此将因位万行比喻为华,表示开花庄严佛果之意,则名为佛华严。其中,使法与人结合为一体的是"行"。而行是由证得法界无尽理法的佛智所观照,以此行为理想之行者为菩萨行,即普贤的行愿。《八十华严》即以此意义的行来贯彻其始终,而行的究竟也就是证。若以人格来表现,则普贤的法界是因行,毗卢遮那的法界是果德。二者同是与理实法界相即的缘起大用,因此贤首大师以"理实法界,因果缘起"八字来提示本经宗趣。

《华严经》的会品大意

《华严经》晋译的六十卷本,是由八会三十四品构成,相较于新译《八十华严》减少了一会五品,其所少者是指晋译中以《十地品》以下的十一品为第六会,而唐译本《十地品》独立一会,以《十定品》以下的十一品为第七会，所以减少了一会。品数的话，第一会之中，唐译的《如来现相品》以下五品，晋译本简略地总摄于《卢舍那佛品》中，由是减少了四品；再加上唐译的《十定品》，晋译本缺，故正好少了五品，成为三十四品。

本经的晋译六十卷本，是七处八会三十四品；而唐译八十卷本，是七处九会三十九品。其内容大意由"文"和"义"两方面来了解，较易入手。"文"是指能诠的言教，是言辞表现形式，"义"是指所诠的义理，也就是思想内容。

首先由"文"来看，可以"华严四分"来说明。四分为信、解、行、证，即举果劝乐生信分、修因契果生解分、托法进修成行分、依人入证成德分。

第一会的十一卷六品中，举出毗卢遮那佛的圆满果报，是为了要劝发众生的乐欲，使其生起信念，因此称为"举果劝乐生信分"。

从第七的《如来名号品》以下到第三十七的《如来出现品》，共四十一卷三十一品，说明修行十信、十住、十行、十回向、十地的五位因行等成满佛果之事，鲜明钩锁因果，次第转进，是为了使修行者在修因感果的理法上，能生起了解的教说，因此称之为"修因契果生解分"。

第八会的《离世间品》七卷，是说明托六位的行法，广修二千行法之事，因此名为"托法进修成行分"。

最后的《入法界品》廿一卷，是叙说善财童子依着善知识的教导，修习前面所说的行法，证入法界法门，成就胜德之事，因此称为"依人入证成德分"。

其次在"义"方面，由其所说的内容大观本经始终，九会的说法，不外是说明法界因果的道理；假若开展这个法界因果的说法，则有法藏一系"五周因果"的论说。

首先，第一会之中，初品为叙述本经教起的因缘总序文，第二品以下进入正说，首先开示毗卢遮那佛的果德，其次《毗卢遮那品》略说其往昔因行，因此以之为"所信因果"。

从第二会最初的《如来名号品》到第七会的《诸菩萨住处品》等廿六品，显示五十位的因行差别；其次的《佛不思议法品》以下的三品，说明佛果的三德差别，是为"差别因果"。

第七会最后的二品，首先的《普贤行品》，说明普贤的圆因，其后之《如来出现品》，说明毗卢遮那佛的圆满的果德，融合前面的差别因果之相，明白显示出因必摄果、果必赅因，因果交彻不二，因此是为"平等因果"。

又第八会的《离世间品》，初始说明二千行法，解释因明，接着表示八相作佛的大用，证等果相，是为"成行因果"。

最后的《入法界品》，起初为本会说明佛陀的自在大用，显示证入的果位境界；后来叙述善财童子参访善知识，修持因位的行持时，终于证入法界妙门之事，是为"证入因果"。

总括来看，可明白本经的内容为五周的因果。

将"五周因果"与前段的"华严四分"配合，即"所信因果"为信，"差别因果"和"平等因果"为解，"成行因果"为行，"证入因果"为证。由此可知，"文"与"义"在此是完全一致的，所以本经的纲领，可以"信、解、行、证"来总括。

《华严经》实践略要：根、道、果殊胜

修学《华严经》的正确理念

修习《华严经》的行者，要有以下的正见：一切佛法正见都是属于华严正见、华严见地的加行。

也许有人认为，理上来说，我们的身体充满一切世间，音声普遍于十方国土，但问题是，虽然我们理上悉皆平等，体性一如，但在事实上我们仍是凡夫俗子……其中根本问题就在于此："我认为"体性一如，不过"但是"这两个字出现在我们的心中，我们也因此远离了实相自身。

当然，大多数修行人还没有办法证到《华严经》的圆满境界，但是当我们在修持《华严经》的时候，事实上一定要先现起华严境界之觉受。如此，修法者的心才会随着华严的实境，远离疑惑、我执，而放松开来，如

此就没有"但是"或"不但是"的问题，离开了分别对待的思惟与执着。

而闻法者在听闻此法时，身心也应该与华严相应而有遍入十方的体受。此时，说法者所宣说的华严境界，同时与闻法者同见同证，这才是华严说法的主旨，也是一切诸佛说法的宗旨。说法者也许没有办法像诸佛所证得的境界那么具体，但是应当会产生相应的觉受，大家同时能够达到经中的相应境界。所以，听法的人会感觉无限的喜悦，与法相应而感同身受。

华严的正见

我们要了知华严的正见，要从"理无碍"来体会华严境界，再到一切"事无碍"体会华严境界，然后渐至"理事无碍"、交融一味的境界来体会华严境界，最后"事事无碍"。随拈一处，无处不圆。随拈一处，即是华严世界海。随拈一处，一粒沙、一微尘，周遍法界，含融一切法界，能含容无限大，也能够含容无限小，能含容任何一个小处，且任何一刹那都能在，一刹那能够含摄无穷的时间，无穷的时间能够含摄一刹那。所以说"十方广大无边，三世流通不尽"，所以说"一念万年去"。这也只是从华严法界处处即真、处处即圆的境界里面，所拈出的一分一毫而已。

华严的境界

华严的境界是上穷佛志，下含一切众生现前世界，不舍一切现前世界，从性起反观照到现前一切，处处皆圆，现起处处皆是无性，处处就是真如。我们体会此华严的正见，依此正见为导，在华严世界海中不断修持，不断地修习，使身心完全汇归到法界，再依"佛境菩萨行"的样态在此世间显现、实践，到最后示现圆满的毗卢遮那佛。

华严不可思议的根、道、果

华严境界，其根、道、果皆是不可思议的。什么是华严境界的"根"？一切众生现前体性俱皆圆满。华严正见的根，是极不可思议、极为殊胜的，现前了知华严正见，即是堕入佛数中。所以说"初发心即成正觉"，这是华严的根，华严见地的至胜之处。

华严的"道"是法界之道，随顺法界、处处皆圆即是华严正见，依据华严之根，华严之正见，随处随现皆是不可思议。由这个道，显示依处事事无碍的境界，在世间随现随圆，有因有缘而施以华严妙行，就是殊胜华严行。

华严的"果"，即是毗卢遮那佛果。他可以在小世界成佛，也可以在大世界成佛，可以一切处现前成佛；可以在生命中成佛，可以在思想中成佛，在意念中成佛，也可以在光明中成佛，可以在大地上成佛。华严世界不可思议、不可思议——全体的圆满即是华严果位。

这殊胜的根、道、果，我们要如何证得呢？最究竟根器的人，是一刹那即得。这一刹那不是有一个"刹那"，而是当其断除一切分别想，不含任何分别疑异，此时殊胜根器所具有的华严正见。

另外，有殊胜中更殊胜者，在当下断除了所有分别想象的缠绕、时间的缠绕之刹那，马上又还入这个世间，现起无功用行，只是在当下示现华严菩萨境界，此是殊胜中之殊胜。

也有更殊胜中更殊胜而致圆满者，不只是示现华严行菩萨的境界，而且在当下所有的境界圆满，全体显现莲华藏世界海，当下即成毗卢遮那佛，在菩提树下，初始成就正觉。这个是《华严经》最究竟根本境界，也就是在《华严经》中第一句所说："如是我闻：一时佛在摩竭提国阿兰若法菩提场中，始成正觉。"

殊胜利根的人，是这样来体悟华严的正见。这样殊胜的正见，其实是至广大、至简单，没有障碍，在刹那即可成就。但是对众生而言，却不是这么简单。大部分的人，都在法界中建立种种葛藤：本来是没有方向、没有方位的，偏要建立东、西、南、北方；本来是没有障碍的，偏偏要立下种种障碍。即使告诉他本来无障碍，他又设立一个"无障碍"；告诉他性起、一切分别心的止息就是法界体性的现起，他又生起有一个"性起"的分别心；告诉他一切现前，他又思惟一个"现前"的境界。这样一来，就必须一一破除，在这种无法现证华严正见的状况里，我们就必须使用加行来进入这个实相的正见。

　　一个真正华严行者于正见时，其正见所依、现前所修、一切所行，都是在圆满的毗卢遮那佛的依、正世界当中，其依报即是华严莲华藏世界海，正报即是毗卢遮那佛。对于尚未能现证者，我们必须依据《华严经》中所说的正见，仔细思惟，慢慢用心思量，以此正想，破除一切思惟思量分别境界，以思惟来破除心里的障碍，到最后证入无障碍的境界。

大周新译大方广佛华严经序

天册金轮圣神皇帝

　　盖闻：造化权舆之首，天道未分；龟龙系象之初，人文始著。虽万八千岁，同临有截之区；七十二君，讵识无边之义。由是人迷四忍，轮回于六趣之中；家缠五盖，没溺于三涂之下。及夫鹫岩西峙，象驾东驱，慧日法王超四大而高视，中天调御越十地以居尊，包括铁围，延促沙劫。其为体也，则不生不灭；其为相也，则无去无来。念处正勤，三十七品为其行；慈悲喜舍，四无量法运其心。方便之力难思，圆对之机多绪，混太空而为量，岂算数之能穷。入纤芥之微区，匪名言之可述，无得而称者，其唯大觉欤。朕曩劫植因，叨承佛记。金仙降旨，《大云》之偈先彰；玉宸披祥，《宝雨》之文后及。加以积善余庆，俯集微躬，遂得地平天成，河清海晏。殊祯绝瑞，既日至而月书；贝牒灵文，亦时臻而岁洽。逾海越漠，献琛之礼备焉；架险航深，重译之辞罄矣。

　　《大方广佛华严经》者，斯乃诸佛之密藏，如来之性海。视之者莫识其指归，挹之者罕测其涯际。有学无学，志绝窥觎；二乘三乘，宁希听受。最胜种智，庄严之迹既隆；普贤文殊，愿行之因斯满。一句之内，包法界之无边；一毫之中，置刹土而非隘。摩竭陀国，肇兴妙会之缘；普光法堂，爰敷寂灭之理。缅惟奥义，译在晋朝。时逾六代，年将四百。然圆❶一部之典，才获三万余言，唯启半珠，未窥全宝。朕闻其梵本，先在于阗国中，遣使奉迎，近方至此。既睹百千之妙颂，乃披十万之正文。粤以证圣元年，岁次乙未，月旅姑洗，朔惟戊申，以其十四日辛酉，于大遍空寺亲受笔削，敬译斯经。遂得甘露流津，预梦庚申之夕；膏雨洒润，后覃壬戌之辰。式开实相之门，还符一味之泽。以圣历二年，岁次己亥，十月壬午朔，八日己丑，缮写毕功。添性海之波澜，廓法界之疆域。大乘顿教，普被于无穷；方广真诠❷，遐该于有识。岂谓后五百岁，忽奉金口之言；娑婆境中，俄启珠函之秘。所冀阐扬沙界，宣畅尘区；并两曜而长悬，弥十方而永布。一窥宝偈，庆溢心灵；三复幽宗，喜盈身意。虽则无说无示，理符不二之门。然而❸因言显言，方阐大千之义。辄申鄙作，爰题序云。

注释

❶"圆"，大正本原无，今依明、宫本增之。

❷"诠"，大正本原作"筌"，今依明本改之。

❸"而"，大正本原无，今依明本增之。

【白话语译】

据闻：在宇宙造化之初，天地尚未分立之时，借由观察龟纹、龙麟以了解天象的意义，人类才开始有了文明。虽然经过了一万八千年，并历经七十二位君王，共同登临这个有待整饬的领域，但是又哪里能了解佛法无边的义理呢？

人们由于被我痴、我见、我慢、我爱四种烦恼所迷惑，而轮回在六道之中；也因为被贪、嗔、痴、慢、疑五盖所覆盖纠缠，而沉溺、淹没在畜生道、饿鬼道、地狱道三恶道之中。一直到了灵鹫山耸立在王舍城的西边，象征佛法的白象御驾东来，才有了解脱的希望。

智慧如太阳般的法王——佛陀，他已超越了地、水、火、风四大的境界，居于最尊贵的化境。他的教化范围包含铁围山之大，而时间历经了恒河沙劫之长。

尊贵的佛陀，以不生不灭为体，以无去无来为诸法的实相，以四念处、四正勤等三十七道品为他的所行，以慈、悲、喜、舍四种无量法门来运转其心。方便而不可思议的教化力量，圆满地应对众生的无量根器，而混融广大的虚空以为其数量，这哪里是算数所能量计穷尽的呢？他能趋入像芥子那么微小的东西之内，其中的奥妙深秘，不是一般的名相、言词所可以述说的，也无人能与他相称，他就是伟大的觉者——佛陀。

我因为往昔以来所种下的善因，承蒙佛陀为我授记。在《大云经》中，有偈句先表彰了佛陀的授记之言；又《宝雨经》继之在后，有记载玉宸披祥的文记。再加上积善之家，必有余庆，我凡事毕恭毕敬的亲自参与，一切事情才得以宛如地平天成般的安排，并使国家清明、百姓安乐。殊胜吉祥的好瑞兆，如日月之象般接踵而来，而这部贝叶灵文的墨典《华严经》，到达之时亦刚好与预言的年岁吻合。在越过了广大的海洋、沙漠之后，献上了这部珍贵的礼物；并且经过了艰险深峻的过程，这部经终于重新翻译完毕。

这一部《大方广佛华严经》，乃是诸佛甚深的秘密法藏、如来的体性大海。但是，读这部经的人，都不能得到要旨；想研究它的人，也几乎没有人能测知它的边际。无论是有学位还是无学位的小乘圣者，几乎都不能生起听闻这部《华严经》义理的志向；而二乘、三乘的行者，愿意听闻的也是少之又少。然而，最殊胜的一切种智，诸佛庄严的行迹，却是因为这部经典才能得以兴隆；普贤菩萨和文殊菩萨的愿行也是因此才得以圆满。这部经典的一句文辞之中，就包含了无边的法界；在一毫之中，便能安置诸佛的所有刹土，而且丝毫不会感到狭隘。首先，在摩竭陀国，开始兴起这个胜妙聚会的因缘，并在普光法堂内，敷陈甚深寂灭的法性义理。

回忆这部圣典的深奥义理，最先是在晋朝时期翻译的，已经历了六个朝代，大约有四百年之久了。但是这一部经典，总共才得到三万多字，使我们就好像只看到半颗明珠，无法窥见所有的宝藏。听说这部经的梵文本，原在于阗国，最近才迎请到中土，使我终得看见这百千句微妙的偈颂和十万字的正文。在证圣元年，岁次乙未，时值三月，朔日在戊申，并以其辛酉十四日之时，在大遍空寺，亲自颁受修正文字之职，恭敬地翻译此经；并在庚申日之晚有梦兆预示，后来得到了甘露流津的示现，经后延及壬戌日之辰时，并有降雨丰沛、滋润大地的吉兆，这真是启开了实相之法门，而且还能符合一味之法泽的因缘。

在圣历二年，岁次己亥，十月壬午朔月，己丑八日，缮写完毕，增添了法性大海的清净波澜，廓清了法界的疆域。大乘的圆顿教法，广大地加被了无穷的众生，方广经典的真义，应该有人能够了解了！哪里能够想到，在佛陀灭度后的五百年，忽然奉了佛陀金口之言，在娑婆境土中，短暂之间便开启了龙宫珠函的华严奥秘。我所期望的，是这部经典能够阐扬到恒河沙般的世界中，宣扬至犹如微尘般的地方，和日月一般恒久地高悬在虚空之中，遍满十方，永远流布。也愿读者在窥见宝偈之后，吉庆溢满心灵，再三体会它幽微的宗旨，身心欢喜充盈。虽然无说、无开示，才符合不二法门的义理，但以文字的因缘显示，才能阐扬大千的义理啊！

以上是我所申述的卑微鄙作，顺便作为这一部经典的题序吧！

目　录

世主妙严品第一

卷第一

《世主妙严品》导读

　　此品乃《大方广佛华严经》的第一品，篇幅长达五卷，宣讲此经的时、人、事、物、地等因缘条件，以及描述大会的代表与眷属来到时种种殊妙庄严的情形。

　　此品大约分为五大段：一，始成正觉；二，菩萨及三十九众来集；三，介绍三十九众及菩萨之解脱门；四，师子座中出菩萨；五，华藏世界海起六种震动。

　　"世"即世间，世间的意义有器世间、众生世间、智正觉世间三种。"主"意指君、王。器世间主，就是指地神、水神、林神、山神等；众生世间主，就是指天王、龙王、夜叉王等；而如来就是智正觉世间主。又佛陀与菩萨都是能够化导所有众生，所以当然也包纳器世间主、众生世间主，而成为总世间主，所以在此就统称为"世主"。

　　"妙"指理深广不可思议、事圆融殊胜。"严"即严饰、庄严之意，合起来讲就是在理、在事都是深广不可思议之庄严。所有来此大会瞻礼大世间主佛陀的各世间主，不仅数目无量无边，且皆具有各种不可思议的事相、不可思议的法门而严饰；彼此之间又互相庄严，于是成就此华严大会海。

　　此经开始的人物是释迦牟尼佛，地点是在摩竭提国阿兰若法菩提场中，当时佛陀才初证得无上正等正觉。佛陀在菩提树下成正觉时，各种庄严殊妙的境界都一一地示现，如"一一毛端，悉能容受一切世界而无障碍"、"身遍十方而无来往"等境界，共同来赞叹庄严佛陀的成正觉。

　　接着，有十佛世界微尘数菩萨出现，共集围绕。这些众多菩萨的带头者，皆以"普"字为名号之首字，例如普贤、普德最胜灯光照、普光师子幢等。第一位即是普贤菩萨，所以普贤菩萨后来又被描述其进入不思议解脱门方便海的种种解脱海，也可由此知道普贤在此经中的重要地位。

依续来会的又有佛世界微尘数的执金刚神、土神、山神等十九类世主、天龙八部八类世主，及十二天的世主。这些一共三十九类的世主，各有佛刹微尘般的数量，而共来会此方。经文中以极多的文字分别描述这三十九类世主所得的解脱之门，以及各种庄严之事。

而来此大会的一切大众，他们共同的因缘便是在往昔毗卢遮那如来时修菩萨行，一一佛所集种善根，皆入佛功德方便大愿海，而曾发大誓愿随佛护持闻法。这其中当然也因各别的性质，而有不同的来会因缘。

除此之外，还有菩提树中所出的菩萨、宫殿中的无边菩萨，再加上从如来师子座中的每一部分又都一一出现众多佛刹微尘数的菩萨，这些菩萨亦各赞叹佛陀而供养之。华藏世界中的所有世主、菩萨皆来，而他们的世界中又各有如来坐于道场，他们也个个去供养佛陀。华藏世界之外的一切世界海，悉皆如来。这么壮观的集众情形于此告一段落。

卷第一

世主妙严品第一之一

【原典】

如是我闻：

一时佛在摩竭提国阿兰若法菩提场中，始成正觉。其地坚固，金刚所成，上妙宝轮及众宝华、清净摩尼以为严饰，诸色相海，无边显现。摩尼为幢，常放光明，恒出妙音。众宝罗网，妙香华缨，周匝垂布。摩尼宝王，变现自在，雨无尽宝及众妙华，分散于地。宝树行列，枝叶光茂。佛神力故，令此道场一切庄严于中影现。其菩提树，高显殊特，金刚为身，琉璃为干，众杂妙宝以为枝条，宝叶扶疏，垂荫如云，宝华杂色，分枝布影。复以摩尼而为其果，含晖发焰，与华间列。其树周围❶，咸放光明。于光明中，雨摩尼宝。摩尼宝内，有诸菩萨，其众如云，俱时出现。又以如来威神力故，其菩提树恒出妙音，说种种法，无有尽极。如来所处宫殿楼阁，广博严丽，充遍十方，众色摩尼之所集成，种种宝华以为庄校。诸庄严具流光如云，从宫殿间萃影成幢。无边菩萨道场众会咸集其所。以能出现诸佛光明不思议音。摩尼宝王而为其网。如来自在神通之力，所有境界，皆从中出。一切众生居处屋宅，皆于此中现其影像。又以诸佛神力所加，一念之间，悉包法界。其师子座，高广妙好：摩尼为台，莲华为网，清净妙宝以为其轮，众色杂华而作璎珞。堂榭楼阁，阶砌户牖，凡诸物像，备体庄严。宝树枝果，周回间列。摩尼光云，互相照耀。十方诸佛化现珠玉；一切菩萨髻中妙宝，悉放光明而来莹烛。复以诸佛威神所持，演说如来广大境界，妙音遐畅，无处不及。

尔时，世尊处于此座，于一切法成最正觉，智入三世悉皆平等，其身充满一切世间，其音普顺十方国土。譬如虚空具含众像，于诸境界无所分别；又如虚空普遍一切，于诸国土平等随入。身恒遍坐一切道场，菩萨众中威光赫奕，如日轮出，照明世界。三世所行，众福大海，悉已清净，而恒示生诸佛国土。无边色相，圆满光明，遍周法界，等无差别，演一切法，如布大云。一一毛端，悉能容受一切世界而无障碍，各现无量神通之力，教化调伏一切众生。身遍十方而无来往，智入诸相了法空寂。三世诸佛所有神变，于光明中靡不咸睹。一切佛土不思议劫所有庄严，悉令显现。

有十佛世界微尘数菩萨摩诃萨所共围绕，其名曰普贤菩萨摩诃萨、普德最胜灯光照菩萨摩诃萨、普光师子幢菩萨摩诃萨、普宝焰妙光菩萨摩诃萨、普音功德海幢菩萨摩诃萨、普智光照如来境菩萨摩诃萨、普宝髻华幢菩萨摩诃萨、普觉悦意声菩萨摩诃萨、普清净无尽福光菩萨摩诃萨、普光明相菩萨摩诃萨、海月光大明菩萨摩诃萨、云音海光无垢藏菩萨摩诃萨、功德宝髻智生菩萨摩诃萨、功德自在王大光菩萨摩诃萨、善勇猛莲华髻菩萨摩诃萨、普智云日幢菩萨摩诃萨、大精进金刚脐菩萨摩诃萨、香焰光幢菩萨摩诃萨、大明德深美音菩萨摩诃萨、大福光智生菩萨摩诃萨。如是等而为上首，有十佛世界微尘数。

此诸菩萨，往昔皆与毗卢遮那如来共集善根，修菩萨行，皆从如来善根海生，诸波罗蜜悉已圆满，慧眼明彻等观三世，于诸三昧具足清净，辩才如海广大无尽，具佛功德尊严可敬，知众生根如应化伏，入法界藏智无差别，证佛解脱甚深广大能随方便入于一地，而以一切愿海所持，恒与智俱尽未来际。了达诸佛希有广大秘密之境，善知一切佛平等法，已践如来普光明地，入于无量三昧海门，于一切处皆随现身，世法所行悉同其事，总持广大集众法海，辩才善巧转不退轮，一切如来功德大海咸入其身，一切诸佛所在国土皆随愿往，已曾供养一切诸佛，无边际劫，欢喜无倦，一切如来得菩提处，常在其中亲近不舍。恒以所得普贤愿海，令一切众生智身具足，成就如是无量功德。

复有佛世界微尘数执金刚神，所谓妙色那罗延执金刚神、日轮速疾幢执金刚神、须弥华光执金刚神、清净云音执金刚神、诸根美妙执金刚神、可爱乐光明执金刚神、大树雷音执金刚神、师子王光明执金刚神、密焰胜目执金刚神、莲华光摩尼髻执金刚神。如是等而为上首，有佛世界微尘数。皆于往昔无量劫中恒发大愿，愿常亲近供养诸佛，随愿所行已得圆满到于彼岸，积集无边清净福业。于诸三昧所行之境，悉已明达获神通力，随如来住，入不思议解脱境界。处于众会威光特达，随诸众生所应现身而示调伏，一切诸佛化形所在皆随化往，一切如来所住之处常勤守护。

复有佛世界微尘数身众神，所谓华髻庄严身众神、光照十方身众神、海音调伏身众神、净华严髻身众神、无量威仪身众神、最上光严身众神、净光香云身众神、守护摄持身众神、普现摄取身众神、不动光明身众神。如是等而为上首，有佛世界微尘数，皆于往昔成就大愿，供养承事一切诸佛。

复有佛世界微尘数足行神，所谓宝印手足行神、莲华光足行神、清净华髻足行神、摄诸善见足行神、妙宝星幢足行神、乐吐妙音足行神、栴檀树光足行神、莲华光明足行神、微妙光明足行神、积集妙华足行神。如是等而为上首，有佛世界微尘数，皆于过去无量劫中，亲近如来随逐不舍。

复有佛世界微尘数道场神，所谓净庄严幢道场神、须弥宝光道场神、雷音幢相道场神、雨华妙眼道场神、华缨光髻道场神、雨宝庄严道场神、勇猛香眼道场神、金刚彩云道场神、莲华光明道场神、妙光照耀道场神。如是等而为上首，有佛世界微尘数，皆于过去值无量佛，成就愿力广兴供养。

复有佛世界微尘数主城神，所谓宝峰光耀主城神、妙严宫殿主城神、清净喜宝主城神、离忧清净主城神、华灯焰眼主城神、焰幢明现主城神、盛福光明主城神、清净光明主城神、香髻庄严主城神、妙宝光明主城神。如是等而为上首，有佛世界微尘数，皆于无量不思议劫，严净如来所居宫殿。

复有佛世界微尘数主地神，所谓普德净华主地神、坚福庄严主地神、妙华严树主地神、普散众宝主地神、净目观时主地神、妙色胜眼主地神、香毛发光主地神、悦意音声主地神、妙华旋髻主地神、金刚严体主地神。如是等而为上首，有佛世界微尘数，皆于往昔发深重愿，愿常亲近诸佛如来，同修福业。

复有无量主山神，所谓宝峰开华主山神、华林妙髻主山神、高幢普照主山神、离尘净髻主山神、光照十方主山神、大力光明主山神、威光普胜主山神、微密光轮主山神、普眼现见主山神、金刚密眼主山神。如是等而为上首，其数无量，皆于诸法得清净眼。

复有不可思议数主林神，所谓布华如云主林神、擢干舒光主林神、生芽发曜主林神、吉祥净叶主林神、垂布焰藏主林神、清净光明主林神、可意雷音主林神、光香普遍主林神、妙光回耀主林神、华果光味主林神。如是等而为上首，不思议数，皆有无量可爱光明。

复有无量主药神，所谓吉祥主药神、栴檀林主药神、清净光明主药神、名称普闻主药神、毛孔光明主药神、普治清净主药神、大发吼声主药神、蔽日光幢主药神、明见十方主药神、益气明目主药神。如是等而为上首，其数无量，性皆离垢，仁慈佑物。

复有无量主稼神，所谓柔软胜味主稼神、时华净光主稼神、色力勇健主稼神、增长精气主稼神、普生根果主稼神、妙严环髻主稼神、润泽净华主稼神、成就妙香主稼神、见者爱乐主稼神、离垢净光主稼神。如是等而为上首，其数无量，莫不皆得大喜成就。

复有无量主河神，所谓普发迅流主河神、普洁泉涧主河神、离尘净眼主河神、十方遍吼主河神、救护众生主河神、无热净光主河神、普生欢喜主河神、广德胜幢主河神、光照普世主河神、海德光明主河神。如是等而为上首，有无量数，皆勤作意利益众生。

复有无量主海神，所谓出现宝光主海神、成金刚幢主海神、远尘离垢主海神、普水宫殿主海神、吉祥宝月主海神、妙华龙髻主海神、普持光味主海神、宝焰华光主海神、金刚妙髻主海神、海潮雷声主海神。如是等而为上首，其数无量，悉以如来功德大海充满其身。

复有无量主水神，所谓普兴云幢主水神、海潮云音主水神、妙色轮髻主水神、善巧漩澓主水神、离垢香积主水神、福桥光音主水神、知足自在主水神、净喜善音主水神、普现威光主水神、吼音遍海主水神。如是等而为上首，其数无量，常勤救护一切众生而为利益。

复有无数主火神，所谓普光焰藏主火神、普集光幢主火神、大光普照主火神、众妙宫殿主火神、无尽光髻主火神、种种焰眼主火神、十方宫殿如须弥山主火神、威光自在主火神、光明破暗主火神、雷音电光主火神。如是等而为上首，不可称数，皆能示现种种光明，令诸众生热恼除灭。

复有无量主风神，所谓无碍光明主风神、普现勇业主风神、飘击云幢主风神、净光庄严主风神、力能竭水主风神、大声遍吼主风神、树杪垂髻主风神、所行无碍主风神、种种宫殿主风神、大光普照主风神。如是等而为上首，其数无量，皆勤散灭我慢之心。

复有无量主空神，所谓净光普照主空神、普游深广主空神、生吉祥风主空神、离障安住主空神、广步妙髻主空神、无碍光焰主空神、无碍胜力主空神、离垢光明主空神、深远妙音主空神、光遍十方主空神。如是等而为上首，其数无量，心皆离垢，广大明洁。

复有无量主方神，所谓遍住一切主方神、普现光明主方神、光行庄严主方神、周行不碍主方神、永断迷惑主方神、普游净空主方神、大云幢音主方神、髻目无乱主方神、普观世业主方神、周遍游览主方神。如是等而为上首，其数无量，能以方便普放光明，恒照十方，相续不绝。

复有无量主夜神，所谓普德净光主夜神、喜眼观世主夜神、护世精气主夜神、寂静海音主夜神、普现吉祥主夜神、普发树华主夜神、平等护育主夜神、游戏快乐主夜神、诸根常喜主夜神、出生净福主夜神。如是等而为上首，其数无量，皆勤修习，以法为乐。

复有无量主昼神，所谓示现宫殿主昼神、发起慧香主昼神、乐胜庄严主昼神、香华妙光主昼神、普集妙药主昼神、乐作喜目主昼神、普现诸方主昼神、大悲光明主昼神、善根光照主昼神、妙华璎珞主昼神。如是等而为上首，其数无量，皆于妙法能生信解，恒共精勤严饰宫殿。

复有无量阿修罗王，所谓罗睺阿修罗王、毗摩质多罗阿修罗王、巧幻术阿修罗王、大眷属阿修罗王、大力阿修罗王、遍照阿修罗王、坚固行妙庄严阿修罗王、广大因慧阿修罗王、出现胜德阿修罗王、妙好音声阿修罗王。如是等而为上首，其数无量，悉已精勤摧伏我慢及诸烦恼。

复有不可思议数迦楼罗王，所谓大速疾力迦楼罗王、无能坏宝髻迦楼罗王、清净速疾迦楼罗王、心不退转迦楼罗王、大海处摄持力迦楼罗王、坚固净光迦楼罗王、巧严冠髻迦楼罗王、普捷示现迦楼罗王、普观海迦楼罗王、普音广目迦楼罗王。如是等而为上首，不思议数，悉已成就大方便力，善能救摄一切众生。

复有无量紧那罗王，所谓善慧光明天紧那罗王、妙华幢紧那罗王、种种庄严紧那罗王、悦意吼声紧那罗王、宝树光明紧那罗王、见者欣乐紧那罗王、最胜光庄严紧那罗王、微妙华幢紧那罗王、动地力紧那罗王、摄伏恶众紧那罗王。如是等而为上首，其数无量，皆勤精进观一切法，心恒快乐，自在游戏。

复有无量摩睺罗伽王，所谓善慧摩睺罗伽王、清净威音摩睺罗伽王、胜慧庄严髻摩睺罗伽王、妙目主摩睺罗伽王、如灯幢为众所归摩睺罗伽王、最胜光明幢摩睺罗伽王、师子臆摩睺罗伽王、众妙庄严音摩睺罗伽王、须弥坚固摩睺罗伽王、可爱乐光明摩睺罗伽王。如是等而为上首，其数无量，皆勤修习广大方便，令诸众生永割痴网。

复有无量夜叉王，所谓毗沙门夜叉王、自在音夜叉王、严持器仗夜叉王、大智慧夜叉王、焰眼主夜叉王、金刚眼夜叉王、勇健臂夜叉王、勇敌大军夜叉王、富资财夜叉王、力坏高山夜叉王。如是等而为上首，其数无量，皆勤守护一切众生。

复有无量诸大龙王，所谓毗楼博叉龙王、娑竭罗龙王、云音妙幢龙王、焰口海光龙王、普高云幢龙王、德叉迦龙王、无边步龙王、清净色龙王、普运大声龙王、无热恼龙王。如是等而为上首，其数无量，莫不勤力兴云布雨，令诸众生热恼消灭。

复有无量鸠槃荼王，所谓增长鸠槃荼王、龙主鸠槃荼王、善庄严幢鸠槃荼王、普饶益行鸠槃荼王、甚可怖畏鸠槃荼王、美目端严鸠槃荼王、高峰慧鸠槃荼王、勇健臂鸠槃荼王、无边净华眼鸠槃荼王、广大天面阿修罗眼鸠槃荼王。如是等而为上首，其数无量，皆勤修学无碍法门，放大光明。

复有无量乾闼婆王，所谓持国乾闼婆王、树光乾闼婆王、净目乾闼婆王、华冠乾闼婆王、普音乾闼婆王、乐摇动妙目乾闼婆王、妙音师子幢乾闼婆王、普放宝光明乾闼婆王、金刚树华幢乾闼婆王、乐普现庄严乾闼婆王。如是等而为上首，其数无量，皆于大法深生信解，欢喜爱重，勤修不倦。

复有无量月天子，所谓月天子、华王髻光明天子、众妙净光明天子、安乐世间心天子、树王眼光明天子、示现清净光天子、普游不动光天子、星宿王自在天子、净觉月天子、大威德光明天子。如是等而为上首，其数无量，皆勤显发众生心宝。

复有无量日天子，所谓日天子、光焰眼天子、须弥光可畏敬幢天子、离垢宝庄严天子、勇猛不退转天子、妙华缨光明天子、最胜幢光明天子、宝髻普光明天子、光明眼天子、持胜德天子、普光明天子。如是等而为上首，其数无量，皆勤修习，利益众生，增其善根。

复有无量三十三天王，所谓释迦因陀罗天王、普称满音天王、慈目宝髻天王、宝光幢名称天王、发生喜乐髻天王、可爱乐正念天王、须弥胜音天王、成就念天王、可爱乐净华光天王、智日眼天王、自在光明能觉悟天王。如是等而为上首，其数无量，皆勤发起一切世间广大之业。

复有无量须夜摩天王，所谓善时分天王、可爱乐光明天王、无尽慧功德幢天王、善变化端严天王、总持大光明天王、不思议智慧天王、轮脐天王、光焰天王、光照天王、普观察大名称天王。如是等而为上首，其数无量，皆勤修习广大善根，心常喜足。

复有不可思议数兜率陀天王，所谓知足天王、喜乐海髻天王、最胜功德幢天王、寂静光天王、可爱乐妙目天王、宝峰净月天王、最胜勇健力天王、金刚妙光明天王、星宿庄严幢天王、可爱乐庄严天王。如是等而为上首，不思议数，皆勤念持一切诸佛所有名号。

复有无量化乐天王，所谓善变化天王、寂静音光明天王、变化力光明天王、庄严主天王、念光天王、最上云音天王、众妙最胜光天王、妙髻光明天王、成就喜慧天王、华光髻天王、普见十方天王。如是等而为上首，其数无量，皆勤调伏一切众生，令得解脱。

复有无数他化自在天王，所谓得自在天王、妙目主天王、妙冠幢天王、勇猛慧天王、妙音句天王、妙光幢天王、寂静境界门天王、妙轮庄严幢天王、华蕊慧自在天王、因陀罗力妙庄严光明天王。如是等而为上首，其数无量，皆勤修习自在方便广大法门。

复有不可数大梵天王，所谓尸弃天王、慧光天王、善慧光明天王、普云音天王、观世言音自在天王、寂静光明眼天王、光遍十方天王、变化音天王、光明照耀眼天王、悦意海音天王。如是等而为上首，不可称数，皆具大慈怜愍众生，舒光普照，令其快乐。

复有无量光音天王，所谓可爱乐光明天王、清净妙光天王、能自在音天王、最胜念智天王、可爱乐清净妙音天王、善思惟音天王、普音遍照天王、甚深光音天王、无垢称光明天王、最胜净光天王。如是等而为上首，其数无量，皆住广大寂静喜乐无碍法门。

复有无量遍净天王，所谓清净名称天王、最胜见天王、寂静德天王、须弥音天王、净念眼天王、可爱乐最胜光照天王、世间自在主天王、光焰自在天王、乐思惟法变化天王、变化幢天王、星宿音妙庄严天王。如是等而为上首，其数无量，悉已安住广大法门，于诸世间勤作利益。

复有无量广果天王，所谓爱乐法光明幢天王、清净庄严海天王、最胜慧光明天王、自在智慧幢天王、乐寂静天王、普智眼天王、乐旋慧天王、善种慧光明天王、无垢寂静光天王、广大清净光天王。如是等而为上首，其数无量，莫不皆以寂静之法而为宫殿，安住其中。

复有无数大自在天王，所谓妙焰海天王、自在名称光天王、清净功德眼天王、可爱乐大慧天王、不动光自在天王、妙庄严眼天王、善思惟光明天王、可爱乐大智天王、普音庄严幢天王、极精进名称光天王。如是等而为上首，不可称数，皆勤观察无相之法，所行平等。

注释

❶"围"，大正本原作"圆"，今依宫本改之。

【白话语译】

这部经典是我阿难听闻佛陀的开示之后，如实宣说的。

当时，佛陀正安坐在摩竭提国的阿兰若❶正法菩提❷道场中，他刚刚成就了无上正等正觉❸，圆满菩提道而成佛。

这座正法菩提道场是以金刚作为地基造就而成的，十分的坚固，永不毁坏。美妙的宝轮和无数的宝花，以及清净的摩尼❹宝珠，装饰着大地，显得十分庄严。这样的景象，就宛如大海一般的深广美妙、无边无际，显现着无比的庄严。天上更有摩尼宝珠所串成的天幢，时时散放无边无际的光明，也恒常发出美妙的音声。在整个庄严的大地四周，垂布着各种宝物所围成的罗网，以及妙香制成的华鬘璎珞❺。凡此都是摩尼宝王自在地变化显现的。

天上如雨滴般落下无尽宝物，微妙宝花遍撒于地；整个大地也庄严罗布着成行成列的摩尼宝树，这些摩尼宝树的枝叶茂盛，并散发出无比的光明。在佛陀威神力的加持之下，整个道场的庄严景象宛如海中的倒影般显现。

在这大地上的菩提树，更是显得格外庄严与高大鲜明，以金刚为树身，用琉璃作枝干，更以许多微妙的宝物装饰成枝条。由妙宝所形成的树叶，相互交错、横垂而成的树荫宛如云彩；而形形色色的宝花分枝布影，真是庄严非凡。这里的菩提树并以摩尼宝珠为果实，蕴含着光辉，放射出明亮的焰光，与众多宝花相间排列。在这些菩提宝树的周围，释放着无边的光明，光明之中雨下无数的摩尼宝珠。在摩尼宝珠之内，同时出现云彩般众多的菩萨❻。现在，更因为如来❼威神力的加持，这些菩提宝树不断地发出微妙庄严的音声，演说无尽的妙法。

如来所安住的宫殿楼阁宽广无比、庄严华丽，充遍十方世界，而且都是由色相庄严的众多摩尼宝珠所集聚成，并装饰以庄严的宝花。这些庄严的宝具散发着云彩般的光明，光影从宫殿之间萃集成一座一座的宝幢。而无数的菩萨聚集于道场中，共同来到了这庄严之地，益加彰显出诸佛无边无际的光明与不可思议的微妙音声。摩尼宝王并在四周编列罗网，以如来自在神通的威力，使所有的境界都在佛陀的加持当中显现，一切众生的屋舍也都显现其中；又因为诸佛神力的加持，一念之间即包容了无边无际的法界。

佛陀的师子宝座❸高耸宏伟、无限妙好，以摩尼宝珠为台阶，用莲华织成网屏，以清净美妙的宝珠作其轮轴，用各色各样的花朵饰为璎珞，堂榭、楼阁、阶梯、窗户等，所有的物像都庄严十足。宝树的枝叶与花果，也都在四周围绕排列着，摩尼宝珠则散发着云彩般的光芒，相互辉映。十方诸佛化现出无边的珠玉，一切菩萨饰于发髻中的妙宝，也放出无边的光明，交互照耀。由于诸佛以威神力来加持，演说如来无边无际的广大境界，这美妙的法音流泄四处，无所不在。

这时，世尊端坐在师子宝座上，在一切法当中成就了无上正等正觉。他的智慧普入于三世之中，一切平等。他的身体充满了一切世界，微妙的音声顺畅地遍满十方国土，就宛如虚空一样，具含所有的影像，但是在所有的境界中又完全没有分别；又宛如虚空一般，遍于一切，而能平等随顺的进入一切国土。他的身体普遍坐在一切的道场中，在所有的菩萨众之中，他的威德光明更是无边的显赫与庄严，宛如太阳出现，普照世间。他在三世中所做的一切，具足无边的福德大海，已然圆满清净。而他又不断地示现于诸佛国土当中，具备无边的微妙色相，具足无量的圆满光明，周遍一切的法界❾，平等而无任何差别。

佛陀顺畅地演说一切妙法，宛如广布天上的宏云一般。他每一毛孔的尖端，都能容受一切世界而没有任何的障碍，并各自显现无量神通的威力，教化、调伏一切众生。他的身相遍满十方的法界，但是却不见任何的来往。他的智慧普遍进入一切的现象中，能够了知诸法的空寂。三世诸佛所有的神通变化，在光明之中无不清晰可见；而诸佛国土从不可思议劫❿以来的所有庄严，也在光明中普遍显现。

在当时，有十个佛世界微尘数量之多的菩萨摩诃萨⓫，共同前来围绕着佛陀。这些菩萨的名字分别是普贤菩萨摩诃萨、普德最胜灯光照菩萨摩诃萨、普光师子幢菩萨摩诃萨、普宝焰妙光菩萨摩诃萨、普音功德海幢菩萨摩诃萨、普智光照如来境菩萨摩诃萨、普宝髻华幢菩萨摩诃萨、普觉悦意声菩萨摩诃萨、普清净无尽福光菩萨摩诃萨、普光明相菩萨摩诃萨、海月光大明菩萨摩诃萨、云音海光无垢藏菩萨摩诃萨、功德宝髻智生菩萨摩诃萨、功德自在王大光菩萨摩诃萨、善勇猛莲华髻菩萨摩诃萨、普智云日幢菩萨摩诃萨、大精进金刚脐菩萨摩诃萨、香焰光幢菩萨摩诃萨、大明德深美音菩萨摩诃萨、大福光智生菩萨摩诃萨，等等。以上所列名的二十位大菩萨，是十个佛世界微尘数菩萨中的上首领袖。

这些大菩萨们，在往昔都与毗卢遮那如来共同积聚了一切的善根，广修菩萨大行，而且都是从如来的善根大海中出生，圆满具足了所有波罗蜜❷的修行。他们慧眼明澈，能够平等地观照过去、未来、现在三世，具足清净所有的禅定三昧❸。他们的辩才如同大海般，宏广无涯，并且具足佛陀的功德，庄严尊贵，令人敬仰。他们了知一切众生的根器，并随顺相应众生的性格，而予以圆满方便的教化与调伏。他们也能进入法界的宝藏当中，通晓一切法界的性德，并以智慧来平等观照。他们证得了佛陀甚深宏广的解脱境界，能随顺方便之力，进入菩萨某一地❹的境界，而以所摄持的愿力大海，恒常具足一切的智慧，在尽未来际之时，不会有任何退失。

这些大菩萨们，都能通晓诸佛稀有而广大的秘密境界，善于了知诸佛平等的妙法；并能够实践如来的普光明地境界，进入无量的广大三昧禅定大海之门。他们能随应众生的类别而现身于各处，也能够和一切世间法共事运作，并随机摄受。他们能够总持广大无边的法义，齐集一切众法的大海。他们的辩才善巧无边，能够常转不退的法轮❺。一切如来的广大功德海，都能汇入他们的身体当中；一切诸佛所在的微妙国土，都能随其愿力而自在地往返。他们曾经供养过一切诸佛，在无边际的三世时劫中，常保欢喜，没有丝毫的倦怠。他们时常亲近一切如来所证得无上菩提之处，永不舍离。这些大菩萨们，更常以所证得的普贤愿力大海，令一切众生具足智慧法身，成就以上所说的无量功德。

另外，尚有如佛世界微尘数般众多的执金刚神，也前来围绕在佛陀四周。这些金刚神均手执金刚杵守护诸佛，他们就是妙色那罗延执金刚神、日轮速疾幢执金刚神、须弥华光执金刚神、清净云音执金刚神、诸根美妙执金刚神、可爱乐光明执金刚神、大树雷音执金刚神、师子王光明执金刚神、密焰胜目执金刚神、莲华光摩尼髻执金刚神，等等。以上所列名的十位执金刚神，是佛世界微尘数执金刚神中的上首领袖。

　　他们在往昔无量劫当中，时常发起无上的大愿，希望能时时亲近、供养十方诸佛。他们随顺着愿力而行，均已证得圆满，到达涅槃的彼岸。他们积聚了无边清净的功德福业，通达一切三昧禅定所证得的境界。他们并已获得自在的神通威力，随侍诸佛如来而安住，进入于不可思议的解脱境界。他们置身于大众集会当中，其威力光明特别显达，能够随应着众生示现妙身，加以调伏。在诸佛化身之处，他们都愿意随时化现前往侍奉。而对于一切如来所安住的处所，他们也都能时时勤加守护，永不懈怠。

　　更有如佛世界微尘数般众多的身众神，也前来围绕佛陀。这些身众神能够自在变化成多神而作佛事，他们就是华髻庄严身众神、光照十方身众神、海音调伏身众神、净华严髻身众神、无量威仪身众神、最上光严身众神、净光香云身众神、守护摄持身众神、普现摄取身众神、不动光明身众神，等等。以上所列名的十位身众神，是十方佛世界微尘数身众神中的上首领袖。他们在过去已成就无上的大愿，供养、侍奉过一切诸佛。

　　更有如佛世界微尘数般众多的足行神，也前来围绕佛陀。这些足行神是守护用足行走的众生的神祇，他们就是宝印手足行神、莲华光足行神、清净华髻足行神、摄诸善见足行神、妙宝星幢足行神、乐吐妙华足行神、栴檀⑩树光足行神、莲华光明足行神、微妙光明足行神、积集妙华足行神，等等。以上所列名的十位足行神，是佛世界微尘数足行神中的上首领袖。他们都在过去无量劫当中，亲近诸佛如来，紧随着佛陀。

　　更有如佛世界微尘数般众多的道场神，也前来围绕佛陀。这些道场神均守护着诸佛庄严的道场，他们就是净庄严幢道场神、须弥宝光道场神、雷音幢相道场神、雨华妙眼道场神、华缨光髻道场神、雨宝庄严道场神、勇猛香眼道场神、金刚彩云道场神、莲华光明道场神、妙光照耀道场神，等等。以上所列名的十位道场神，是佛世界微尘数道场神中的上首领袖。他们在过去均已值遇佛陀无数，成就了大愿力，也广施供养。

更有如佛世界微尘数般众多的主城神，也前来围绕佛陀。这些主城神都是以行持圣德来防御法城及心城，他们就是宝峰光耀主城神、妙严宫殿主城神、清净喜宝主城神、离忧清净主城神、华灯焰眼主城神、焰幢明现主城神、盛福光明主城神、清净光明主城神、香髻庄严主城神、妙宝光明主城神，等等。以上所列名的十位主城神，是佛世界微尘数主城神中的上首领袖。他们在过去无量不思议劫以来，都负责清净庄严如来所居住的宫殿，守护不懈。

更有如佛世界微尘数般众多的主地神，也前来围绕佛陀。这些主地神都是负荷着深重之愿来行持圣德，他们就是普德净华主地神、坚福庄严主地神、妙华严树主地神、普散众宝主地神、净目观时主地神、妙色胜眼主地神、香毛发光主地神、悦意音声主地神、妙华旋髻主地神、金刚严体主地神，等等。以上所列名的十位主地神，是佛世界微尘数主地神中的上首领袖。他们在往昔皆发过很深的大愿，愿常亲近诸佛如来，共修福业。

更有无量的主山神，也前来围绕佛陀。这些主山神都是智慧道德高胜之神，他们就是宝峰开华主山神，华林妙髻主山神、高幢普照主山神、离尘净髻主山神、光照十方主山神、大力光明主山神、威光普胜主山神、微密光轮主山神、普眼现见主山神、金刚密眼主山神，等等。所列名的这十位主山神，是佛世界微尘数主山神中的上首领袖，他们都能够在诸法之中得到清净法眼。

更有不可思议数量的主林神，也前来围绕佛陀。这些主林神都是以无漏智慧导引众行，他们就是布华如云主林神、擢干舒光主林神、生芽发曜主林神、吉祥净叶主林神、垂布焰藏主林神、清净光明主林神、可意雷音主林神、光香普遍主林神、妙光回耀主林神、华果光味主林神，等等。所列名的这十位，是无数主林神中的上首领袖，他们都显现着无比可爱的光明。

更有无量的主药神，也前来围绕佛陀。这些主药神都是行持圣德调伏迷惑以资益法身之神，他们就是吉祥主药神、栴檀林主药神、清净光明主药神、名称普闻主药神、毛孔光明主药神、普治清净主药神、大发吼声主药神、蔽日光幢主药神、明见十方主药神、益气明目主药神，等等。所列名的这十位，是无数主药神中的上首领袖，他们的体性清净，远离一切垢秽，心性仁慈，普佑万物。

更有无量的主稼神，也前来围绕佛陀。这些主稼神都是以万种修行之法味，资益自身与他众。他们就是柔软胜味主稼神、时华净光主稼神、色力勇健主稼神、增长精气主稼神、普生根果主稼神、妙严环髻主稼神、润泽净华主稼神、成就妙香主稼神、见者爱乐主稼神、离垢净光主稼神，等等。所列名的这十位，是无数主稼神中的上首领袖，他们都已得到了大喜悦的成就。

更有无量的主河神，也前来围绕佛陀。这些主河神都能流注法河润益群类，他们就是普发迅流主河神、普洁泉涧主河神、离尘净眼主河神、十方遍吼主河神、救护众生主河神、无热净光主河神、普生欢喜主河神、广德胜幢主河神、光照普世主河神、海德光明主河神，等等。所列名的这十位，是无数主河神中的上首领袖，他们都能精勤地造作利益一切众生的事业。

更有无量的主海神，也前来围绕佛陀。这些主海神都能含摄万德，他们就是出现宝光主海神、成金刚幢主海神、远尘离垢主海神、普水宫殿主海神、吉祥宝月主海神、妙华龙髻主海神、普持光味主海神、宝焰华光主海神、金刚妙髻主海神、海潮雷声主海神，等等。所列名的这十位，是无数主海神中的上首领袖，他们都是以诸佛如来的功德大海充塞其身。

更有无量的主水神，也前来围绕佛陀。这些主水神都能广示水的诸德，他们就是普兴云幢主水神、海潮云音主水神、妙色轮髻主水神、善巧漩澓主水神、离垢香积主水神、福桥光音主水神、知足自在主水神、净喜善音主水神、普现威光主水神、吼音遍海主水神，等等。所列名的这十位，是无数主水神中的上首领袖，他们恒常精勤地救护一切众生，使众生得到甚深的利益。

更有无量的主火神，也前来围绕佛陀。这些主火神都能以智慧之火燃烧烦恼薪材，他们就是普光焰藏主火神、普集光幢主火神、大光普照主火神、众妙宫殿主火神、无尽光髻主火神、种种焰眼主火神、十方宫殿如须弥山主火神、威光自在主火神、光明破暗主火神、雷音电光主火神，等等。所列名的这十位，是无数主火神中的上首领袖，他们能普遍示现各种光明，消除众生们的燠热烦恼，使其心生清凉。

更有无量的主风神，也前来围绕佛陀。这些主风神都能方便无住、无所不摧，他们就是无碍光明主风神、普现勇业主风神、飘击云幢主风神、净光庄严主风神、力能竭水主风神、大声遍吼主风神、树杪垂髻主风神、所行无碍主风神、种种宫殿主风神、大光普照主风神，等等。所列名的这十位，是无数主风神中的上首领袖，他们都勤于扑息众生的我慢之心。

更有无量的主空神，也前来围绕佛陀。这些主空神都能了知法性空寂，他们就是净光普照主空神、普游深广主空神、生吉祥风主空神、离障安住主空神、广步妙髻主空神、无碍光焰主空神、无碍胜力主空神、离垢光明主空神、深远妙音主空神、光遍十方主空神，等等。所列名的这十位，是无数主空神中的上首领袖，他们的心远离一切尘垢，而能无边广大、光明与清净。

更有无量的主方神，也前来围绕佛陀。这些主方神都能够指引方向而行不迷倒，他们就是遍住一切主方神、普现光明主方神、光行庄严主方神、周行不碍主方神、永断迷惑主方神、普游净空主方神、大云幢音主方神、髻目无乱主方神、普观世业主方神、周遍游览主方神，等等。所列名的这十位，是无数主方神中的上首领袖，他们能够运用方便的力量普放光明，永远照耀十方世界。

更有无量的主夜神，也前来围绕佛陀。这些主夜神能于黑暗的生死长夜，以慧明指引正路，他们就是普德净光主夜神、喜眼观世主夜神、护世精气主夜神、寂静海音主夜神、普现吉祥主夜神、普发树华主夜神、平等护育主夜神、游戏快乐主夜神、诸根常喜主夜神、出生净福主夜神，等等。所列名的这十位，是无数主夜神中的上首领袖，他们都勤于修习诸法，以修法为乐。

更有无量的主昼神，也前来围绕佛陀。这些主昼神恒常清明地行持圣德，他们就是示现宫殿主昼神、发起慧香主昼神、乐胜庄严主昼神、香华妙光主昼神、普集妙药主昼神、乐作喜目主昼神、普现诸方主昼神、大悲光明主昼神、善根光照主昼神、妙华璎珞主昼神，等等。所列名的这十位，是无数主昼神中的上首领袖，他们都是对妙法能生起甚深的信解，常共同精勤修法，并严饰宫殿。

更有无量的阿修罗❶王，也前来围绕佛陀。这些阿修罗王以罗睺阿修罗王、毗摩质多罗阿修罗王、巧幻术阿修罗王、大眷属阿修罗王、大力阿修罗王、遍照阿修罗王、坚固行妙庄严阿修罗王、广大因慧阿修罗王、出现胜德阿修罗王、妙好音声阿修罗王为上首领袖，其数无量。他们均已精进勤修，摧伏了我慢及一切烦恼。

更有不可思议的迦楼罗❶王，也前来围绕佛陀。这些迦楼罗王以大速疾力迦楼罗王、无能坏宝髻迦楼罗王、清净速疾迦楼罗王、心不退转迦楼罗王、大海处摄持力迦楼罗王、坚固净光迦楼罗王、巧严冠髻迦楼罗王、普捷示现迦楼罗王、普观海迦楼罗王、普音广目迦楼罗王为上首领袖。他们皆已成就了广大方便之力，能够救摄一切众生。

更有无量的紧那罗❶王，也前来围绕佛陀。他们以善慧光明天紧那罗王、妙华幢紧那罗王、种种庄严紧那罗王、悦意吼声紧那罗王、宝树光明紧那罗王、见者欣乐紧那罗王、最胜光庄严紧那罗王、微妙华幢紧那罗王、动地力紧那罗王、摄伏恶众紧那罗王为上首领袖。他们都能精勤不断地普现一切法，心中常保喜乐，自在地游戏。

更有无量的摩睺罗伽❷王，也前来围绕佛陀。他们以善慧摩睺罗伽王、清净威音摩睺罗伽王、胜慧庄严髻摩睺罗伽王、妙目主摩睺罗伽王、如灯幢为众所归摩睺罗伽王、最胜光明幢摩睺罗伽王、师子臆摩睺罗伽王、众妙庄严音摩睺罗伽王、须弥坚固摩睺罗伽王、可爱乐光明摩睺罗伽王为上首领袖。他们都勤于修习广大的方便善巧，能使众生永远断除愚痴而获得智慧。

更有无量的夜叉㉑王，也前来围绕佛陀。他们以毗沙门夜叉王、自在音夜叉王、严持器仗夜叉王、大智慧夜叉王、焰眼主夜叉王、金刚眼夜叉王、勇健臂夜叉王、勇敌大军夜叉王、富资财夜叉王、力坏高山夜叉王为上首领袖，无数无边，都能够勤于守护一切众生。

还有无量的大龙王，也前来围绕佛陀。他们以毗楼博叉龙王、娑竭罗龙王、云音妙幢龙王、焰口海光龙王、普高云幢龙王、德叉迦龙王、无边步龙王、清净色龙王、普运大声龙王、无热恼龙王为上首领袖。他们都勤于尽力兴云布雨，浇息众生的热恼，普赐清凉。

更有无量的鸠槃荼㉒王，也前来围绕佛陀。他们以增长鸠槃荼王、龙主鸠槃荼王、善庄严幢鸠槃荼王、普饶益行鸠槃荼王、甚可怖畏鸠槃荼王、美目端严鸠槃荼王、高峰慧鸠槃荼王、勇健臂鸠槃荼王、无边净华眼鸠槃荼王、广大天面阿修罗眼鸠槃荼王为上首领袖，其数无量，都能勤修广学各种无碍的法门，大放光明。

更有无量的乾闼婆㉓王，也前来围绕佛陀。他们以持国乾闼婆王、树光乾闼婆王、净目乾闼婆王、华冠乾闼婆王、普音乾闼婆王、乐摇动妙目乾闼婆王、妙音师子幢乾闼婆王、普放宝光明乾闼婆王、金刚树华幢乾闼婆王、乐普现庄严乾闼婆王为上首领袖，其数无量，都已对大法生起甚深的信解，欢喜敬重诸法，勤修不倦。

更有无量的月天子，也前来围绕佛陀。他们以月天子、华王髻光明天子、众妙净光明天子、安乐世间心天子、树王眼光明天子、示现清净光天子、普游不动光天子、星宿王自在天子、净觉月天子、大威德光明天子为上首领袖，其数无量。他们能勤于发掘，彰显众生心中的宝藏。

更有无量的日天子，也前来围绕佛陀。他们以日天子、光焰眼天子、须弥光可畏敬幢天子、离垢宝庄严天子、勇猛不退转天子、妙华缨光明天子、最胜幢光明天子、宝髻普光明天子、光明眼天子、持胜德天子、普光明天子为上首领袖，其数无量。他们都勤于修习，带给众生利益，也增长众生的善根。

更有无量的欲界㉔忉利天㉕王，也前来围绕佛陀。他们以释因陀罗天王、普称满音天王、慈目宝髻天王、宝光幢名称天王、发生喜乐髻天王、可爱乐正念天王、须弥胜音天王、成就念天王、可爱乐净华光天王、智日眼天王、自在光明能觉悟天王为上首领袖。他们都致力于发起世间一切的广大善业。

更有无量无数的欲界须夜摩㉖天王，也前来围绕佛陀。他们以善时分天王、可爱乐光明天王、无尽慧功德幢天王、善变化端严天王、总持大光明天王、不思议智慧天王、轮脐天王、光焰天王、光照天王、普观察大名称天王为上首领袖，为数无量，都勤于修习广大善根，心中常保欢喜满足。

更有不可思议数的欲界兜率陀㉗天王，也前来围绕佛陀。他们以知足天王、喜乐海髻天王、最胜功德幢天王、寂静光天王、可爱乐妙目天王、宝峰净月天王、最胜勇健力天王、金刚妙光明天王、星宿庄严幢天王、可爱乐庄严天王为上首领袖。他们的数量不可思议，都能勤于忆念修持一切诸佛的名号，成就念佛三昧。

更有无数的欲界化乐天㉘王，也前来围绕佛陀。他们以善变化天王、寂静音光明天王、变化力光明天王、庄严主天王、念光天王、最上云音天王、众妙最胜光天王、妙髻光明天王、成就喜慧天王、华光髻天王、普见十方天王为上首领袖，其数无量，都能勤于调伏一切众生，使众生得到自在解脱。

更有无数的欲界他化自在天㉙王，也前来围绕佛陀。他们以得自在天王、妙目主天王、妙冠幢天王、勇猛慧天王、妙音句天王、妙光幢天王、寂静境界门天王、妙轮庄严幢天王、华蕊慧自在天王、因陀罗力妙庄严光明天王为上首领袖。其数无量，都是勤于修习自在方便的广大法门。

更有无数的大梵天王，也前来围绕佛陀。他们居于色㉚界初禅的第四天，其中以尸弃天王、慧光天王、善慧光明天王、普云音天王、观世言音自在天王、寂静光明眼天王、光遍十方天王、变化音天王、光明照耀眼天王、悦意海音天王为上首领袖。这些大梵天王不计其数，他们大慈大悲，怜悯众生，舒放光明，普照三界❸，使众生无限喜悦。

更有无量的光音天王，也前来围绕佛陀。他们居于色界二禅的第三天，其中以可爱乐光明天王、清净妙光天王、能自在音天王、最胜念智天王、可爱乐清净妙音天王、善思惟天王、普音遍照天王、甚深光音天王、无垢称光明天王、最胜净光天王为上首领袖。他们的数量无边，都安住在广大寂静的喜乐无碍妙法当中。

更有无量的遍净天王，也前来围绕佛陀。他们居于色界三禅的第三天，其中以清净名称天王、最胜见天王、寂静德天王、须弥音天王、净念眼天王、可爱乐最胜光照天王、世间自在主天王、光焰自在天王、乐思惟法变化天王、变化幢天王、星宿音妙庄严天王，为上首领袖。他们的数量无边，都已经安住在广大的法门当中，在世间勤于造作利益。

更有无量的广果天王，也前来围绕佛陀。他们居于色界四禅的第三天，其中以爱乐法光明幢天王、清净庄严海天王、最胜慧光明天王、自在智慧幢天王、乐寂静天王、普智眼天王、乐旋慧天王、善种慧光明天王、无垢寂静光天王、广大清净光天王为上首领袖。他们的数量无边，都能以寂静的妙法，安住在自在的宫殿当中。

更有无数的色界大自在天❸王，也前来围绕佛陀。他们以妙焰海天王、自在名称光天王、清净功德眼天王、可爱乐大慧天王、不动光自在天王、妙庄严眼天王、善思惟光明天王、可爱乐大智天王、普音庄严幢天王、极精进名称光天王为上首领袖，其数无量，他们都勤于观察无相的妙法，所行一切都平等无二。

【注释】

❶ 阿兰若：梵语 aranya，意译作"无诤"或"寂静"，指闲静之处。

❷ 菩提：梵语 bodhi，意译作"觉"，指能证悟的大智慧。

❸ 无上正等正觉："阿耨多罗三藐三菩提"（梵语 anuttara-samyak-saṃbodhi）的新译，简称"无上正等觉"、"正觉"，意思是至高无上真正普遍平等的觉悟，亦即究竟圆满成佛的意思。

❹ 摩尼：梵语 maṇi，意译作"珠"或"宝"等，为珠玉之总称。

❺ 璎珞：由珠玉或花等编缀成的饰物，可挂在头、颈、胸、手、脚等部位。

❻ 菩萨：即"菩提萨埵"之简称，梵语 bodhisattva，意译作"觉有情"，就是觉悟的有情之意，就是上求佛果与下化众生的大圣人。

❼ 如来：佛十号之一。因为佛陀乘着真如之道，来成正觉，来三界垂化，故名如来。

❽ 所谓师子宝座，因为佛是人中师子，故称佛的坐处为师子座。

❾ 所谓法界，法是诸法，界是分界，诸法的分界，各个不同，称为法界。但是，每一组法都称为法界，而总合万法也可以称为一法界。

❿ 劫：梵语 kalpa，意译为"时分"或"大时"，为年、月、日所不能计算的极长时间。

⓫ 摩诃萨："摩诃萨埵"的简称，梵语 mahāsattva，意译为"大心"或"大有情"，指有作佛之大心愿的众生，亦即大菩萨。

⓬ 波罗蜜：梵语 pāramitā，意译作"到彼岸"，或单译作"度"，就是从生死之此岸到觉悟之彼岸的意思，乃指菩萨所修的菩提行。

⓭ 三昧：又名"三摩地"，梵语 samādhi，意译作"正定"，即离诸邪念，把心住于一处而不散乱的意思。

⓮ 地：即指菩萨修行的阶位。

⓯ 佛的教法，如车辆旋转，能转凡成圣，能辗碎众生的一切烦恼，所以叫作"法轮"。

⓰ 栴檀：梵语 candana，意译作"与乐"，为出自南印度的香木名。

⓱ 阿修罗：梵语 Asura，意译作"非天"，似天而无天之实德，而且个性好诤斗，常与帝释作战。

⓲ 迦楼罗：梵语 garuḍa，意译作"金翅鸟"，以种种宝色装饰其翅，抓捕龙为食物。

⑲ 紧那罗：梵语 kiṃnara，意译作"疑神"，顶有一角，形像似人，面貌极为端正，见到的人会怀疑其是否为人，故有此名，为帝释天的歌神。

⑳ 摩睺罗伽：梵语 Mahoraga，意译作"大腹行"，乃蟒蛇类。

㉑ 夜叉：梵语 yakṣa，意译作"能吃鬼"，又译"轻捷"，啖食人。

㉒ 鸠槃茶：梵语 kumbhāṇḍa，名为"魇魅鬼"或"冬瓜鬼"，啖人精气之鬼类，四天王之一，领南方，即列名为第一的增长天王。

㉓ 乾闼婆：梵语 gandharva，意译为"寻香"，寻诸家饮食之香气，奏乐求食以自活，为帝释天之乐神。

㉔ 欲界：三界之一，即有食欲和男女诸欲的众生所住的世界。上自六欲天，中至人畜所居的四大部洲，下至八大地狱等，都是属于欲界的范围。

㉕ 忉利天：欲界的第二天。位于须弥山顶上，以帝释天为中央，四方各有八天，故又名三十二天。

㉖ 须夜摩：梵语 Yama，意译作"善时分天"，为欲界的第三天。此天光明赫灼，无明暗之别，依莲华之开合而分昼夜。

㉗ 兜率陀：梵语 Tuṣita，意译为"喜足"，又译"知足"，为欲界的第四天。兜率天有内外院，外院为天人所居，内院为最后身的菩萨生于此处行教化，今为弥勒菩萨的净土。

㉘ 化乐天：欲界的第五天。自己变作之诸乐具以自娱，故有此名。

㉙ 他化自在天：欲界之顶的第六天。令他变作诸乐具，自以之娱乐，故有此名。

㉚ 色：泛指一切有形象和占有空间的物质。色界为三界之一，在欲界之上。此界的众生，只有色身相，而无男女诸欲，故名为色界。色界的范围，包括初禅至四禅等一共十八层天。

㉛ 三界：即欲界、色界、无色界。此三界都是凡夫生死轮回的境界，所以佛教行者是以出离三界解脱轮回为目的。

㉜ 大自在天：色界最上天。于三千世界最为自在，故有此名。

卷第二

世主妙严品第一之二

【原典】

　　尔时，如来道场众海，悉已云集，无边品类，周匝遍满，形色部从，各各差别，随所来方，亲近世尊，一心瞻仰。此诸众会，已离一切烦恼心垢及其余习，摧重障山，见佛无碍。如是皆以毗卢遮那如来往昔之时，于劫海中修菩萨行，以四摄事而曾摄受，一一佛所种善根时，皆已善摄种种方便，教化成熟，令其安立一切智道，种无量善，获众大福，悉已入于方便愿海，所行之行，具足清净，于出离道，已能善出，常见于佛，分明照了，以胜解力入于如来功德大海，得于诸佛解脱之门游戏神通。

　　所谓妙焰海大自在天王，得法界、虚空界寂静方便力解脱门；自在名称光天王，得普观一切法悉自在解脱门；清净功德眼天王，得知一切法不生、不灭、不来、不去、无功用行解脱门；可爱乐大慧天王，得现见一切法真实相智慧海解脱门；不动光自在天王，得与众生无边安乐大方便定解脱门；妙庄严眼天王，得令观寂静法灭诸痴暗怖解脱门；善思惟光明天王，得善入无边境界不起一切诸有思惟业解脱门；可爱乐大智天王，得普往十方说法而不动无所依解脱门；普音庄严幢天王，得入佛寂静境界普现光明解脱门；名称光善精进天王，得住自所悟处而以无边广大境界为所缘解脱门。

　　尔时，妙焰海天王承佛威力，普观一切自在天众，而说颂言：

佛身普遍诸大会，充满法界无穷尽，寂灭无性不可取，为救世间而出现。

如来法王出世间，能然照世妙法灯，境界无边亦无尽，此自在名之所证。

佛不思议离分别，了相十方无所有，为世广开清净道，如是净眼能观见。

如来智慧无边际，一切世间莫能测，永灭众生痴暗心，大慧入此深安住。

如来功德不思议，众生见者烦恼灭，普使世间获安乐，不动自在天能见。

众生痴暗常迷覆，如来为说寂静法，是则照世智慧灯，妙眼能知此方便。

如来清净妙色身，普现十方无有比，此身无性无依处，善思惟天所观察。

如来音声无限碍，堪受化者靡不闻，而佛寂然恒不动，此乐智天之解脱。

寂静解脱天人主，十方无处不现前，光明照耀满世间，此无碍法严幢见。

佛于无边大劫海，为众生故求菩提，种种神通化一切，名称光天悟斯法。

复次，可爱乐法光明幢天王，得普观一切众生根为说法断疑解脱门；净庄严海天王，得随忆念令见佛解脱门；最胜慧光明天王，得法性平等无所依庄严身解脱门；自在智慧幢天王，得了知一切世间法一念中安立不思议庄严海解脱门；乐寂静天王，得于一毛孔现不思议佛刹无障碍解脱门；普智眼天王，得入普门观察法界解脱门；乐旋慧天王，得为一切众生种种出现无边劫常现前解脱门；善种慧光明天王，得观一切世间境界入不思议法解脱门；无垢寂静光天王，得示一切众生出要法解脱门；广大清净光天王，得观察一切应化众生令入佛法解脱门。

尔时，可爱乐法光明幢天王承佛威力，普观一切少广天、无量广天、广果天众，而说颂言：

诸佛境界不思议，一切众生莫能测，普令其心生信解，广大意乐无穷尽。

若有众生堪受法，佛威神力开导彼，令其恒睹佛现前，严海天王如是见。

一切法性无所依，佛现世间亦如是，普于诸有无依处，此义胜智能观察。

随诸众生心所欲，佛神通力皆能现，各各差别不思议，此智幢王解脱海。

过去所有诸国土，一毛孔中皆示现，此是诸佛大神通，爱乐寂静能宣说。

一切法门无尽海，同会一法道场中，如是法性佛所说，智眼能明此方便。

十方所有诸国土，悉在其中而说法，佛身无去亦无来，爱乐慧旋之境界。

佛观世法如光影，入彼甚深幽奥处，说诸法性常寂然，善种思惟能见此。

佛善了知诸境界，随众生根雨法雨，为启难思出要门，此寂静天能悟入。

世尊恒以大慈悲，利益众生而出现，等雨法雨充其器，清净光天能演说。

复次，清净慧名称天王，得了达一切众生解脱道方便解脱门；最胜见天王，得随一切诸天众所乐如光影普示现解脱门；寂静德天王，得普严净一切佛境界大方便解脱门；须弥音天王，得随诸众生永流转生死海解脱门；净念眼天王，得忆念如来调伏众生行解脱门；可爱乐普照天王，得普门陀罗尼海所流出解脱门；世间自在主天王，得能令众生值佛生信藏解脱门；光焰自在天王，得能令一切众生闻法信喜而出离解脱门；乐思惟法变化天王，得入一切菩萨调伏行如虚空无边无尽解脱门；变化幢天王，得观众生无量烦恼普悲智解脱门；星宿音妙庄严天王，得放光现佛三轮摄化解脱门❶。

尔时，清净慧名称天王承佛威力，普观一切少净天、无量净天、遍净天众，而说颂言：

了知法性无碍者，普现十方无量刹，说佛境界不思议，令众同归解脱海。

如来处世无所依，譬如光影现众国，法性究竟无生起，此胜见王所入门。

无量劫海修方便，普净十方诸国土，法界如如常不动，寂静德天之所悟。

众生愚痴所覆障，盲暗恒居生死中，如来示以清净道，此须弥音之解脱。

诸佛所行无上道，一切众生莫能测，示以种种方便门，净眼谛观能悉了。

如来恒以总持门，譬如刹海微尘数，示教众生遍一切，普照天王此能入。

如来出世甚难值，无量劫海时一遇，能令众生生信解，此自在天之所得。

佛说法性皆无性，甚深广大不思议，普使众生生净信，光焰天王能善了。

三世如来功德满，化众生界不思议，于彼思惟生庆悦，如是乐法能开演。

众生没在烦恼海，愚痴见浊甚可怖，大师哀愍令永离，此化幢王所观境。

如来恒放大光明，一一光中无量佛，各各现化众生事，此妙音天所入门。

复次，可爱乐光明天王，得恒受寂静乐而能降现消灭世间苦解脱门；清净妙光天王，得大悲心相应海一切众生喜乐藏解脱门；自在音天王，得一念中普现无边劫一切众生福德力解脱门；最胜念智天王，得普使成住坏一切世间皆悉如虚空清净解脱门；可爱乐净妙音天王，得爱乐信受一切圣人法解脱门；善思惟音天王，得能经劫住演说一切地义及方便解脱门；演庄严音天王，得一切菩萨从兜率天宫没下生时大供养方便解脱门；甚深光音天王，得观察无尽神通智慧海解脱门；广大名称天王，得一切佛功德海满足出现世间方便力解脱门；最胜净光天王，得如来往昔誓愿力发生深信爱乐藏解脱门。

尔时，可爱乐光明天王承佛威力，普观一切少光天、无量光天、极光天众，而说颂言：

我念如来昔所行，承事供养无边佛，如本信心清净业，以佛威神今悉见。

佛身无相离众垢，恒住慈悲哀愍地，世间忧患悉使除，此是妙光之解脱。

佛法广大无涯际，一切刹海于中现，如其成坏各不同，自在音天解脱力。

佛神通力无与等，普现十方广大刹，悉令严净常现前，胜念解脱之方便。

如诸刹海微尘数，所有如来咸敬奉，闻法离染不唐捐，此妙音天法门用。

佛于无量大劫海，说地方便无伦匹，所说无边无有穷，善思音天知此义。

如来神变无量门，一念现于一切处，降神成道大方便，此庄严音之解脱。

威力所持能演说，及现诸佛神通事，随其根欲悉令净，此光音天解脱门。

如来智慧无边际，世中无等无所著，慈心应物普现前，广大名天悟斯道。

佛昔修习菩提行，供养十方一切佛，一一佛所发誓心，最胜光闻大欢喜。

复次，尸弃梵王，得普住十方道场中说法而所行清净无染著解脱门；慧光梵王，得使一切众生入禅三昧住解脱门；善思慧光明梵王，得普入一切不思议法解脱门；普云音梵王，得入诸佛一切音声海解脱门；观世言音自在梵王，得能忆念菩萨教化一切众生方便解脱门；寂静光明眼梵王，得现一切世间业报相各差别解脱门；普光明梵王，得随一切众生品类差别皆现前调伏解脱门；变化音梵王，得住一切法清净相寂灭行境界解脱门；光耀眼梵王，得于一切有无所著、无边际、无依止、常勤出现解脱门；悦意海音梵王，得常思惟观察无尽法解脱门。

尔时，尸弃大梵王承佛神力，普观一切梵身天、梵辅天、梵众天、大梵天众，而说颂言：

佛身清净常寂灭，光明照耀遍世间，无相无行无影像，譬如空云如是见。

佛身如是定境界，一切众生莫能测，示彼难思方便门，此慧光王之所悟。

佛刹微尘法门海，一言演说尽无余，如是劫海演不穷，善思慧光之解脱。

诸佛圆音等世间，众生随类各得解，而于音声不分别，普音梵天如是悟。

三世所有诸如来，趣入菩提方便行，一切皆于佛身现，自在音天之解脱。

一切众生业差别，随其因感种种殊，世间如是佛皆现，寂静光天能悟入。

无量法门皆自在，调伏众生遍十方，亦不于中起分别，此是普光之境界。

佛身如空不可尽，无相无碍遍十方，所有应现皆如化，变化音王悟斯道。

如来身相无有边，智慧音声亦如是，处世现形无所著，光耀天王入此门。

法王安处妙法宫，法身光明无不照，法性无比无诸相，此海音王之解脱。

复次，自在天王，得现前成熟无量众生自在藏解脱门；善目主天王，得观察一切众生乐令入圣境界乐解脱门；妙宝幢冠天王，得随诸众生种种欲解令起行解脱门；勇猛慧天王，得普摄为一切众生所说义解脱门；妙音句天王，得忆念如来广大慈增进自所行解脱门；妙光幢天王，得示现大悲门摧灭一切骄慢幢解脱门；寂静境天王，得调伏一切世间嗔害心解脱门；妙轮庄严幢天王，得十方无边佛随忆念悉来赴解脱门；华光慧天王，得随众生心念普现成正觉解脱门；因陀罗妙光天王，得普入一切世间大威力自在法解脱门。

尔时，自在天王承佛威神，遍观一切自在天众，而说颂言：

佛身周遍等法界，普应众生悉现前，种种教门常化诱，于法自在能开悟。

世间所有种种乐，圣寂灭乐为最胜，住于广大法性中，妙眼天王观见此。

如来出现遍十方，普应群心而说法，一切疑念皆除断，此妙幢冠解脱门。

诸佛遍世演妙音，无量劫中所说法，能以一言咸说尽，勇猛慧天❷之解脱。

世间所有广大慈，不及如来一毫分，佛慈如空不可尽，此妙音天之所得。

一切众生慢高山，十力摧殄悉无余，此是如来大悲用，妙光幢王所行道。

慧光清净满世间，若有见者除痴暗，令其远离诸恶道，寂静天王悟斯法。

毛孔光明能演说，等众生数诸佛名，随其所乐悉得闻，此妙轮幢之解脱。

如来自在不可量，法界虚空悉充满，一切众会皆明睹，此解脱门华慧入。

无量无边大劫海，普现十方而说法，未曾见佛有去来，此妙❸光天之所悟。

复次，善化天王，得开示一切业变化力解脱门；寂静音光明天王，得舍离一切攀缘解脱门；变化力光明天王，得普灭一切众生痴暗心令智慧圆满解脱门；庄严主天王，得示现无边悦意声解脱门；念光天王，得了知一切佛无尽福德相解脱门；最上云音天王，得普知过去一切劫成坏次第解脱门；胜光天王，得开悟一切众生智解脱门；妙髻天王，得舒光疾满十方虚空界解脱门；喜慧天王，得一切所作无能坏精进力解脱门；华光髻天王，得知一切众生业所受报解脱门；普见十方天王，得示现不思议众生形类差别解脱门。

尔时，善化天王承佛威力，普观一切善化天众，而说颂言：

世间业性不思议，佛为群迷悉开示，巧说因缘真实理，一切众生差别业。

种种观佛无所有，十方求觅不可得，法身示现无真实，此法寂音之所见。

佛于劫海修诸行，为灭世间痴暗惑，是故清净最照明，此是力光心所悟。

世间所有妙音声，无有能比如来音，佛以一音遍十方，入此解脱庄严主。

世间所有众福力，不与如来一相等，如来福德同虚空，此念光天所观见。

三世所有无量劫，如其成败种种相，佛一毛孔皆能现，最上云音所了知。

十方虚空可知量，佛毛孔量不可得，如是无碍不思议，妙髻天王已能悟。

佛于曩世无量劫，具修广大波罗蜜，勤行精进无厌怠，喜慧能知此法门。

业性因缘不可思，佛为世间皆演说，法性本净无诸垢，此是华光之入处。

汝应观佛一毛孔，一切众生悉在中，彼亦不来亦不去，此普见王之所了。

复次，知足天王，得一切佛出兴世圆满教轮解脱门；喜乐海髻天王，得尽虚空界清净光明身解脱门；最胜功德幢天王，得消灭世间苦净愿海解脱门；寂静光天王，得普现身说法解脱门；善目天王，得普净一切众生界解脱门；宝峰月天王，得普化世间常现前无尽藏解脱门；勇健力天王，得开示一切佛正觉境界解脱门；金刚妙光天王，得坚固一切众生菩提心令不可坏解脱门；星宿幢天王，得一切佛出兴咸亲近观察调伏众生方便解脱门；妙庄严天王，得一念悉知众生心随机应现解脱门。

尔时，知足天王承佛威力，普观一切知足天众，而说颂言：

如来广大遍法界，于诸众生悉平等，普应群情阐妙门，令人难思清净法。

佛身普现于十方，无著无碍不可取，种种色像世咸见，此喜髻天之所入。

如来往昔修诸行，清净大愿深如海，一切佛法皆令满，胜德能知此方便。

如来法身不思议，如影分形等法界，处处阐明一切法，寂静光天解脱门。

众生业惑所缠覆，骄慢放逸心驰荡，如来为说寂静法，善目照知心喜庆。

一切世间真导师，为救为归而出现，普示众生安乐处，峰月于此能深入。

诸佛境界不思议，一切法界皆周遍，入于诸法到彼岸，勇慧见此生欢喜。

若有众生堪受化，闻佛功德趣菩提，令住福海常清净，妙光于此能观察。

十方刹海微尘数，一切佛所皆往集，恭敬供养听闻法，此庄严幢之所见。

众生心海不思议，无住无动无依处，佛于一念皆明见，妙庄严天斯善了。

复次，时分天王，得发起一切众生善根令永离忧恼解脱门；妙光天王，得普入一切境界解脱门；无尽慧功德幢天王，得灭除一切患大悲轮解脱门；善化端严天王，得了知三世一切众生心解脱门；总持大光明天王，得陀罗尼门光明忆持一切法无忘失解脱门；不思议慧天王，得善入一切业自性不思议方便解脱门；轮脐天王，得转法轮成熟众生方便解脱门；光焰天王，得广大眼普观众生而往调伏解脱门；光照天王，得超出一切业障不随魔所作解脱门；普观察大名称天王，得善诱诲一切诸天众令受行心清净解脱门。

尔时，时分天王承佛威力，普观一切时分天众，而说颂言：

佛于无量久远劫，已竭世间忧恼海，广辟离尘清净道，永耀众生智慧灯。

如来法身甚广大，十方边际不可得，一切方便无限量，妙光明天智能入。

生老病死忧悲苦，逼迫世间无暂歇，大师哀愍誓悉除，无尽慧光能觉了。

佛如幻智无所碍，于三世法悉明达，普入众生心行中，此善化天之境界。

总持边际不可得，辩才大海亦无尽，能转清净妙法轮，此是大光之解脱。

业性广大无穷尽，智慧觉了善开示，一切方便不思议，如是慧天之所入。

转不思议妙法轮，显示修习菩提道，永灭一切众生苦，此是轮脐方便地。

如来真身本无二，应物随形满世间，众生各见在其前，此是焰天之境界。

若有众生一见佛，必使净除诸业障，离诸魔业永无余，光照天王所行道。

一切众会广如海，佛在其中最威耀，普雨法雨润众生，此解脱门名称入。

复次，释迦因陀罗天王，得忆念三世佛出兴乃至刹成坏皆明见大欢喜解脱门；普称满音天王，得能令佛色身最清净广大世无能比解脱门；慈目宝髻天王，得慈云普覆解脱门；宝光幢名称天王，得恒见佛于一切世主前现种种形相威德身解脱门；发生喜乐髻天王，得知一切众生城邑宫殿从何福业生解脱门；端正念天王，得开示诸佛成熟众生事解脱门；高胜音天王，得知一切世间成坏劫转变相解脱门；成就念天王，得忆念当来菩萨调伏众生行解脱门；净华光天王，得了知一切诸天快乐因解脱门；智日眼天王，得开示一切诸天子受生善根俾无痴惑解脱门；自在光明天王，得开悟一切诸天众令永断种种疑解脱门。

尔时，释迦因陀罗天王承佛威力，普观一切三十三天众，而说颂言：

我念三世一切佛，所有境界悉平等，如其国土坏与成，以佛威神皆得见。

佛身广大遍十方，妙色无比利群生，光明照耀靡不及，此道普称能观见。

如来方便大慈海，往劫修行极清净，化导众生无有边，宝髻天王斯悟了。

我念法王功德海，世中最上无与等，发生广大欢喜心，此宝光天之解脱。

佛知众生善业海，种种胜因生大福，皆令显现无有余，此喜髻天之所见。

诸佛出现于十方，普遍一切世间中，观众生心示调伏，正念天王悟斯道。

如来智身广大眼，世界微尘无不见，如是普遍于十方，此云音天之解脱。

一切佛子菩提行，如来悉现毛孔中，如其无量皆具足，此念天王所明见。

世间所有安乐事，一切皆由佛出生，如来功德胜无等，此解脱处华王入。

若念如来少功德，乃至一念心专仰，诸恶道怖悉永除，智眼于此能深悟。

寂灭法中大神通，普应群心靡不周，所有疑惑皆令断，此光明王之所得。

复次，日天子，得净光普照十方众生尽未来劫常为利益解脱门；光焰眼天子，得以一切随类身开悟众生令入智慧海解脱门；须弥光欢喜幢天子，得为一切众生主令勤修无边净功德解脱门；净宝月天子，得修一切苦行深心欢喜解脱门；勇猛不退转天子，得无碍光普照令一切众生益其精爽解脱门；妙华缨光明天子，得净光普照众生身令生欢喜信解海解脱门；最胜幢光明天子，得光明普照一切世间令成办种种妙功德解脱门；宝髻普光明天子，得大悲海现无边境界种种色相宝解脱门；光明眼天子，得净治一切众生眼令见法界藏解脱门；持德天子，得发生清净相续心令不失坏解脱门；普运行光明天子，得普运日宫殿照十方一切众生令成就所作业解脱门。

尔时，日天子承佛威力，遍观一切日天子众，而说颂言：

如来广大智慧光，普照十方诸国土，一切众生咸见佛，种种调伏多方便。

如来色相无有边，随其所乐悉现身，普为世间开智海，焰眼如是观于佛。

佛身无等无有比，光明照耀遍十方，超过一切最无上，如是法门欢喜得。

为利世间修苦行，往来诸有无量劫，光明遍净如虚空，宝月能知此方便。

佛演妙音无障碍，普遍十方诸国土，以法滋味益群生，勇猛能知此方便。

放光明网不思议，普净一切诸含识，悉使发生净信解，此华缨天所入门。

世间所有诸光明，不及佛一毛孔光，佛光如是不思议，此胜幢光之解脱。

一切诸佛法如是，悉坐菩提树王下，令非道者住于道，宝髻光明如是见。

众生盲暗愚痴苦，佛欲令其生净眼，是故为然智慧灯，善目于此净观察。

解脱方便自在尊，若有曾见一供养，悉使修行至于果，此是德天方便力。

一法门中无量门，无量千劫如是说，所演法门广大义，普运光天之所了。

复次，月天子，得净光普照法界摄化众生解脱门；华王髻光明天子，得观察一切众生界令普入无边法解脱门；众妙净光天子，得了知一切众生心海种种攀缘转解脱门；安乐世间心天子，得与一切众生不可思议乐令踊跃大欢喜解脱门；树王眼光明天子，得如田家作业种芽茎等随时守护令成就解脱门；出现净光天子，得慈悲救护一切众生令现见受苦受乐事解脱门；普游不动光天子，得能持清净月普现十方解脱门；星宿王自在天子，得开示一切法如幻如虚空无相无自性解脱门；净觉月天子，得普为一切众生起大业用解脱门；大威德光明天子，得普断一切疑惑解脱门。

尔时，月天子承佛神力，普观一切月宫殿中诸天众会，而说颂曰：

佛放光明遍世间，照耀十方诸国土，演不思议广大法，永破众生痴惑暗。

境界无边无有尽，于无量劫常开导，种种自在化群生，华髻如是观于佛。

众生心海念念殊，佛智宽广悉了知，普为说法令欢喜，此妙光明之解脱。

众生无有圣安乐，沉迷恶道受诸苦，如来示彼法性门，安乐思惟如是见。

如来希有大慈悲，为利众生入诸有，说法劝善令成就，此目光天所了知。

世尊开阐法光明，分别世间诸业性，善恶所行无失坏，净光见此生欢喜。

佛为一切福所依，譬如大地持宫室，巧示离忧安隐道，不动能知此方便。

智火大明周法界，现形无数等众生，普为一切开真实，星宿王天悟斯道。

佛如虚空无自性，为利众生现世间，相好庄严如影像，净觉天王如是见。

佛身毛孔普演音，法云覆世悉无余，听闻莫不生欢喜，如是解脱光天悟。

注释

❶ 大正本原无"星宿……门"二十字，今依元、明、宫本增之。

❷ "天"，大正本原作"大"，今依三本及宫本改之。

❸ "妙"，大正本原作"王"，今依明本改之。

【白话语译】

这时，如来道场上海潮般的大众，已云集在一起。他们的品类无数，遍布各处，各自有其形体色相、眷属与部下。他们各从一方来到这里亲近、瞻仰世尊，一心充满了仰慕。这些如来道场上的大众，均已远离一切烦恼，断除从烦恼所生的心垢习性，也超越了山岳般高耸深重的业障，而能无碍地亲近佛陀。

这么多的众生，都是毗卢遮那如来在过去无数劫的时间中，广修菩萨圣行，以布施、爱语、利行、同事等四摄法❶所摄受过的众生。他们在每一个佛陀的道场种下善根之时，都已经善于摄持种种的方便法门，深受教化，根器都已成熟，而能安立在一切智慧的大道上。他们已经种下无量的善根，获得偌大的福报，进而汇集进入了方便的愿力大海。

这些众生的一切行为，都已经具足圆满，清净无碍，能自在出离世间的一切杂染，经常亲见诸佛，仔细观察与了解诸佛的微妙声音。他们以智慧理解诸佛的妙法及言语，进入了如来的功德大海当中，也得到佛陀的解脱法门，并具足各种游戏神通❷。

他们所具足的这些微妙自在的解脱法门，有大自在天王们所证得的解脱法门。如：妙焰海大自在天王，证得了法界、虚空界寂静方便力解脱门。这个解脱法门能照耀整个佛陀妙身，遍满整个法界虚空，无边无际。但是其体性却是寂灭，无性不可取的，而且具足了一切方便与威力，能够救度世间的一切。自在名称光天王，证得了普观一切法悉自在解脱门。这个法门能够普观如来法王出现于世间，以佛陀燃起世间妙法的智慧之灯，光明地教化众生，使其得到大自在。清净功德眼天王，证得了一切法不生、不灭、不来、不去之无功用行❸解脱门。这个法门证得了佛陀诸法的体性，乃离却一切的分别、一切的法相，既遍满十方而又无所染浊，且能够在其中显现清净的无功用行大道，使一切众生得到解脱。可爱乐大慧天王，证得了现见❹一切法真实相智慧海解脱门。这个法门能知如来智慧的真实相貌，了解一切诸法的真实相貌都是没有边际的，世间一切都不能以心识来测度，只有从现观当中，才能够真实地显现一切法。不动光自在天王，证得了与众生无边安乐大方便定解脱门。这个法门，能依佛陀的功德加持之故，给予众生无边的安乐，让众生进入无量大妙方便禅定，凡是见到具备这个法门的众生，都能够除灭烦恼，具足安乐方便。妙庄严眼天王，证得了令观寂静法灭诸痴暗怖解脱门。这个法门能够开启众生为迷暗愚痴所障蔽的心性，从如来所说的寂静妙法当中真实观照，成为照耀世间的智慧法灯。善思惟光明天王，证得了善入无边境界不起一切诸有思惟业解脱门。这个法门能够自在地遍入如来清净妙色所显现的无色境界，他在其中不会生起一切的思惟与执着，能够了知诸佛体性一如虚空。可爱乐大智天王，证得了普往十方说法而不动无所依解脱门。这个法门能够了知如来能以因缘说法，众生随类各得解脱。如来的音声没有任何的障碍，只要因缘具足，所教化的对象自然能得闻妙法，但是佛陀却宛如虚空一般恒住不动。普音庄严幢天王，证得了入佛寂静境界普现光明解脱门。这个法门能够进入佛陀寂静解脱的境界，而在一个寂灭无性的解脱境界当中，却又能同时自在出现于十方世界，具足一切圆满光明，进而普照世间。名称光善精进天王，证得了住自所悟处而以无边广大境界为所缘解脱门。这个法门能够安住在他所了悟之处再行深入，探知佛陀在无边的大劫海当中，为了众生勤求菩提，以神通示现教化一切，而显现出广大的境界。

这时，妙焰海天王承受佛陀威神力的加持，普遍观察一切的大自在天王，而演说如下的偈颂：

佛身广大普遍诸大会，充满法界无边无穷尽，
体性寂灭无性不可取，为救世间大悲而出现。
如来法王出现于世间，炽能燃照世为妙法灯，
境界无边亦无有穷尽，此自在名天王之所证。
佛身不思议离诸分别，了真实相十方无所有，
为世间广开清净佛道，如是净眼天王能观见。

如来智慧广大无边际，一切世间莫有能测者，

永灭众生愚痴迷暗心，大慧天王入此深安住。

如来功德广大不思议，众生见者一切烦恼灭，

普使世间获无边安乐，不动自在天王能观见。

众生痴暗常迷覆怖畏，如来为说观寂静妙法，

如是则照世间智慧灯，妙眼天王能知此方便。

如来无边清净妙色身，普现十方无有能比者，

此身无性亦无有依处，善思惟光明天所观察。

如来音声无限无障碍，堪受化者靡有不闻者，

佛寂然恒不动无所依，此乐大智天王之解脱。

寂静解脱天人依怙主，妙身十方无处不现前，

光明照耀遍诸满世间，此无碍法庄严幢所见。

佛于无边广大劫海中，为众生故勤求于菩提，

种种神通境界化一切，名称光善天王悟斯法。

接着，还有四禅广果天的天王们。如：可爱乐法光明幢天王，证得了普观一切众生根为说法断疑解脱门。这个法门能观察一切众生的根性，为其演说诸佛妙法；誓愿利乐众生，使其断除一切疑惑而心生信解。净庄严海天王，证得了随忆念令见佛解脱门。这个法门是当遇到能领受妙法的众生，即以佛陀的威神力加持而予以开导，使其能随心念而亲见佛陀现前。最胜慧光明天王，证得了法性平等无所依庄严身解脱门。这个法门能够了知一切诸法性空、无所依恃，诸佛之显现也是空性、平等无二，因此能够显现诸佛妙身庄严。自在智慧幢天王，证得了知一切世间法一念中安立不思议庄严海解脱门。这个法门能够了知世间的一切诸法、一切过去世的佛土，于一念当中都能够普遍显示，安立于不可思议的庄严世界海。乐寂静天王，证得了于一毛孔现不思议佛刹无障碍解脱门。这是诸佛大神通所加持的法门，能够于一个毛孔当中，显现出不可思议的诸佛国土。普智眼天王，证得了入普门❺观察法界解脱门。这个法门使其入于普门当中，显示

一切法门虽如无尽大海，却能普遍摄于一法界当中，能够观察如实法性。乐旋慧天王，证得了为一切众生种种出现无边劫常现前解脱门。这个法门是为了众生，而能于十方诸佛国土中，自在地演说；并在无量时间劫中，也愿常常现身其前。善种慧光明天王，证得了观一切世间境界入不思议法解脱门。这个法门能够观察世间一切的境界，了知其法性常至空寂，入于不可思议妙法。无垢寂静光天王，证得了示一切众生出要法解脱。这个法门能够了知一切众生出离的法要，随一切众生的根器教化，使他们离开一切障碍而得到解脱。广大清净光天王，证得了观察一切应化众生令入佛法解脱门。这个法门能观察一切应化的众生，为了使其受益而加以教化调伏，使他们趣入佛法当中。

这时，可爱乐法光明幢天王承受佛陀威神力的加持，普遍观察四禅天的一切少广天、无量广天、广果天的天众，而演说如下的偈颂：

> 诸佛境界不可思议，一切众生莫能测度，
> 普令其心生深信解，广大意乐无有穷尽。
> 若有众生堪受斯法，佛威神力能开导彼，
> 令其恒睹佛随现前，庄严海天王如是见。
> 一切法性无所依恃，佛现世间亦复如是，
> 普于诸有无有依处，此义胜智善能观察。
> 随诸众生心之所欲，佛神通力皆能示现，
> 各各差别不可思议，此智幢王念解脱海。
> 过去所有诸佛国土，一毛孔中普皆示现，
> 此是诸佛大神通力，爱乐寂静广能宣说。
> 一切法门无尽大海，同会一法胜道场中，
> 如是法性佛所宣说，智眼能明此妙方便。
> 十方所有诸佛国土，悉在其中现前说法，
> 佛身无去亦无有来，爱乐慧旋所证境界。
> 佛观世法宛如光影，入彼甚深幽秘奥处，

说诸法性常住寂然，善种思惟能见此义。

佛善了知一切境界，随众生根雨诸法雨，

为启难思出要法门，此寂静天所能悟入。

世尊恒以大慈悲心，利益众生而出示现，

等雨法雨充其根器，清净光天能广演说。

接着，还有三禅遍净天的天王们。如：清净慧名称天王，证得了达一切众生解脱道方便解脱门。这个法门能通晓法性没有障碍，而以方便导引一切众生入于解脱道。最胜见天王，证得了随一切诸天众所乐如光影普示现解脱门。这个法门能随应所有天众的乐欲而示现，且如水中月影，无有去来，无所依恃。寂静德天王，证得了普严净一切佛境界大方便解脱门。这个法门能普遍庄严一切诸佛的境界，具备一切的方便。须弥音天王，证得了随诸众生永流转生死海解脱门。这个法门能随众生流转于生死大海，随时示现，以清净之道来引导他们，使其得到解脱。净念眼天王，证得了忆念如来调伏众生行解脱门。这个法门能够时时忆念诸佛所行的无上妙道，调伏众生一切行为，而示现种种方便。可爱乐普照天王，证得了普门陀罗尼❻海所流出解脱门。这个法门是能得到普门总持大海，就宛如诸佛刹海❼微尘般众多，而从普门总持中普遍示教一切众生。世间自在主天王，证得了能令众生值佛生信藏解脱门。这个法门能使众生于如来出世之时，心中生现无量信解宝藏。光焰自在天王，证得了能令一切众生闻法信喜而出离解脱门。这个法门能使一切众生在闻法之后，心生净信与喜悦，出离轮回大海。乐思惟法变化天王，证得了入一切菩萨调伏行如虚空无边无尽解脱门。这个法门能使一切众生发起大悲心，入一切菩萨行而受调伏，使其脱离烦恼大海。变化幢天王，证得了观众生无量烦恼普悲智解脱门。这个法门能观察众生沉没于无量无边的烦恼，因而普遍生起悲悯之心，依智慧救度，使其永离诸苦。星宿音妙庄严天王，证得了放光现佛三轮❽摄化解脱门。这个法门能放射无边的光明，而在光中化现无量诸佛来广度众生。

这时，清净慧名称天王在佛陀威神力的加持下，普遍观察三禅天的一切少净天、无量净天、遍净天大众，而宣说如下的偈颂：

> 了知法性无有障碍者，普现十方无量佛刹海，
> 说佛境界方便不思议，令众同归寂灭解脱海。
> 如来处世无所依恃处，譬如光影普现众国土，
> 法性究竟无性无生起，此最胜见天王所入门。
> 无量劫海修持大方便，普严净十方诸佛国土，
> 法界如如❾常寂灭不动，此寂静德天王之所悟。
> 众生愚痴顽迷所覆障，盲暗恒居生死流转中，
> 如来示以清净解脱道，此须弥音天王之解脱。
> 诸佛所行无上菩提道，一切众生莫有能测者，
> 示以种种方便解脱门，净眼天王谛观能悉了。
> 如来恒以普门总持海，譬如诸佛刹海微尘数，
> 开示教化众生遍一切，普照天王由此能悟入。
> 如来出世值遇甚为难，无量劫海吉时方一遇，
> 能令众生普生大信解，此世自在天王之所得。
> 佛说法性皆无性无生，甚深广大诚不可思议，
> 普使众生闻法生净信，光焰自在天王能善了。
> 三世如来功德皆圆满，化众生界无尽不思议，
> 于彼思惟心生大庆悦，如是乐法天王能开演。
> 众生没在烦恼大海中，愚痴见浊甚深可怖畏，
> 大师普悲哀悯令永离，此变化幢天王所观境。
> 如来恒放无边大光明，一一光中普现无量佛，
> 各各现化广大众生事，此妙音天王所悟入门。

接着，还有二禅光音天的天王们。如：可爱乐光明天王，证得了恒受寂静乐而能降现消灭世间苦解脱门。这个法门能信受寂静妙乐，在当下消灭一切世间苦恼。清净妙光天王，证得了大悲心相应海一切众生喜乐藏解

脱门。这个法门能与诸佛的大悲心相应，从而生起宛如大海般的广大悲心，使一切众生生起无限妙乐。自在音天王，证得了一念中普现无边劫一切众生福德力解脱门。这个法门能在一念当中，普遍现起无边时劫里一切众生的诸福德力。最胜念智天王，证得了普使成住坏❿一切世间皆悉如虚空清净解脱门。这个法门能使一切的世间，在佛陀威神力的加持下，其成、住、坏、空皆宛如虚空般清净。可爱乐净妙音天王，证得了爱乐信受一切圣人⓫法解脱门。这是一个喜爱并信受一切诸佛菩萨妙法的法门。善思惟音天王，证得了能经劫住演说一切地义及方便解脱门。这是能于无量的大劫海当中，演说一切修行诸地的妙义及其方便的解脱法门。演庄严音天王，证得了一切菩萨从兜率天宫没下生时大供养方便解脱门。这是一切最后生菩萨从兜率天宫下生人间时，具足了成道的大方便，而有无边大供养的解脱法门。甚深光音天王，证得了观察无尽神通智慧海解脱门。这是能观察佛陀无尽如海的神通智慧，使一切众生依其根器而得清净的解脱法门。广大名称天王，证得了一切佛功德海满足出现世间方便力解脱门。这个法门能证得一切诸佛的功德大海而慈心应现，为满足一切众生而出现世间。最胜净光天王，证得了如来往昔誓愿力发生深信爱乐藏解脱门。这是得到诸佛如来往昔所修习的菩提胜行，与诸佛如来所具足的大誓愿力，从而心生信解与爱乐的解脱法门。

这时，可爱乐光明天王承受佛陀威神力的加持，普遍观察一切少光天、无量光天、极光天的天众，而宣说如下的偈颂：

我念如来往昔诸所行，承事供养无边诸佛陀，
如本信心清净广大业，以佛威神力于今悉见。
佛身无相远离众垢秽，恒住慈悲相应哀悯地，
世间忧患皆悉使除灭，此是妙光天王之解脱。
佛法广大皆无涯无际，一切刹海于中普现前，
如其成坏各各有不同，此自在音天王解脱力。
佛之神通威力无与等，普现十方广大一切刹，

悉令庄严清净常现前，胜念天王解脱之方便。

如诸国土刹海微尘数，所有诸佛如来咸敬奉，

闻法离染信受不唐捐⓬，此净妙音天王法门用。

佛陀经于无量大劫海，演说诸地方便无伦匹，

所说无边亦无有穷尽，善思惟音天王知此义。

如来神通变化无量门，一念普现及于一切处，

兜率降神成道大方便，此庄严音天王之解脱。

诸佛威力所持能演说，及现诸佛神通智慧事，

随其根欲普悉令清净，甚深光音天王解脱门。

如来智慧方便无边际，一切世中无等⓭无所着，

慈心应物满足普现前，广大名称天王悟斯道。

佛昔誓愿修习菩提行，供养十方一切诸佛陀，

一一佛所普发大誓心，最胜光天王闻大欢喜。

接着，还有初禅大梵天的天王们。如：尸弃梵王，他证得了普住十方道场中说法而所行清净无染着解脱门。这个法门能使其普遍安住于十方道场之中，演说一切妙法；同时所行清净，没有任何的染着。慧光梵王，证得了使一切众生入禅三昧住解脱门。这是能使众生安住于禅定三昧的解脱法门。善思慧光明梵王，证得了普入一切不思议法解脱门。这是能使众生入于佛陀不可思议的一切妙法的解脱法门。普云音梵王，证得了入诸佛一切音声海解脱门。这个法门能够使其入于诸佛如来的一切音声大海，如同诸佛以胜妙之音流布一切世间，以一音说法就能使众生得到解脱。观世言音自在梵王，证得了能忆念菩萨教化一切众生方便解脱门。这是能够趣入菩提胜行，忆念起菩萨教化一切众生所具足的方便解脱法门。寂静光明眼梵王，证得了现一切世间业报相各差别解脱门。这是能了知一切众生所有诸根业报的现象，与其差别因缘的解脱法门。普光明梵王，证得了随一切众生品类差别皆现前调伏解脱门。这是能够于无量的法门中皆得自在，随着众生种种品类的差别而现前调伏无碍的解脱法门。变化音梵王，证得了

住一切法清净相寂灭行境界解脱门。这是了知一切诸法清净无碍的相貌，而能具足寂灭胜行的解脱法门。光耀眼梵王，证得了于一切有❶无所着、无边际、无依止、常勤出现解脱门。这是了知一切身相、智慧、音声没有边际，而能不执着、无所依止，勤于众生之前现身的解脱法门。悦意海音梵王，证得了常思惟观察无尽法解脱门。这个法门能够经常思惟观察诸佛之法身光明，以及无穷亦无尽的法性。

这时，尸弃大梵王承受佛陀威神力之加持，普遍观察一切初禅的梵身天、梵辅天、梵众天、大梵天众，而宣说如下的偈颂：

佛身清净且常住寂灭，光明照耀普遍诸世间，
普住无相无行无影像，譬如虚空之云如是见。
佛身如是禅定妙境界，一切众生无有能测者，
示彼难思方便三昧门，此慧光明王之所悟入。
佛刹微尘无量法门海，一言演说一切尽无余，
如是劫海演说不能穷，善思慧光明王之解脱。
诸佛圆音普遍等世间，众生随类一一各得解，
而于音声皆是不分别，普云音梵天王如是悟。
三世所有一切诸如来，趣入菩提无不方便行，
一切皆于佛陀身示现，观世自在音天之解脱。
一切众生业报相差别，随其因缘感应种种殊，
世间如是佛皆普应现，寂静光明梵天能悟入。
无量法门现前皆自在，调伏各类众生遍十方，
亦不于中生起诸分别，此是普光明王之境界。
佛身寂灭如空不可尽，清净无相无碍遍十方，
所有应现皆如幻如化，变化音梵天王悟斯道。
如来身相广大无有边，智慧音声妙法亦如是，
处世现形无佑无所着，光耀眼梵天王入此门。
法王安处无应妙法宫，法身光明法界无不照，

法性无比寂灭无诸相，此悦意海音王之解脱。

接着，还有欲界的最上天——第六天的自在天众。如：自在天王，他证得了现前成熟无量众生自在藏解脱门。这个法门能了知佛的法身周遍于一切法界，能普遍因应于众生的因缘，示现在他们之前，而成熟众生，使其总持自在。善目主天王，证得了观察一切众生乐令入圣境界乐解脱门。这是观察一切众生之乐，使其得知诸佛微妙境界之乐胜于世间之乐，从而进入胜妙境界享受大乐的解脱法门。妙宝幢冠天王，证得了随诸众生种种欲解令起行解脱门。这是了知如来普遍出现于十方世界，为普应一切众生之所欲而说法，使其断除一切疑惑，起而修行的解脱法门。勇猛慧天王，证得了普摄为一切众生所说义解脱门。这是普遍摄持诸佛所说法要，而为一切众生解说其义的解脱法门。妙音句天王，证得了忆念如来广大慈增进自所行解脱门。这是忆念诸佛如来广大的慈悲，知其不可思议，为世间的一切所不及，从而增进自身所行的解脱法门。妙光幢天王，证得了示现大悲门摧灭一切骄慢幢解脱门。这是依于如来的大悲妙用，示现诸佛如来的大悲之门，而摧毁众生如山一般的贡高骄慢，使他们解脱的法门。寂静境天王，证得了调伏一切世间嗔害心解脱门。这是以智慧的光明，照耀世间众生痴暗嗔怒之心，使其得到解脱的法门。妙轮庄严幢天王，证得了十方无边佛随忆念悉来赴解脱门。这是能请十方诸佛随其忆念而示现于前的解脱法门。华光慧天王，证得了随众生心念普现成正觉解脱门。这是了知如来法性平等，遍满一切法界虚空中，能够随一切众生的心念，示现诸佛成就正觉的解脱法门。因陀罗妙光天王，证得了普入一切世间大威力自在法解脱门。这是能够普入一切世间中，显现大威力演说一切自在妙法的解脱法门。

这时，自在天王承受着佛陀威神力的加持，普遍观察一切自在天的天众，而宣说如下的偈颂：

佛身周遍等诸法界，普应众生悉皆现前，

种种教门常化诱导，于法自在善能开悟。

世间所有种种胜乐，圣寂灭乐是为最胜，

住于广大法性之中，妙眼天王观深见此。

如来出现遍满十方，普应群心而说妙法，

一切疑念尽皆除断，此妙幢冠天解脱门。

诸佛遍世演妙法音，无量劫中所说胜法，

能以一言咸说圆尽，勇猛慧天之解脱门。

世间所有广大慈心，不及如来之一毫分，

佛慈如空不可说尽，此妙音天王之所得。

一切众生骄慢高山，十力❶摧殄悉无有余，

此是如来大悲妙用，妙光幢王所行胜道。

慧光清净遍满世间，若有见者除诸痴暗，

令其远离诸嗔恶道，寂静天王了悟斯法。

毛孔光明善能演说，等众生数诸佛名称，

随其所乐悉念得闻，此妙轮幢天之解脱。

如来自在不可测量，法界虚空悉皆充满，

一切众会皆能明睹，此解脱门华慧天入。

无量无边广大劫海，普现十方而说妙法，

未曾见佛有去有来，此主光天之所悟入。

接着，还有欲界第五天的化乐天众。如：善化天王，证得了开示一切业变化力解脱门。这是能够承佛威神力的加持，知道世间一切诸业的千变万化、不可思议，于此自在开示的解脱法门。寂静音光明天王，证得了舍离一切攀缘❶解脱门。这是了知诸佛法性空无所有，十方觅求而不可得，所以能舍弃、离却一切攀缘而得自在的解脱法门。变化力光明天王，证得了普灭一切众生痴暗心令智慧圆满解脱门。这是知晓诸佛修行是为了消灭世间的愚痴昏暗，所以能具足诸佛清净光明的威力，普遍灭除了众生的愚痴昏暗，使他们智慧圆满的解脱法门。庄严主大王，证得了示现无边悦意声解脱门。这是证入了如来的微妙音声，而能示现无边无际的悦意妙声，使众生得以解脱的法门。念光天王，证得了了知一切佛无尽福德相解脱门。这是了知一切诸佛具足无量的福德，如虚空般没有穷尽，所以能显现一切的相好⑰，而趋入解脱的法门。最上云音天王，证得了普知过去一切劫成坏次第解脱门。这是了知无量无数劫数的成、住、坏、空所有次第的解脱法门。胜光天王，证得了开悟⑱一切众生智解脱门。这是开示众生，使其得悟，进而具足诸佛智慧的解脱法门。妙髻天王，证得了舒光疾满十方虚空界解脱门。这是能够舒放圆满的光明，使之迅速的遍满十方虚空法界的解脱法门。喜慧天王，证得了一切所作无能坏精进力解脱门。这是具足一切精进力所做的妙行，宛如金刚无法破坏的解脱法门。华光髻天王，证得了知一切众生业所受报解脱门。这是了知一切众生所有业报因缘的解脱法门。普见十方天王，证得了示现不思议众生形类差别解脱门。这是观得诸佛的每一毛孔皆能示现无数众生的解脱法门。

这时，善化天王承着佛陀威神力的加持，普遍观察一切化乐天的天众，而宣说如下的偈颂：

世间业性不可思议，佛为群迷普悉开示，
巧说因缘真实至理，一切众生诸差别业。

种种观佛见无所有，十方求觅不可得见，
法身示现无真实性，此法寂音天之所见。

佛于劫海修诸智行，为灭世间痴暗迷惑，
是故清净最胜照明，此是力光心天所悟。

世间所有微妙音声，无有能比如来法音，
佛以一音普遍十方，入此解脱庄严主天。

世间所有众福德力，不与如来一相好等，
如来福德等同虚空，此念光天王所观见。

三世所有无量劫海，如其成败现种种相，
佛一毛孔普皆能现，最上云音天所了知。

十方虚空若可知量，佛毛孔量不可得知，

如是无碍不可思议，妙髻天王已能了悟。

佛于曩世无量劫来，具修广大波罗蜜行，

勤行精进无有厌怠，喜慧天能知此法门。

业性因缘不可思议，佛为世间咸皆演说，

法性本净无有诸垢，此是华光天之入处。

汝应观佛一一毛孔，一切众生悉在其中，

彼亦不来亦无有去，此普见王之所了悟。

　　接着，还有欲界第四天的兜率天众。如：知足天王，证得了一切佛出兴世圆满教轮解脱门。这是能了知一切诸佛出世大转法轮，而使众生得清净法要，使世间圆满的解脱法门。喜乐海髻天王，证得了尽虚空界清净光明身解脱门。这是能目睹普现于十方的诸佛，其种种清净光明的妙色之身的解脱法门。最胜功德幢天王，证得了消灭世间苦净愿海解脱门。这是能以诸佛的清净大愿海，消灭世间一切诸苦的解脱法门。寂静光天王，证得了普现身说法解脱门。这是了知诸佛法身遍满法界，而能于各处演说妙法的解脱法门。善目天王，证得了普净一切众生界解脱门。这是能普遍演说寂静法，清净一切众生的解脱法门。宝峰月天王，证得了普化世间常现前无尽藏解脱门。这是能了知诸佛为救度众生令其依归，而于无尽时空常现世间的解脱法门。勇健力天王，证得了开示一切佛正觉境界解脱门。这是能开示诸佛的不可思议之境界的解脱法门。金刚妙光天王，证得了坚固一切众生菩提心令不可坏解脱门。这是能令一切众生闻佛功德之后，发起菩提心，永固不坏的解脱法门。星宿幢天王，证得了一切佛出兴咸亲近观察调伏众生方便解脱门。这是能亲近供养一切诸佛所在，而听闻方便妙法的解脱法门。妙庄严天王，证得了一念悉知众生心随机应现解脱门。这是能于一念中，通晓众生心海，而随机应现的解脱法门。

　　这时，知足天王承着佛陀威神力的加持，普遍观察一切兜率天的天众，而宣说如下的偈颂：

如来广大遍满法界，于诸众生悉皆平等，

普应群情阐说妙门，令人难思清净法要。

佛身普现于十方界，无着无碍不可执取，

种种色相世咸睹见，此喜髻天之所悟入。

如来往昔修诸胜行，清净大愿深度如海，

一切佛法皆令圆满，胜德天能知此方便。

如来法身不可思议，如影分形普等法界，

处处阐明一切胜法，寂静光天之解脱门。

众生业惑之所缠覆，骄慢放逸心驰放荡，

如来为说寂静妙法，善目天照知心喜庆。

一切世间真实导师，为救为归而出现世，

普示众生真安乐处，峰月天于此能深入。

诸佛境界不可思议，一切法界皆悉周遍，

入于诸法到达彼岸，勇慧见此心生欢喜。

若有众生堪能受化，闻佛功德趣向菩提，

令住福海常自清净，妙光于此善能观察。

十方刹海如微尘数，一切佛所皆往集会，

恭敬供养听闻妙法，此庄严幢天之所见。

众生心海不可思议，无住无动无有依处，

佛于一念皆悉明见，妙庄严天斯能善了。

接着，还有欲界第三天的夜摩天众。如：时分天王，证得了发起一切众生善根令永离忧恼解脱门。这是能发起一切众生的善根因缘，令他们永离忧苦烦恼的解脱法门。妙光天王，证得了普入一切境界解脱门。这是了知如来法身广大无边，而能以一切方便进入所有境界，令众生永离忧苦烦恼的解脱法门。无尽慧功德幢天王，证得了灭除一切患大悲轮解脱门。这是以如来的大悲，来灭除一切众生之忧悲苦患的解脱法门。善化端严天王，证得了了知三世一切众生心解脱门。这是以如幻智慧，了知三世一切众生行门的解脱法门。总持大光明天王，证得了陀罗尼门光明忆持一切法无忘失解脱门。这是通晓总持无边无际的光明，以无碍的辩才常转清净法轮的解脱法门。不思议慧天王，证得了善入一切业自性不思议方便解脱门。这是了知业性广大无穷无尽，而能入一切不可思议方便的解脱法门。轮脐天王，证得了转法轮成熟众生方便解脱门。这是能转一切不可思议的法轮，而永灭一切众生苦恼的解脱法门。光焰天王，证得了广大眼普观众生而往调伏解脱门。这是能普观众生，而随应前往调伏的解脱法门。光照天王，证得了超出一切业障不随魔所作解脱门。这是能使众生净除一切业障，远离一切魔业的解脱法门。普观察大名称天王，证得了善诱诲一切诸天众令受行心清净解脱门；这是能于一切诸天集会中，循循善诱，殷殷教诲，令众生清净修行的解脱法门。

这时，时分天王承着佛陀威神力的加持，普遍观察一切夜摩天的天众，而宣说如下的偈颂：

佛于无量久远劫来，已竭世间忧恼大海，
广辟离尘清净胜道，永耀众生智慧法灯。
如来法身甚为广大，十方边际了不可得，
一切方便无有限量，妙光明天智慧能入。
生老病死忧悲苦恼，逼迫世间无有暂歇，
大师哀悯誓悉除脱，无尽慧光乃能觉了。
佛如幻智无所障碍，于三世法悉通明达，
普入众生诸心行中，此善化天王之境界。
总持边际了不可得，辩才大海亦无穷尽，
能转清净妙胜法轮，此是大光天之解脱。
业性广大无有穷尽，智慧觉了善能开示，
一切方便不可思议，如是慧天之所悟入。
转不思议胜妙法轮，显示修习菩提大道，
永灭一切众生苦恼，此是轮脐天方便地。

如来真身本无二性，应物随形遍满世间，

众生各见现在其前，此是火焰天之境界。

若有众生得一见佛，必使净除一切业障，

离诸魔业永无有余，光照天王所行大道。

一切众会广大如海，佛在其中光最威耀，

普雨法雨润诸众生，此解脱门名称天入。

接着，还有欲界第二天的忉利天众。如：释迦因陀罗天王，证得了忆念三世佛出兴乃至刹成坏皆明见大欢喜解脱门。这是能忆念三世一切诸佛的所有境界悉皆平等的解脱法门。普称满音天王，证得了能令佛色身最清净广大世无能比解脱门。这是能观见佛身广大遍十方，光明清净利群生的解脱法门。慈目宝髻天王，证得了慈云❶普覆解脱门。这是以方便大慈海，化导无量众生的解脱法门。宝光幢名称天王，证得了恒见佛于一切世主前现种种形相威德身解脱门。这是恒见佛于一切世间现种种威德之相，而心中生起广大欢喜心的解脱法门。发生喜乐髻天王，证得了知一切众生城邑宫殿从何福业生解脱门。这是了知众生的一切善业因缘，而令生福德的解脱法门。端正念天王，证得了开示诸佛成熟众生事解脱门。这是了知诸佛于十方世间中，观众生之心而调伏的解脱法门。高胜音天王，证得了知一切世间成坏劫转变相❷解脱门。这是了知一切世间所有时劫乃至微尘的解脱法门。成就念天王，证得了忆念当来菩萨调伏众生解脱门。这是了知一切候补佛位的菩萨之菩提胜行，都能在诸佛的毛孔中一一示现，如此忆念则能见贤思齐的解脱法门。净华光天王，证得了了知一切诸天快乐因解脱门。这是了知世间所有安乐之事，皆因诸佛的殊胜功德而出生的解脱法门。智日眼天王，证得了开示一切诸天子受生善根俾无痴惑解脱门。这是开示一切诸天子，只要能以念佛之极微功德，或者于一念之间对佛生出专一仰慕之心，都能去除痴惑，人天受生，永离三恶道的解脱法门。自在光明天王，证得了开悟一切诸天众令永断种种疑惑解脱门。这是于寂灭法中显大神通，开悟一切诸天众，令他们所有的疑惑皆断除的解脱法门。

这时，释迦因陀罗天王承着佛陀威神力的加持，普遍观察一切忉利天的天众，而宣说如下的偈颂：

我念三世一切诸佛，所有境界悉皆平等，
如其国土现坏与成，以佛威神悉皆得见。
佛身广大遍满十方，妙色无比利益群生，
光明照耀无有不及，此道普称天能观见。
如来方便大慈云海，往劫修行最极清净，
化导众生无有边际，宝髻天王斯能悟了。
我念法王功德大海，世中最上无与等比，
发生深广大欢喜心，此宝光天之解脱门。
佛知众生善业大海，种种胜因生大福报，
皆令显现无有余留，此喜髻天王之所见。
诸佛出现于十方界，普遍一切世间之中，
观众生心示现调伏，正念天王能悟斯道。
如来智身具广大眼，世界微尘无不能见，
如是普遍于十方界，此云音天王之解脱。
一切佛子菩提胜行，如来悉现毛孔之中，
如其无量普皆具足，此念天王所明见道。
世间所有妙安乐事，一切皆由诸佛出生，
如来功德殊胜无等，此解脱处华光王入。
若念如来微少功德，乃至一念净心专仰，
诸恶道怖悉能永除，智眼天于此能深悟。
寂灭法中显大神通，普应群心靡不周遍，
所有疑惑皆令断除，此光明王之所得入。

接着，更有以慧破除阴暗，以智照耀显现的日天子大众。如：日天子，证得了净光普照十方众生尽未来劫常为利益解脱门。这是以如来的广大智慧光明，普遍照耀十方的国土，于无穷时劫常无间断地调伏众生，令得利益的解脱法门。光焰眼天子，证得了以一切随类身开悟众生令入智慧海解脱。这是能随应所度化的种类而示现佛身，开悟众生，令其趣入智慧海的解脱法门。须弥光欢喜幢天子，证得了为一切众生主令勤修无边净功德解脱门。这是了知诸佛为一切众生所依归，而令其勤修绝染，一行契理的解脱法门。净宝月天子，证得了修一切苦行深心欢喜解脱门。这是能于无量劫中，为利益世间修一切苦行，故深心欢喜的解脱法门。勇猛不退转天子，证得了无碍光普照令一切众生益其精爽㉑解脱门。这是以无碍光明普照十方国土，令一切众生资益善法的解脱法门。妙华缨光明天子，证得了净光普照众生身令生欢喜信解海解脱门。这是能放出清净光明，普照一切众生，令其生起欢喜信解之心的解脱法门。最胜幢光明天子，证得了光明普照一切世间令成办种种妙功德解脱门。这是了知世间所有的光明，都不及诸佛一毛孔的光明，而以此光明普照世间，故能成办种种神妙功德的解脱法门。宝髻普光明天子，证得了大悲海现无边境界种种色相宝解脱门。这是了知佛以无缘大悲坐于菩提树王之下，现出无边的境界，以及种种色相的解脱法门。光明眼天子，证得了净治一切众生眼令见法界藏解脱门。这是以智慧之灯除去众生之盲暗，令其得清净法眼的解脱法门。持德天子，证得了发生清净相续心令不失坏解脱门。这是于佛所在之处，见一发清净心供养者，能令其清净心相续不断至于菩提佛果的解脱法门。普运行光明天子，证得了普运日宫殿照十方一切众生令成就所作业解脱门。这是普遍运行无量法门，照耀十方一切众生，令其成就所有善业的解脱法门。

这时，日天子承着佛陀威神力的加持，普遍观察一切日天子天众，宣说如下的偈颂：

> 如来广大无上智慧光，普照十方诸佛刹国土，
> 一切众生咸能见诸佛，种种调伏无量多方便。
> 如来色相本无有边际，随其所乐悉皆曾现身，
> 普为世间开启智慧海，焰眼天子如是观于佛。

佛身无等无有能比伦，光明照耀普遍满十方，
超过一切世间最无上，如是法门欢喜天子得。
为利世间现修大苦行，往来诸有于无量劫中，
光明遍净宛如虚空中，宝月天子能知此方便。
佛演妙音无有诸障碍，普遍十方诸刹国土中，
以法滋味利益诸群生，勇猛天子能知此方便。
放净光明网不可思议，普照清净一切诸含识❷，
悉使发生甚深信解海，此妙华缨光天所入门。
一切世间所有诸光明，不及诸佛一毛孔光明，
佛光如是普照不思议，此胜幢光天之解脱门。
一切诸佛妙法本如是，悉皆端坐菩提树王下，
令非道者住于佛道中，宝髻光明天子如是见。
众生盲暗具愚痴苦恼，佛欲令其出生清净眼，
是故为然智慧法界灯，善目天子于此深观察。
解脱方便不坏自在尊，若有曾见为一供养者，
悉使修行至于无上果，此是持德天子方便力。
一法门中具足无量行，无量千劫如是恒演说，
所演法门广大无边义，普运光明天子之所了。

　　接着，更有以清凉慈照生死夜的月天子大众。如：月天子，证得了净
光普照法界摄化众生解脱门。这是放清净光明普照诸国土，以破除众生的
迷痴与惑暗的解脱法门。华王髻光明天子，证得了观察一切众生界令普入
无边法解脱门。这是以悲心普遍观察无边境界的一切众生，自在普化令入
无边法的解脱法门。众妙净光天子，证得了知一切众生心海种种攀缘转解
脱门。这是了知一切众生的心性本来湛然常住，但为境界之风所动，而攀
缘流转的解脱法门。安乐世间心天子，证得了与一切众生不可思议乐令踊
跃大欢喜解脱门。这是一个能开示性法门，令一切众生入初地，证得圣智
涅槃之真乐的解脱法门。树王眼光明天子，证得了如田家作业种芽茎等随

时守护令成就解脱门。这是能如农夫种田般随时守护着众生，说法劝善，令其成就佛果的解脱法门。出现净光天子，证得了慈悲救护一切众生令现见受苦受乐事解脱门。这是以慈给与快乐，以悲拔除诸苦，令众生了知业性因果，而能断恶修善的解脱法门。普游不动光天子，证得了能持清净月普现十方解脱门。这是能持佛智与大悲，使众生明见正觉，离弃诸苦普得清凉的解脱法门。星宿王自在天子，证得了开示一切法如幻如虚空无相无自性解脱门。这是能以佛之大智光明，开示一切真实道，令众生了知一切法如幻如虚空，无相无自性的解脱法门。净觉月天子，证得了普为一切众生起大业用解脱门。这是因悲愿力之故，而为众生示现相好庄严之佛身的解脱法门。大威德光明天子，证得了普断一切疑惑解脱门。这是了悟佛身之毛孔能普遍演音说法，而使听闻者断除一切解脱疑惑之解脱法门。

这时，月天子承佛陀威神力的加持，普遍观察一切月宫殿中的天众，宣说如下的偈颂：

佛放光明遍满诸世间，照耀十方法界诸国土，
恒演不可思议广大法，永破众生痴迷与惑暗。
境界无边更无有穷尽，于无量劫来常示开导，
种种自在普化众群生，华髻天子如是观于佛。
众生心海念念种种殊，佛智宽广悉皆能了知，
普为说法令众得欢喜，此妙光明天子之解脱。
众生无有圣安乐欢喜，沉迷恶道常受诸苦难，
如来示彼难思法性门，安乐天子思惟如是见。
如来希有广大胜慈悲，为利众生普入于诸有，
说法劝善令彼皆成就，此树王目光天所了知。
世尊开阐法要示光明，分别世间诸业之体性，
善恶所行无有失坏时，净光天子见此生欢喜。
佛为一切胜福之所依，譬如大地能持诸宫室，
巧示离忧安隐解脱道，不动光天能知此方便。

智火大明周遍诸法界，现形如幻无数等众生，

普为一切开示真实道，星宿王天能了悟斯道。

佛如虚空无相无自性，为利众生普现于世间，

相好庄严如幻如影像，净觉月天王能如是见。

佛身毛孔普演妙法音，法云覆世悉皆无有余，

听闻莫不心生大欢喜，如是解脱光天所悟入。

【注释】

❶ 布施、爱语、利行、同事名为四摄法，乃菩萨摄化众生之法。

❷ 游戏神通：指出入自在，妙用难测。

❸ 无功用行：指不假借身、口、意之造作，而任运自在之行。

❹ 现见："现实而见"之意，与了知不同，即直观。

❺ 于一门中摄持一切门，名为普门，即每一门皆各收摄全法界之意。

❻ 陀罗尼：梵语 dhāraṇī，意译为"总持"。于一法门中总摄一切法，受持无量义，故名为总持。

❼ 刹海："刹"，梵语 kṣetra，译作"田"，又译作"土"，即国土之意。海则表示深广之意。

❽ 三轮：指佛的身、口、意三业，因为佛的身、口、意三业能摧破碾碎众生的一切惑业，所以称为三轮。

❾ 如如：指不动、寂静、平等不二，不起颠倒分别的自性境界。

❿ 成住坏：为世界的成立、止住、坏灭，遂归于虚空。

⓫ 圣人：指佛、菩萨。

⓬ 不唐捐："不虚弃"的意思。

⓭ 无等：无同等者，"最胜"之意。

⓮ 有："生存"之意，指生于诸种界趣的有情众生，有生死烦恼的意思。

⓯ 十力：佛有胜妙力用十种，称为如来十力，即：一，知是处非处智力；二，知三世业报智力；三，知诸禅解脱三昧智力；四，知智根胜劣智力；五，知种种解智

力；六，知种种界智力；七，知一切至所道智力；八，知天眼无碍智力；九，知宿命无漏智力；十，知永断习气智力。

⓰ 攀缘："攀取缘虑"之意，为惑病之根本。

⓱ 相好：极好的相貌，即指佛身的三十二相与八十种好。

⓲ 开悟："开示悟入"之意。开示依佛之教导，悟入由众生之信解。

⓳ 佛陀的大悲不择冤亲，如云无心普遍覆盖，故称为"慈云"。

⓴ 成劫与坏劫之间为住劫，此间为世界的转变相。

㉑ 精爽：即精气。

㉒ 含识：含有心识者，即有情众生。

卷第三

世主妙严品第一之三

【原典】

复次，持国乾闼婆王，得自在方便摄一切众生解脱门；树光乾闼婆王，得普见一切功德庄严解脱门；净目乾闼婆王，得永断一切众生忧苦出生欢喜藏解脱门；华冠乾闼婆王，得永断一切众生邪见惑解脱门；喜步普音乾闼婆王，得如云广布普荫泽一切众生解脱门；乐摇动美目乾闼婆王，得现广大妙好身令一切获安乐解脱门；妙音师子幢乾闼婆王，得普散十方一切大名称宝解脱门；普放宝光明乾闼婆王，得现一切大欢喜光明清净身解脱门；金刚树华幢乾闼婆王，得普滋荣一切树令见者欢喜解脱门；普现庄严乾闼婆王，得善入一切佛境界与众生安乐解脱门。

尔时，持国乾闼婆王承佛威力，普观一切乾闼婆众，而说颂言：

诸佛境界无量门，一切众生莫能入，善逝如空性清净，普为世间开正道。

如来一一毛孔中，功德大海皆充满，一切世间咸利乐，此树光王所能见。

世间广大忧苦海，佛能消竭悉无余，如来慈愍多方便，净目于此能深解。

十方刹海无有边，佛以智光咸照耀，普使涤除邪恶见，此树华❶

王所入门。

佛于往昔无量劫，修习大慈方便行，一切世间咸慰安，此道普音能悟入。

佛身清净皆乐见，能生世间无尽乐，解脱因果次第成，美目于斯善开示。

众生迷惑常流转，愚痴障盖极坚密，如来为说广大法，师子幢王能演畅。

如来普现妙色身，无量差别等众生，种种方便照世间，普放宝光如是见❷。

大智方便无量门，佛为群生普开阐，入胜菩提真实行，此金刚幢善观察。

一刹那中百千劫，佛力能现无所动，等以安乐施群生，此乐庄严之解脱。

复次，增长鸠槃荼王，得灭一切怨害力解脱门；龙主鸠槃荼王，得修习无边行门海解脱门；庄严幢鸠槃荼王，得知一切众生心所乐解脱门；饶益行鸠槃荼王，得普成就清净大光明所作业解脱门；可怖畏鸠槃荼王，得开示一切众生安隐无畏道解脱门；妙庄严鸠槃荼王，得消竭一切众生爱欲海解脱门；高峰慧鸠槃荼王，得普现诸趣光明云解脱门；勇健臂鸠槃荼王，得普放光明灭如山重障解脱门；无边净华眼鸠槃荼王，得开示不退转大悲藏解脱门；广大面鸠槃荼王，得普现诸趣流转身解脱门。

尔时，增长鸠槃荼王承佛威力，普观一切鸠槃荼众，而说颂言：

成就忍力世导师，为物修行无量劫，永离世间骄慢惑，是故其身最严净。

佛昔普修诸行海，教化十方无量众，种种方便利群生，此解脱门龙主得。

佛以大智救众生，莫不明了知其心，种种自在而调伏，严幢见此生欢喜。

神通应现如光影，法轮真实同虚空，如是处世无央劫，此饶益王之所证。

众生痴翳常蒙惑，佛光照现安隐道，为作救护令除苦，可畏能观此法门。

欲海漂沦具众苦，智光普照灭无余，既除苦已为说法，此妙庄严之所悟。

佛身普应无不见，种种方便化群生，音如雷震雨法雨，如是法门高慧入。

清净光明不唐发，若遇必令消重障，演佛功德无有边，勇臂能明此深理。

为欲安乐诸众生，修习大悲无量劫，种种方便除众苦，如是净华之所见。

神通自在不思议，其身普现遍十方，而于一切无来去，此广面王心所了。

复次，毗楼博叉龙王，得消灭一切诸龙趣炽然苦解脱门；娑竭罗龙王，得一念中转自龙形示现无量众生身解脱门；云音幢龙王，得于一切诸有趣中以清净音说佛无边名号海解脱门；焰口龙王，得普现无边佛世界建立差别解脱门；焰龙王，得一切众生嗔痴盖缠如来慈愍令除灭解脱门❸；云幢龙王，得开示一切众生大喜乐福德海解脱门；德叉迦龙王，得以清净救护音灭除一切怖畏解脱门；无边步龙王，得示现一切佛色身及住劫次第解脱门；清净色速疾龙王，得出生一切众生大爱乐欢喜海解脱门；普行大音龙王，得示现一切平等悦意无碍音解脱门；无热恼龙王，得以大悲普覆云灭一切世间苦解脱门。

尔时，毗楼博叉龙王承佛威力，普观一切诸龙众已，即说颂言：

汝观如来法常尔，一切众生咸利益，能以大慈哀愍力，拔彼畏涂沦坠者。

一切众生种种别，于一毛端皆示现，神通变化满世间，婆竭如是观于佛。

佛以神通无限力，广演名号等众生，随其所乐普使闻，如是云音能悟解。

无量无边国土众，佛能令入一毛孔，如来安坐彼会中，此焰口龙之所见。

一切众生嗔恚心，缠盖愚痴深若海，如来慈愍皆灭除，焰龙观此能明见。

一切众生福德力，佛毛孔中皆显现，现已令归大福海，此高云幢之所观。

佛身毛孔发智光，其光处处演妙音，众生闻者除忧畏，德叉迦龙悟斯道。

三世一切诸如来，国土庄严劫次第，如是皆于佛身现，广步见此神通力。

我观如来往昔行，供养一切诸佛海，于彼咸增喜乐心，此速疾龙之所入。

佛以方便随类音，为众说法令欢喜，其音清雅众所悦，普行闻此心欣悟。

众生逼迫诸有中，业惑漂转无人救，佛以大悲令解脱，无热大龙能悟此。

复次，毗沙门夜叉王，得以无边方便救护恶众生解脱门；自在音夜叉王，得普观察众生方便救护解脱门；严持器仗夜叉王，得能资益一切甚羸恶众生解脱门；大智慧夜叉王，得称扬一切圣功德海解脱门；焰眼主夜叉王，得普观察一切众生大悲智解脱门；金刚眼夜叉王，得种种方便利益安乐一切众生解脱门；勇健臂夜叉王，得普入一切诸法义解脱门；勇敌大军夜叉王，得守护一切众生令住于道无空过者解脱门；富财夜叉王，得增长一切众生福德聚令恒受快乐解脱门；力坏高山夜叉王，得随顺忆念出生佛力智光明解脱门。

尔时，多闻大夜叉王承佛威力，普观一切夜叉众会，而说颂言：

众生罪恶深可怖，于百千劫不见佛，漂流生死受众苦，为救是等佛兴世。

如来救护诸世间，悉现一切众生前，息彼畏涂轮转苦，如是法门音王❹入。

众生恶业为重障，佛示妙理令开解，譬以明灯照世间，此法严仗能观见。

佛昔劫海修诸行，称赞十方一切佛，故有高远大名闻，此智慧王之所了。

智慧如空无有边，法身广大不思议，是故十方皆出现，焰目于此能观察。

一切趣中演妙音，说法利益诸群生，其声所暨众苦灭，入此方便金刚眼。

一切甚深广大义，如来一句能演说，如是教理等世间，勇健慧王之所悟。

一切众生住邪道，佛示正道不思议，普使世间成法器，此勇敌军能悟解。

世间所有众福业，一切皆由佛光照，佛智慧海难测量，如是富财之解脱。

忆念往劫无央数，佛于是中修十力，能令诸力皆圆满，此高幢王所了知。

复次，善慧摩睺罗伽王，得以一切神通方便令众生集功德解脱门；净威音摩睺罗伽王，得使一切众生除烦恼得清凉悦乐解脱门；胜慧庄严髻摩睺罗伽王，得普使一切善不善思觉众生入清净法解脱门；妙目主摩睺罗伽王，得了达一切无所著福德自在平等相解脱门；灯幢摩睺罗伽王，得开示一切众生令离黑暗怖畏道解脱门；最胜光明幢摩睺罗伽王，得了知一切佛功德生欢喜解脱门；师子臆摩睺罗伽王，得勇猛力为一切众生救护主解脱门；众妙庄严音摩睺罗伽王，得令一切众生随忆念生无边喜乐解脱门；须弥臆摩睺罗伽王，得于一切所缘决定不动到彼岸满足解脱门；可爱乐光明摩睺罗伽王，得为一切不平等众生开示平等道解脱门。

尔时，善慧威光摩睺罗伽王承佛威力，普观一切摩睺罗伽众，而说颂言：

> 汝观如来性清净，普现威光利群品，示甘露道使清凉，众苦永灭无所依。
>
> 一切众生居有海，诸恶业惑自缠覆，示彼所行寂静法，离尘威音能善了。
>
> 佛智无等叵思议，知众生心无不尽，为彼阐明清净法，如是严髻心能悟。
>
> 无量诸佛现世间，普为众生作福田，福海广大深难测，妙目大王能悉见。
>
> 一切众生忧畏苦，佛普现前而救护，法界虚空靡不周，此是灯幢所行境。
>
> 佛一毛孔诸功德，世间共度不能了，无边无尽同虚空，如是广大光幢见。
>
> 如来通达一切法，于彼法性皆明照，如须弥山不倾动，入此法门师子臆。
>
> 佛于往昔广大劫，集欢喜海深无尽，是故见者靡不欣，此法严音之所入。
>
> 了知法界无形相，波罗蜜海悉圆满，大光普救诸众生，山臆能知此方便。
>
> 汝观如来自在力，十方降现罔不均，一切众生咸照悟，此妙光明能善入。

复次，善慧光明天紧那罗王，得普生一切喜乐业解脱门；妙华幢紧那罗王，得能生无上法喜令一切受安乐解脱门；种种庄严紧那罗王，得一切功德满足广大清净信藏解脱门；悦意吼声紧那罗王，得恒出一切悦意声令闻者离忧怖解脱门；宝树光明紧那罗王，得大悲安立一切众生令觉悟所缘解脱门；普乐见紧那罗王，得示现一切妙色身解脱门；最胜光庄严紧那罗王，得了知一切殊胜庄严果所从生业解脱门；微妙华幢紧那罗王，得善观察一切世间业所生报解脱门；动地力紧那罗王，得恒起一切利益众生事解脱门；威猛主紧那罗王，得善知一切紧那罗心巧摄御解脱门。

尔时，善慧光明天紧那罗王承佛威力，普观一切紧那罗众，而说颂言：

世间所有安乐事，一切皆由见佛兴，导师利益诸众生，普作救护归依处。

出生一切诸喜乐，世间咸得无有尽，能令见者不唐捐，此是华幢之所悟。

佛功德海无有尽，求其边际不可得，光明普照于十方，此庄严王之解脱。

如来大音常演畅，开示离忧真实法，众生闻者咸欣悦，如是吼声能信受。

我观如来自在力，皆由往昔所修行，大悲救物令清净，此宝树王能悟入。

如来难可得见闻，众生亿劫时乃遇，众相为严悉具足，此乐见王之所睹。

汝观如来大智慧，普应群生心所欲，一切智道靡不宣，最胜庄严此能了。

业海广大不思议，众生苦乐皆从起，如是一切能开示，此华幢王所了知。

诸佛神通无间歇，十方大地恒震动，一切众生莫能知，此广大力恒明见。

处于众会现神通，放大光明令觉悟，显示一切如来境，此威猛主能观察。

复次，大速疾力迦楼罗王，得无著无碍眼普观察众生界解脱门；不可坏宝髻迦楼罗王，得普安住法界教化众生解脱门；清净速疾迦楼罗王，得普成就波罗蜜精进力解脱门；不退心庄严迦楼罗王，得勇猛力入如来境界解脱门；大海处摄持力迦楼罗王，得入佛行广大智慧海解脱门❺；坚法净光迦楼罗王，得成就无边众生差别智解脱门；妙严冠髻迦楼罗王，得庄严佛法城解脱门；普捷示现迦楼罗王，得成就不可坏平等力解脱门；普观海迦楼罗王，得了知一切众生身而为现形解脱门；龙音大目精迦楼罗王，得普入一切众生殁生行智解脱门。

尔时，大速疾力迦楼罗王承佛威力，普观一切迦楼罗众，而说颂言：

佛眼广大无边际，普见十方诸国土，其中众生不可量，现大神通悉调伏。

佛神通力无所碍，遍坐十方觉树下，演法如云悉充满，宝髻听闻心不逆。

佛于往昔修诸行，普净广大波罗蜜，供养一切诸如来，此速疾王深信解。

如来一一毛孔中，一念普现无边行，如是难思佛境界，不退庄严悉明睹。

佛行广大不思议，一切众生莫能测，导师功德智慧海，此执持王所行处。

如来无量智慧光，能灭众生痴惑网，一切世间咸救护，此是坚法所持说。

法城广大不可穷，其门种种无数量，如来处世大开阐，此妙冠髻能明入。

一切诸佛一法身，真如平等无分别，佛以此力常安住，普捷现王斯具演。

佛昔诸有摄众生，普放光明遍世间，种种方便示调伏，此胜法门观海悟。

佛观一切诸国土，悉依业海而安住，普雨法雨于其中，龙音解脱能如是。

复次，罗睺阿修罗王，得现为大会尊胜主解脱门；毗摩质多罗阿修罗王，得示现无量劫解脱门；巧幻术阿修罗王，得消灭一切众生苦令清净解脱门；大眷属阿修罗王，得修一切苦行自庄严解脱门；婆稚阿修罗王，得震动十方无边境界解脱门；遍照阿修罗王，得种种方便安立一切众生解脱门；坚固行妙庄严阿修罗王，得普集不可坏善根净诸染著解脱门；广大因慧阿修罗王，得大悲力无疑惑主解脱门；现胜德阿修罗王，得普令见佛承事供养修诸善根解脱门；善音阿修罗王，得普入一切趣决定平等行解脱门。

尔时，罗睺阿修罗王承佛威力，普观一切阿修罗众，而说颂言：

十方所有广大众，佛在其中最殊特，光明遍照等虚空，普现一切众生前。

百千万劫诸佛土，一刹那中悉明现，舒光化物靡不周，如是毗摩深赞喜。

如来境界无与等，种种法门常利益，众生有苦皆令灭，苦末罗王此能见。

无量劫中修苦行，利益众生净世间，由是牟尼智普成，大眷属王斯见佛。

无碍无等大神通，遍动十方一切刹，不使众生有惊怖，大力于此能明了。

佛出于世救众生，一切智道咸开示，悉令舍苦得安乐，此义遍照所弘阐。

世间所有众福海，佛力能生普令净，佛能开示解脱处，坚行庄严入此门。

佛大悲身无与等，周行无碍悉令见，犹如影像现世间，因慧能宣此功德。

希有无等大神通，处处现身充法界，各在菩提树下坐，此义胜德能宣说。

如来往修三世行，诸趣轮回靡不经，脱众生苦无有余，此妙音王所称赞。

复次，示现宫殿主昼神，得普入一切世间解脱门；发起慧香主昼神，得普观察一切众生皆利益令欢喜满足解脱门；乐胜庄严主昼神，得能放无边可爱乐法光明解脱门；华香妙光主昼神，得开发无边众生清净信解心解脱门；普集妙药主昼神，得积集庄严普光明力解脱门；乐作喜目主昼神，得普开悟一切苦乐众生皆令得法乐解脱门；观方普现主昼神，得十方法界差别身解脱门；大悲威力主昼神，得救护一切众生令安乐解脱门；善根光照主昼神，得普生喜足功德力解脱门；妙华璎珞主昼神，得声称普闻众生见者皆获益解脱门。

尔时，示现宫殿主昼神承佛威力，普观一切主昼神众，而说颂言：

佛智如空无有尽，光明照耀遍十方，众生心行悉了知，一切世间无不入。

知诸众生心所乐，如应为说众法海，句义广大各不同，具足慧神能悉见。

佛放光明照世间，见闻欢喜不唐捐，示其深广寂灭处，此乐庄严心悟解。

佛雨法雨无边量，能令见者大欢喜，最胜善根从此生，如是妙光心所悟。

普入法门开悟力，旷劫修治悉清净，如是皆为摄众生，此妙药神之所了。

种种方便化群生，若见若闻咸受益，皆令踊跃大欢喜，妙眼昼神如是见。

十力应现遍世间，十方法界悉无余，体性非无亦非有，此观方神之所入。

众生流转险难中，如来哀愍出世间，悉令除灭一切苦，此解脱门悲力住。

众生暗覆沦永夕，佛为说法大开晓，皆使得乐除众苦，大善光神入此门。

如来福量同虚空，世间众福悉从生，凡有所作无空过，如是解脱华璎得。

复次，普德净光主夜神，得寂静禅定乐大勇健解脱门；喜眼观世主夜神，得广大清净可爱乐功德相解脱门；护世精气主夜神，得普现世间调伏众生解脱门；寂静海音主夜神，得积集广大欢喜心解脱门；普现吉祥主夜神，得甚深自在悦意言音解脱门；普发树华主夜神，得光明满足广大欢喜藏解脱门；平等护育主夜神，得开悟众生令成熟善根解脱门；游戏快乐主夜神，得救护众生无边慈解脱门；诸根常喜主夜神，得普现庄严大悲门解脱门；示现净福主夜神，得普使一切众生所乐满足解脱门。

尔时，普德净光主夜神承佛威力，遍观一切主夜神众，而说颂言：

汝等应观佛所行，广大寂静虚空相，欲海无涯悉治净，离垢端严照十方。

一切世间咸乐见，无量劫海时一遇，大悲念物靡不周，此解脱门观世睹。

导师救护诸世间，众生悉见在其前，能令诸趣皆清净，如是护世能观察。

佛昔修治欢喜海，广大无边不可测，是故见者咸欣乐，此是寂音之所了。

如来境界不可量，寂而能演遍十方，普使众生意清净，尸利夜神闻踊悦。

佛于无福众生中，大福庄严甚威曜，示彼离尘寂灭法，普发华神悟斯道。

十方普现大神通，一切众生悉调伏，种种色相皆令见，此护育神之所观。

如来往昔念念中，悉净方便慈悲海，救护世间无不遍，此福乐神之解脱。

众生愚痴常乱浊，其心坚毒甚可畏，如来慈愍为出兴，此灭怨神能悟喜。

佛昔修行为众生，一切愿欲皆令满，由是具成功德相，此现福神之所入。

复次，遍住一切主方神，得普救护力解脱门；普现光明主方神，得成办❻化一切众生神通业解脱门；光行庄严主方神，得破一切暗障生喜乐大光明解脱门；周行不碍主方神，得普现一切处不唐劳解脱门；永断迷惑主方神，得示现等一切众生数名号发生功德解脱门；遍游净空主方神，得恒发妙音令听者皆欢喜解脱门；云幢大音主方神，得如龙普雨令众生欢喜解脱门；髻目无乱主方神，得示现一切众生业无差别自在力解脱门；普观世业主方神，得观察一切趣生中种种业解脱门；周遍游览主方神，得所作事皆究竟生一切众生欢喜解脱门。

尔时，遍住一切主方神承佛威力，普观一切主方神众，而说颂言：

如来自在出世间，教化一切诸群生，普示法门令悟入，悉使当成无上智。

神通无量等众生，随其所乐示诸相，见者皆蒙出离苦，此现光神解脱力。

佛于暗障众生海，为现法炬大光明，其光普照无不见，此行庄严之解脱。

具足世间种种音，普转法轮无不解，众生听者烦恼灭，此遍住神之所悟。

一切世间所有名，佛名等彼而出生，悉使众生离痴惑，此断迷神所行处。

若有众生至佛前，得闻如来美妙音，莫不心生大欢喜，遍游虚空悟斯法。

佛于一一刹那中，普雨无边大法雨，悉使众生烦恼灭，此云幢神所了知。

一切世间诸业海，佛悉开示等无异，普使众生除业惑，此髻目神之所了。

一切智地无有边，一切众生种种心，如来照见悉明了，此广大门观世入。

佛于往昔修诸行，无量诸度悉圆满，大慈哀愍利众生，此遍游神之解脱。

复次，净光普照主空神，得普知诸趣一切众生心解脱门；普游深广主空神，得普入法界解脱门；生吉祥风主空神，得了达无边境界身相解脱门；离障安住主空神，得能除一切众生业惑障解脱门；广步妙髻主空神，得普观察思惟广大行海解脱门；无碍光焰主空神，得大悲光普救护一切众生厄难解脱门；无碍胜力主空神，得普入一切无所著福德力解脱门；离垢光明主空神，得能令一切众生心离诸盖清净解脱门；深远妙音主空神，得普见十方智光明解脱门；光遍十方主空神，得不动本处而普现世间解脱门。

尔时，净光普照主空神承佛威力，普观一切主空神众，而说颂言：

如来广大目，清净如虚空，普见诸众生，一切悉明了。

佛身大光明，遍照于十方，处处现前住，普游观此道。

佛身如虚空，无生无所取，无得无自性，吉祥风所见。

如来无量劫，广说诸圣道，普灭众生障，圆光悟此门。

我观佛往昔，所集菩提行，悉为安世间，妙髻行斯境。

一切众生界，流转生死海，佛放灭苦光，无碍神能见。

清净功德藏，能为世福田，随以智开觉，力神于此悟。

众生痴所覆，流转于险道，佛为放光明，离垢神能证。

智慧无边际，悉现诸国土，光明照世间，妙音斯见佛。

佛为度众生，修行遍十方，如是大愿心，普现能观察。

复次，无碍光明主风神，得普入佛法及一切世间解脱门；普现勇业主风神，得无量国土佛出现咸广大供养解脱门；飘击云幢主风神，得以香风普灭一切众生病解脱门；净光庄严主风神，得普生一切众生善根令摧灭重障山解脱门；力能竭水主风神，得能破无边恶魔众解脱门；大声遍吼主风神，得永灭一切众生怖解脱门；树杪垂髻主风神，得入一切诸法实相辩才海解脱门；普行无碍主风神，得调伏一切众生方便藏解脱门；种种宫殿主风神，得入寂静禅定门灭极重愚痴暗解脱门；大光普照主风神，得随顺一切众生行无碍力解脱门。

尔时，无碍光明主风神承佛威力，普观一切主风神众，而说颂言：

一切诸佛法甚深，无碍方便普能入，所有世间常出现，无相无形无影像。

汝观如来于往昔，一念供养无边佛，如是勇猛菩提行，此普现神能悟了。

如来救世不思议，所有方便无空过，悉使众行离诸苦，此云幢神之解脱。

众生无福受众苦，重盖密障常迷覆，一切皆令得解脱，此净光神所了知。

如来广大神通力，克殄一切魔军众，所有调伏诸方便，勇健威力能观察。

佛于毛孔演妙音，其音普遍于世间，一切苦畏皆令息，此遍吼神之所了。

佛于一切众刹海，不思议劫常演说，此如来地妙辩才，树杪髻神能悟解。

佛于一切方便门，智入其中悉无碍，境界无边无与等，此普行神之解脱。

如来境界无有边，处处方便皆令见，而身寂静无诸相，种种宫神解脱门。

如来劫海修诸行，一切诸力皆成满，能随世法应众生，此普照神之所见。

注释

❶ "华"，大正本原作"光"，今依三本及宫本改之。

❷ "普放……见"七字，大正本原作"妙音如是观于佛"，今依明本改之。

❸ 大正本原无"焰龙……门"二十二字，今依元、明、宫本增之。

❹ "王"，大正本原作"主"，今依三本改之。

❺ 大正本原无"大海……门"二十二字，今依明、宫本增之。

❻ "办"，大正本原作"辩"，今依明本改之。

【白话语译】

接着，更有欲界第一天——四天王中东方的天王大众。如：持国天天王主乾闼婆王，证得了自在方便摄一切众生解脱门。这是能知晓佛陀的清净空性，帮助众生从正道中解脱的解脱法门。树光乾闼婆王，证得了普见一切功德庄严解脱门。这是能现见如来像大海般的庄严功德，使一切的世间众生获得利益、喜乐的解脱法门。净目乾闼婆王，证得了永断一切众生忧苦出生欢喜藏解脱门。这是能了知佛陀的慈悲方便，消除众生的忧苦，使众生进入欢喜的宝藏当中的解脱法门。华冠乾闼婆王，证得了永断一切众生邪见惑解脱门。这是能用佛陀的智慧光明，消除众生所有的邪恶见解与疑惑的解脱法门。喜步普音乾闼婆王，证得了如云广布普荫泽一切众生解脱门。这是能以佛陀的大慈方便，来安慰荫泽一切众生的解脱法门。乐摇动美目乾闼婆王，证得了现广大妙好身令一切获安乐解脱门。这是能体现佛陀广大清净妙好的色身，使众生得到安乐解脱的解脱法门。妙音师子幢乾闼婆王，证得了普散十方一切大名称宝解脱门。这是能令大众听闻佛陀的广大妙法，破除众生极其深重坚固之愚痴障碍的解脱法门。普放宝光明乾闼婆王，证得了现一切大欢喜光明清净身解脱门。这是能见佛陀的净妙色身，光明遍照世间的解脱法门。金刚树华幢乾闼婆王，证得了普滋荣一切树令见者欢喜解脱门。这是能使众生证入菩提的真实妙行，使一切的众生进入大智方便之门的解脱法门。普现庄严乾闼婆王，证得了善入一切佛境与众生安乐解脱门。这是能令一切众生咸得安乐，并示现不可思议佛力的解脱法门。

这时，持国天的天王乾闼婆王承受佛陀威神力的加持，普遍观察一切乾闼婆天王大众，而宣说如下的偈颂：

> 诸佛境界无量妙门，一切众生莫能趣入，
> 善逝❶如空体性清净，普为世间开示正道。

如来一一毛孔之中，功德大海悉皆充满，

一切世间咸得利乐，此树光王所能亲见。

世间广大忧苦大海，佛能消竭悉无有余，

如来慈悯具多方便，净目于此能生深解。

十方刹海无有边际，佛以智光咸能照耀，

普使涤除邪恶见惑，此树华冠王所入门。

佛于往昔无量劫来，修习大慈普方便行，

一切世间咸获慰安，此道普音王能悟入。

佛身清净众皆乐见，能生世间无尽安乐，

解脱因果次第圆成，美目王于斯善开示。

众生迷惑常随流转，愚痴障盖极为坚密，

如来为说广大妙法，师子幢王善能演畅。

如来普现净妙色身，无量差别等诸众生，

种种方便光照世间，普放宝光王如是见。

大智方便启无量门，佛为群生普开阐示，

入胜菩提真实妙行，此金刚幢王善观察。

一刹那中已百千劫，佛力能现无所动摇，

等以安乐普施群生，此乐庄严王之解脱。

接着，更有四天王中南方的天王大众。如：增长天天王鸠槃荼王，证得了灭除一切怨害力解脱门。这是能够为一切众生修行无量时劫，永远离弃世间的骄慢与疑惑，灭除一切仇怨之力的解脱法门。龙主鸠槃荼王，证得了修习无边自利、利他行门之海解脱门。这是能用各种的方便，来教化与利益一切众生，完成自利、利他的解脱法门。庄严幢鸠槃荼王，证得了知一切众生心之所乐解脱门。这是能够了知一切众生的心中所乐，而用各种的自在威力加以调伏的解脱法门。饶益❷行鸠槃荼王，证得了普遍成就清净大光明所作业解脱门。这是能以神通幻化的清净光明，来成就世间清净之业的解脱法门。可怖畏鸠槃荼王，证得了开示一切众生安稳无畏之道解脱门。这是能以佛陀的光明，来为众生照明安稳无畏的大道，并救护一切的众生，使他们消除所有苦恼的解脱法门。妙庄严鸠槃荼王，证得了消竭一切众生爱欲之海解脱门。这是能以智慧的光明普照众生，消除他们在爱欲大海中漂流所生众苦的解脱法门。高峰慧鸠槃荼王，证得了普现众生诸趣光明云解脱门。这是能以如雷般的法音广宣佛法，并示现宛如光明云般的佛身，方便教化众生的解脱法门。勇健臂鸠槃荼王，证得了普放光明消灭如山重障的解脱门。这是能普放清净的光明，消灭众生的极重业障，并畅演佛陀无边功德的解脱法门。无边净华眼鸠槃荼王，证得了开示不退转大悲藏解脱门。这是为了使一切的众生安乐，而修学不退转的大悲宝藏，并用种种的方便，除去一切众生苦恼的解脱法门。广大面鸠槃荼王，证得了普现众生诸趣的流转身解脱门。这是能以自在幻化的神通，普现他的身相以及众生的种种流转现象，并安住于法性不动的解脱法门。

这时，南方增长天王鸠槃荼王承受佛陀威神力的加持，普遍观察一切鸠槃荼大众，而宣说如下的偈颂：

> 成就忍力世间大导师，为众生修行无量劫中，
> 永离世间众骄慢疑惑，是故其妙身最为严净。
> 佛往昔普修诸行门海，教化十方无量诸众生，
> 种种方便普利众群生，此解脱门龙主王已得。
> 佛以大智普救诸众生，莫不明了知一切众心，
> 种种自在所乐而调伏，庄严幢王见此生欢喜。
> 神通应现幻化如光影，法轮真实周遍同虚空，
> 如是处世作业无央劫，此饶益行王之所证悟。
> 众生痴翳常蒙众疑惑，佛光照现安隐无畏道，
> 为作救护令除诸苦恼，可畏王能观照此法门。
> 爱欲大海漂沦具众苦，智光普照消灭竭无余，
> 既除苦已广为演说法，此妙庄严王之所悟入。
> 佛身普应光云无不见，具种种方便普化群生，

音如法雷震雨大法雨，如是法门高峰慧王入。

清净光明不唐突发放，若遇必令消除诸重障，

演佛功德无有诸边际，勇健臂王能明此深理。

为欲安乐一切诸众生，修习大悲已具无量劫，

种种方便除一切众苦，如是净华眼王之所见。

神通自在幻化不思议，其身普现周遍满十方，

而于一切无来亦无去，此广大面王心所了悟。

　　接着，更有四天王中西方的天王大众。如：毗楼博叉龙王，证得了消灭一切诸龙趣❸的炽然苦厄解脱门。这是能以大慈悯的心，来使一切诸龙得到利益，解除一切痛苦困厄的解脱法门。娑竭罗龙王，证得了一念中转化自身龙形而示现无量众生身解脱门。这是能以神通变化，示现一切众生种种差别相貌的解脱法门。云音幢龙王，证得了于一切诸有趣众生中，以清净音演说佛陀无边名号海解脱门。这是能够以神通的威力，示现清净的声音来演说佛陀的名号，并使众生欣乐的解脱法门。焰口龙王，证得了普现无边诸佛世界建立差别相解脱门。这是能普遍示现无量无边的诸佛世界与众生，以及在这些世界建立差别相貌的解脱法门。焰龙王，证得了一切众生嗔痴盖缠如来慈悯令除灭解脱门。这是能以如来慈悯的力量，令一切众生除灭嗔痴盖缠的解脱法门。云幢龙王，证得了开示一切众生的大喜乐福德海解脱门。这是能以诸神的慈悯力量，消除一切众生的嗔恚心念，使众生得到大喜乐福德的解脱法门。德叉迦龙王，证得了以清净救护的音声灭除一切怖畏解脱门。这是能以诸佛的智慧光明，发出微妙的清净声音，来灭除众生死怖畏惧的解脱法门。无边步龙王，证得了示现一切佛陀色身及安住时劫次第解脱门。这是能够示现诸佛的清净色身、国土庄严，以及所安住的时劫次第的解脱法门。清净色速疾龙王，证得了出生一切众生的大爱乐欢喜海解脱门。这是能供养一切诸佛，对于诸佛生大信心，并引导众生生起广大欢欣喜乐的解脱法门。普行大音龙王，证得了示现一切平等悦意无碍音声解脱门。这是能随类示现方便妙音，为众生说法，使大众欢

喜的解脱法门。无热恼龙王，证得了以大悲普遍盖覆云灭除一切世间苦解脱门。这是能以大悲心救度漂流于业惑大海的众生，使他们解脱的法门。

这时，西方天王毗楼博叉龙王承着佛陀威神力之加持，普遍观察一切诸龙大众，而宣说如下的偈颂：

汝观如来诸法常尔，一切众生咸得利益，
能以大慈大哀悯力，拔彼畏涂沉沦坠者。
一切众生种种差别，于一毛端普皆示现，
神通变化遍满世间，婆竭龙如是观于佛。
佛以神通无限威力，广演名号等示众生，
随其所乐普皆使闻，如是云音龙能悟解。
无量无边国土大众，佛能令入一毛孔中，
如来安坐于彼会中，此焰口龙王之所见。
一切众生嗔恚心行，缠盖❹愚痴深若大海，
如来慈悯皆悉灭除，焰龙王观此能明见。
一切众生福德威力，佛毛孔中皆能显现，
现已令归大福德海，此高云幢龙之所观。
佛身毛孔普发智光，其光处处畅演妙音，
众生闻者除忧怖畏，德叉迦龙王悟斯道。
三世一切诸佛如来，国土庄严时劫次第，
如是皆于佛色身现，广步龙见此神通力。
我观如来往昔胜行，供养一切诸佛大海，
于彼咸增欢喜乐心，此速疾龙王之所入。
佛以方便随类妙音，为众说法普令欢喜，
其音清雅众所悦乐，普行龙闻此心欣悟。
众生逼迫于诸有中，业惑漂转无人施救，
佛以大悲令得解脱，无热大龙能了悟此。

接着，更有四天王中北方的天王大众。如：毗沙门夜叉王，证得了以无边方便救护罪恶众生解脱门。这是能以无边的方便力量，来救度漂流在生死大海中之众生的解脱法门。自在音夜叉王，证得了普遍观察众生而方便救护解脱门。这是能够遍观一切众生，使他们消除生死流转的苦恼，而得到方便救护的解脱法门。严持器仗夜叉王，证得了能资助饶益一切甚为羸弱劣恶的众生解脱门。这是能以佛陀所开示的妙理，开解恶业重障的众生，使他们获得资助饶益的解脱法门。大智慧夜叉王，证得了称扬一切圣者功德大海解脱门。这是赞扬十方一切诸佛的功德，并且有高远良善名称的解脱法门。焰眼主夜叉王，证得了普遍观察一切众生大悲智慧解脱门。这是能够普遍示现广大不可思议的法身，并以如空的智慧与大悲心观察众生的解脱法门。金刚眼夜叉王，证得了种种方便利益安乐一切众生解脱门。这是能在六道❺诸趣当中说法利益一切众生，使其灭苦安乐的解脱法门。勇健臂夜叉王，证得了普入一切诸法要义解脱门。这是能够证得一切诸法的要义，并以如来的一种音声来完全解说佛法妙理的解脱法门。勇敌大军夜叉王，证得了安护一切众生令安住于佛道无空过者解脱门。这是能使在邪道中的众生，都能降伏安住于佛陀的正道，而成为法器❻的解脱法门。富财夜叉王，证得了增长一切众生福德积聚令恒受快乐解脱门。这是能以佛光普照，增长成就一切众生福德事业，使他们恒受快乐的解脱法门。力坏高山夜叉王，证得了随顺忆念出生佛力智慧光明解脱门。这是能够随顺忆念往昔佛陀的修行，并了知佛陀十力智慧光明之出生的解脱法门。

这时，北方天王多闻大夜叉王承着佛陀威神力的加持，普遍观察一切夜叉大众聚会，而宣说如下的偈颂：

众生罪恶深可怖畏，于百千劫不能见佛，
漂流生死深受众苦，为救是等佛乃兴世。
如来救护诸世间等，悉现一切众生之前，
息彼畏涂轮转苦恼，如是法门音王能入。
众生恶业为诸重障，佛示妙理令彼开解，

譬以明灯照耀世间，此法严伏王能观见。

佛昔劫海勤修诸行，称赞十方一切诸佛，
故有高远大名遍闻，此智慧王之所了知。

智慧如空无有边际，法身广大不可思议，
是故十方皆悉出现，焰目王于此能观察。

一切趣中恒演妙音，说法利益诸群生众，
其声所暨众苦悉灭，入此方便金刚眼王。

一切甚深广大妙义，如来一句普能演说，
如是教理等诸世间，勇健慧王之所悟入。

一切众生住邪道中，佛示正道不可思议，
普使世间皆成法器，此勇敌军王能悟解。

世间所有众福德业，一切皆由佛光所照，
佛智慧海难能测量，如是富财王之解脱。

忆念往劫无央数量，佛于是中修行十力，
能令诸力皆得圆满，此高幢王之所了知。

　　接着，更有大蟒蛇神之众王。如：善慧摩睺罗伽王，证得了以一切神通方便令众生积集功德解脱门。这是能以诸佛如来的清净体性与威德光明普照众生，并使其积集功德，证得清凉的解脱法门。净威音摩睺罗伽王，证得了使一切众生消除烦恼证得清凉悦乐解脱门。这是能使三界的众生，消除烦恼，远离恶业迷惑，证得清凉、寂静、喜悦的解脱法门。胜慧庄严髻摩睺罗伽王，证得了普遍使一切善与不善的思觉众生入清净法解脱门。这是了知一切众生的心思，不管是善还是不善的思维，皆使他们觉悟证入清净之法的解脱法门。妙目主摩睺罗伽王，证得了了达一切无所着福德自在平等相解脱门。这是能普遍成为众生的大福田，福德广大难测，并能了达一切平等而自在无所染着的解脱法门。灯幢摩睺罗伽王，证得了开示一切众生令离黑暗怖畏之道解脱门。这是开示一切众生，使他们远离一切的忧愁、恐怖、苦恼，具足清净自在的解脱法门。最胜光明幢摩睺罗伽王，证得了了知一切佛功德而生欢喜解脱门。这是了知诸佛宛如虚空一般无量无边的功德，并依之而生甚深欢喜的解脱法门。师子臆摩睺罗伽王，证得了勇猛力为一切众生救护主解脱门。这是能通达诸佛的殊胜法要，对于法性也能明白的觉照，并勇猛救护一切众生的解脱法门。众妙庄严音摩睺罗伽王，证得了令一切众生随忆念生无边喜乐解脱门。这是能使众生随喜忆念佛陀甚深的欢喜大海，而生出无边喜乐的解脱法门。须弥臆摩睺罗伽王，证得了于一切所缘能决定不动到达彼岸满足解脱门。这是能够了知法界无明，并圆满所有的波罗蜜行，以大光明普救众生，决定到达涅槃的彼岸的解脱法门。

可爱乐光明摩睺罗伽王，证得了为一切不平等众生开示平等之道解脱门。这是能够使一切不平等的众生，了知一切平等妙法的解脱法门。

这时，善慧威光摩睺罗伽王承着佛陀威神力的加持，普遍观察一切摩睺罗伽大众，而宣说如下的偈颂：

汝观如来体性清净，普现威光利于群品❼，
示甘露道悉使清凉，众苦永灭无所依怙。
一切众生居三有海，诸恶业惑自相缠覆，
示彼所行具寂静法，离尘威音王能善了。
佛智无等不可思议，知众生心无有不尽，
为彼阐明入清净法，如是严髻王心能悟。
无量诸佛现于世间，普为众生作大福田，
福海广大深难测度，妙目大王能悉亲见。
一切众生忧怖畏苦，佛普现前而为救护，
法界虚空靡不周遍，此是灯幢王所行境。
佛一毛孔具诸功德，世间共度不能了知，
无边无尽等同虚空，如是广大光幢王见。
如来通达一切胜法，于彼法性皆悉明照，
如须弥山恒不倾动，入此法门师子臆王。
佛于往昔广大劫中，集欢喜海甚深无尽，

是故见者靡不欣悦，此法严音王之所入。

了知法界本无形相，波罗蜜海悉皆圆满，

大光普救诸众生等，山臆王能知此方便。

汝观如来自在威力，十方降现罔不均等，

一切众生咸照了悟，此妙光明王能善入。

　　再来，更有歌神之众王。如：善慧光明天紧那罗王，证得了普生一切喜乐之业解脱门。这是能够了知世间一切安乐喜悦之事，都是由于见到佛陀而生起，并利益一切众生，为他们所归依的解脱法门。妙华幢紧那罗王，证得了能生无上法喜❽令一切受安乐解脱门。这是能够证入无上法喜，并使一切众生心生安乐的解脱法门。种种庄严紧那罗王，证得了一切功德满足广大清净信解藏解脱门。这是能够了知诸佛无边无尽的功德，无法穷尽其边际，而能以光明普照十方，心生广大清净信心的解脱法门。悦意吼声紧那罗王，证得了恒出一切悦意之声，令闻者远离忧怖解脱门。这是能够了解诸佛的微妙音声，畅演无上的妙法，使听闻的人远离忧愁、怖畏，心生极大欣悦的解脱法门。宝树光明紧那罗王，证得了以大悲安立一切众生，令其觉悟所缘解脱门。这是能够以悲心来安立一切的众生，使众生具足清净的解脱法门。普乐见紧那罗王，证得了示现一切妙色身解脱门。这是能够亲见众相庄严、众德具足之诸佛微妙色身的解脱法门。最胜光庄严紧那罗王，证得了了知一切殊胜庄严果所从生之业解脱门。这是能够观察如来广大的智慧，都是相应于众生心念而示现的解脱法门。微妙华幢紧那罗王，证得了善于观察一切世间之业所生报解脱门。这是能够观察世间之业如海广大不可思议，而众生的苦乐皆从此生起的解脱法门。动地力紧那罗王，证得了恒起一切利益众生之事解脱门。这是能够明见诸佛以无碍的神通，无间歇地利益众生的解脱法门。威猛主紧那罗王，证得了善知一切紧那罗心巧摄御解脱门。这是能够观察一切如来的秘密境界，了知诸佛于大众集会中大放光明，普令众生得到觉悟的解脱法门。

　　这时，善慧光明天紧那罗王承着佛陀威神力的加持，普遍观察一切紧那罗大众，而宣说如下的偈颂：

> 世间所有安乐胜妙事，一切皆由见佛而兴起，
> 导师利益一切诸众生，普作救护恒为归依处。
> 出生一切无上诸喜乐，世间咸得无有了尽时，
> 能令见者其功不唐捐，此是妙华幢王所悟入。
> 佛陀功德大海无有尽，求其边际乃了不可得，
> 光明普照周遍于十方，此庄严王解脱门境界。
> 如来大音常演畅妙法，开示离忧悦意真实法，
> 众生闻者心中咸欣悦，如是悦吼声王能信受。
> 我观如来自在大威力，皆由往昔所修诸胜行，
> 大悲救物安立令清净，此宝树光明王能悟入。
> 如来妙身难可得见闻，众生亿劫时乃得值遇，
> 众相庄严众德悉具足，此普乐见王之所睹见。
> 汝观如来广大智慧海，普应群生心所欲示现，
> 一切智道无不广宣说，最胜光庄严王此能了。
> 世间业海广大不思议，众生苦乐皆从中生起，
> 如是一切普皆能开示，此微妙华幢王所了知。
> 诸佛神通自在无间歇，十方大地普皆恒震动，
> 一切众生皆莫能了知，此广大地力王恒明见。
> 处于众会显现神通境，放大光明普令心觉悟，
> 显示一切如来秘密境，此威猛主王所能观察。

接着，更有金翅鸟之众王。如：大速疾力迦楼罗王，证得了无着无碍眼能普遍观察众生界解脱门。这是能用无碍无边际的佛眼，观察十方的国土与众生，并使一切众生调伏的解脱法门。不可坏宝髻迦楼罗王，证得了普遍安住法界教化众生解脱门。这是能了知诸佛以无碍的神通，遍坐十方世界的菩提树下而成道，并以之教化法界众生的解脱法门。清净速疾迦楼

罗王，证得了普方成就波罗蜜精进力解脱门。这是了知诸佛往昔的精进修行，并成就一切广大清净的波罗蜜行的解脱法门。不退心庄严迦楼罗王，证得了以勇猛力入如来境界解脱门。这是能在如来的每一毛孔中，每一个念头都具足普现无边勇猛精进行为的解脱法门。大海处摄持力迦楼罗王，证得了入佛行广大智慧海解脱门。这是能证入佛陀的广大行持与甚深功德智慧的解脱法门。坚法净光迦楼罗王，证得了成就无边众生差别智解脱门。这是能持如来的无量智慧光明，灭除众生的愚痴与迷惑，并成就他们的差别智慧的解脱法门。妙严冠髻迦楼罗王，证得了庄严佛法城解脱门。这是能了知法城广大与无边，而对于无量的法门，则能明白趣入的解脱法门。普捷示现迦楼罗王，证得了法身成就不可坏真如平等力解脱门。这是能了知一切如来同一法身，真如平等无有差别，成就此力恒常安住的解脱法门。普观海迦楼罗王，证得了了知一切众生身而为现形解脱门。这是能够了悟诸佛依众生因缘而为之示现，普放光明遍照众生的解脱法门。龙音大目精迦楼罗王，证得了普入一切众生生死之行智解脱门。这是能够观察一切国土与众生，都是安住于业力之大海，而在其中普施法雨的解脱法门。

这时，大速疾力迦楼罗王承着佛陀威神力的加持，普遍观察一切迦楼罗大众，而宣说如下的偈颂：

> 佛眼广大无碍无边际，普见十方一切诸国土，
> 其中众生计数不可量，现大神通力悉皆调伏。
> 诸佛神通威力无所碍，遍坐十方菩提觉树下，
> 演法如云法界悉充满，宝髻王如听闻心不逆。
> 佛于往昔修诸精进行，普遍清净广大波罗蜜，
> 供养十方一切诸如来，此清净速疾王深信解。
> 诸佛如来一一毛孔中，一念普现无边勇猛行，
> 如是难思诸佛妙境界，不退心庄严王悉明睹。
> 诸佛胜行广大不思议，一切众生莫有能测度，
> 如来导师功德智慧海，此执持王所行之胜处。

如来具无量智慧光明，能灭众生愚痴迷惑网，
一切世间普遍咸救护，此是坚法光王所持说。
庄严法城广大不可穷，其门种种具足无数量，
如来处世大开阐妙法，此妙严冠髻王能明入。
一切诸佛如来一法身，真如平等无有诸分别，
佛以此力成就常安住，普捷现王如斯能具演。
佛昔现形诸有摄众生，普放光明普遍于世间，
种种方便示现调伏力，此胜法门普观海王悟。
佛观一切国土诸众生，悉依业海诸有而安住，
普雨法雨智慧于其中，龙音目王解脱能如是。

接着，更有非天之众王。如：罗睺阿修罗王，证得了现为大会尊胜主解脱门。这是能示现诸佛在十方的广大世界中，光明遍照一切，并于所有众生中最为尊贵与殊胜的解脱法门。毗摩质多罗阿修罗王，证得了于刹那中示现无量劫解脱门。这是能在刹那间，示现百千万劫之中诸佛国土的事迹，并了知诸佛大放光明教化世间的解脱法门。巧幻术阿修罗王，证得了消灭一切众生之苦令其清净解脱门。这是能亲见诸佛如来，以种种的法门消灭众生的苦痛，并使他们清净的解脱法门。大眷属阿修罗王，证得了修一切苦行自在庄严解脱门。这是能了知诸佛于无量劫中勤修一切苦行，而自在利益众生，使世间清净的解脱法门。婆稚阿修罗王，证得了震动十方无边境界解脱门。这是能明了诸佛以无碍的广大神通，震动十方无边的境界，而不使众生惊怖的解脱法门。遍照阿修罗王，证得了以种种方便安立一切众生解脱门。这是能够阐扬开示一切智慧之道，并普遍救度一切众生，使众生离苦得乐的解脱法门。坚固行妙庄严阿修罗王，证得了普集不可坏善根清净诸染着解脱门。这是能够以佛力清净世间的一切福德大海，使众生积聚不可坏善根而得成就的解脱法门。广大因慧阿修罗王，证得了大悲力无疑惑主解脱门。这是能宣扬诸佛大悲身，犹如幻影般示现于一切世间，周行无碍的解脱法门。现胜德阿修罗王，证得了普令众生见佛事奉供养修

诸善根解脱门。这是能见诸佛在无边的法界中随处现身，端坐在于菩提树下示现广大神通，令众生见佛事奉供养的解脱法门。善音阿修罗王，证得了普入一切诸趣有情决定平等行解脱门。这是能了知诸佛在过去三世修行时，普入六道轮回中，解脱一切众生之苦恼的解脱法门。

这时，罗睺阿修罗王承着佛陀威神力的加持，普遍观察一切阿修罗大众，而宣说如下的偈颂：

十方所有广大众生，佛在其中最殊特胜，
光明遍照等满虚空，普现一切众生之前。
百千万劫诸佛国土，一刹那中悉皆明现，
舒光化物靡不周遍，如是毗摩王深赞喜。
如来境界无与等比，种种法门常生利益，
众生有苦皆令灭除，苦末罗王此能亲见。
无量劫中勤修苦行，利益众生清净世间，
由是牟尼❾佛智普成，大眷属王如斯见佛。
无碍无等广大神通，遍动十方一切刹土，
不使众生有所惊怖，大力王于此能明了。
佛出于世遍救众生，一切智道咸皆开示，
悉令舍苦永得安乐，此义遍照所弘阐扬。
世间所有众福德海，佛力能生普令清净，
佛能开示解脱之处，坚行庄严入于此门。
佛大悲身无与等比，周行无碍悉令得见，
犹如影像现于世间，因慧能宣此中功德。
希有无等大神通力，处处现身充满法界，
各在菩提树下安坐，此义胜德乃能宣说。
如来往昔修三世行，诸趣轮回靡不经历，
解脱众生苦无有余，此妙音王所称赞叹。

接着，更有主昼神大众。如：示现宫殿主昼神，证得了普入一切世间的解脱门。这是能够了知一切众生的性情，并以光明普照十方世界的解脱法门。发起慧香主昼神，证得了普遍观察一切众生皆得利益令欢喜满足解脱门。这是了知一切众生心之所乐，并应其因缘而为他们宣说微妙佛法的解脱法门。乐胜庄严主昼神，证得了能放无边可爱乐法光明的解脱门。这是能以无边的可爱乐法光明来照耀世间，使众生心生欢喜，并示现深妙广大之寂灭境界的解脱法门。华香妙光主昼神，证得了开发无边众生清净信解心的解脱门。这是能开示无量无边使众生欢喜的佛法，并使他们生起清净信解与殊胜善根的解脱法门。普集妙药主昼神，证得了悟入一切法门积集庄严普光明力的解脱门。这是能普遍证入一切法门，积集开悟胜解的智慧力，并摄受一切众生的解脱法门。乐作喜目主昼神，证得了普遍开悟一切苦乐众生皆令获得法乐的解脱门。这是能以方便开示、摄受、教化一切众生，使他们深受法喜法乐的解脱法门。观方普现主昼神，证得了普现十方法界差别身❿的解脱门。这是能了知诸佛在十方无量无边世界示现各种差别的色身，而其体性离于有无，平等一相的解脱法门。大悲威力主昼神，证得了救护一切众生令其安乐的解脱门。这是能证入诸佛的大悲力中，示现于一切世界救度流转轮回的众生，灭除一切苦厄的解脱法门。善根光照主昼神，证得了普生喜足❶的解脱门。这是能了悟一切诸佛为轮回暗覆的众生而说法，使他们除灭苦厄、获证喜乐的解脱法门。妙华璎珞主昼神，证得了声称普闻众生见者皆获利益的解脱门。这是能证得诸佛如来等同虚空的福德，使一切众生深获利益，凡有所造作都能功不唐捐的解脱法门。

这时，示现宫殿主昼神承着佛陀威神力的加持，普遍观察一切主昼神大众，而宣说如下的偈颂：

> 佛智如空无有穷尽时，光明照耀遍满十方界，
> 众生心行皆悉能了知，一切世间无有不入者。
> 知诸众生一切心所乐，如应为说微妙众法海，
> 句义广大妙谛各不同，具足智慧香神能悉见。

佛放光明普照于世间，见闻欢喜功皆不唐捐，
示其深妙广大寂灭处，此乐庄严心中所悟解。
佛雨法雨无边亦无量，能令见者心生大欢喜，
最胜善根从此而出生，如是妙光心中所了悟。
普入法门开悟胜解力，旷劫修治悉皆能清净，
如是皆为摄受诸众生，此妙药神之所了知义。
种种方便摄化诸群生，若见若闻咸皆受深益，
皆令踊跃生起大欢喜，喜目昼神如是亲证见。
十力应现遍满众世间，十方法界悉皆无有余，
体性寂灭非无亦非有，此观方神之所能证入。
众生流转于诸险难中，如来哀悯出现于世间，
悉令除灭一切诸苦厄，此解脱门悲力所安住。
众生暗覆沦入于永夕，佛为说法令广大开晓，
皆使得乐除灭众苦厄，大善光神修证入此门。
如来福德其量同虚空，世间众福悉从此出生，
凡有所作无有空过者，如是解脱华璎所证得。

接着，更有主夜神大众。如：普德净光主夜神，证得了寂静禅定之乐
具大勇健的解脱门。这是能证得大寂静的禅定三昧，清净一切的欲望，远
离尘垢，具足勇健之行的解脱法门。喜眼观世主夜神，证得了广大清净可
爱乐具功德相的解脱门。这是能以大悲心忆念一切众生，具足清净可爱乐
的功德相貌，使众生见者欢喜的解脱法门。护世精气主夜神，证得了普现
世间调伏众生的解脱门。这是了知诸佛能于一切世间，示现微妙色身在众
生之前，使所有六道诸趣都能得到清净的解脱法门。寂静海音主夜神，证
得了积集广大欢喜心的解脱门。这是能够修行积集欢喜大海，使见到的众
生生起欢喜欣乐的解脱法门。普现吉祥主夜神，证得了甚深自在悦意之言
音的解脱门。这是能以甚深自在悦意的语言与声音，使一切众生意念清净
的解脱法门。普发树华主夜神，证得了光明满足广大欢喜藏的解脱门。这

是能够示现众生远离烦恼的寂灭妙法，获得圆满光明、广大欢喜的解脱法门。平等护育主夜神，证得了开悟众生令善根成熟的解脱门。这是能于十万世界示现大神通力，以种种色相开悟众生，使其善根成熟的解脱法门。游戏快乐主夜神，证得了无边大慈救护众生的解脱门。这是能证得大慈大悲的心念，救护一切的世间，使众生得到清净的解脱法门。诸根常喜主夜神，证得了普现庄严大悲门的解脱门。这是能以庄严大悲的法门，破除众生的愚痴恶浊，灭除一切怨仇的解脱法门。示现净福主夜神，证得了普使一切众生所乐满足的解脱门。这是能普使一切众生所乐皆得满足，由此而趣入诸佛之功德相的解脱法门。

这时，普德净光主夜神承着佛陀威神力的加持，普遍观察一切主夜神大众，而宣说如下的偈颂：

> 汝等应观诸佛所行，广大寂静等虚空相，
> 欲海无涯悉治清净，离垢端严普照十方。
> 一切世间咸皆乐见，无量劫海时一乃遇，
> 大悲念物靡不周遍，此解脱门观世亲睹。
> 导师救护一切世间，众生悉见佛在其前，
> 能令诸趣皆得清净，如是护世善能观察。
> 佛昔修治欢喜大海，广大无边不可测量，
> 是故见者咸生欣乐，此是寂音之所能了。
> 如来境界不可测量，寂而能演遍满十方，
> 普使众生意念清净，尸利⓬夜神闻此踊跃。
> 佛于无福诸众生中，大福庄严甚为威曜，
> 示彼离尘寂灭妙法，普发华神了悟斯道。
> 十方普现大神通力，一切众生悉皆调伏，
> 种种色相皆令得见，此护育神之所观察。
> 如来往昔念念之中，悉净方便慈悲大海，
> 救护世间无不周遍，此福乐神之所解脱。

众生愚痴常生乱浊，其心坚毒甚可怖畏，

如来慈悯而为出兴，以此灭怨喜神能悟。

佛昔修行为诸众生，一切愿欲皆令满足，

由是具成圣功德相，此现福神之所趣入。

接着，更有主方神大众。如：遍住一切主方神，证得了普遍救护力的解脱门。这是能普示一切法门，教化调伏所有的众生，使他们成就无上智慧的解脱法门。普现光明主方神，证得了以神通业成办度化一切众生的解脱门。这是能以无量的神通力量，随着众生所乐而示现各种形象，使见者得到利益而出离苦海的解脱法门。光行庄严主方神，证得了破除一切暗障众生示现喜乐大光明的解脱门。这是能为被一切黑暗障碍的众生，示现喜乐的大光明，使众生得证清净的解脱法门。周行不碍主方神，证得了普现一切处不唐劳的解脱门。这是能以种种的微妙音声普转法轮，使众生远离愚痴与迷惑的解脱法门。永断迷惑主方神，证得了示现等同一切众生数之诸佛名号发生功德的解脱门。这是能普示一切诸佛的名号，使众生发生功德，远离愚痴迷惑的解脱法门。遍游净空主方神，证得了恒发妙音令听者皆欢喜的解脱门。这是能示现如来美妙庄严的声音，使听闻的众生心生广大欢喜的解脱法门。云幢大音主方神，证得了如龙普雨令众生欢喜的解脱门。这是能宛如龙一般雨下大法雨，使众生烦恼灭除、心生欢喜的解脱法门。髻目无乱主方神，证得了示现一切众生诸业无差别自在力的解脱门。这是能够示现一切众生的业力之海，皆是性空平等而无差别，使他们消除一切业惑的解脱法门。普观世业主方神，证得了观察一切诸趣众生中之种种业的解脱门。这是能以广大无边的智慧，明照一切众生的种种心念，而随机度化利益的解脱法门。周遍游览主方神，证得了所作事皆究竟令一切众生欢喜的解脱门。这是能以大慈哀悯的心救度一切众生，使诸波罗蜜得到究竟圆满的解脱法门。

这时，遍住一切主方神承着佛陀威神力的加持，普遍观察一切主方神大众，而宣说如下的偈颂：

如来自在出兴于世间，教化调伏一切诸群生，
普示法门令彼皆悟入，悉使当成无上智慧者。

神通无量遍等诸众生，随其所乐示现显诸相，
见者皆蒙利益出离苦，此现光神所证解脱力。

佛于暗障众生大海中，为显法炬示现大光明，
其光普照十方无不见，此行庄严方神之解脱。

具足世间种种微妙音，普转法轮无不生妙解，
众生听者烦恼尽除灭，此遍住主方神之所悟。

一切世间所有诸名称，诸佛名号等彼而出生，
悉使众生皆离愚痴惑，此断迷主方神所行处。

若有众生能至佛陀前，得闻如来美妙庄严音，
莫不心生广大妙欢喜，遍游虚空神了悟斯法。

佛于一一弹指刹那中，普雨无边广大妙法雨，
悉使众生烦恼尽除灭，此云幢主方神所了知。

一切世间种种诸业海，佛悉开示等性空无异，
普使众生除灭众业惑，此髻目主方神之所了。

一切智地广大无有边，一切众生所生种种心，
如来如实照见悉明了，此广大门观世之所入。

佛于往昔所修一切行，无量诸度一切悉圆满，
大慈哀悯利益诸众生，此遍游主方神之解脱。

接着，更有主空神大众。如：净光普照主空神，证得了普知诸趣一切众生之心的解脱门。这是能以如来的广大清净之眼，普遍了知一切众生心念的解脱法门。普游深广主空神，证得了普入法界的解脱门。这是能普入法界，观察佛身随处应现，以广大光明遍照法界的解脱法门。生吉祥风主空神，证得了了达诸佛身相无边境界的解脱门。这是能证悟佛身宛若虚空一般，体性空寂无生无取，而示现无边境界的解脱法门。离障安住主空神，证得了除灭一切众生恶业惑障的解脱门。这是能了悟诸佛于无量时

劫广说一切佛法，灭除众生恶业与迷惑障碍的解脱法门。广步妙髻主空神，证得了普遍观察思惟广大行海的解脱门。这是能观察、思维诸佛往昔所做的广大菩提行，安立一切世间的解脱法门。无碍光焰主空神，证得了大悲光普遍救护一切众生之厄难的解脱门。这是能见诸佛大悲灭苦的光明，普遍救护一切众生之困厄苦难的解脱法门。无碍胜力主空神，证得了普入一切无所着福德力的解脱门。这是了悟以智慧的清净功德宝藏，能成为世间的福田，并随机以智慧开觉众生的解脱法门。离垢光明主空神，证得了能令一切众生心离诸盖得清净的解脱门。这是能了知一切众生的心为烦恼所覆盖，因放射清净光明，使他们远离流转的解脱法门。深远妙音主空神，证得了普见十方智慧光明的解脱门。这是能普见诸佛以无边的智慧，示现在一切国土中，并以光明普照世间的解脱法门。光遍十方主空神，证得了不动本处而普现世间的解脱门。这是能观察诸佛不离本来的处所，而示现于十方世界度化众生的解脱法门。

这时，净光普照主空神承着佛陀威神力的加持，普遍观察一切主空神大众，而宣说如下的偈颂：

> 如来广大眼目，清净宛如虚空，
> 普见所有众生，一切悉皆明了。
> 佛身广大光明，遍照于十方界，
> 处处现前安住，普游能观此道。
> 佛身宛如虚空，无生亦无所取，
> 无得无有自性，吉祥风所证见。
> 如来无量时劫，广说一切圣道，
> 普灭众生障碍，圆光了悟此门。
> 我观诸佛往昔，所集众菩提行，
> 悉为安立世间，妙髻行如斯境。
> 一切诸众生界，流转生死大海，
> 佛放灭苦光明，无碍神能见此。

清净功德宝藏，能为世间福田，

随以智慧开觉，力神于此了悟。

众生愚痴所覆，流转于诸险道，

佛为放大光明，离垢神能亲证。

智慧无有边际，悉现于诸国土，

光明普照世间，妙音如斯见佛。

佛为度诸众生，修行遍满十方，

如是广大愿心，普现能善观察。

　　接着，更有主风神大众。如：无碍光明主风神，证得了普入佛法普及
一切世间的解脱门。这是能证入佛法，以无碍的方便，普及于一切世间教
化众生的解脱法门。普现勇业主风神，证得了无量诸佛国土之出现咸皆广
大供养的解脱门。这是能观察如来于往昔当中，于一念间便能供养无边诸
佛的解脱法门。飘击云幢主风神，证得了以香风普灭一切众生之病的解脱
门。这是能以种种的香风，来灭除一切众生病苦的解脱法门。净光庄严主
风神，证得了普生一切众生善根令摧灭重障山的解脱门。这是能使无福而
受各种苦恼的众生，在深重的障碍与迷妄当中得到解脱的解脱法门。力能
竭水主风神，证得了能破无边恶魔众的解脱门。这是能观察诸佛如来以广
大的神通，破除无边的魔军大众，并调伏一切众生的解脱法门。大声遍吼
主风神，证得了永灭一切众生怖畏的解脱门。这是了知诸佛能于毛孔中演
奏微妙的声音，来消灭众生之痛苦与恐惧的解脱法门。树杪垂髻主风神，
证得了入一切诸法实相具辩才海的解脱门。这是了悟如来的微妙辩才能证
入诸法的实相，而于无量劫中恒常说法的解脱法门。普行无碍主风神，证
得了以方便藏调伏一切众生的解脱门。这是能以无边的方便、无碍的智慧，
来调伏教化一切众生的解脱法门。种种宫殿主风神，证得了入寂静禅定门
灭极重愚痴暗的解脱门。这是能证入寂静的禅定三昧，灭除众生极重之愚
痴迷惑的解脱法门。大光普照主风神，证得了随顺一切众生行无碍力的解
脱门。这是能以无边圆满的如来威力，随顺众生的心行而予以教化的解脱

法门。

这时，无碍光明主风神承着佛陀威神力的加持，普遍观察一切主风神大众，而宣说如下的偈颂：

> 一切诸佛法甚深妙，无碍方便普能趋入，
> 所有世间常示出现，无相无形无有影像。
> 汝观如来于往昔中，一念供养无边诸佛，
> 如是勇猛菩提圣行，此普现神乃能悟了。
> 如来救世不可思议，所有方便无有空过，
> 悉使众行离诸病苦，此云幢神之所解脱。
> 众生无福受众苦恼，重盖密障当迷覆中，
> 一切皆令证得解脱，此净光神之所了知。
> 如来广大神通威力，克殄一切诸魔军众，
> 所有调伏诸善方便，勇健威力悉能观察。
> 佛于毛孔演出妙音，其音普遍满于世间，
> 一切苦畏皆令休息，此遍吼神之所了知。
> 佛于一切众刹海中，不思议劫恒常演说，
> 此如来地微妙辩才，树杪髻神能悟解了。
> 佛于一切众方便门，智入其中悉皆无碍，
> 境界无边无与等比，此普行神之所解脱。
> 如来境界无有边际，处处方便皆令得见，
> 而身寂静无有诸相，种种宫神之解脱门。
> 如来劫海勤修诸行，一切诸力皆能成满，
> 能随世法应诸众生，此普照神之所证见。

【注释】

❶ 善逝：佛十号之一。善是好，逝是去，佛修正道而入涅槃，是向好的去处而去，

故号为"善逝"。

❷ 饶益：给人丰富的利益。

❸ 趣："趣向"之意。众生受业报，皆由因趣向果，所以六道又称为六趣。

❹ 缠盖：盖与缠都是烦恼的别名。因为烦恼能覆盖众生的清净心，使善心不能开发，以及缠缚众生的身心，使其不得自在。

❺ 六道：天、人、阿修罗、畜生、饿鬼、地狱，此六者是一切众生因业力而趣向之处，故又称为"六趣"。

❻ 法器：具有修证佛法的根器。

❼ 品："类"之意，而群品又称群类，即诸种有情众生。

❽ 法喜：即听闻深妙之法而喜悦。

❾ 牟尼：梵语 muni，意译作"寂静"。

❿ 如来法身，体性虽平等，但随机应现而有无量差别，故称为"差别身"。

⓫ 喜足：意同"知足"，乃对治多欲而知足。

⓬ 尸利：又作"室利"、"师利"等，梵语 śrī，意译作"吉祥"。

卷第四
世主妙严品第一之四

【原典】

复次，普光焰藏主火神，得悉除一切世间暗解脱门；普集光幢主火神，得能息一切众生诸惑漂流热恼苦解脱门；大光遍照主火神，得无动福力大悲藏解脱门；众妙宫殿主火神，得观如来神通力示现无边际解脱门❶；无尽光髻主火神，得光明照耀无边虚空界解脱门；种种焰眼主火神，得种种福庄严寂静光解脱门；十方宫殿如须弥山主火神，得能灭一切世间诸趣炽然苦解脱门；威光自在主火神，得自在开悟一切世间解脱门；光照十方主火神，得永破一切愚痴执著见解脱门；雷音电光主火神，得成就一切愿力大震吼解脱门。

尔时，普光焰藏主火神承佛威力，普观一切主火神众，而说颂言：

汝观如来精进力，广大亿劫不思议，为利众生现世间，所有暗障皆令灭。

众生愚痴起诸见，烦恼如流及火然，导师方便悉灭除，普集光幢于此悟。

福德如空无有尽，求其边际不可得，此佛大悲无动力，光照悟入心生喜。

我观如来之所行，经于劫海无边际，如是示现神通力，众妙宫神所了知。

亿劫修成不可思，求其边际莫能知，演法实相令欢喜，无尽光神所观见。

十方所有广大众，一切现前瞻仰佛，寂静光明照世间，此妙焰神所能了。

牟尼出现诸世间，坐于一切宫殿中，普雨无边广大法，此十方神之境界。

诸佛智慧最甚深，于法自在现世间，能悉阐明真实理，威光悟此心欣庆。

诸见愚痴为暗盖，众生迷惑常流转，佛为开阐妙法门，此照方神能悟入。

愿门广大不思议，力度修治已清净，如昔愿心皆出现，此震音神之所了。

复次，普兴云幢主水神，得平等利益一切众生慈解脱门；海潮云音主水神，得无边法庄严解脱门；妙色轮髻主水神，得观所应化方便普摄解脱门；善巧漩澓主水神，得普演诸佛甚深境界解脱门；离垢香积主水神，得普现清净大光明解脱门；福桥光音主水神，得清净法界无相无性解脱门；知足自在主水神，得无尽大悲海解脱门；净喜善音主水神，得于菩萨众会道场中为大欢喜藏解脱门；普现威光主水神，得以无碍广大福德力普出现解脱门；吼声遍海主水神，得观察一切众生发起如虚空调伏方便解脱门。

尔时，普兴云幢主水神承佛威力，普观一切主水神众，而说颂言：

清净慈门刹尘数，共生如来一妙相，一一诸相莫不然，是故见者无厌足。

世尊往昔修行时，普诣一切如来所，种种修治无懈倦，如是方便云音入。

佛于一切十方中，寂然不动无来去，应化众生悉令见，此是髻轮之所知。

如来境界无边量，一切众生不能了，妙音演说遍十方，此善漩❷神所行处。

世尊光明无有尽，充遍法界不思议，说法教化度众生，此净香神所观见。

如来清净等虚空，无相无形遍十方，而令众会靡不见，此福光神善观察。

佛昔修习大悲门，其心广遍等众生，是故如云现于世，此解脱门知足了。

十方所有诸国土，悉见如来坐于座，朗然开悟大菩提，如是喜音之所入。

如来所行无挂碍，遍往十方一切刹，处处示现大神通，普现威光已能悟。

修习无边方便行，等众生界悉充满，神通妙用靡暂停，吼声遍海斯能入。

复次，出现宝光主海神，得以等心施一切众生福德海众宝庄严身解脱门；不可坏金刚幢主海神，得巧方便守护一切众生善根解脱门；不杂尘垢主海神，得能竭一切众生烦恼海解脱门；恒住波浪主海神，得令一切众生离恶道解脱门；吉祥宝月主海神，得普灭大痴暗解脱门；妙华龙髻主海神，得灭一切诸趣苦与安乐解脱门；普持光味主海神，得净治一切众生诸见愚痴性解脱门；宝焰华光主海神，得出生一切宝种性菩提心解脱门；金刚妙髻主海神，得不动心功德海解脱门；海潮雷音主海神，得普入法界三昧门解脱门。

尔时，出现宝光主海神承佛威力，普观一切主海神众，而说颂言：

不可思议大劫海，供养一切诸如来，普以功德施群生，是故端严最无比。

一切世间皆出现，众生根欲靡不知，普为弘宣大法海，此是坚幢所欣悟。

一切世间众导师，法云大雨不可测，消竭无穷诸苦海，此离垢尘入法门❸。

一切众生烦恼覆，流转诸趣受众苦，为其开示如来境，普水宫神入此门。

佛于难思劫海中，修行诸行无有尽，永截众生痴惑网，宝月于此能明入。

佛见众生常恐怖，流转生死大海中，示彼如来无上道，龙髻悟解生欣悦。

诸佛境界不思议，法界虚空平等相，能净众生痴惑网，如是持味能宣说。

佛眼清净不思议，一切境界悉该览，普示众生诸妙道，此是华光心所悟。

魔军广大无央数，一刹那中悉摧灭，心无倾动难测量，金刚妙髻之方便。

普于十方演妙音，其音法界靡不周，此是如来三昧境，海潮音神所行处。

复次，普发迅流主河神，得普雨无边法雨解脱门；普洁泉涧主河神，得普现一切众生前令永离烦恼解脱门；离尘净眼主河神，得以大悲方便普涤一切众生诸惑尘垢解脱门；十方遍吼主河神，得恒出饶益众生音解脱门；普救护众生主河神，得于一切含识中恒起无恼害慈解脱门；无热净光主河神，得普示一切清凉善根解脱门；普生欢喜主河神，得修行具足施令一切众生永离悭著解脱门；广德胜幢主河神，得作一切欢喜福田解脱门；光照普世主河神，得能令一切众生杂染者清净嗔毒者欢喜解脱门；海德光明主河神，得能令一切众生入解脱海恒受具足乐解脱门。

尔时，普发迅流主河神承佛威力，普观一切主河神众，而说颂言：

如来往昔为众生，修治法海无边行，譬如霈泽清炎暑，普灭众生烦恼热。

佛昔难宣无量劫，以愿光明净世间，诸根熟者令悟道，此普洁神心所悟。

大悲方便等众生，悉现其前常化诱，普使净治烦恼垢，净眼见此深欢悦。

佛演妙音普使闻，众生爱乐心欢喜，悉使涤除无量苦，此遍吼神之解脱。

佛昔修习菩提行，为利众生无量劫，是故光明遍世间，护神忆念生欢喜。

佛昔修行为众生，种种方便令成熟，普净福海除众苦，无热见此心欣庆。

施门广大无穷尽，一切众生咸利益，能令见者无悭著，此普喜神之所悟。

佛昔修行实方便，成就无边功德海，能令见者靡不欣，此胜幢神心悟悦。

众生有垢咸净治，一切怨害等生慈，故得光照满虚空，普世河神见欢喜。

佛是福田功德海，能令一切离诸恶，乃至成就大菩提，此海光神之解脱。

复次，柔软胜味主稼神，得与一切众生法滋味令成就佛身解脱门；时华净光主稼神，得能令一切众生受广大喜乐解脱门；色力勇健主稼神，得以一切圆满法门净诸境界解脱门；增益精气主稼神，得见佛大悲无量神通变化力解脱门；普生根果主稼神，得普现佛福田令下种无失坏解脱门；妙严环髻主稼神，得普发众生净信华解脱门；润泽净华主稼神，得大慈愍济诸众生令增长福德海解脱门；成就妙香主稼神，得广开示一切行法解脱门；见者爱乐主稼神，得能令法界一切众生舍离懈怠忧恼等诸恶普清净解脱门；

离垢光明主稼神，得观察一切众生善根随应说法令众会欢喜满足解脱门。

尔时，柔软胜味主稼神承佛威力，普观一切主稼神众，而说颂言：

如来无上功德海，普现明灯照世间，一切众生咸救护，悉与安乐无遗者。

世尊功德无有边，众生闻者不唐捐，悉使离苦常欢喜，此是时华之所入。

善逝诸力皆圆满，功德庄严现世间，一切众生悉调伏，此法勇力能明证。

佛昔修治大悲海，其心念念等世间，是故神通无有边，增益精气能观见。

佛遍世间常现前，一切方便无空过，悉净众生诸惑恼，此普生神之解脱。

佛是世间大智海，放净光明无不遍，广大信解悉从生，如是严髻能明入。

如来观世起慈心，为利众生而出现，示彼恬怡最胜道，此净华神之解脱。

善逝所修清净行，菩提树下具宣说，如是教化满十方，此妙香神能听受。

佛于一切诸世间，悉使离忧生大喜，所有根欲皆治净，可爱乐神斯悟入。

如来出现于世间，普观众生心所乐，种种方便而成熟，此净光神解脱门。

复次，吉祥主药神，得普观一切众生心而勤摄取解脱门；栴檀林主药神，得以光明摄众生俾见者无空过解脱门；离尘光明主药神，得能以净方便灭一切众生烦恼解脱门；名称普闻主药神，得能以大名称增长无边善根海解脱门；毛孔现光主药神，得大悲幢速赴一切病境界解脱门；破暗清净主药神，得疗治一切盲冥众生令智眼清净解脱门；普发吼声主药神，得能演佛音说诸法差别义解脱门；蔽日光幢主药神，得能作一切众生善知识令见者咸生善根解脱门；明见十方主药神，得清净大悲藏能以方便令生信解解脱门；普发威光主药神，得方便令念佛灭一切众生病解脱门。

尔时，吉祥主药神承佛威力，普观一切主药神众，而说颂言：

如来智慧不思议，悉知一切众生心，能以种种方便力，灭彼群迷无量苦。

大雄善巧难测量，凡有所作无空过，必使众生诸苦灭，栴檀林神能悟此。

汝观诸佛法如是，往昔❹勤修无量劫，而于诸有无所著，此离尘光所入门。

佛百千劫难可遇，若有得见及闻名，必令获益无空过，此普称神之所了。

如来一一毛孔中，悉放光明灭众患，世间烦恼皆令尽，此现光神所入门。

一切众生痴所盲，惑业众苦无量别，佛悉蠲除开智照，如是破暗能观见。

如来一音无限量，能开一切法门海，众生听者悉了知，此是大音之解脱。

汝观佛智难思议，普现诸趣救群生，能令见者皆从化，此蔽日幢深悟了。

如来大悲方便海，为利世间而出现，广开正道示众生，此见方神能了达。

如来普放大光明，一切十方无不照，令随念佛生功德，此发威光解脱门。

复次，布华如云主林神，得广大无边智海藏解脱门；擢干舒光主林神，得广大修治普清净解脱门；生芽发耀主林神，得增长种种净信芽解脱门；吉祥净叶主林神，得一切清净功德庄严聚解脱门；垂布焰藏主林神，得普门清净慧恒周览法界解脱门；妙庄严光主林神，得普知一切众生行海而兴布法云解脱门；可意雷声主林神，得忍受一切不可意声演清净音解脱门；香光普遍主林神，得十方普现昔所修治广大行境界解脱门；妙光回耀主林神，得以一切功德法饶益世间解脱门；华果光味主林神，得能令一切见佛出兴常敬念不忘庄严功德藏解脱门。

尔时，布华如云主林神承佛威力，普观一切主林神众，而说颂言：

佛昔修习菩提行，福德智慧悉成满，一切诸力皆具足，放大光明出世间。

悲门无量等众生，如来往昔普净治，是故于世能为益，此擢干神之所了。

若有众生一见佛，必使入于深信海，普示一切如来道，此妙芽神之解脱。

一毛所集诸功德，劫海宣扬不可尽，诸佛方便难思议，净叶能明此深义。

我念如来于往昔，供养刹尘无量佛，一一佛所智渐明，此焰藏神之所了。

一切众生诸行海，世尊一念悉了知，如是广大无碍智，妙庄严神能悟入。

恒演如来寂妙音，普生无等大欢喜，随其解欲皆令悟，此是雷音所行法。

如来示现大神通，十方国土皆周遍，佛昔修行悉令见，此普香光所入门。

众生谬诐不修德，迷惑沉流生死中，为彼阐明众智道，此妙光神之所见。

佛为业障诸众生，经于亿劫时乃现，其余念念常令见，此味光神所观察。

复次，宝峰开华主山神，得入大寂定光明解脱门；华林妙髻主山神，得修习慈善根成熟不可思议数众生解脱门；高幢普照主山神，得观察一切众生心所乐严净诸根解脱门；离尘宝髻主山神，得无边劫海勤精进无厌怠解脱门；光照十方主山神，得以无边功德光普觉悟解脱门；大力光明主山神，得能自成熟复令众生舍离愚迷行解脱门；威光普胜主山神，得拔一切苦使无有余解脱门；微密光轮主山神，得演教法光明显示一切如来功德解脱门；普眼现见主山神，得令一切众生乃至于梦中增长善根解脱门；金刚坚固眼主山神，得出现无边大义海解脱门。

尔时，开华匝地主山神承佛威力，普观一切主山神众，而说颂言：

往修胜行无有边，今获神通亦无量，法门广辟如尘数，悉使众生深悟喜。

众相严身遍世间，毛孔光明悉清净，大慈方便示一切，华林妙髻悟此门。

佛身普现无有边，十方世界皆充满，诸根严净见者喜，此法高幢能悟入。

历劫勤修无懈倦，不染世法如虚空，种种方便化群生，悟此法门名宝髻。

众生盲暗入险道，佛哀愍彼舒光照，普使世间从睡觉，威光悟此心生喜。

昔在诸有广修行，供养刹尘无数佛，令众生见发大愿，此地大力能明入。

见诸众生流转苦，一切业障恒缠覆，以智慧光悉灭除，此普胜神之解脱。

一一毛孔出妙音，随众生心赞诸佛，悉遍十方无量劫，此是光轮所入门。

佛遍十方普现前，种种方便说妙法，广益众生诸行海，此现见神之所悟。

法门如海无边量，一音为说悉令解，一切劫中演不穷，入此方便金刚目。

复次，普德净华主地神，得以慈悲心念念普观一切众生解脱门；坚福庄严主地神，得普现一切众生福德力解脱门；妙华严树主地神，得普入诸法出生一切佛刹庄严解脱门；普散众宝主地神，得修习种种诸三昧令众生除障垢解脱门；净目观时主地神，得令一切众生常游戏快乐解脱门；金色妙眼主地神，得示现一切清净身调伏众生解脱门；香毛发光主地神，得了知一切佛功德海大威力解脱门；寂音悦意主地神，得普摄持一切众生言音海解脱门；妙华旋髻主地神，得充满佛刹离垢性解脱门；金刚普持主地神，得一切佛法轮所摄持普出现解脱门。

尔时，普德净华主地神承佛威力，普观一切主地神众，而说颂言：

如来往昔念念中，大慈悲门不可说，如是修行无有已，故得坚牢不坏身。

三世众生及菩萨，所有一切众福聚，悉现如来毛孔中，福严见已生欢喜。

广大寂静三摩地，不生不灭无来去，严净国土示众生，此树华神之解脱。

佛于往昔修诸行，为令众生消重障，普散众宝主地神，见此解脱生欢喜。

如来境界无边际，念念普现于世间，净目观时主地神，见佛所行心庆悦。

妙音无限不思议，普为众生灭烦恼，金色眼神能了悟，见佛无边胜功德。

一切色形皆化现，十方法界悉充满，香毛发光常见佛，如是普化诸众生。

妙音普遍于十方，无量劫中为众说，悦意地神心了达，从佛得闻深敬喜。

佛毛孔出香焰云，随众生心遍世间，一切见者皆成熟，此是华旋所观处。

坚固难坏如金刚，不可倾动逾须弥，佛身如是处世间，普持得见生欢喜。

复次，宝峰光耀主城神，得方便利益众生解脱门；妙严宫殿主城神，得知众生根教化成熟解脱门；清净喜宝主城神，得常欢喜令一切众生受诸福德解脱门；离忧清净主城神，得救诸怖畏大悲藏解脱门；华灯焰眼主城神，得普明了大智慧解脱门；焰幢明现主城神，得普方便示现解脱门；盛福威光主城神，得普观察一切众生令修广大福德海解脱门；净光明身主城神，得开悟一切愚暗众生解脱门；香幢庄严主城神，得观如来自在力普遍世间调伏众生解脱门❺；宝峰光目主城神，得能以大光明破一切众生障碍山解脱门。

尔时，宝峰光耀主城神承佛威力，普观一切主城神众，而说颂言：

导师如是不思议，光明遍照于十方，众生现前悉见佛，教化成熟无央数。

诸众生根各差别，佛悉了知无有余，妙严宫殿主城神，入此法门心庆悦。

如来无量劫修行，护持往昔诸佛法，意常承奉生欢喜，妙宝城神悟此门。

如来昔已能除遣，一切众生诸恐怖，而恒于彼起慈悲，此离忧神心悟喜。

佛智广大无有边，譬如虚空不可量，华目城神斯悟悦，能学如来之妙慧。

如来色相等众生，随其乐欲皆令见，焰幢明现心能悟，习此方便生欢喜。

如来往修众福海，清净广大无边际，福德幢光于此门，观察了悟心欣庆。

众生愚迷诸有中，如世生盲卒无睹，佛为利益兴于世，清净光神入此门。

如来自在无有边，如云普遍于世间，乃至现梦令调伏，此是香幢所观见。

众生痴暗如盲瞽，种种障盖所缠覆，佛光照彻普令开，如是宝峰之所入。

复次，净庄严幢道场神，得出现供养佛广大庄严具誓愿力解脱门；须弥宝光道场神，得现一切众生前成就广大菩提行解脱门；雷音幢相道场神，得随一切众生心所乐令见佛于梦中为说法解脱门；雨华妙眼道场神，得能雨一切难舍众宝庄严具解脱门；清净焰形道场神，得能现妙庄严道场广化众生令成熟解脱门；华缨垂髻道场神，得随根说法令生正念解脱门；雨宝庄严道场神，得能以辩才普雨无边欢喜法解脱门；勇猛香眼道场神，得广称赞诸佛功德解脱门；金刚彩云道场神，得示现无边色相树庄严道场解脱门；莲华光明道场神，得菩提树下寂然不动而充遍十方解脱门；妙光照耀道场神，得显示如来种种力解脱门。

尔时，净庄严幢道场神承佛威力，普观一切道场神众，而说颂言：

我念如来往昔时，于无量劫所修行，诸佛出兴咸供养，故获如空大功德。

佛昔修行无尽施，无量刹土微尘等，须弥光照菩提神，忆念善逝心欣庆。

如来色相无有穷，变化周流一切刹，乃至梦中常示现，雷幢见此生欢喜。

昔行舍行无量劫，能舍难舍眼如海，如是舍行为众生，此妙眼神能悟悦。

无边色相宝焰云，现菩提场遍世间，焰形清净道场神，见佛自在生欢喜。

众生行海无有边，佛普弥纶雨法雨，随其根解除疑惑，华缨悟此心欢喜。

无量法门差别义，辩才大海皆能入，雨宝严具道场神，于心念念恒如是。

于不可说一切土，尽世言辞称赞佛，故获名誉大功德，此勇眼神能忆念。

种种色相无边树，普现菩提树王下，金刚彩云悟此门，恒观道树生欢喜。

十方边际不可得，佛坐道场智亦然，莲华步光净信心，入此解脱深生喜。

道场一切出妙音，赞佛难思清净力，及以成就诸因行，此妙光神能听受。

复次，宝印手足行神，得普雨众宝生广大欢喜解脱门；莲华光足行神，得示现佛身坐一切光色莲华座令见者欢喜解脱门；最胜华髻足行神，得一一心念中建立一切如来众会道场解脱门；摄诸善见足行神，得举足发步悉调伏无边众生解脱门；妙宝星幢足行神，得念念中化现种种莲华网光明普雨众宝出妙音声解脱门；乐吐妙音足行神，得出生无边欢喜海解脱门；栴檀树光足行神，得以香风普觉一切道场众会解脱门；莲华光明足行神，得一切毛孔放光明演微妙法音解脱门；微妙光明足行神，得其身遍出种种光明网普照耀解脱门；积集妙华足行神，得开悟一切众生令生善根海解脱门。

尔时，宝印手足行神承佛神力，遍观一切足行神众，而说颂言：

佛昔修行无量劫，供养一切诸如来，心恒庆悦不疲厌，喜门深大犹如海。

念念神通不可量，化现莲华种种香，佛坐其上普游往，红色光神皆睹见。

诸佛如来法如是，广大众会遍十方，普现神通不可议，最胜华神悉明瞩。

十方国土一切处，于中举足若下足，悉能成就诸群生，此善见神心悟喜。

如众生数普现身，此一一身充法界，悉放净光雨众宝，如是解脱星幢入。

如来境界无边际，普雨法雨皆充满，众会睹佛生欢喜，此妙音声之所见。

佛音声量等虚空，一切音声悉在中，调伏众生靡不遍，如是栴檀能听受。

一切毛孔出化音，阐扬三世诸佛名，闻此音者皆欢喜，莲华光神如是见。

佛身变现不思议，步步色相犹如海，随众生心悉令见，此妙光明之所得。

十方普现大神通，一切众生悉开悟，众妙华神于此法，见已心生大欢喜。

复次，净喜境界身众神，得忆佛往昔誓愿海解脱门；光照十方身众神，得光明普照无边世界解脱门；海音调伏身众神，得大音普觉一切众生令欢喜调伏解脱门；净华严髻身众神，得身如虚空周遍住解脱门；无量威仪身众神，得示一切众生诸佛境界解脱门；最胜光严身众神，得令一切饥乏众生色力满足解脱门；净光香云身众神，得除一切众生烦恼垢解脱门；守护摄持身众神，得转一切众生愚痴魔业解脱门；普现摄化身众神，得普于一切世主宫殿中显示庄严相解脱门；不动光明身众神，得普摄一切众生皆令生清净善根解脱门。

尔时，净喜境界身众神承佛威力，普观一切身众神众，而说颂言：

我忆须弥尘劫前，有佛妙光出兴世，世尊于彼如来所，发心供养一切佛。

如来身放大光明，其光法界靡不充，众生遇者心调伏，此照方神之所见。

如来声震十方国，一切言音悉圆满，普觉群生无有余，调伏闻此心欢庆。

佛身清净恒寂灭，普现众色无诸相，如是遍住于世间，此净华神之所入。

导师如是不思议，随众生心悉令见，或坐或行或时住，无量威仪所悟门。

佛百千劫难逢遇，出兴利益能自在，令世悉离贫穷苦，最胜光严入斯处。

如来一一齿相间，普放香灯光焰云，灭除一切众生惑，离垢云神如是见。

众生染惑为重障，随逐魔径常流转，如来开示解脱道，守护执持能悟入。

我观如来自在力，光布法界悉充满，处王宫殿化众生，此普现神之境界。

众生迷妄具众苦，佛在其中常救摄，皆令灭惑生喜心，不动光神所观见。

复次，妙色那罗延执金刚神，得见如来示现无边色相身解脱门；日轮速疾幢执金刚神，得佛身一一毛如日轮现种种光明云解脱门；须弥华光执金刚神，得化现无量身大神变解脱门；清净云音执金刚神，得无边随类音解脱门；妙臂天主执金刚神，得现为一切世间主开悟众生解脱门；可爱乐光明执金刚神，得普开示一切佛法差别门咸尽无遗解脱门；大树雷音执金刚神，得以可爱乐庄严具摄一切树神解脱门；师子王光明执金刚神，得如来广大福庄严聚皆具足明了解脱门；密焰吉祥目执金刚神，得普观察险恶众生心为现威严身解脱门；莲华摩尼髻执金刚神，得普雨一切菩萨庄严具摩尼髻解脱门。

尔时，妙色那罗延执金刚神承佛威力，普观一切执金刚神众，而说颂言：

> 汝应观法王，法王法如是，色相无有边，普现于世间。
> 佛身一一毛，光网不思议，譬如净日轮，普照十方国。
> 如来神通力，法界悉周遍，一切众生前，示现无尽身。
> 如来说法音，十方莫不闻，随诸众生类，悉令心满足。
> 众见牟尼尊，处世宫殿中，普为诸群生，阐扬于大法。
> 法海漩澓处，一切差别义，种种方便门，演说无穷尽。
> 无边大方便，普应十方国，遇佛净光明，悉见如来身。
> 供养于诸佛，亿刹微尘数，功德如虚空，一切所瞻仰。
> 神通力平等，一切刹皆现，安坐妙道场，普现众生前。
> 焰云普照明，种种光圆满，法界无不及，示佛所行处。

注释

❶ 大正本原无"众妙……门"二十二字，今依明、宫本增之。

❷ "漩"，大正本原作"旋"，今依三本及宫本改之。

❸ 大正本原无"一切……门"四句二十八字，今依元、明、宫本增之。

❹ "昔"，大正本原作"悉"，今依元、明、宫本改之。

❺ 大正本原无"香幢……门"二十五字，今依明本增之。

【白话语译】

接着，更有主火神大众。如：普光焰藏主火神，证得了悉除一切世间阴暗的解脱门。这是能以如来的精进大威力，来灭除一切众生之障痴的解脱法门。普集光幢主火神，证得了能息一切众生诸惑漂流热恼苦的解脱门。这是能以佛力方便消除众生的一切愚痴与烦恼，远离生死轮回的解脱法门。大光遍照主火神，证得了无动福德力大悲藏的解脱门。这是能悟入诸佛大悲不动之威力，使福德具足有如虚空无尽的解脱法门。众妙宫殿主火神，证得了观如来神通力示现无边际的解脱门。这是能了知如来的菩提行持，历经了无量时劫，了无边际的解脱法门。无尽光髻主火神，证得了光明照耀无边虚空界的解脱门。这是能以不可思议的诸佛功德，演说诸法实相，以光明遍照无边虚空法界的解脱法门。种种焰眼主火神，证得了种种福德庄严之寂静光明的解脱门。这是能示现种种福德庄严的寂静光明，普照一切世间的解脱法门。十方宫殿如须弥山主火神，证得了能灭一切世间诸趣之炽然苦恼的解脱门。这是能普遍雨下无边广大的法雨，灭除一切世间各种炽然苦恼的解脱法门。威光自在主火神，证得了自在开悟一切世间的解脱门。这是能以无上甚深的智慧，阐明真实的妙理，来开悟一切世间众生的解脱法门。光照十方主火神，证得了永破一切愚痴执着见的解脱门。这是能开示阐明一切微妙的法门，破除一切愚痴执着之见地的解脱法门。雷音电光主火神，证得了成就一切愿力大雷震吼的解脱门。这是能成就一切广大愿力，清净修行圆满佛道的解脱法门。

这时，普光焰藏主火神承着佛陀威神力的加持，普遍观察一切主火神大众，而宣说如下的偈颂：

汝观如来精进大威力，广大亿劫显不可思议，

为利众生示现于世间，所有暗障皆能令除灭。

众生愚痴心起诸见障，烦恼宛如流瀑及火然，

导师方便悉皆令灭除，普集光幢于此能了悟。

福德如空无有穷尽者，求其边际悉皆不可得，
此佛大悲无动微妙力，光照悟入心生大欢喜。

我观如来一切之所行，经于劫海无尽无边际，
如是示现广大神通力，众妙宫神自证所了知。

亿劫修成不可思功德，求其边际悉莫能了知，
演法实相普令大欢喜，无尽光主火神所观见。

十方所有广大一切众，一切现前瞻仰于佛陀，
寂静光明普照于世间，此妙焰神之所能了知。

牟尼出现于诸世间中，坐于一切胜妙宫殿中，
普雨无边广大之法雨，此十方神之所证境界。

诸佛智慧最上甚深妙，于法自在普现于世间，
能悉阐明真实微妙理，威光悟此心生大欣庆。

诸见愚痴恒为暗黑盖，众生迷惑常生流转中，
佛为开阐一切妙法门，此照方主火神能悟入。

愿门广大诚不可思议，十力六度修治已清净，
如昔广大愿心皆出现，此震音火神之所了知。

　　再次，更有主水神大众。如：普兴云幢主水神，证得了平等利益一切
众生慈的解脱门。这是能现证一切的怨亲平等，以无缘大慈来利益、救度
众生的解脱法门。海潮云音主水神，证得了以无边行法庄严自他的解脱门。
这是能修习种种的菩萨行，以这些清净的殊胜妙行来庄严自身及他人的解
脱法门。妙色轮髻主水神，证得了观所应化方便普摄的解脱门。这是能示
现于十方国土中，观察所应化的众生，随其根机而方便摄化的解脱法门。
善巧漩澓主水神，证得了普遍演说诸佛甚深境界的解脱门。这是能以微妙
的音声，演说诸佛甚深微妙不可思议境界的解脱法门。离垢香积主水神，
证得了普现清净大光明的解脱门。这是能够普遍示现诸佛如来的清净光明
境界，说法教化众生的解脱法门。福桥光音主水神，证得了清净法界无相

无性的解脱门。这是能证得诸佛如来清净的法界无相无形，而示现身相于大众集会之中的解脱法门。知足自在主水神，证得了无尽大悲海的解脱门。这是能以诸佛无尽的大悲海，广布遍达于无尽众生的解脱法门。净喜善音主水神，证得了于菩萨众会道场中为大欢喜藏的解脱门。这是能彻见十方国土当中，如来端坐于师子宝座之上，为一切集会中的菩萨宣说广大菩提行的解脱法门。普现威光主水神，证得了以无碍广大福德力普遍出现的解脱门。这是能以如来无碍的广大福德之力，遍往十方一切国土，而示现大神通的解脱法门。吼声遍海主水神，证得了观察一切众生而发起如虚空之调伏方便的解脱门。这是能以无边广大的方便妙行，来教化调伏一切众生的解脱法门。

这时，普兴云幢主水神承着佛陀威神力的加持，普遍观察一切主水神大众，而宣说如下的偈颂：

> 清净慈门众刹尘数，共生如来唯一妙相，
> 一一诸相莫不皆然，是故见者无有厌足。
> 世尊往昔修诸行时，普诣一切如来之所，
> 种种修治无有懈倦，如是方便云音能入。
> 佛于一切十方国中，寂然不动无有来去，
> 应化众生悉皆令见，此是髻轮之所了知。
> 如来境界无边无量，一切众生所不能了，
> 妙音演说遍满十方，此善漩神之所行处。
> 世尊光明无有穷尽，充遍法界不可思议，
> 说法教化广度众生，此净香神所能观见。
> 如来清净等诸虚空，无相无形遍满十方，
> 而令众会靡不睹见，此福光神所善观察。
> 佛昔修习大悲妙门，其心广遍等诸众生，
> 是故如云示现于世，此解脱门知足了知。
> 十方所有诸国土中，悉见如来安坐于座，

朗然开悟广大菩提，如是喜音之所证入。

如来所行无有挂碍，遍往十方一切刹土，

处处示现大神通力，普现威光已能悟入。

修习无边方便妙行，等众生界悉皆充满，

神通妙用靡暂停时，吼声遍海斯能入此。

接着，更有主海神大众。如：出现宝光主海神，证得了以平等心普施
一切众生具足福德海及众宝庄严其身的解脱门。这是能以平等心布施一切
众生，并供养一切如来，而具足福德以及众宝庄严之妙身的解脱法门。不
可坏金刚幢主海神，证得了善巧方便守护一切众生之善根的解脱门。这是
能以善巧方便守护众生的一切善根，并为他们广说无边佛法的解脱法门。
不杂尘垢主海神，证得了能枯竭一切众生之烦恼海的解脱门。这是能消竭
一切众生的无穷苦海、烦恼，而为他们宣说无上佛法的解脱法门。恒住波
浪主海神，证得了能令一切众生远离所有恶道的解脱门。这是能开示如来
的境界，令一切众生远离所有烦恼与恶道的解脱法门。吉祥宝月主海神，
证得了普灭众生之大愚痴惑暗的解脱门。这是能证得如来于不可思议的时
劫中所修行的境界，普灭一切众生之愚痴迷惑的解脱法门。妙华龙髻主海
神，证得了消灭一切诸趣之苦给与安乐的解脱门。这是能以如来的无上妙
道，消灭一切众生苦恼而给与安乐的解脱法门。普持光味主海神，证得了
净治一切众生之诸见愚痴性的解脱门。这个法门是能以诸佛不可思议的境
界，清净一切众生之愚痴见地的解脱法门。宝焰华光主海神，证得了能出
生一切宝种性❶菩提心的解脱门。这是能为一切众生开示无上的佛道，使
他们生出诸佛尊贵的种性，而具圣德的解脱法门。金刚妙髻主海神，证得
了不动心之功德海的解脱门。这是能以湛然寂静的不动心，在刹那之间消
灭广大魔军的解脱法门。海潮雷音主海神，证得了普入法界之三昧门的解
脱门。这是能以如来的三昧境界，普入十方法界而遍演微妙音声的解脱法
门。

这时，出现宝光主海神承着佛陀威神力的加持，普遍观察一切主海神

大众，而宣说如下的偈颂：

> 不可思议大劫海中，供养一切诸如来众，
> 普以功德遍施群生，是故端严最胜无比。
> 一切世间悉皆出现，众生根欲靡不了知，
> 普为弘宣广大法海，此是坚幢所欣悟入。
> 一切世间大众导师，法云大雨不可测得，
> 消竭无穷诸苦大海，此离垢尘能入法门。
> 一切众生烦恼覆盖，流转诸趣受众苦恼，
> 为其开示如来境界，普水宫神能入此门。
> 佛于难思劫海之中，修行诸行无有穷尽，
> 永截众生痴惑疑网，宝月于此乃能明入。
> 佛见众生常生恐怖，流转生死大海之中，
> 示彼如来无上妙道，龙髻悟解心生欣悦。
> 诸佛境界不可思议，法界虚空示平等相，
> 能净众生愚痴惑网，如是持味乃能宣说。
> 佛眼清净不可思议，一切境界悉能该览，
> 普示众生诸上妙道，此是华光心所悟入。
> 魔军广大无央其数，一刹那中悉能摧灭，
> 心无倾动难以测量，金刚妙髻之妙方便。
> 普于十方演妙音声，其音法界靡不周遍，
> 此是如来三昧境界，海潮音神之所行处。

接着，更有主河神大众。如：普发迅流主河神，证得了普雨无边法雨的解脱门。这是能了知如来无边的菩提行，普降清凉法雨，来消灭众生之烦恼与苦痛的解脱法门。普洁泉涧主河神，证得了普遍示现一切众生之前令其永离烦恼的解脱门。这是能以无量的愿力光明来清净世间，并使根器成熟之众生开悟得道的解脱法门。离尘净眼主河神，证得了以大悲方便普

涤一切众生之诸惑尘垢的解脱门。这是能以诸佛的大悲方便，教化一切的众生，并使他们所有的烦恼尘垢都能清净的解脱法门。十方遍吼主河神，证得了恒常演出饶益众生之妙音的解脱门。这是能以佛陀所演说的微妙音声，来饶益一切众生，使他们心生欢喜、涤除烦恼的解脱法门。普救护众生主河神，证得了能于一切含识中恒起无恼害之慈的解脱门。这是能以诸佛光明遍照世间，对于一切的有情含识，恒生无恼害之慈心的解脱法门。无热净光主河神，证得了普示一切清凉善根的解脱门。这是能以种种的方便，普示众生一切的清凉善根，消除众生苦恼的解脱法门。普生欢喜主河神，证得了修行具足布施令一切众生永离悭着的解脱门。这是能以广大无尽的布施，使一切众生得到利益，永离悭吝与贪着的解脱法门。广德胜幢主河神，证得了成作一切欢喜福田的解脱门。这是能成就无边的功德大海，使一切众生见者皆生欢喜福田的解脱法门。光照普世主河神，证得了能令一切众生中杂染着清净与嗔毒者欢喜的解脱门。这是能清净染垢的众生，并使一切怀嗔毒的众生，生起欢喜慈心，得证光明，遍照法界的解脱法门。海德光明主河神，证得了能令一切众生悟入解脱海受具足乐的解脱门。这是能以诸佛的福田功德大海，使一切众生远离众恶，悟入广大菩提的解脱法门。

这时，普发迅流主河神承着佛陀威神力的加持，普遍观察一切主河神大众，而宣说如下的偈颂：

> 如来往昔广为众生，修治法海无边妙行，
> 譬如霈泽清凉炎暑，普灭众生烦恼苦热。
> 佛昔难宣无量时劫，以愿光明清净世间，
> 诸根熟者令悟得道，此普洁神心所了悟。
> 大悲方便等诸众生，悉现其前常为化诱，
> 普使净治众烦恼垢，净眼见此深生欢悦。
> 佛演妙音普使令闻，众生爱乐心生欢喜，
> 悉使涤除无量苦恼，此遍吼神之所解脱。

佛昔修习菩提胜行，为利众生无量时劫，

是故光明遍照世间，护神忆念心生欢喜。

佛昔修行为诸众生，种种方便令其成熟，

普净福海除众苦恼，无热见此心生欣庆。

施门广大无有穷尽，一切众生咸得利益，

能令见者无有悭着，此普喜神之所了悟。

佛昔修行真实方便，成就无边功德大海，

能令见者靡不欣喜，此胜幢神心所悟悦。

众生有垢咸皆净治，一切怨害等生慈心，

故得光照遍满虚空，普世河神见生欢喜。

佛是福田功德大海，能令一切离于诸恶，

乃至成就广大菩提，此海光神之所解脱。

接着，更有主稼神大众。如：柔软胜味主稼神，证得了给与一切众生妙法滋味而令成就佛身的解脱门。这是能救护一切的众生，使他们得证安乐并成就佛身的解脱法门。时华净光主稼神，证得了能令一切众生受到广大喜乐的解脱门。这是能使众生听闻诸佛的广大功德，而远离众苦，常生欢乐的解脱法门。色力勇健主稼神，证得了以一切圆满法门净诸境界的解脱门。这是能以诸佛的圆满法门，调伏清净一切众生的解脱法门。增益精气主稼神，证得了见佛陀大悲无量神通变化力的解脱门。这是亲见诸佛所修习的广大悲心，能念念遍满世间，具足神通变化力量的解脱法门。普生根果主稼神，证得了普遍示现诸佛福田而令下植佛性种得无失坏的解脱门。这是能普遍示现诸佛的福田，使众生清净一切烦恼，并植下诸佛不坏之种性的解脱法门。妙严环髻主稼神，证得了普发众生净信华的解脱门。这是能悟入诸佛的大智慧海，放出清净光明，使众生发起广大信解的解脱法门。润泽净华主稼神，证得了大慈悯济诸众生而令增长福德海的解脱门。这是能以如来的慈心来济助一切众生，使其增长福德的解脱法门。成就妙香主稼神，证得了广大开示一切清净行法的解脱门。这是能听受如来的清净妙行，并广大开示一切众生的解脱法门。见者爱乐主稼神，证得了能令法界一切众生舍离懈怠忧恼等诸恶而得普遍清净的解脱门。这是能使法界中的一切众生，舍离懈怠与忧凄烦恼，而证得普遍清净的解脱法门。离垢光门主稼神，证得了观察一切众生之善根而随应说法令众会欢喜满足的解脱门。这是能观察一切众生的善根与心之所乐，以种种的方便相应而为之说法，使他们得证成熟的解脱法门。

这时，柔软胜味主稼神承着佛陀威神力的加持，普遍观察一切主稼神大众，而宣说如下的偈颂：

> 如来无上功德大海，普现明灯遍照世间，
> 一切众生咸皆救护，悉与安乐无有遗者。
> 世尊功德无有边际，众生闻者功不唐捐，
> 悉使离苦常生欢喜，此是时华之所悟入。
> 善逝诸力皆得圆满，功德庄严示现世间，
> 一切众生悉皆调伏，此法勇力能予明证。
> 佛昔修治广大悲海，其心念念等遍世间，
> 是故神通无有边际，增益精气亲能观见。
> 佛遍世间常现在前，一切方便无有空过，
> 悉净众生诸惑烦恼，此普生神之所解脱。
> 佛是世间大智慧海，放净光明无不周遍，
> 广大信解悉从此生，如是严髻能明悟入。
> 如来观世生起慈心，为利众生因而出现，
> 示彼恬怡最上胜道，此净华神之所解脱。
> 善逝所修清净妙行，菩提树下具足宣说，
> 如是教化遍满十方，此妙香神所能听受。
> 佛于一切诸世间中，悉使离忧生大欢喜，
> 所有根欲皆治清净，可爱乐神斯能悟入。
> 如来出现于诸世间，普观众生心之所乐，

种种方便而令成熟，此净光神之解脱门。

接着，更有主药神大众。如：吉祥主药神，证得了普观一切众生心而勤摄取的解脱门。这是能普观一切众生的心，而用种种的方便力量，来教化摄受众生，灭除无量苦恼的解脱法门。栴檀林主药神，证得了以光明摄受众生俾见者无有空过的解脱门。这是能以诸佛的光明，善巧❷地摄受众生，使他们凡有所作能无空过，并消灭一切苦恼的解脱法门。离尘光明主药神，证得了以清净方便灭除一切众生之烦恼的解脱门。这是能以佛法的清净方便，来灭除所有众生之烦恼的解脱法门。名称普闻主药神，证得了以佛的大名称增长无边善根海的解脱门。这是能以佛陀的广大名号，来增长无边众生的善根，使他们获益的解脱法门。毛孔现光主药神，证得了大悲幢速赴一切病患境界的解脱门。这是能以佛陀毛孔放射出的光明，消除世间一切病患与烦恼的解脱法门。破暗清净主药神，证得了治疗一切盲冥众生令智慧之眼清净的解脱门。这是能观见佛陀消除一切盲目众生的愚疾，使其智慧开启的解脱法门。普发吼声主药神，证得了能演佛音说诸法差别义的解脱门。这是能畅演佛陀的音声，宣说一切的法门大海，使众生了知的解脱法门。蔽日光幢主药神，证得了能作一切众生之善知识令见者咸生善根的解脱门。这是能以佛智救度一切众生，成为他们的善知识，使见到的人生起善根的解脱法门。明见十方主药神，证得了清净大悲藏能以方便令生信解的解脱门。这是了知如来以大悲方便示现于世间，并广开正道，使众生生起信愿的解脱法门。普发威光主药神，证得了方便令念佛而灭一切众生之病苦的解脱门。这是能以如来的广大光明照耀十方，使众生随时忆念诸佛而生起大功德的解脱法门。

这时，吉祥主药神承着佛陀威神力的加持，普遍观察一切主药神大众，而宣说如下的偈颂：

如来智慧不可思议，悉知一切众生之心，
能以种种大方便力，灭彼群迷无量苦恼。

大雄❸善巧难能测量，凡有所作无有空过，

必使众生诸苦灭除，栴檀林神能证悟此。

汝观诸佛法尔如是，往昔勤修无量时劫，

而于诸有无所执着，此离尘光所证入门。

佛百千劫难可值遇，若有得见及闻其名，

必令获益无空过者，此普称神之所了知。

如来一一毛孔之中，悉放光明灭除众患，

世间烦恼皆令尽灭，此现光神所悟入门。

一切众生愚痴所盲，惑业众苦无量差别，

佛悉蠲除为开智照，如是破暗能观见知。

如来一音无有限量，能开一切法门大海，

众生听者悉皆了知，此是大音之所解脱。

汝观佛智难以思议，普现诸趣救诸群生，

能令见者皆从教化，此蔽日幢深悟了知。

如来大悲方便大海，为利世间因而出现，

广开正道示诸众生，此见方神所能了达。

如来普放广大光明，一切十方无不照耀，

令随念佛生大功德，此发威光之解脱门。

　　接着，更有主林神大众。如：布华如云主林神，证得了广大无边智慧
海藏的解脱门。这是能了悟诸佛的圆满福德智慧，并放射出大光明遍照一
切世间的解脱法门。擢干舒光主林神，证得了广大修治大悲普遍清净世间
的解脱门。这是能以如来修治的无量大悲法门清净世间众生，使他们得到
大饶益的解脱法门。生芽发耀主林神，证得了增长种种净信之芽的解脱门。
这是能示现一切如来的胜妙佛道，使众生增长清净信心的解脱法门。吉祥
净叶主林神，证得了一切清净功德庄严集聚的解脱门。这是能宣扬诸佛广
大的清净功德，了知诸佛广大方便之不可思议的解脱法门。垂布焰藏主林
神，证得了普门清净之智慧恒久周览法界的解脱门。这是能供养无量佛陀，

逐渐具足普门清净智慧，周遍观察法界的解脱法门。

妙庄严光主林神，证得了普知一切众生之行海❹而兴布法云的解脱门。这是能以广大无碍的甚深智慧，普知一切众生的心行，而随应教化的解脱法门。可意雷声主林神，证得了忍受一切不悦意之语声恒演如来清净妙音的解脱门。这是能以如来清净的微妙音声，使众生生起大欢喜的解脱法门。香光普遍主林神，证得了十方普现往昔所修治广大愿行之境界的解脱门。这是能于十方法界，示现佛陀所修的广大愿行与神通威力的解脱法门。妙光回耀主林神，证得了以一切功德法饶益世间的解脱门。这是能阐明各种智慧大道，并为现迷于生死大海中的众生，以一切功德法饶益世间的解脱法门。华果光味主林神，证得了能令一切见佛出兴常敬念不忘庄严功德藏的解脱门。这是能为一切众生，念念佛陀出兴得见，使这些众生常生敬念，不忘庄严功德之心的解脱法门。

这时，布华如云主林神承着佛陀威神力的加持，普遍观察一切主林神大众，而宣说如下偈颂：

> 佛陀往昔修习菩提行，一切福德智慧悉成满，
> 一切诸力圆满皆具足，放大光明遍照出世间。
> 悲门无量等一切众生，如来往昔普遍清净治，
> 是故于世能为大饶益，此擢干神之所证了知。
> 若有众生能一见佛陀，必使入于甚深大信海，
> 普示一切如来胜妙道，此妙芽神之所解脱门。
> 一毛所集一切诸功德，劫海宣扬不可得穷尽，
> 诸佛广大方便难思议，净叶能明此深妙义谛。
> 我念诸佛如来于往昔，供养刹尘无量众佛陀，
> 一一佛所智慧渐明朗，此焰藏神之所证了知。
> 一切众生所有诸行海，世尊一念完全悉了知，
> 如是广大无碍深智慧，妙庄严神于此能悟入。
> 恒演如来寂灭微妙音，普生无等深广大欢喜，

随其解欲皆令得了悟，此是雷音所行微妙法。

如来示现广大神通力，十方国土普皆悉周遍，

佛昔修行悉令得见睹，此普香光神所悟入门。

众生谂诐❺不修诸德行，迷惑沉流生死大海中，

为彼阐明众智慧大道，此妙光神之所明见者。

佛为业障一切诸众生，经于亿劫其时乃出现，

其余念念皆常令得见，此味光神所得妙观察。

接着，更有主山神大众。如：宝峰开华主山神，证得了入大寂定光明的解脱门。这是以广大寂灭禅定三昧的光明，获得无量的神通，使众生得到甚深喜悦的解脱法门。华林妙髻主山神，证得了修习慈善根成熟不可思议数众生的解脱门。这是能修习慈悲的善根，具足庄严的众相，并成熟不可思议数众生的解脱法门。高幢普照主山神，证得了观察一切众生心所乐严净诸根的解脱门。这是能示现庄严的佛身，观察一切众生心中所乐，庄严清净众生六根❻的解脱法门。离尘宝髻主山神，证得了无边劫海勤精进无厌怠的解脱门。这是能以精勤修行无边时劫的功德，方便教化众生的解脱法门。光照十方主山神，证得了以无边功德光普觉悟的解脱门。这是能以无边的光明，普遍照耀世间，觉悟众生，使他们得证解脱的解脱法门。大力光明主山神，证得了能自修成熟复令众生舍离愚迷行为的解脱门。这是能够精勤自修，圆满成熟，并教化众生，使他们舍离愚迷行为的解脱法门。威光普胜主山神，证得了拔除一切苦恼使无有余惑的解脱门。这是能以智慧光明拔除一切众生的苦恼业障，消灭他们所有残余疑惑的解脱法门。微密光轮主山神，证得了演说教法光明显示一切如来之功德的解脱门。这是能悟入诸佛的微妙境界，以每一毛孔演说教法，显示诸佛如来功德的解脱法门。普眼现见主山神，证得了方便教化令一切众生乃至于梦中都能增长善根的解脱门。这是能方便教化一切众生，使他们获得广大的利益，乃至于梦中都能增长善根的解脱法门。

金刚坚固眼主山神证得了演说示现无边广大义理之海的解脱门。这是

能演说、示现诸佛无量无边如大海般的法门，使一切众生了悟的解脱法门。

这时，开华匝地主山神承着佛陀威神力的加持，普遍观察一切主山神大众，而宣说如下的偈颂：

往修胜行无有边际，今获神通亦无有量，
法门广辟宛如尘数，悉使众生深生悟喜。
众相严身遍满世间，毛孔光明悉皆清净，
大慈方便普示一切，华林妙髻了悟此门。
佛身普现无有边际，十方世界皆得充满，
诸根严净见者欣喜，此法高幢所能悟入。
历劫勤修无有懈倦，不染世法宛如虚空，
种种方便化导群生，悟此法门名宝髻神。
众生盲暗入于险道，佛哀悯彼舒光普照，
普使世间从睡中觉，威光悟此心生欢喜。
昔在诸有广修众行，供养刹尘无数诸佛，
令众生见发起大愿，此地大力所能明入。
见诸众生流转苦恼，一切业障恒缠覆盖，
以智慧光悉皆灭除，此普胜神之所解脱。
一一毛孔出妙音声，随众生心赞叹诸佛，
悉遍十方无量时劫，此是光轮所悟入门。
佛遍十方普现于前，种种方便演说妙法，
广益众生诸行大海，此现见神之所悟入。
法门如海无边无量，一音为说悉令得解，
一切劫中演说不穷，入此方便金刚目神。

接着，更有主地神大众。如：普德净华主地神，证得了以慈悲心念念普观一切众生的解脱门。这是能以慈悲心在每一念普遍观察一切的众生，并得证坚固不坏之清净身的解脱法门。坚福庄严主地神，证得了普现一切众生福德力的解脱门。这是能以如来的毛孔，显示一切菩萨与三世众生之福德力的解脱法门。妙华严树主地神，证得了普入诸法出生一切佛刹庄严的解脱门。这是能以广大寂静的三摩地境界，普遍进入于一切庄严佛土的解脱法门。普散众宝主地神，证得了修习种种诸三昧令众生消除障垢的解脱门。这是能修习种种禅定三昧，来消除众生深重染垢障碍的解脱法门。净目观时主地神，证得了令一切众生常游戏快乐的解脱门。这是能看见佛所修诸行而心中喜悦，并使一切众生常自在喜乐的解脱法门。金色妙眼主地神，证得了示现一切清净身调伏众生的解脱门。这能以诸佛无边的功德，示现一切清净微妙的色身，调伏众生，灭却一切烦恼的解脱法门。香毛发光主地神，证得了了知一切佛之功德海大威力的解脱门。这是能了知一切诸佛的功德大海与广大威力，并教化一切众生的解脱法门。寂音悦音主地神，证得了妙音演说广大如海普遍摄持一切众生的解脱门。这是能以微妙的音声，演说如海的广大佛法，来普摄一切众生的解脱法门。妙华旋髻主地神，证得了香焰云充满佛刹令见者离垢性的解脱门。这是能了知从佛陀的毛孔中，飘出香焰云充满佛刹，使见者远离尘垢的解脱法门。金刚普持主地神，证得了一切佛法轮所摄持普遍出现的解脱门。这是能证得佛陀的金刚不坏身，并以诸佛的法轮摄持一切众生的解脱法门。

这时，普德净华主地神承着佛陀威神力的加持，普遍观察一切主地神大众，而宣说如下的偈颂：

如来往昔念念之中，大慈悲门具不可说，
如是修行无有已时，故得坚牢不坏妙身。
三世众生及诸菩萨，所有一切众福积聚，
悉现如来毛孔之中，福严见已心生欢喜。
广大寂静大三摩地，不生不灭无有来去，
严净国土示诸众生，此树华神之所解脱。
佛于往昔勤修诸行，为令众生消除重障，
普散众宝主地神祇，见此解脱心生欢喜。

如来境界无有边际，念念普现示于世间，

净目观时主地神祇，见佛所行心生庆悦。

妙音无限不可思议，普为众生灭诸烦恼，

金色眼神乃能了悟，见佛无边胜妙功德。

一切色形悉皆化现，十方法界能悉充满，

香毛发光常见佛陀，如是普化一切众生。

妙音普遍满于十方，无量劫中广为众说，

悦意地神心自了达，从佛得闻深生敬喜。

佛毛孔中出香焰云，随众生心遍满世间，

一切见者皆悉成熟，此是华旋所观妙处。

坚固难坏宛如金刚，不可倾动逾须弥山❼，

佛身如是处于世间，普持得见心生欢喜。

　　接着，更有主城神大众。如：宝峰光耀主城神，证得了方便教化利益众生的解脱门。这是能以诸佛的光明，方便教化、利益一切众生的解脱法门。妙严宫殿主城神，证得了悉知众生根性教化成熟的解脱门。这是能了知一切众生的根器体性，依此而教化成熟他们的解脱法门。清净喜宝主城神，证得了常生欢喜令一切众生受诸福德的解脱门。这是能使心中常生欢喜，令一切众生接受如来的教化，生起无量福德的解脱法门。离忧清净主城神，证得了为救诸怖畏而恒生起大悲藏的解脱门。这是能以如来的大悲威德来救度众生，使他们远离一切布畏恐惧的解脱法门。华灯焰眼主城神，证得了普遍明了大智慧的解脱门。这是了知诸佛智慧广大无边，而能学习无边智慧的解脱法门。焰幢明现主城神，证得了方便普遍示现的解脱门。这是能了悟诸佛方便示现的无边妙相，使众生心生广大欢喜的解脱法门。盛福威光主城神，证得了普遍观察一切众生令修广大福德海的解脱门。这是能普遍观察一切众生，并使他们修习如来广大无边之福德大海的解脱法门。净光明身主城神，证得了开悟一切愚暗之众生的解脱门。这是能示现佛陀为利益众生而出现世间的大悲，开悟一切愚迷黑暗之众生的解脱法门。香幢庄严主城神，证得了妙观如来自在力普遍世间而调伏众生的解脱门。这是能观察如来的自在威力，普遍教化一切世间众生，乃至于梦中调伏众生的解脱法门。宝峰光目主城神，证得了能以大光明破除一切众生之障碍山的解脱门。这是能以佛陀的大光明破除众生的迷暗与障碍，令得清净的解脱法门。

这时，宝峰光耀主城神承着佛陀威神力的加持，普遍观察一切主城神大众，而宣说如下的偈颂：

诸佛导师如是不思议，光明遍照满于十方界，
众生现前悉得见佛陀，教化成熟无央数有情。
诸众生根各各有差别，佛悉了知一切无有余，
具德妙严宫殿主城神，入此法门心中生庆悦。
如来无量劫来勤修行，护持往昔诸佛微妙法，
意常承奉心生大欢喜，妙宝城神了悟此法门。
如来往昔已能尽除遣，一切众生心中诸恐怖，
而恒于彼生起大慈悲，此离忧神心中所悟喜。
佛智广大无有边际处，譬如虚空不可得测量，
华目城神如斯心悟悦，能学如来无上之妙慧。
如来色相普遍等众生，随其乐欲皆令得亲见，
焰幢明现心中能了悟，习此方便生起大欢喜。
如来往昔勤修众福海，清净广大无穷无边际，
福德幢光于此微妙门，观察了悟心中生欣庆。
众生愚迷沉沦诸有中，如世生盲卒无能观睹，
佛为利益出兴于世间，清净光神入此解脱门。
如来自在无有边际处，如云普遍满布于世间，
乃至现梦令彼得调伏，此是香幢城神所观见。
众生痴暗宛如盲瞽者，广为种种障盖所缠覆，
佛光照彻普令得开解，如是宝峰城神之所入。

接着，更有道场神大众。如：净庄严幢道场神，证得了出现供养佛广大庄严具誓愿力的解脱门。这是能示现广大庄严来供养诸佛，并获得广大功德的解脱法门。须弥宝光道场神，证得了示现一切众生之前成就广大菩提行的解脱门。这是能学习诸佛往昔的无尽布施，并示现于众生之前，成就广大菩提胜行的解脱法门。雷音幢相道场神，证得了随一切众生之心所乐令见佛于梦中为其说法的解脱门。这是能观察一切众生的心行，随顺于他们的喜乐而教化，乃至于在他们梦中说法调伏的解脱法门。雨华妙眼道场神，证得了能雨一切难舍众宝庄严具的解脱门。这是能以难舍能舍的心行，布施一切珍贵庄严具给与众生的解脱法门。清净焰形道场神，证得了能现妙庄严道场广化众生令成熟的解脱门。这是能以无边色相的宝焰彩云，来庄严菩提道场，广化众生，使他们成熟的解脱法门。华缨垂髻道场神，证得了随根性而说法令生正念的解脱门。这是能了知一切众生的根性，随顺他们的理解力而说法的解脱法门。雨宝庄严道场神，证得了能以辩才无碍普雨无边欢喜之法的解脱门。这是能以无碍辩才，宣说无边欢喜妙法，使众生悟入的解脱法门。勇猛香眼道场神，证得了广为称赞诸佛功德的解脱门。这是能于一切佛土，广为称赞诸佛无边功德的解脱法门。金刚彩云道场神，证得了示现无边色相之树庄严道场的解脱门。这是能示现无边色相的宝树，庄严菩提道场，使众生心生欢喜的解脱法门。莲华光明道场神，证得了菩提树下寂然不动而充遍十方的解脱门。这是了知诸佛于菩提树下虽不移动，而身遍十方的解脱法门。妙光照耀道场神，证得了显示如来种种清净力的解脱门。这是能显示如来的种种清净威力，演说一切诸佛妙音的解脱法门。

这时，净庄严幢道场神承着佛陀威神力的加持，普遍观察一切道场神大众，而宣说如下的偈颂：

我念如来往昔之时，于无量劫所修妙行，

诸佛出兴咸皆供养，故获如空广大功德。

佛昔修行无尽布施，无量刹土微尘数等，

须弥光照菩提场神，忆念善逝心生欣庆。

如来色相无有穷尽，变化周流一切刹土，

乃至梦中常为示现，雷幢见此心生欢喜。

昔行舍行无量时劫，能舍难舍眼舍如海，

如是舍行为诸众生，此妙眼神能悟喜悦。

无边色相宝焰彩云，现菩提场遍于世间，

焰形清净道场神祇，见佛自在心生欢喜。

众生行海无有边际，佛普弥纶雨大法雨，

随其根解除其疑惑，华缨悟此心生欢喜。

无量法门差别义谛，辩才大海皆能悟入，

雨宝严具道场神祇，于心念念恒能如是。

于不可说一切刹土，尽世言辞称赞佛陀，

故获名誉大功德海，此勇眼神乃能忆念。

种种色相无边宝树，普现菩提树王之下，

金刚彩云了悟此门，恒观道树心生欢喜。

十方边际了不可得，佛坐道场智慧亦然，

莲华步光生净信心，入此解脱深心生喜。

道场一切演出妙音，赞佛难思大清净力，

及以成就诸因胜行，此妙光神所能听受。

接着，更有足行神大众。如：宝印手足行神，证得了普雨众宝生广大欢喜的解脱门。这是能供养一切诸佛如来，并雨下各种珍宝，使众生心生广大欢喜的解脱法门。莲华光足行神，证得了示现佛身坐一切光色莲华座中令见者欢喜的解脱门。这是能示现一切光色的莲华宝座，如来端坐其上使众生心生欢喜的解脱法门。最胜华髻足行神，证得了一一心念中建立一切如来众会道场的解脱门。这是能够证得于每一念中建立如来的菩提道场，示现诸佛不可思议神通的解脱法门。摄诸善见足行神，证得了举足发步至十方国土悉调伏无边众生的解脱门。这是能在举足、下足之中，遍游十方的国土，教化无量众生的解脱法门。妙宝星幢足行神，证得了于念念中化现种种莲华网光明和普雨众宝出妙音声的解脱门。这是能于念念当中，化现种种宛若莲华网的光明，并雨下众宝，发出微妙音声的解脱法门。乐吐妙音足行神，证得了出生无边欢喜海的解脱门。这是能以如来的妙法教化无边的众生，使他们见佛闻法生起欢喜心的解脱法门。栴檀树光足行神，证得了以香风普觉一切道场众会的解脱门。这是以香风觉悟菩提道场中的一切大众，以佛陀的妙音教化调伏的解脱法门。莲华光明足行神，证得了于一切毛孔中放射光明与演出微妙法音的解脱门。这是能于一切毛孔中放出光明，并演说三世诸佛的名号，使众生心生欢喜的解脱法门。微妙光明足行神，证得了其身遍出种种光明网普遍照耀的解脱门。这是能随顺众生之心，使他们得见诸佛不可思议变现与无边光明普照的解脱法门。积集妙华足行神，证得了开悟一切众生令生善根海的解脱门。这是能以诸佛的大神通力开悟众生，使他们生起无边善根的解脱法门。

这时，宝印手足行神承着佛陀威神力的加持，普遍观察一切足行神大众，而宣说如下的偈颂：

> 佛昔修行无量时劫，供养一切诸佛如来，
> 心恒庆悦不生疲厌，喜门深大犹如大海。
> 念念神通不可限量，化现莲华种种妙香，
> 佛坐其上普能游往，红色光神悉能睹见。
> 诸佛如来法尔如是，广大众会遍满十方，
> 普现神通不可思议，最胜华神悉能明瞩。
> 十方国土一切处所，于中举足若下足时，
> 悉能成就诸群生众，此善见神心所悟喜。
> 如众生数普现其身，此一一身充满法界，
> 悉放净光雨下众宝，如是解脱星幢证入。
> 如来境界无边无际，普雨法雨悉皆充满，
> 众会睹佛心生欢喜，此妙音声之所亲见。

佛音声量遍等虚空，一切音声悉在其中，
调伏众生靡不周遍，如是栴檀悉能听受。
一切毛孔出化音声，阐扬三世诸佛名号，
闻此音者皆生欢喜，莲华光神如是证见。
佛身变现不可思议，步步色相犹如大海，
随众生心皆悉令见，此妙光明之所得证。
十方普现大神通力，一切众生悉皆开悟，
众妙华神能于此法，见已心生广大欢喜。

接着，更有身众神大众。如：净喜境界身众神，证得了忆佛往昔誓愿
海的解脱门。这是能忆念诸佛往昔的誓愿大海，发心供养一切诸佛的解脱
法门。光照十方身众神，证得了光明普照无边世界的解脱门。这是能具足
如来的广大光明，普照无边世界的众生，使他们得到调伏的解脱法门。海
音调伏身众神，证得了伟大妙音普觉一切众生令其欢喜调伏的解脱门。这
是能以如来的伟大妙香，震撼十方国土，觉悟一切众生的解脱法门。净华
严髻身众神，证得了身如虚空周遍安住的解脱门。这是能示现宛如虚空的
诸佛妙相，周遍安住于十方世界的解脱法门。无量威仪身众神，证得了示
现一切众生诸佛境界的解脱门。这是能示现诸佛不可思议的境界及色身，
使众生了悟的解脱法门。最胜光严身众神，证得了令一切饥乏众生身色气
力满足的解脱门。这是能令一切饥乏的众生，远离贫穷苦恼，身色与气力
得到满足的解脱法门。净光香云身众神，证得了灭除一切众生之烦恼尘垢
的解脱门。这是能灭除一切众生烦恼尘垢，普放诸佛香灯光明的解脱法门。
守护摄持身众神，证得了转化一切众生之愚痴魔业的解脱门。这是能以诸
佛开示的解脱菩提大道，转化一切众生之愚痴迷惑与魔业的解脱法门。普
现摄化身众神，证得了普遍于一切世间国主宫殿中显示庄严相的解脱门。
这是能观察如来的自在广大威力，于一切世间国主之宫殿中，显示庄严相
的解脱法门。不动光明身众神，证得了普遍摄护一切众生皆令生清净善根
的解脱门。这是能消除一切众生的迷惑，并摄持守护一切众生，使他们生

起清净善根的解脱法门。

这时，净喜境界身众神承着佛陀威神力的加持，普遍观察一切身众神大众，而宣说如下的偈颂：

> 我忆往昔须弥尘劫前，有佛妙光出兴于世间，
> 世尊于彼妙光如来所，发心供养一切诸佛陀。
> 如来身放广大妙光明，其光法界靡不充遍满，
> 众生遇者心皆生调伏，此照方身众神之所见。
> 如来声震十方诸国土，一切言音悉具足圆满，
> 普觉一切群生无有余，调伏身神闻此心欢庆。
> 佛身清净恒住寂灭中，普现众色无有诸相貌，
> 如是周遍安住于世间，此净华神之所证入者。
> 导师如是具不可思议，随众生心悉令得睹见，
> 或坐或行或时而安住，无量威仪身神所悟门。
> 佛陀百千劫时难逢遇，出兴利益世间能自在，
> 令世悉离贫穷众苦恼，最胜光严身神入斯处。
> 如来一一微妙齿相间，普放香灯光明焰彩云，
> 灭除一切众生之迷惑，离垢香云神如是证见。
> 众生染污愚惑为重障，随逐魔径生死常流转，
> 如来开示解脱菩提道，守护执持身神能悟入。
> 我观如来自在大威力，光布法界悉皆能充满，
> 处王宫殿化导诸众生，此普现神之所入境界。
> 众生迷妄具一切众苦，佛在其中常救济摄护，
> 皆令灭惑生起欢喜心，不动光神所能亲观见。

接着，更有执金刚杵守护诸佛的执金刚神大众。如：妙色那罗延执金刚神，证得了观见如来示现无边色相身的解脱门。这是能了知诸法体性，观察如来无边无际的妙色身相的解脱法门。日轮速疾幢执金刚神，证得了

了知佛身一一毛发有如日轮现种种光明云的解脱门。这是能了知诸法光明的不可思议，而佛身的每一毛发，皆能示现如日轮般之光明云的解脱法门。须弥华光执金刚神，证得了以大神变力化现无量身的解脱门。这是能以如来的大神通力，在一切众生之前示现无尽微妙色身的解脱法门。清净云音执金刚神，证得了无边随类音❽的解脱门。这是能以无量的说法音声，来教化、满足一切众生的解脱法门。妙臂天主执金刚神，证得了示现为一切世间国主而开悟众生的解脱门。这是能示现如来成为一切世间国主，为一切众生开示佛法，使他们了悟的解脱法门。可爱乐光明执金刚神，证得了普遍开示一切佛法之差别法门咸尽无遗的解脱门。这是能开示一切佛法差别妙义与种种的方便，使众生能得清净的解脱法门。大树雷音执金刚神，证得了以可爱乐及庄严具普摄一切树神的解脱门。这是能以无边的方便，普遍出现在十方世界，摄受一切众生的解脱法门。师子王光明执金刚神，证得了如来广大福德庄严聚皆具足明了的解脱门。这是了知供养佛陀的广大功德，而于无量时劫中供养佛陀的解脱法门。密焰吉祥目执金刚神，证得了普遍观察险恶众生之心而示现威严之身的解脱门。这是能为一切险恶的众生，示现大神通与威严色身使之调伏的解脱法门。

莲华摩尼髻执金刚神，证得了普雨一切菩萨庄严具及摩尼髻的解脱门。这是能以光明普照十方世界，并普雨一切菩萨之庄严宝具及摩尼宝髻的解脱法门。

这时，妙色那罗延执金刚神承着佛陀威神力的加持，普遍观察一切执金刚神大众，而宣说如下的偈颂：

汝应谛观法王，法王法本如是，
色相无有边际，普现于诸世间。
佛身一一毛孔，光网不可思议，
譬如清净日轮，普照十方国土。
如来神通威力，法界悉皆周遍，

一切众生之前，示现无尽妙身。

如来说法音声，十方莫不听闻，

随诸众生之类，悉令心得满足。

众见牟尼至尊，处世宫殿之中，

普为诸群生众，阐扬于佛大法。

法海漩澓❾之处，一切差别妙义，

种种方便法门，演说无有穷尽。

无边大方便力，普应十方国土，

遇佛清净光明，悉见如来妙身。

供养于诸佛陀，亿刹微尘数劫，

功德宛如虚空，一切之所瞻仰。

大神通力平等，一切刹土皆现，

安坐微妙道场，普现众生之前。

焰云普照光明，种种妙光圆满，

法界无不遍及，示佛之所行处。

【注释】

❶ 种性：指众生各具有可能证得菩提的本性。

❷ 善巧：巧妙的方便。

❸ 大雄：佛的德号。因佛陀具足大力，能降伏四魔。

❹ 行海：无量心行之意。

❺ 谄诳：指谄佞而不修德行。

❻ 六根：指眼根、耳根、鼻根、舌根、身根、意根。

❼ 须弥山：梵语 sumeru，意译作"妙高山"。因为此山是由金、银、琉璃、水晶
四宝所形成，所以称"妙"；而诸山不能与其相比，所以称"高"。此山为一小
世界的中心，四天王居山腰的四面，忉利天在山顶。山底有七重金山、七重
香水海环绕之，金山之外有碱海，碱海之外有大铁围山，四大部洲即在此碱

海的四方。

❽ 如来以一种音声说法，众生随类各解其义，故说佛之音声为随类音。

❾ 漩澓：即水的旋流、涡旋之处，以此甚深、回转、难渡三义比喻法海的境界。

卷第五

世主妙严品第一之五

【原典】

复次，普贤菩萨摩诃萨，入不思议解脱门方便海，入如来功德海。所谓有解脱门，名严净一切佛国土调伏众生令究竟出离。有解脱门，名普诣一切如来所修具足功德境界。有解脱门，名安立一切菩萨地诸大愿海。有解脱门，名普现法界微尘数无量身。有解脱门，名演说遍一切国土不可思议数差别名。有解脱门，名一切微尘中悉现无边诸菩萨神通境界。有解脱门，名一念中现三世劫成坏事。有解脱门，名示现一切菩萨诸根海各入自境界。有解脱门，名能以神通力化现种种身遍无边法界。有解脱门，名显示一切菩萨修行法次第门入一切智广大方便。

尔时，普贤菩萨摩诃萨以自功德，复承如来威神之力，普观一切众会海已，即说颂言：

佛所庄严广大刹，等于一切微尘数，清净佛子悉满中，雨不思议最妙法。

如于此会见佛坐，一切尘中悉如是，佛身无去亦无来，所有国土皆明现。

显示菩萨所修行，无量趣地诸方便，及说难思真实理，令诸佛子入法界。

出生化佛如尘数，普应群生心所欲，入深法界方便门，广大无边悉开演。

如来名号等世间，十方国土悉充遍，一切方便无空过，调伏众生皆离垢。

佛于一切微尘中，示现无边大神力，悉坐道场能演说，如佛往昔菩提行。

三世所有广大劫，佛念念中皆示现，彼诸成坏一切事，不思议智无不了。

佛子众会广无限，欲共测量诸佛地，诸佛法门无有边，能悉了知甚为难。

佛如虚空无分别，等真法界无所依，化现周行靡不至，悉坐道场成正觉。

佛以妙音广宣畅，一切诸地皆明了，普现一一众生前，尽与如来平等法。

复次，净德妙光菩萨摩诃萨，得遍往十方菩萨众会庄严道场解脱门；普德最胜灯光照菩萨摩诃萨，得一念中现无尽成正觉门教化成熟不思议众生界解脱门；普光师子幢菩萨摩诃萨，得修习菩萨福德庄严出生一切佛国土解脱门；普宝焰妙光菩萨摩诃萨，得观察佛神通境界无迷惑解脱门；普音功德海幢菩萨摩诃萨，得于一众会道场中示现一切佛土庄严解脱门；普智光照如来境菩萨摩诃萨，得随逐如来观察甚深广大法界藏解脱门；普觉悦意声菩萨摩诃萨，得亲近承事一切诸佛供养藏解脱门❶；普清净无尽福威光菩萨摩诃萨，得出世一切神变广大加持解脱门；普宝髻华幢菩萨摩诃萨❷，得普入一切世间行出生菩萨无边行门解脱门；普相最胜光菩萨摩诃萨，得能于无相法界中出现一切诸佛境界解脱门。

尔时，净德妙光菩萨摩诃萨承佛威力，普观一切菩萨解脱门海已，即说颂言：

十方所有诸国土，一刹那中悉严净，以妙音声转法轮，普遍世间无与等。

如来境界无边际，一念法界悉充满，一一尘中建道场，悉证菩提起神变。

世尊往昔修诸行，经于百千无量劫，一切佛刹皆庄严，出现无碍如虚空。

佛神通力无限量，充满无边一切劫，假使经于无量劫，念念观察无疲厌。

汝应观佛神通境，十方国土皆严净，一切于此悉现前，念念不同无量种。

观佛百千无量劫，不得一毛之分限，如来无碍方便门，此光普照难思刹。

如来往劫在世间，承事无边诸佛海，是故一切如川鹜，咸来供养世所尊。

如来出现遍十方，一一尘中无量土，其中境界皆无量，悉住无边无尽劫。

佛于曩劫为众生，修习无边大悲海，随诸众生入生死，普化众会令清净。

佛住真如法界藏，无相无形离诸垢，众生观见种种身，一切苦难皆消灭。

复次，海月光大明菩萨摩诃萨，得出生菩萨诸地诸波罗蜜教化众生及严净一切佛国土方便解脱门；云音海光离垢藏菩萨摩诃萨，得念念中普入法界种种差别处解脱门；智生宝髻菩萨摩诃萨，得不可思议劫于一切众生前现清净大功德解脱门；功德自在王净光菩萨摩诃萨，得普见十方一切菩萨初诣道场时种种庄严解脱门；善勇猛莲华髻菩萨摩诃萨，得随诸众生根解海普为显示一切佛法解脱门；普智云日幢菩萨摩诃萨，得成就如来智永住无量劫解脱门；大精进金刚脐菩萨摩诃萨，得普入一切无边法印力解脱门；香焰光幢菩萨摩诃萨，得显示现在一切佛始修菩萨行乃至成就智慧聚解脱门；大明德深美音菩萨摩诃萨，得安住毗卢遮那一切大愿海解脱门；大福光智生菩萨摩诃萨，得显示如来遍法界甚深境界解脱门。

尔时，海月光大明菩萨摩诃萨承佛威力，普观一切菩萨众庄严海已，即说颂言：

诸波罗蜜及诸地，广大难思悉圆满，无量众生尽调伏，一切佛土皆严净。

如佛教化众生界，十方国土皆充满，一念心中转法轮，普应群情无不遍。

佛于无量广大劫，普现一切众生前，如其往昔广修治，示彼所行清净处。

我睹十方无有余，亦见诸佛现神通，悉坐道场成正觉，众会闻法共围绕。

广大光明佛法身，能以方便现世间，普随众生心所乐，悉称其根而雨法。

真如平等无相身，离垢光明净法身，智慧寂静身无量，普应十方而演法。

法王诸力皆清净，智慧如空无有边，悉为开示无遗隐，普使众生同悟入。

如佛往昔所修治，乃至成于一切智，今放光明遍法界，于中显现悉明了。

佛以本愿现神通，一切十方无不照，如佛往昔修治行，光明网中皆演说。

十方境界无有尽，无等无边各差别，佛无碍力发大光，一切国土皆明显。

尔时，如来师子之座，众宝、妙华、轮台、基陛，及诸户牖，如是一切庄严具中，一一各出佛刹微尘数菩萨摩诃萨，其名曰海慧自在神通王菩萨摩诃萨、雷音普震菩萨摩诃萨、众宝光明髻菩萨摩诃萨、大智日勇猛慧菩萨摩诃萨、不思议功德宝智印菩萨摩诃萨、百目莲华髻菩萨摩诃萨、金焰圆满光菩萨摩诃萨、法界普音菩萨摩诃萨、云音净月菩萨摩诃萨、善勇猛光明幢菩萨摩诃萨。如是等而为上首，有众多佛刹微尘数同时出现。此诸菩萨，各兴种种供养云，所谓一切摩尼宝华云、一切莲华妙香云、一切宝圆满光云、无边境界香焰云、日藏摩尼轮光明云、一切悦意乐音云、无边色相一切宝灯光焰云、众宝树枝华果云、无尽宝清净光明摩尼王云、一切庄严具摩尼王云。如是等诸供养云，有佛世界微尘数。彼诸菩萨，一一皆兴如是供养云，雨于一切道场众海，相续不绝。现是云已，右绕世尊，经无量百千匝，随其方面去佛不远，化作无量种种宝莲华师子之座，各于其上，结跏趺坐。是诸菩萨所行清净广大如海，得智慧光照普门法，随顺诸佛，所行无碍，能入一切辩才法海，得不思议解脱法门，住于如来普门之地；已得一切陀罗尼门，悉能容受一切法海，善住三世平等智地，已得深信，广大喜乐，无边福聚，极善清净，虚空法界靡不观察，十方世界一切国土，所有佛兴，咸勤供养。

尔时，海慧自在神通王菩萨摩诃萨承佛威力，普观一切道场众海，即说颂言：

诸佛所悟悉已知，如空无碍皆明照，光遍十方无量土，处于众会普严洁。

如来功德不可量，十方法界悉充满，普坐一切树王下，诸大自在共云集。

佛有如是神通力，一念现于无尽相，如来境界无有边，各随解脱能观见。

如来往昔经劫海，在于诸有勤修行，种种方便化众生，令彼受行诸佛法。

毗卢遮那具严好，坐莲华藏师子座，一切众会皆清净，寂然而住同瞻仰。

摩尼宝藏放光明，普发无边香焰云，无量华缨共垂布，如是座上
如来坐。

种种严饰吉祥门，恒放灯光宝焰云，广大炽然无不照，牟尼处上
增严好。

种种摩尼绮丽窗，妙宝莲华所垂饰，恒出妙音闻者悦，佛坐其上
特明显。

宝轮承座半月形，金刚为台色焰明，持髻菩萨常围绕，佛在其中
最光耀。

种种变化满十方，演说如来广大愿，一切影像于中现，如是座上
佛安坐。

尔时，雷音普震菩萨摩诃萨承佛威力，普观一切道场众海，即说颂言：

世尊往集菩提行，供养十方无量佛，善逝威力所加持，如来座中
无不睹。

香焰摩尼如意王，填饰妙华师子座，种种庄严皆影现，一切众会
悉明瞩。

佛座普现庄严相，念念色类各差别，随诸众生解不同，各见佛坐
于其上。

宝枝垂布莲华网，华开踊现诸菩萨，各出微妙悦意声，称赞如来
坐于座。

佛功德量如虚空，一切庄严从此生，一一地中严饰事，一切众生
不能了。

金刚为地无能坏，广博清净极夷坦，摩尼为网垂布空，菩提树下
皆周遍。

其地无边色相殊，真金为末布其中，普散名华及众宝，悉以光莹
如来座。

地神欢喜而踊跃，刹那示现无有尽，普兴一切庄严云，恒在佛前瞻仰住。

宝灯广大极炽然，香焰流光无断绝，随时示现各差别，地神以此为供养。

十方一切刹土中，彼地所有诸庄严，今此道场无不现，以佛威神故能尔。

尔时，众宝光明髻菩萨摩诃萨承佛威力，普观一切道场众海，即说颂言：

世尊往昔修行时，见诸佛土皆圆满，如是所见地无尽，此道场中皆显现。

世尊广大神通力，舒光普雨摩尼宝，如是宝藏散道场，其地周回悉严丽。

如来福德神通力，摩尼妙宝普庄严，其地及以菩提树，递发光音而演说。

宝灯无量从空雨，宝王间错为严饰，悉吐微妙演法音，如是地神之所现。

宝地普现妙光云，宝炬焰明如电发，宝网遐张覆其上，宝枝杂布为严好。

汝等普观于此地，种种妙宝所庄严，显示众生诸业海，令彼了知真法性。

普遍十方一切佛，所有圆满菩提树，莫不皆现道场中，演说如来清净法。

随诸众生心所乐，其地普出妙音声，如佛座上所应演，一一法门咸具说。

其地恒出妙香光，光中普演清净音，若有众生堪受法，悉使得闻烦恼灭。

一一庄严悉圆满，假使亿劫无能说，如来神力靡不周，是故其地皆严净。

尔时，大智日勇猛慧菩萨摩诃萨承佛威力，普观一切道场众海，即说颂言：

世尊凝睟处法堂，炳然照耀宫殿中，随诸众生心所乐，其身普现十方土。

如来宫殿不思议，摩尼宝藏为严饰，诸庄严具咸光耀，佛坐其中特明显。

摩尼为柱种种色，真金铃铎如云布，宝阶四面列成行，门闼随方咸洞启。

妙华缯绮庄严帐，宝树枝条共严饰，摩尼璎珞四面垂，智海于中湛然坐。

摩尼为网妙香幢，光焰灯明若云布，覆以种种庄严具，超世正知于此坐。

十方普现变化云，其云演说遍世间，一切众生悉调伏，如是皆从佛宫现。

摩尼为树发妙华，十方所有无能匹，三世国土庄严事，莫不于中现其影。

处处皆有摩尼聚，光焰炽然无量种，门牖随方相间开，栋宇庄严极殊丽。

如来宫殿不思议，清净光明具众相，一切宫殿于中现，一一皆有如来坐。

如来宫殿无有边，自然觉者处其中，十方一切诸众会，莫不向佛而来集。

尔时，不思议功德宝智印菩萨摩诃萨承佛威力，普观一切道场众海，即说颂言：

　　佛昔修治众福海，一切刹土微尘数，神通愿力所出生，道场严净无诸垢。

　　如意珠王作树根，金刚摩尼以为身，宝网遐施覆其上，妙香氤氲共旋绕。

　　树枝严饰备众宝，摩尼为干争耸擢，枝条密布如重云，佛于其下坐道场。

　　道场广大不思议，其树周回尽弥覆，密叶繁华相庇映，华中悉结摩尼果。

　　一切枝间发妙光，其光遍照道场中，清净炽然无有尽，以佛愿力如斯现❸。

　　摩尼宝藏以为华，布影腾晖若绮云，匝树垂芳无不遍，于道场中普严饰。

　　汝观善逝道场中，莲华宝网俱清净，光焰成轮从此现，铃音铎响云间发。

　　十方一切国土中，所有妙色庄严树，菩提树中无不现，佛于其下离众垢。

　　道场广大福所成，树枝雨宝恒无尽，宝中出现诸菩萨，悉往十方供事佛。

　　诸佛境界不思议，普令其树出乐音，如昔所集菩提道，众会闻音咸得见。

　　尔时，百目莲华髻菩萨摩诃萨承佛威力，普观一切道场众海，即说颂言：

　　一切摩尼出妙音，称扬三世诸佛名，彼佛无量神通事，此道场中皆现睹。

众华竞发如缨布，光云流演遍十方，菩提树神持向佛，一心瞻仰为供养。

摩尼光焰悉成幢，幢中炽然发妙香，其香普熏一切众，是故其处皆严洁。

莲华垂布金色光，其光演佛妙声云，普荫十方诸刹土，永息众生烦恼热。

菩提树王自在力，常放光明极清净，十方众会无有边，莫不影现道场中。

宝枝光焰若明灯，其光演音宣大愿，如佛往昔于诸有，本所修行皆具说。

树下诸神刹尘数，悉共依于此道场，各各如来道树前，念念宣扬解脱门。

世尊往昔修诸行，供养一切诸如来，本所修行及名闻，摩尼宝中皆悉现。

道场一切出妙音，其音广大遍十方，若有众生堪受法，莫不调伏令清净。

如来往昔普修治，一切无量庄严事，十方一切菩提树，一一庄严无量种。

尔时，金焰圆满光菩萨摩诃萨承佛威力，普观一切道场众海，即说颂言：

佛昔修习菩提行，于诸境界解明了，处与非处净无疑，此是如来初智力。

如昔等观诸法性，一切业海皆明彻，如是今于光网中，普遍十方能具演。

往劫修治大方便，随众生根而化诱，普使众会心清净，故佛能成根智力。

如诸众生解不同，欲乐诸行各差别，随其所应为说法，佛以智力能如是。

普尽十方诸刹海，所有一切众生界，佛智平等如虚空，悉能显现毛孔中。

一切处行佛尽知，一念三世毕无余，十方刹劫众生时，悉能开示令现了。

禅定解脱力无边，三昧方便亦复然，佛为示现令欢喜，普使涤除烦恼暗。

佛智无碍包三世，刹那悉现毛孔中，佛法国土及众生，所现皆由随念力。

佛眼广大如虚空，普见法界尽无余，无碍地中无等用，彼眼无量佛能演。

一切众生具诸结，所有随眠与习气，如来出现遍世间，悉以方便令除灭。

尔时，法界普音菩萨摩诃萨承佛威力，普观一切道场众会海已，即说颂言：

佛威神力遍十方，广大示现无分别，大菩提行波罗蜜，昔所满足皆令见。

昔于众生起大悲，修行布施波罗蜜，以是其身最殊妙，能令见者生欢喜。

昔在无边大劫海，修治净戒波罗蜜，故获净身遍十方，普灭世间诸重苦。

往昔修行忍清净，信解真实无分别，是故色相皆圆满，普放光明照十方。

往昔勤修多劫海，能转众生深重障，故能分身遍十方，悉现菩提树王下。

佛久修行无量劫，禅定大海普清净，故令见者深欢喜，烦恼障垢悉除灭。

如来往修诸行海，具足般若波罗蜜，是故舒光普照明，克殄一切愚痴暗。

种种方便化众生，令所修治悉成就，一切十方皆遍往，无边际劫不休息。

佛昔修行大劫海，净治诸愿波罗蜜，是故出现遍世间，尽未来际救众生。

佛无量劫广修治，一切法力波罗蜜，由是能成自然力，普现十方诸国土。

佛昔修治普门智，一切智性如虚空，是故得成无碍力，舒光普照十方刹。

尔时，云音净月菩萨摩诃萨承佛威力，普观一切道场众海已，即说颂言：

神通境界等虚空，十方众生靡不见，如昔修行所成地，摩尼果中咸具说。

清净勤修无量劫，入于初地极欢喜，出生法界广大智，普见十方无量佛。

一切法中离垢地，等众生数持净戒，已于多劫广修行，供养无边诸佛海。

积集福德发光地，奢摩他藏坚固忍，法云广大悉已闻，摩尼果中如是说。

焰海慧明无等地，善了境界起慈悲，一切国土平等身，如佛所治皆演畅。

普藏等门难胜地，动寂相顺无违反❹，佛法境界悉平等，如佛所净皆能说。

广大修行慧海地，一切法门咸遍了，普现国土如虚空，树中演畅此法音。

周遍法界虚空身，普照众生智慧灯，一切方便皆清净，昔所远行今❺具演。

一切愿行所庄严，无量刹海皆清净，所有分别无能动，此无等地咸宣说。

无量境界神通力，善入教法光明力，此是清净善慧地，劫海所行皆备阐。

法云广大第十地，含藏一切遍虚空，诸佛境界声中演，此声是佛威神力。

尔时，善勇猛光幢菩萨摩诃萨承佛威神，观察十方，即说颂言：

无量众生处会中，种种信解心清净，悉能悟入如来智，了达一切庄严境。

各起净愿修诸行，悉曾供养无量佛，能见如来真实体，及以一切诸神变。

或有能见佛法身，无等无碍普周遍，所有无边诸法性，悉入其身无不尽。

或有见佛妙色身，无边色相光炽然，随诸众生解不同，种种变现十方中。

或见无碍智慧身，三世平等如虚空，普随众生心乐转，种种差别皆令见。

或有能了佛音声，普遍十方诸国土，随诸众生所应解，为出言音无障碍。

或见如来种种光，种种照耀遍世间，或有于佛光明中，复见诸佛现神通。

或有见佛海云光，从毛孔出色炽然，示现往昔修行道，令生深信入佛智。

或见佛相福庄严，及见此福所从生，往昔修行诸度海，皆佛相中明了见。

如来功德不可量，充满法界无边际，及以神通诸境界，以佛力故能宣说。

尔时，华藏庄严世界海以佛神力，其地一切六种、十八相震动。所谓动、遍动、普遍动，起、遍起、普遍起，涌、遍涌、普遍涌，震、遍震、普遍震，吼、遍吼、普遍吼，击、遍击、普遍击。此诸世主，一一皆现不思议诸供养云，雨于如来道场众海。所谓一切香华庄严云、一切摩尼妙饰云、一切宝焰华网云、无边种类摩尼宝圆光云、一切众色宝真珠藏云、一切宝栴檀香云、一切宝盖云、清净妙声摩尼王云、日光摩尼璎珞轮云、一切宝光明藏云、一切各别庄严具云。如是等诸供养云，其数无量，不可思议。此诸世主，一一皆现如是供养云，雨于如来道场众海，靡不周遍。如此世界中，一一世主，心生欢喜，如是供养。其华藏庄严世界海中，一切世界所有世主，悉亦如是而为供养。其一切世界中，悉有如来坐于道场。一一世主，各各信解，各各所缘，各各三昧方便门，各各修习助道法，各各成就，各各欢喜，各各趣入，各各悟解诸法门，各各入如来神通境界，各各入如来力境界，各各入如来解脱门。如于此华藏世界海，十方尽法界、虚空界一切世界海中，悉亦如是。

注释

❶ 大正本原无"普觉……门"二十五字，今依元、明、宫本增之。

❷ 大正本原无"得出……萨"二十四字，今依元、明、宫本增之。

❸ "现"，大正本原作"睹"，今依三本及宫本改之。

❹ "反"，大正本原作"返"，今依三本及宫本改之。

❺ "今"，大正本原作"令"，今依三本及宫本改之。

【白话语译】

接着，更有普贤菩萨摩诃萨，进入了不思议的解脱门方便海，也进入了如来的功德海。这些不可思议的解脱门方便海中，有解脱法门，是为庄严清净一切诸佛国土，并调伏众生，令他们究竟出离的解脱法门；有解脱法门，是为普遍明见一切如来所修具足功德之佛身境界的解脱法门；有解脱法门，是为安立于一切菩萨的阶位，令诸佛子入大愿海的解脱法门；有解脱法门，是为随类普现法界如微尘数无量化身的解脱法门；有解脱法门，是为演说一切不可思议数差别名称之诸佛国土的解脱法门；有解脱法门，是为于一切微尘中，均能显现无边广大之诸菩萨神通境界的解脱法门；有解脱法门，是为在一念中，示现三世时劫所有成、住、坏、空之事的解脱法门；有解脱法门，是为示现一切诸根器海之菩萨各入自身境界的解脱法门；有解脱法门，是为能以神通力化现种种身相遍于无边法界的解脱法门；有解脱法门，是为显示一切菩萨修行法之次第门，并证入一切智❶广大方便的解脱法门。

这时，普贤菩萨摩诃萨以自身的功德，更承着如来威神力之加持，普遍观察一切汇集如海的大众之后，宣说如下的偈颂：

> 佛所庄严广大刹土，等于一切微尘之数，
>
> 清净佛子悉满其中，雨不思议最微妙法。
>
> 如于此会见佛安坐，一切尘中皆悉如是，
>
> 佛身无去亦无来处，所有国土悉皆明现。
>
> 显示菩萨所修胜行，无量趣地诸大方便，
>
> 及说难思真实谛理，令诸佛子入于法界。
>
> 出生化佛❷如微尘数，普应群生心中所欲，
>
> 入深法界方便妙门，广大无边悉皆开演。
>
> 如来名号等诸世间，十方国土悉皆充遍，

一切方便无有空过，调伏众生悉皆离垢。

佛于一切微尘之中，示现无边广大神力，

悉坐道场能为演说，如佛往昔大菩提行。

三世所有广大时劫，佛念念中悉皆示现，

彼诸成坏一切事等，不思议智无不了知。

佛子众会广大无限，欲共测量诸佛妙地，

诸佛法门无有边际，能悉了知甚为难得。

佛如虚空无有分别，等真法界无所依处，

化现周遍行靡不至，悉坐道场成等正觉。

佛以妙音广说宣畅，一切诸地皆悉明了，

普现一一众生之前，尽与如来法要平等。

接着，更有众多的大菩萨。如：净德妙光菩萨摩诃萨，证得了能遍往十方菩萨众的聚会所，并庄严诸佛道场的解脱法门。普德最胜灯光照菩萨摩诃萨，证得了能于一念之中，示现无尽的成正觉法门，并教化不可思议微尘数之众生界，使他们成熟的解脱法门。普光师子幢菩萨摩诃萨，证得了修习菩萨的福德庄严，出生一切诸佛国土的解脱法门。普宝焰妙光菩萨摩诃萨，证得了观察诸佛的神通境界而无迷惑的解脱法门。普音功德海幢菩萨摩诃萨，证得了能于一大众集会道场中，示现一切佛土庄严的解脱法门。普智光照如来境菩萨摩诃萨，证得了随逐如来观察甚深广大法界藏❸的解脱法门。普觉悦意声菩萨摩诃萨，证得了亲近承事一切诸佛供养藏的解脱法门。普清净无尽福威光菩萨摩诃萨，证得了出世间神通变化广大加持的解脱法门。普宝髻华幢菩萨摩诃萨，证得了普入一切世间行而出生菩萨无边行门❹的解脱法门。普相最胜光菩萨摩诃萨，证得了能于无相法界中，出现一切诸佛境界的解脱法门。

这时，净德妙光菩萨摩诃萨承着佛陀威神力之加持，普遍观察一切菩萨如海般广大的解脱法门之后，宣说如下的偈颂：

十方所有诸佛国土，一刹那中悉皆严净，

以妙音声转大法轮，普遍世间无与等比。

如来境界无有边际，一念法界悉能充满，

一一尘中建立道场，悉证菩提起大神变。

世尊往昔勤修诸行，经于百千无量时劫，

一切佛刹皆悉庄严，出现无碍宛如虚空。

佛神通力无有限量，充满无边一切时劫，

假使经于无量时劫，念念观察无有疲厌。

汝应观佛神通境界，十方国土悉皆严净，

一切于此悉现在前，念念不同具无量种。

观佛百千无量时劫，不得一毛之微分限，

如来无碍大方便门，此光普照难可思刹。

如来往劫在诸世间，承事无边诸佛大海，

是故一切如川中鹜，咸来供养世所至尊。

如来出现遍十方界，一一尘中无量刹土，

其中境界皆无限量，悉住无边无尽时劫。

佛于曩劫广为众生，修习无边大悲胜海，

随诸众生入于生死，普化众会令其清净。

佛住真如法界藏中，无相无形远离诸垢，

众生观见种种妙身，一切苦难悉皆消灭。

接着，更有大菩萨们。如：海月光大明菩萨摩诃萨，证得了出生菩萨诸地诸波罗蜜来教化众生，以及庄严清净一切佛国土方便的解脱法门。云音海光离垢藏菩萨摩诃萨，证得了于每一念中，都能普入法界种种差别处教化群生的解脱法门。智生宝髻菩萨摩诃萨，证得了于不可思议劫中；在一切众生之前，示现清净大功德的解脱法门。功德自在王净光菩萨摩诃萨，证得了普见十方一切菩萨初诣诸佛道场时之种种庄严的解脱法门。善勇猛莲华髻菩萨摩诃萨，证得了随诸众生之根解海，普为显示一切佛法的解脱法门。普智云日幢菩萨摩诃萨，证得了成就如来智，能永住无量时劫的解脱法门。大精进金刚脐菩萨摩诃萨，证得了普入一切无边法印力的解脱法门。香焰光幢菩萨摩诃萨，证得了显示现在一切佛，从开始修菩萨行乃至有所成就，这一切智慧聚的解脱法门。大明德深美音菩萨摩诃萨，证得了安住于毗卢遮那佛之一切大愿海的解脱法门。大福光智生菩萨摩诃萨，证得了显示如来遍于法界之甚深境界的解脱法门。

这时，海月光大明菩萨摩诃萨承着佛陀威神力之加持，普遍观察一切菩萨如海般广大的庄严之后，即宣说如下的偈颂：

诸波罗蜜及诸地境界，广大难思悉圆满具足，
无量众生如实尽调伏，一切佛土皆庄严清净。
如佛教化一切众生界，十方国土如是皆充满，
一念心中已转大法轮，普应群情无有不周遍。
佛于无量广大时劫中，普遍示现一切众生前，
如其往昔广大勤修治，开示彼等所行清净处。
我睹十方刹土无有余，亦见诸佛所现大神通，
悉坐道场圆成正等觉，大众集会闻法共围绕。
广大光明诸佛妙法身，能以方便示现于世间，
普随众生心中所欣乐，悉称其根而雨大法雨。
真如平等无相难思身，离垢光明清净妙法身，
智慧寂静圆具身无量，普应十方而演说妙法。
法王如来诸力皆清净，智慧如空无有边际处，
悉为有情开示无遗隐，普使众生同证而悟入。
如佛往昔所精勤修治，乃至现前成于一切智，
今放光明周遍诸法界，于中显现如实悉明了。
佛以本愿示现大神通，一切十方无不遍照明，
如佛往昔广大修治行，光明网中如是皆演说。
十方境界无有能穷尽，无等无边各各示差别，

佛具无碍力发大光明，一切国土皆明显示现。

这时，在佛陀的师子宝座上，及各种珍宝、妙花、轮台、阶梯、门窗等一切庄严宝具中，都一一化现出佛刹微尘数的菩萨摩诃萨。这些大菩萨中，以海慧自在神通王菩萨摩诃萨、雷音普震菩萨摩诃萨、众宝光明髻菩萨摩诃萨、大智日勇猛慧菩萨摩诃萨、不思议功德宝智印菩萨摩诃萨、百目莲华髻菩萨摩诃萨、金焰圆满光菩萨摩诃萨、法界普音菩萨摩诃萨、云音净月菩萨摩诃萨、善勇猛光明幢菩萨摩诃萨等十位大菩萨为首，并有佛刹微尘数的众多大菩萨同时出现。

这些大菩萨，各自示现出种种的供养云，即所谓的一切摩尼宝华云、一切莲华妙香云、一切宝圆满光云、无边境界香焰云、日藏摩尼轮光明云、一切悦意乐音云、无边色相一切宝灯光焰云、众宝树枝华果云、无尽宝清净光明摩尼王云、一切庄严具摩尼王云，等等。有如佛世界微尘数般众多。这些大菩萨示现的供养云，如雨飘落在所有道场众会中，相续不绝。

他们示现了这些供养云之后，从右方围绕世尊，向其致敬。在周绕无量千百遍之后，依其所来的方向，在离开佛陀不远处，以神通力化现出各种宝莲华师子宝座，数目无量无边。他们各自在师子宝座上，双足结跏趺❺安坐。

这些大菩萨过去的所行，如海般清净广大，并已证得了智慧光遍照普门的大法，能随顺着诸佛，一切所行已无障碍，能趣入一切辩才的法海，得证不可思议的解脱法门，安住于诸佛如来普门的境地。他们既已证得了一切的总持陀罗尼门，能容受总持一切的法海，善于安住在三世平等的智慧之地，并已因深信而得到大喜乐，具足了无边的福德，圆满了最究极的大善清净。他们能遍察一切的虚空法界，十方世界任何国土中，只要有佛陀出兴，他们都能精勤努力地承事供养。

这时，海慧自在神通王菩萨摩诃萨承着佛陀威神力之加持，普遍观察一切道场中如海般的大众，宣说如下的偈颂：

诸佛所悟悉已了知，如空无碍皆遍明照，
光遍十方无量刹土，处于众会普严洁净。
如来功德不可测量，十方法界悉皆充满，
普坐一切树王之下，诸大自在共同云集。
佛有如是大神通力，一念现于无尽妙相，
如来境界无有边际，各随解脱悉能观见。
如来往昔经时劫海，在于诸有精勤修行，
种种方便化导众生，令彼受行诸佛妙法。
毗卢遮那具庄严好，坐莲华藏师子宝座，
一切众会悉皆清净，寂然而住共同瞻仰。
摩尼宝藏放大光明，普发无边香焰彩云，
无量华缨皆共垂布，如是座上如来安坐。
种种严饰大吉祥门，恒放灯光妙宝焰云，
广大炽然无不照耀，牟尼处上益增严好。
种种摩尼绮丽窗牖，妙宝莲华所垂严饰，
恒出妙音闻者欣悦，佛坐其上特为明显。
宝轮承坐示半月形，金刚为台妙色焰明，
持髻菩萨常共围绕，佛在其中最为光耀。
种种变化满布十方，演说如来广大愿力，
一切影像于中显现，如是座上佛陀安坐。

　　这时，雷音普震菩萨摩诃萨承着佛陀威神力之加持，普遍观察一切道场中如海般的大众，宣说如下的偈颂：

世尊往昔集菩提行，供养十方无量佛陀，
善逝威力所加持故，如来座中无不睹见。
香焰摩尼如意宝王，填饰妙华师子宝座，
种种庄严皆影示现，一切众会悉得明瞩。

佛座普现庄严妙相，念念色类各各差别，
随诸众生所解不同，各各见佛坐于其上。
宝枝垂布莲华网布，华开踊现诸大菩萨，
各出微妙悦意音声，称赞如来坐于宝座。
佛功德量宛如虚空，一切庄严从此出生，
一一地中庄严饰事，一切众生所不能了。
金刚为地无能沮坏，广博清净极夷平坦，
摩尼为网垂布空中，菩提树下悉皆周遍。
其地无边色相殊妙，真金为末满布其中，
普散名华及众珍宝，悉以光莹如来宝座。
地神欢喜而大踊跃，刹那示现无有穷尽，
普兴一切庄严妙云，恒在佛前瞻仰安住。
宝灯广大极炽然照，香焰流光无断间绝，
随时示现各示差别，地神以此广为供养。
十方一切刹土之中，彼地所有诸庄严饰，
今此道场无不现前，以佛威神故能示尔。

这时，众宝光明髻菩萨摩诃萨承着佛陀威神力之加持，普遍观察一切道场中如海般的大众，宣说如下的偈颂：

世尊往昔勤修行时，见诸佛土皆悉圆满，
如是所见诸地无尽，此道场中皆能显现。
世尊广大神通威力，舒光普雨众摩尼宝，
如是宝藏散布道场，其地周回悉庄严丽。
如来福德大神通力，摩尼妙宝普现庄严，
其地及以菩提树王，递发光音而为演说。
宝灯无量从空雨下，宝王间错而为严饰，
悉吐微妙畅演法音，如是地神之所示现。

宝地普现妙光明云，宝炬焰明宛如电发，
宝网遐张覆盖其上，宝枝杂布为庄严好。
汝等普观于此地中，种种妙宝所为庄严，
显示众生诸业大海，令彼了知真实法性。
普遍十方一切佛土，所有圆满菩提树王，
莫不皆现道场之中，演说如来清净妙法。
随诸众生心中所乐，其地普出微妙音声，
如佛座上所应畅演，一一法门咸皆具说。
其地恒出妙香光明，光中普演清净法音，
若有众生堪受大法，悉使得闻烦恼消灭。
一一庄严悉皆圆满，假使亿劫无能说尽，
如来神力靡不周遍，是故其地普皆严净。

这时，大智日勇猛慧菩萨摩诃萨承着佛陀威神力之加持，普遍观察一切道场中如海般的大众，宣说如下的偈颂：

世尊凝睟❻安处正法堂，炳然照耀菩提宫殿中，
随诸众生心中所欣乐，其身普现十方国土中。
如来宫殿具不可思议，摩尼宝藏为庄严宝饰，
诸庄严具咸光明照耀，佛坐其中特殊极明显。
摩尼为柱种种妙色具，真金铃铎宛如云垂布，
宝阶四面罗列而成行，门闼随方咸皆洞开启。
妙华缯绮❼为庄严宝帐，宝树枝条共同庄严饰，
摩尼璎珞于四面垂布，智海法王于中湛然坐。
摩尼为网妙香为天幢，光焰灯明宛若云垂布，
覆以种种庄严众宝具，超世正知于此中安坐。
十方普现变化光明云，其云演说遍满诸世间，
一切众生悉教化调伏，如是皆从佛宫殿中现。

摩尼为树发生微妙华，十方所有无有能匹比，
三世国土庄严微妙事，莫不于中如实现其影。
处处皆有摩尼庄严聚，光焰炽然示现无量种，
门牖随各方相间开启，栋宇庄严圆满极殊丽。
如来宫殿具不可思议，清净光明具足众妙相，
一切宫殿于中而示现，一一皆有如来于中坐。
如来宫殿广大无有边，自然觉者❽安处坐其中，
十方一切诸大众集会，莫不向佛方所而来集。

这时，不思议功德宝智印菩萨摩诃萨承着佛陀威神力之加持，普遍观察一切道场中如海般的大众，宣说如下的偈颂：

佛昔修治众福德海，一切刹土微尘数等，
神通愿力之所出生，道场严净无诸垢染。
如意珠王以作树根，金刚摩尼以为妙身，
宝网遐施盖覆其上，妙香氛氲❾共同旋绕。
树枝严饰备众珍宝，摩尼为干争耸拔擢，
枝条密布如重云布，佛于其下安坐道场。
道场广大不可思议，其树周回尽皆弥覆，
密叶繁华相庇照映，华中悉结摩尼果王。
一切枝间舒发妙光，其光遍照道场之中，
清净炽然无有穷尽，以佛愿力如斯睹见。
摩尼宝藏以为妙华，布影腾辉宛若绮云，
匝树垂芳无不周遍，于道场中普皆严饰。
汝观善逝道场之中，莲华宝网俱皆清净，
光焰成轮从此示现，铃音铎响云间发生。
十方一切国土之中，所有妙色庄严宝树，
菩提树中无不现前，佛于其下离众垢染。

道场广大福德所成，树枝雨宝恒无穷尽，
宝中出现诸菩萨众，悉往十方供养事佛。
诸佛境界不可思议，普令其树出乐音声，
如昔所集大菩提道，众会闻音咸得亲见。

　　这时，百目莲华髻菩萨摩诃萨承着佛陀威神力之加持，普遍观察一切道场中如海般的大众，宣说如下的偈颂：

一切摩尼出妙音声，称扬三世诸佛名称，
彼佛无量大神通事，此道场中皆示现睹。
众华竞发如缨垂布，光云流演遍十方界，
菩提树神持向佛陀，一心瞻仰以为供养。
摩尼光焰悉成宝幢，幢中炽然发生妙香，
其香普熏一切大众，是故其处皆严洁净。
莲华垂布金色光明，其光演佛妙音声云，
普荫十方一切刹土，永息众生诸烦恼热。
菩提树王自在威力，常放光明极为清净，
十方众会无有边际，莫不影现道场之中。
宝枝光焰宛若明灯，其光演音宣大誓愿，
如佛往昔于诸有中，本所修行皆具演说。
树下诸神刹尘数量，悉共依于此道场中，
各各如来道树之前，念念宣扬解脱法门。
世尊往昔勤修诸行，供养一切诸佛如来，
本所修行及善名闻，摩尼宝中皆悉示现。
道场一切演出妙音，其音广大遍满十方，
若有众生堪受大法，莫不调伏令其清净。
如来往昔普勤修治，一切无量庄严妙事，
十方一切菩提树王，一一庄严具无量种。

这时，金焰圆满光菩萨摩诃萨承着佛陀威神力之加持，普遍观察一切道场中如海般的大众，宣说如下的偈颂：

佛昔修习大菩提行，于诸境界解明了知，
处与非处⑩清净无疑，此是如来初智慧力。
如昔等观诸法性中，一切业海悉皆明澈，
如是今于光明网中，普遍十方能具演示。
往劫修治大方便力，随众生根而化诱导，
普使众会心皆清净，故佛能成诸根智力。
如诸众生所解不同，欲乐诸行各各差别，
随其所应而为说法，佛以智力乃能如是。
普尽十方诸刹土海，所有一切诸众生界，
佛智平等宛如虚空，悉能显现于毛孔中。
一切处行佛尽了知，一念三世毕竟无余，
十方刹劫诸众生时，悉能开示令现了知。
禅定解脱诸力无边，三昧方便亦复皆然，
佛为示现令生欢喜，普使涤除烦恼暗黑。
佛智无碍包容三世，刹那悉现毛孔之中，
佛法国土及众生等，所现皆由随念之力。
佛眼广大宛如虚空，普见法界穷尽无余，
无碍地中无等妙用，彼眼无量佛能畅演。
一切众生具诸结使⑪，所有随眠⑫与习气⑬等，
如来出现遍于世间，悉以方便令其除灭。

这时，法界普音菩萨摩诃萨承着佛陀威神力之加持，普遍观察一切道场中如海般的大众，宣说如下的颂偈：

佛威神力遍满十方界，广大示现如实无分别，

大菩提行圆具波罗蜜，昔所满足现前皆令见。

昔于众生生起大悲悯，具足修行布施波罗蜜，
以是其身最上胜殊妙，能令见者心生大欢喜。

往昔佛在无边大劫海，圆满修治净戒波罗蜜，
故获清净妙身遍十方，普灭一切世间诸重苦。

往昔佛修行忍清净度，信解真实修证无分别，
是故具足色相皆圆满，普放光明遍照十方界。

往昔精进勤修多劫海，能转一切众生深重障，
故能分身遍满于十方，悉能示现菩提树王下。

佛久修行经无量时劫，三昧禅定大海普清净，
故令见者深心生欢喜，烦恼障垢皆悉能除灭。

如来往昔所修诸行海，具足甚深般若❶波罗蜜，
是故舒光普遍照光明，克殄一切愚迷与痴暗。

种种方便化导诸众生，令所修治圆满悉成就，
一切十方世界皆遍往，无边际劫常住不休息。

佛昔修行广大时劫海，清净修治诸愿波罗蜜，
是故出现遍满于世间，尽未来际广救诸众生。

佛治无量时劫广修治，圆具一切法力波罗蜜，
由是能成如实自然力，普遍示现十方诸国土。

佛昔修治普门大智慧，一切智性宛如虚空界，
是故得成无碍大威力，舒光普照十方诸刹土。

这时，云音净月菩萨摩诃萨承着佛陀威神力之加持，普遍观察一切道场中如海般的大众，宣说如下的偈颂：

神通境界等诸虚空，十方众生靡不见睹；
如昔修行所成境地，摩尼果中咸具演说。

清净勤修无量时劫，入于初地心极欢喜，

出生法界广大智慧，普见十方无量佛陀。
一切法中离垢之地，等众生数持清净戒，
已于多劫深广修行，供养无边诸佛大海。
积集福德成发光地，奢摩他[15]藏坚固安忍，
法云广大悉已闻持，摩尼果中如是演说。
焰海慧明无等地中，善了境界生起慈悲，
一切国土平等妙身，如佛所治悉皆演畅。
普藏等门具难胜地，动寂相顺无有违反，
佛法境界悉皆平等，如佛所净皆能宣说。
广大修行慧海妙地，一切法门咸皆遍了，
普现国土宛如虚空，树中演畅此法音声。
周遍法界等虚空身，普照众生大智慧灯，
一切方便悉皆清净，昔所远行今令具演。
一切愿行所庄严者，无量刹海已皆清净，
所有分别无能动地，此无等地咸皆宣说。
无量境界神通威力，善入教法光明威力，
此是清净大善慧地，劫海所行皆备阐扬。
法云广大为第十地，含藏一切遍等虚空，
诸佛境界声中畅演，此声是佛大威神力。

这时，善勇猛光幢菩萨摩诃萨承着佛陀威神力之加持，普遍观察一切道场中如海般的大众，宣说如下的偈颂：

无量众生处大会中，种种信解心生清净，
悉能悟入如来智慧，了达一切庄严境界。
各起净愿勤修诸行，悉曾供养无量佛陀，
能见如来真实体性，及以一切诸大神变。
或有能见佛陀法身，无等无碍普周遍满，

所有无边诸法性等，悉入其身无不穷尽。

或有见佛微妙色身，无边色相光明炽然，

随诸众生知解不同，种种变现十方界中。

或见无碍智慧妙身，三世平等宛如虚空，

普随众生心所乐转，种种差别皆令亲见。

或有能了诸佛音声，普遍十方诸国土中，

随诸众生所应解者，为出言音无有障碍。

或见如来种种光明，种种照耀遍满世间，

或有于佛大光明中，复见诸佛示现神通。

或有见佛如海云光，从毛孔出妙色炽然，

示现往昔修行大道，令生深信入于佛智。

或见佛相福德庄严，及见此福所从出生，

往昔修行诸度大海，皆佛相中明了证见。

如来功德不可称量，充满法界无有边际，

及以神通一切境界，以佛神力故能宣说。

这时，由于佛陀威神力的加持，华藏庄严海世界中的大地，扬起了一切殊胜的六种十八相的震动。这六种十八相的震动，就是动、遍动、普遍动，起、遍起、普遍起，涌、遍涌、普遍涌，震、遍震、普遍震，吼、遍吼、普遍吼，击、遍击、普遍击。而华藏世界的天神世主们，也一一的化现各种不可思议的供养云，如雨下众宝一般，遍落在如来道场上的大众人海中。这些供养云，乃是一切香华庄严云、一切摩尼妙饰云、一切宝焰华网云、无边种类摩尼宝圆光云、一切众色宝真珠藏云、一切宝栴檀香云、一切宝盖云、清净妙声摩尼王云、日光摩尼璎珞轮云、一切宝光明藏云、一切各别庄严具云，等等。这些供养云为数之多，不可思议，且遍布各处。

如同在这个世界中，天神世主们心中都生起了大欢喜，以这些供养云来供养佛陀；同样的，在华藏庄严世界海当中，一切世界中的所有天神世主们，也都如是供养。在一切世界中，也都有如来安坐于道场中，天神世主们各个生起广大的信解，依据他们的所缘，依据他们的禅定三昧方便之门，也各个修习着辅助修道之法。而他们也都能各自成就，心生欢喜，并趣入诸佛法海，了悟各种法门。他们并各自进入了如来的神通境界，及如来力的境界，也各个进入了佛陀如来的解脱之门。而如同此华藏世界海一般，在十方尽法界、虚空界的一切世界海当中，也都示现着如此庄严不可思议的境界。

【注释】

❶ 一切智：佛能了知一切法，故佛智称为一切智。

❷ 化佛：以神通力变化而出现的佛身。

❸ 法界藏：能持一切染净的有为法，其内含藏一切功德之德性，故称为"法界藏"。

❹ 行门：指依自力修行的各种法门。

❺ 结跏趺：坐禅的坐法之一，即将两脚掌仰放于两股之上。在诸坐法中，结跏趺坐最安稳且不易疲倦。

❻ 凝眸：即肃然正视。

❼ 缯绮：美丽的丝织品。

❽ 自然觉者：指佛陀。

❾ 氛氲：气盛的样貌。

❿ 了知处、非处的智力。处，"道理"之意，指与因果相应。非处，"非道理"之意，指与因、果不相应。

⓫ 结使：结与使都是烦恼的别名。烦恼能系缚身心，结成苦果，故称为"结"。

⓬ 随眠：烦恼种子，随逐众生，眠伏于阿赖耶识中，故称为"随眠"。

⓭ 习气：乃烦恼的余习。

⓮ 般若：梵语 prajñā，意译作"智慧"，即通达真理的最高智慧。

⓯ 奢摩他：梵语 śamatha，禅定的别名，又意译作"止"或"寂静"，"专心于一境上以防散乱"之意。

如来现相品第二

卷第六

《如来现相品》导读

　　上品当中，述说诸菩萨、天神大众都已经集会来此，于是此品一开始，一切世间主、菩萨众就共同起念发问如来三十七道问题。如来显现了许多瑞相，以为说法之前的行仪法式，所以才称为"如来现相品"。

　　本品大致可分为五个段落：一，一切菩隆、世间主共请法要；二，如来放光，召集十方世界菩萨众；三,十方世界菩萨众与眷属来集，雨云供养如来；四，如来示现瑞相；五，菩萨大众称扬佛陀功德。

　　此一开始所问的三十七道问题，关系着后来各品的内容，所以在此将之分门别类：

　　　　　　　　　┌德用圆满——诸佛地、诸佛境界、诸佛加持、诸佛所
　　　　　　　　　│　　　　　　行、诸佛力、诸佛无所畏、诸佛三昧、
　　果·所求──┤　　　　　　诸佛无能摄取，共八问。
　　　　　　　　　│
　　　　　　　　　└体相显著——诸佛眼、诸佛耳、诸佛鼻、诸佛舌、诸
　　　　　　　　　　　　　　　佛身、诸佛意、诸佛身光、诸佛光明、
　　　　　　　　　　　　　　　诸佛声、诸佛智，共十问。

　化用·所知——化用普周——世界海、众生海、佛海、佛波罗蜜海、
　　　　　　　　　　　　　　佛解脱海、佛变化海、佛演说海、佛名
　　　　　　　　　　　　　　号海、佛寿量海，共九问。

　因·所行——因德深广——切菩萨誓愿海、发趣海、助道海、乘海、
　　　　　　　　　　　　　　行海、出离海、神通海、波罗蜜海、地海、
　　　　　　　　　　　　　　智海，共十问。

这种种的问题，会在以后的各品中给予各种方式的解答。

如来在这一品中，现出五种瑞相：

第一，面门众齿间放光相。此大光明普照十方各一亿佛刹微尘数世界海，让十方世界海一切菩萨及其眷属，蒙佛光明，都来到此华藏世界前。

第二，放眉间光相。欲令一切菩萨大众得于如来无边境界神通力。

第三，震动诸世界网相。一一尘中现无数佛，以警策、提振大众。

第四，佛前现华相。此大莲华具有十种庄严，正表华严世界与教义之不可思议。

第五，白毫出众相。在如来白毫相中，有世界海微尘数诸菩萨众，俱时而出，有表教法由佛陀所出之意。

这五种瑞相现出后，十方世界诸菩萨与从如来白毫中流出的菩萨众，各由代表以偈赞颂佛陀不可思议功德，而参加者无量无边、交互映现的华严大会，就正式开始了。

卷第六
如来现相品第二

【原典】

尔时，诸菩萨及一切世间主，作是思惟："云何是诸佛地？云何是诸佛境界？云何是诸佛加持？云何是诸佛所行？云何是诸佛力？云何是诸佛无所畏？云何是诸佛三昧？云何是诸佛神通？云何是诸佛自在❶？云何是诸佛无能摄取？云何是诸佛眼？云何是诸佛耳？云何是诸佛鼻？云何是诸佛舌？云何是诸佛身？云何是诸佛意？云何是诸佛身光？云何是诸佛光明？云何是诸佛声？云何是诸佛智？唯愿世尊，哀愍我等，开示演说！又十方世界海一切诸佛，皆为诸菩萨说世界海、众生海、法界安立海❷、佛海、佛波罗蜜海、佛解脱海、佛变化海、佛演说海、佛名号海、佛寿量海，及一切菩萨誓愿海、一切菩萨发趣海、一切菩萨助道海、一切菩萨乘海、一切菩萨行海、一切菩萨出离海、一切菩萨神通海、一切菩萨波罗蜜海、一切菩萨地海、一切菩萨智海。愿佛世尊，亦为我等如是而说！"

尔时，诸菩萨威神力故，于一切供养具云中，自然出音，而说颂言：

无量劫中修行满，菩提树下成正觉，为度众生普现身，如云充遍尽未来。

众生有疑皆使断，广大信解悉令发，无边际苦普使除，诸佛安乐咸令证。

菩萨无数等刹尘，俱来此会同瞻仰，愿随其意所应受，演说妙法除疑惑！

云何了知诸佛地？云何观察如来境？佛所加持无有边，愿示此法令清净！

云何是佛所行处，而以智慧能明入？佛力清净广无边，为诸菩萨应开示！

云何广大诸三昧？云何净治无畏法？神通力用不可量，愿随众生心乐说！

诸佛法王如世主，所行自在无能制，及余一切广大法，为利益故当开演！

佛眼云何无有量？耳鼻舌身亦复然？意无有量复云何？愿示能知此方便！

如诸刹海众生海，法界所有安立海，及诸佛海亦无边，愿为佛子咸开畅！

永出思议众度海，普入解脱方便海，所有一切法门海，此道场中愿宣说！

尔时，世尊知诸菩萨心之所念，即于面门众齿之间，放佛刹微尘数光明，所谓众宝华遍照光明、出种种音庄严法界光明、垂布微妙云光明、十方佛坐道场现神变光明、一切宝焰云盖光明、充满法界无碍光明、遍庄严一切佛刹光明、迴建立清净金刚宝幢光明、普庄严菩萨众会道场光明、妙音称扬一切佛名号光明。如是等佛刹微尘数，一一复有佛刹微尘数光明以为眷属，其光悉具众妙宝色，普照十方各一亿佛刹微尘数世界海。彼世界海诸菩萨众，于光明中，各得见此华藏庄严世界海。以佛神力，其光于彼一切菩萨众会之前而说颂言：

无量劫中修行海，供养十方诸佛海，化度一切众生海，今成妙觉遍照尊。

毛孔之中出化云，光明普照于十方，应受化者咸开觉，令趣菩提净无碍。

佛昔往来诸趣中，教化成熟诸群生，神通自在无边量，一念皆令得解脱。

摩尼妙宝菩提树，种种庄严悉殊特，佛于其下成正觉，放大光明普威耀。

大音震吼遍十方，普为弘宣寂灭法，随诸众生心所乐，种种方便令开晓。

往修诸度皆圆满，等于千刹微尘数，一切诸力悉已成，汝等应往同瞻礼。

十方佛子等刹尘，悉共欢喜而来集，已雨诸云为供养，今在佛前专觐仰。

如来一音无有量，能演契经深大海，普雨妙法应群心，彼两足尊宜往见。

三世诸佛所有愿，菩提树下皆宣说，一刹那中悉现前，汝可速诣如来所。

毗卢遮那大智海，面门舒光无不见，今待众集将演音，汝可往观闻所说。

尔时，十方世界海一切众会，蒙佛光明所开觉已，各共来诣毗卢遮那如来所，亲近供养。所谓此华藏庄严世界海东，次有世界海，名清净光莲华庄严。彼世界种中，有国土，名摩尼璎珞金刚藏，佛号法水觉虚空无边王。于彼如来大众海中，有菩萨摩诃萨，名观察胜法莲华幢，与世界海微尘数诸菩萨俱，来诣佛所，各现十种菩萨身相云，遍满虚空而不散灭。复现十种雨一切宝莲华光明云，复现十种须弥宝峰云，复现十种日轮光云，复现十种宝华璎珞云，复现十种一切音乐云，复现十种末香树云，复现十种涂香烧香众色相云，复现十种一切香树云。如是等世界海微尘数诸供养云，悉遍虚空而不散灭。现是云已，向佛作礼，以为供养。即于东方，各化作种种华光明藏师子之座，于其座上，结跏趺坐。

此华藏世界海南，次有世界海，名一切宝月光明庄严藏。彼世界种中，有国土，名无边光圆满庄严，佛号普智光明德须弥王。于彼如来大众海中，有菩萨摩诃萨，名普照法海慧，与世界海微尘数诸菩萨俱，来诣佛所，各现十种一切庄严光明藏摩尼王云，遍满虚空而不散灭。复现十种雨一切宝庄严具普照耀摩尼王云，复现十种宝焰炽然称扬佛名号摩尼王云，复现十种说一切佛法摩尼王云，复现十种众妙树庄严道场摩尼王云，复现十种宝光普照现众化佛摩尼王云，复现十种普现一切道场庄严像摩尼王云，复现十种密焰灯说诸佛境界摩尼王云，复现十种不思议佛刹宫殿像摩尼王云，复现十种普现三世佛身像摩尼王云。如是等世界海微尘数摩尼王云，悉遍虚空而不散灭。现是云已，向佛作礼，以为供养。即于南方，各化作帝青宝阎浮檀金莲华藏师子之座，于其座上，结跏趺坐。

此华藏世界海西，次有世界海，名可爱乐宝光明。彼世界种中，有国土，名出生上妙资身具，佛号香焰功德宝庄严。于彼如来大众海中，有菩萨摩诃萨，名月光香焰普庄严，与世界海微尘数诸菩萨俱，来诣佛所，各现十种一切宝香众妙华楼阁云，遍满虚空而不散灭。复现十种无边色相众宝王楼阁云，复现十种宝灯香焰楼阁云，复现十种一切真珠楼阁云，复现十种一切宝华楼阁云，复现十种宝璎珞庄严楼阁云，复现十种普现十方一切庄严光明藏楼阁云，复现十种众宝末间错庄严楼阁云，复现十种周遍十方一切庄严楼阁云，复现十种华门铎网楼阁云。如是等世界海微尘数楼阁云，悉遍虚空而不散灭。现是云已，向佛作礼，以为供养。即于西方，各化作真金叶大宝藏师子之座，于其座上，结跏趺坐。

此华藏世界海北，次有世界海，名毗琉璃莲华光圆满藏。彼世界种中，有国土，名优钵罗华庄严，佛号普智幢音王。于彼如来大众海中，有菩萨摩诃萨，名师子奋迅光明，与世界海微尘数诸菩萨俱，来诣佛所，各现十种一切香摩尼众妙树云，遍满虚空而不散灭。复现十种密叶妙香庄严树云，复现十种化现一切无边色相树庄严树云，复现十种一切华周布庄严树云，复现十种一切宝焰圆满光庄严树云，复现十种现一切栴檀香菩萨身庄严树云，复现十种现往昔道场处不思议庄严树云，复现十种众宝衣服藏如日光明树云，复现十种普发一切悦意音声树云。如是等世界海微尘数树云，悉遍虚空而不散灭。现是云已，向佛作礼，以为供养。即于北方，各化作摩尼灯莲华藏师子之座，于其座上，结跏趺坐。

此华藏世界海东北方，次有世界海，名阎浮檀金玻璃色幢。彼世界种中，有国土，名众宝庄严，佛号一切法无畏灯。于彼如来大众海中，有菩萨摩诃萨，名最胜光明灯无尽功德藏，与世界海微尘数诸菩萨俱，来诣佛所，各现十种无边色相宝莲华藏师子座云，遍满虚空而不散灭。复现十种摩尼王光明藏师子座云，复现十种一切庄严具种种校饰师子座云，复现十种众宝鬘灯焰藏师子座云，复现十种普雨宝璎珞师子座云，复现十种一切香华宝璎珞藏师子座云，复现十种示现一切佛座庄严摩尼王藏师子座云，复现十种户牖阶砌及诸璎珞一切庄严师子座云，复现十种一切摩尼树宝枝茎藏师子座云，复现十种宝香间饰日光明藏师子座云。如是等世界海微尘数师子座云，悉遍虚空而不散灭。现是云已，向佛作礼，以为供养。即于东北方，各化作宝莲华摩尼光幢师子之座，于其座上，结跏趺坐。

此华藏世界海东南方，次有世界海，名金庄严琉璃光普照。彼世界种中，有国土，名清净香光明，佛号普喜深信王。于彼如来大众海中，有菩萨摩诃萨，名慧灯普明，与世界海微尘数诸菩萨俱，来诣佛所，各现十种一切如意王摩尼帐云，遍满虚空而不散灭。复现十种帝青宝一切华庄严帐云，复现十种一切香摩尼帐云，复现十种宝焰灯帐云，复现十种示现佛神通说法摩尼王帐云，复现十种现一切衣服庄严色像摩尼帐云，复现十种一切宝华丛光明帐云，复现十种宝网铃铎音帐云，复现十种摩尼为台莲华为网帐云，复现十种现一切不思议庄严具色像帐云。如是等世界海微尘数众宝帐云，悉遍虚空而不散灭。现是云已，向佛作礼，以为供养。即于东南方，各化作宝莲华藏师子之座，于其座上，结跏趺坐。

此华藏世界海西南方，次有世界海，名日光遍照。彼世界种中，有国土，名师子日光明，佛号普智光明音。于彼如来大众海中，有菩萨摩诃萨，名普华光焰髻，与世界海微尘数诸菩萨俱，来诣佛所，各现十种众妙庄严宝盖云，遍满虚空而不散灭。复现十种光明庄严华盖云，复现十种无边色真珠藏盖云，复现十种出一切菩萨悲愍音摩尼王盖云，复现十种众妙宝焰鬘盖云，复现十种妙宝严饰垂网铎盖云，复现十种摩尼树枝庄严盖云，复现十种日光普照摩尼王盖云，复现十种一切涂香烧香盖云，复现十种栴檀藏盖云，复现十种广大佛境界普光明庄严盖云。如是等世界海微尘数众宝盖云，悉遍虚空而不散灭。现是云已，向佛作礼，以为供养。即于西南方，各化作帝青宝光焰庄严藏师子之座，于其座上，结跏趺坐。

此华藏世界海西北方，次有世界海，名宝光照耀。彼世界种中，有国土，名众香庄严，佛号无量功德海光明。于彼如来大众海中，有菩萨摩诃萨，名无尽光摩尼王，与世界海微尘数诸菩萨俱，来诣佛所，各现十种一切宝圆满光云，遍满虚空而不散灭。复现十种一切宝焰圆满光云，复现十种一切妙华圆满光云，复现十种一切化佛圆满光云，复现十种十方佛土圆满光云，复现十种佛境界雷声宝树圆满光云，复现十种一切琉璃宝摩尼王圆满光云，复现十种一念中现无边众生相圆满光云，复现十种演一切如来大愿音圆满光云，复现十种演化一切众生音摩尼王圆满光云。如是等世界海微尘数圆满光云，悉遍虚空而不散灭。现是云已，向佛作礼，以为供养。即于西北方，各化作无尽光明威德藏师子之座，于其座上，结跏趺坐。

此华藏世界海下方，次有世界海，名莲华香妙德藏。彼世界种中，有国土，名宝师子光明照耀，佛号法界光明。于彼如来大众海中，有菩萨摩诃萨，名法界光焰慧，与世界海微尘数诸菩萨俱，来诣佛所，各现十种一切摩尼藏光明云，遍满虚空而不散灭。复现十种一切香光明云，复现十种一切宝焰光明云，复现十种出一切佛说法音光明云，复现十种现一切佛土庄严光明云，复现十种一切妙华楼阁光明云，复现十种现一切劫中诸佛教化众生事光明云，复现十种一切无尽宝华蕊光明云，复现十种一切庄严座光明云。如是等世界海微尘数光明云，悉遍虚空而不散灭。现是云已，向佛作礼，以为供养。即于下方，各化作宝焰灯莲华藏师子之座，于其座上，结跏趺坐。

此华藏世界海上方，次有世界海，名摩尼宝照耀庄严。彼世界种中，有国土，名无相妙光明，佛号无碍功德光明王。于彼如来大众海中，有菩萨摩诃萨，名无碍力精进慧，与世界海微尘数诸菩萨俱，来诣佛所，各现十种无边色相宝光焰云，遍满虚空而不散灭。复现十种摩尼宝网光焰云，复现十种一切广大佛土庄严光焰云，复现十种一切妙香光焰云，复现十种一切庄严光焰云，复现十种诸佛变化光焰云，复现十种众妙树华光焰云，复现十种一切金刚光焰云，复现十种说无边菩萨行摩尼光焰云，复现十种一切真珠灯光焰云。如是等世界海微尘数光焰云，悉遍虚空而不散灭。现是云已，向佛作礼，以为供养。即于上方，各化作演佛音声光明莲华藏师子之座，于其座上，结跏趺坐。

如是等十亿佛刹微尘数世界海中，有十亿佛刹微尘数菩萨摩诃萨，一一各有世界海微尘数诸菩萨众，前后围绕，而来集会。是诸菩萨，一一各现世界海微尘数种种庄严诸供养云，悉遍虚空而不散灭。现是云已，向佛作礼，以为供养。随所来方，各化作种种宝庄严师子之座，于其座上，结跏趺坐。如是坐已，其诸菩萨身毛孔中，一一各现十世界海微尘数一切宝种种色光明。一一光中，悉现十世界海微尘数诸菩萨，皆坐莲华藏师子之座。此诸菩萨，悉能遍入一切法界诸安立海所有微尘；彼一一尘中，皆有十佛世界微尘数诸广大刹；一一刹中，皆有三世诸佛世尊。此诸菩萨，悉能遍往亲近供养。于念念中，以梦自在，示现法门，开悟世界海微尘数众生；念念中，以示现一切诸天殁生法门，开悟世界海微尘数众生；念念中，以说一切菩萨行法门，开悟世界海微尘数众生；念念中，以普震动一切刹叹佛功德神变法门，开悟世界海微尘数众生；念念中，以严净一切佛国土显示一切大愿海法门，开悟世界海微尘数众生；念念中，以普摄一切众生言词佛音声法门，开悟世界海微尘数众生；念念中，以能雨一切佛法云法门，开悟世界海微尘数众生；念念中，以光明普照十方国土周遍法界示现神变法门，开悟世界海微尘数众生；念念中，以普现佛身充遍法界一切如来解脱力法门，开悟世界海微尘数众生；念念中，以普贤菩萨建立一切众会道场海法门，开悟世界海微尘数众生。如是普遍一切法界，随众生心，悉令开悟。念念中，一一国土，各令如须弥山微尘数众生堕恶道者，永离其苦；各令如须弥山微尘数众生住邪定者，入正定聚；各令如须弥山微尘数众生，随其所乐，生于天上；各令如须弥山微尘数众生，安住声闻、辟支佛地；各令如须弥山微尘数众生，事善知识，具众福行；各令如须弥山微尘数众生，发于无上菩提之心；各令如须弥山微尘数众生，趣于菩萨不退转地；各令如须弥山微尘数众生，得净智眼，见于如来所见一切诸平等法；各令如须弥山微尘数众生，安住诸力诸愿海中，以无尽智而为方便，净诸佛国；各令如须弥山微尘数众生，皆得安住毗卢遮那广大愿海，生如来家。

尔时，诸菩萨光明中，同时发声，说此颂言：

诸光明中出妙音，普遍十方一切国，演说佛子诸功德，能入菩提之妙道。

劫海修行无厌倦，令苦众生得解脱，心无下劣及劳疲，佛子善入斯方便。

尽诸劫海修方便，无量无边无有余，一切法门无不入，而恒说彼性寂灭。

三世诸佛所有愿，一切修治悉令尽，即以利益诸众生，而为自行清净业。

一切诸佛众会中，普遍十方无不往，皆以甚深智慧海，入彼如来寂灭法。

一一光明无有边，悉入难思诸国土，清净智眼普能见，是诸菩萨所行境。

菩萨能住一毛端，遍动十方诸国土，不令众生有怖想，是其清净方便地。

一一尘中无量身，复现种种庄严刹，一念殁生普令见，获无碍意庄严者。

三世所有一切劫，一刹那中悉能现，知身如幻无体相，证明法性无碍者。

普贤胜行皆能入，一切众生悉乐见，佛子能住此法门，诸光明中大音吼。

尔时，世尊欲令一切菩萨大众得于如来无边境界神通力故，放眉间光。此光名一切菩萨智光明，普照耀十方藏。其状犹如宝色灯云，遍照十方一切佛刹，其中国土及以众生，悉令显现。又普震动诸世界网，一一尘中，现无数佛。随诸众生性欲不同，普雨三世一切诸佛妙法轮云，显示如来波罗蜜海；又雨无量诸出离云，令诸众生永度生死；复雨诸佛大愿之云，显示十方诸世界中。普贤菩萨道场众会，作是事已，右绕于佛，从足下入。

尔时，佛前有大莲华，忽然出现。其华具有十种庄严，一切莲华所不能及。所谓众宝间错以为其茎，摩尼宝王以为其藏，法界众宝普作其叶，诸香摩尼而作其须，阎浮檀金庄严其台，妙网覆上，光色清净，于一念中，示现无边诸佛神变，普能发起一切音声，摩尼宝王影现佛身，于音声中，普能演说一切菩萨所修行愿。此华生已，一念之间，于如来白毫相中，有菩萨摩诃萨，名一切法胜音，与世界海微尘数诸菩萨众，俱时而出，右绕如来，经无量匝，礼佛足已。

时，胜音菩萨坐莲华台，诸菩萨众坐莲华须，各于其上次第而坐。其一切法胜音菩萨，了深法界，生大欢喜，入佛所行，智无凝滞。入不可测佛法身海，往一切刹诸如来所，身诸毛孔悉现神通，念念普观一切法界，十方诸佛共与其力，令普安住一切三昧，尽未来劫，常见诸佛无边法界功德海身，乃至一切三昧解脱、神通变化。即于众中，承佛威神，观察十方，而说颂曰：

佛身充满于法界，普现一切众生前，随缘赴感靡不周，而恒处此菩提座。

如来一一毛孔中，一切刹尘诸佛坐，菩萨众会共围绕，演说普贤之胜行。

如来安处菩提座，一毛示现多刹海，一一毛现悉亦然，如是普周于法界。

一一刹中悉安立，一切刹土皆周遍，十方菩萨如云集，莫不咸来诣道场。

一切刹土微尘数，功德光明菩萨海，普在如来众会中，乃至法界咸充遍。

法界微尘诸刹土，一切众中皆出现，如是分身智境界，普贤行中能建立。

一切诸佛众会中，胜智菩萨佥然坐，各各听法生欢喜，处处修行无量劫。

已入普贤广大愿，各各出生众佛法，毗卢遮那法海中，修行克证如来地。

普贤菩萨所开觉，一切如来同赞喜，已获诸佛大神通，法界周流无不遍。

一切刹土微尘数，常现身云悉充满，普为众生放大光，各雨法雨称其心。

尔时，众中复有菩萨摩诃萨名观察一切胜法莲华光慧王，承佛威神，观察十方，而说颂曰：

如来甚深智，普入于法界，能随三世转，与世为明导。
诸佛同法身，无依无差别，随诸众生意，令见佛色形。
具足一切智，遍知一切法，一切国土中，一切无不现。
佛身及光明，色相不思议，众生信乐者，随应悉令见。
于一佛身上，化为无量佛，雷音遍众刹，演法深如海。
一一毛孔中，光网遍十方，演佛妙音声，调彼难调者。
如来光明中，常出深妙音，赞佛功德海，及菩萨所行。
佛转正法轮，无量无有边，所说法无等，浅智不能测。
一切世界中，现身成正觉，各各起神变，法界悉充满。

如来一一身，现佛等众生，一切微尘刹，普现神通力。

尔时，众中复有菩萨摩诃萨名法喜慧光明，承佛威神，观察十方，而说颂曰：

佛身常显现，法界悉充满，恒演广大音，普震十方国。
如来普现身，遍入于世间，随众生乐欲，显示神通力。
佛随众生心，普现于其前，众生所见者，皆是佛神力。
光明无有边，说法亦无量，佛子随其智，能入能观察。
佛身无有生，而能示出生，法性如虚空，诸佛于中住。
无住亦无去，处处皆见佛，光明靡不周，名称悉远闻。
无体无住处，亦无生可得，无相亦无形，所现皆如影。
佛随众生心，为兴大法云，种种方便门，示悟而调伏。
一切世界中，见佛坐道场，大众所围绕，照耀十方国。
一切诸佛身，皆有无尽相，示现虽无量，色相终不尽。

尔时，众中复有菩萨摩诃萨名香焰光普明慧，承佛威神，观察十方，而说颂曰：

此会诸菩萨，入佛难思地，一一皆能见，一切佛神力。
智身能遍入，一切刹微尘，见身在彼中，普见于诸佛。
如影现众刹，一切如来所，于彼一切中，悉现神通事。
普贤诸行愿，修治已明洁，能于一切刹，普见佛神变。
身住一切处，一切皆平等，智能如是行，入佛之境界。
已证如来智，等照于法界，普入佛毛孔，一切诸刹海。
一切佛国土，皆现神通力，示现种种身，及种种名号。
能于一念顷，普现诸神变，道场成正觉，及转妙法轮。
一切广大刹，亿劫不思议，菩萨三昧中，一念皆能现。

一切诸佛土，一一诸菩萨，普入于佛身，无边亦无尽。

尔时，众中复有菩萨摩诃萨名师子奋迅慧光明，承佛威神，遍观十方，而说颂曰：

毗卢遮那佛，能转正法轮，法界诸国土，如云悉周遍。
十方中所有，诸大世界海，佛神通愿力，处处转法轮。
一切诸刹土，广大众会中，名号各不同，随应演妙法。
如来大威力，普贤愿所成，一切国土中，妙音无不至。
佛身等刹尘，普雨于法雨，无生无差别，现一切世间。
无数诸亿劫，一切尘刹中，往昔所行事，妙音咸具演。
十方尘国土，光网悉周遍，光中悉有佛，普化诸群生。
佛身无差别，充满于法界，能令见色身，随机善调伏。
三世一切刹，所有众导师，种种名号殊，为说皆令见。
过未及现在，一切诸如来，所转妙法轮，此会皆得闻。

尔时，众中复有菩萨摩诃萨名法海慧功德藏，承佛威神，观察十方，而说颂曰：

此会诸佛子，善修众智慧，斯人已能入，如是方便门。
一一国土中，普演广大音，说佛所行处，周闻十方刹。
一一心念中，普观一切法，安住真如地，了达诸法海。
一一佛身中，亿劫不思议，修习波罗蜜，及严净国土。
一一微尘中，能证一切法，如是无所碍，周行十方国。
一一佛刹中，往诣悉无余，见佛神通力，入佛所行处。
诸佛广大音，法界靡不闻，菩萨能了知，善入音声海。
劫海演妙音，其音等无别，智周三世者，入彼音声地。
众生所有音，及佛自在声，获得音声智，一切皆能了。

从地而得地，住于力地中，亿劫勤修行，所获法如是。

尔时，众中复有菩萨摩诃萨名慧灯普明，承佛威神，观察十方，而说颂曰：

一切诸如来，远离于众相，若能知是法，乃见世导师。
菩萨三昧中，慧光普明了，能知一切佛，自在之体性。
见佛真实体，则悟甚深法，普观于法界，随愿而受身。
从于福海生，安住于智地，观察一切法，修行最胜道。
一切佛刹中，一切如来所，如是遍法界，悉见真实体。
十方广大刹，亿劫勤修行，能游正遍知，一切诸法海。
唯一坚密身，一切尘中见，无生亦无相，普现于诸国。
随诸众生心，普现于其前，种种示调伏，速令向佛道。
以佛威神故，出现诸菩萨，佛力所加持，普见诸如来。
一切众导师，无量威神力，开悟诸菩萨，法界悉周遍。

尔时，众中复有菩萨摩诃萨名华焰髻普明智，承佛威力，观察十方，而说颂曰：

一切国土中，普演微妙音，称扬佛功德，法界悉充满。
佛以法为身，清净如虚空，所现众色形，令入此法中。
若有深信喜，及为佛摄受，当知如是人，能生了佛智。
诸有少智者，不能知此法，慧眼清净人，于此乃能见。
以佛威神力，观察一切法，入住及出时，所见皆明了。
一切诸法中，法门无有边，成就一切智，入于深法海。
安住佛国土，出兴一切处，无去亦无来，诸佛法如是。
一切众生海，佛身如影现，随其解差别，如是见导师。
一切毛孔中，各各现神通，修行普贤愿，清净者能见。

佛以一一身，处处转法轮，法界悉周遍，思议莫能及。

尔时，众中复有菩萨摩诃萨名威德慧无尽光，承佛威神，观察十方，而说颂曰：

一一佛刹中，处处坐道场，众会共围绕，魔军悉摧伏。
佛身放光明，遍满于十方，随应而示现，色相非一种。
一一微尘内，光明悉充满，普见十方土，种种各差别。
十方诸刹海，种种无量刹，悉平坦清净，帝青宝所成。
或覆或傍住，或似莲华合，或圆或四方，种种众形相。
法界诸刹土，周行无所碍，一切众会中，常转妙法轮。
佛身不思议，国土悉在中，于其一切处，导世演真法。
所转妙法轮，法性无差别，依于一实理，演说诸法相。
佛以圆满音，阐明真实理，随其解差别，现无尽法门。
一切刹土中，见佛坐道场，佛身如影现，生灭不可得。

尔时，众中复有菩萨摩诃萨名法界普明慧，承佛威力，观察十方，而说颂曰：

如来微妙身，色相不思议，见者生欢喜，恭敬信乐法。
佛身一切相，悉现无量佛，普入十方界，一一微尘中。
十方国土海，无量无边佛，咸于念念中，各各现神通。
大智诸菩萨，深入于法海，佛力所加持，能知此方便。
若有已安住，普贤诸行愿，见彼众国土，一切佛神力。
若人有信解，及以诸大愿，具足深智慧，通达一切法。
能于诸佛身，一一而观察，色声无所碍，了达于诸境。
能于诸佛身，安住智所行，速入如来地，普摄于法界。
佛刹微尘数，如是诸国土，能令一念中，一一尘中现。

一切诸国土，及以神通事，悉现一刹中，菩萨力如是。

尔时，众中复有菩萨摩诃萨名精进力无碍慧，承佛威神，观察十方，而说颂曰：

佛演一妙音，周闻十方刹，众音悉具足，法雨皆充遍。
一切言词海，一切随类音，一切佛刹中，转于净法轮。
一切诸国土，悉见佛神变，听佛说法音，闻已趣菩提。
法界诸国土，一一微尘中，如来解脱力，于彼普现身。
法身同虚空，无碍无差别，色形如影像，种种众相现。
影像无方所，如空无体性，智慧广大人，了达其平等。
佛身不可取，无生无起作，应物普现前，平等如虚空。
十方所有佛，尽入一毛孔，各各现神通，智眼能观见。
毗卢遮那佛，愿力周法界，一切国土中，恒转无上轮。
一毛现神变，一切佛同说，经于无量劫，不得其边际。

如此四天下道场中，以佛神力，十方各有一亿世界海微尘数诸菩萨众，而来集会。应知一切世界海、一一四天下诸道场中，悉亦如是。

注释

❶ 大正本原无"云何……在"十四字，今依明本增之。
❷ 大正本原无"法界……海"五字，今依明本增之。

【白话语译】

这时，所有的菩萨以及一切世间的主宰众神，心中都生起如是的思惟："到底什么是诸佛的境地？什么是诸佛的境界？什么是诸佛的加持现象？什么是诸佛的所行所为？什么是诸佛的威力？什么是诸佛的四种无所畏❶之法？什么是诸佛的三昧正定？什么是诸佛的神通力？什么是诸佛的自在？什么是诸佛无能摄取、无能制伏的胜法？什么是诸佛的眼根？什么是诸佛的耳根？什么是诸佛的鼻根？什么是诸佛的舌根？什么是诸佛的妙色身？什么是诸佛的心意？什么是诸佛的色身光明？什么是诸佛的智慧光明？什么是诸佛的音声？什么是诸佛的智慧？现在，衷心的盼望世尊能哀悯我等大众，为我们开示演说。

"而且此时，十方世界海的一切诸佛，都为诸菩萨解说广大无边的世界海、无量无边的众生海、法界安立海、无数的佛海、佛所开示到达涅槃❷彼岸的波罗蜜海、佛陀的解脱境界大海、佛陀的神通变化海、佛陀的演说妙法大海、佛陀的无量名号海、佛陀的寿量海，以及一切菩萨誓愿海、一切菩萨发心趣向菩提海、一切菩萨菩提福德智慧助道海、一切菩萨乘海、一切菩萨行海、一切菩萨出离诸业海、一切菩萨神通海、一切菩萨修证到达彼岸的波罗蜜海、一切菩萨修行境地海、一切菩萨智慧海。希望佛陀世尊也能为我们解说这些妙法。"

这时，因为诸菩萨威神力的缘故，在一切供养器具所汇集成的云中，自然发声演说如下的偈颂：

> 无量劫中修行圆满，菩提树下现成正觉，
> 为度众生普现妙身，如云充遍尽未来际。
> 众生有疑皆使断除，广大信解悉令发起，
> 无边际苦普使消除，诸佛安乐咸令证得。
> 菩萨无数等刹尘海，俱来此会共同瞻仰，

愿随其意所应信受，演说妙法除其疑惑。

云何了知诸佛地义？云何观察如来境界？

佛所加持无有边际，愿示此法令得清净。

云何是佛之所行处，而以智慧能明趣入？

佛力清净广大无边，为诸菩萨应予开示。

云何广大诸佛三昧？云何净治佛无畏法？

神通力用不可限量，愿随众生心乐而说。

诸佛法王如世间主，所行自在无能制者，

及余一切广大法要，为利益故应当开演。

佛眼云何无有限量，耳鼻舌身亦复皆然？

意无有量亦复云何？愿开示能知此方便。

如诸刹海众生大海，法界所有安立大海，

及诸佛海亦无边际，愿为佛子咸开畅演。

永出思议众度大海，普入解脱方便大海，

所有一切众法门海，此道场中愿皆宣说。

　　这时，世尊知道诸菩萨心中所想的问题，就在口中的众齿之间，释放出有如佛刹微尘数般众多的光明。这些光明是为众宝华遍照光明、出种种音在庄严法界光明、垂布微妙云光明、十方佛坐道场现神变光明、一切宝焰云盖光明、充满法界无碍光明、遍庄严一切佛刹光明、迥建立清净金刚宝幢光明、普庄严菩萨众会道场光明、妙音称扬一切佛名称光明，等等。这些光明之数，约等于佛刹微尘的数量，而每一光明当中，又有佛刹微尘数的光明，相伴随而为其从属。这些光明都具足了各种珍妙宝贵的色彩，普遍照耀十方各一亿个佛刹微尘数的世界海。这些世界海上的菩萨大众，在光明之中，都亲见了这个庄严的华藏世界❸海。

　　这时，由于佛陀威神力的加持，这些光明在聚会于此的菩萨们之前，宣说如下的偈颂：

在无量劫中修行海，供养十方诸佛大海，
化度一切诸众生海，今成妙觉遍照至尊❹。
毛孔之中出生化云，光明普照遍于十方，
应受化者咸开正觉，令趣菩提清净无碍。
佛昔往来于诸趣中，教化成熟一切群生，
神通自在无边无量，一念皆令得证解脱。
摩尼妙宝成菩提树，种种庄严悉皆殊特，
佛于其下得成正觉，放大光明普照威耀。
大音震吼遍满十方，普为弘宣寂灭胜法，
随诸众生心之所乐，种种方便皆令开晓。
往昔修习诸度圆满，等于千刹微尘之数，
一切诸力悉已成就，汝等应往共同瞻礼。
十方佛子等诸刹尘，悉共欢喜而来集会，
已雨诸云作为供养，今在佛前专心觐仰。
如来一音无有限量，能演契经深如大海，
普雨妙法应众群心，彼两足尊❺宜往亲见。
三世诸佛所有大愿，菩提树下皆广宣说，
一刹那中悉皆现前，汝可速诣如来所在。
毗卢遮那大智海中，面门舒光无不睹见，
今待众集将演法音，汝可往观亲闻所说。

　　这时，十方世界海的一切大众，蒙受佛陀光明普照而得觉悟之后，都各自前来拜谒毗卢遮那如来，希望能亲近供养佛陀。这些世界大众有：

　　紧临华藏庄严世界海的东方，有世界海，名为清光莲华庄严世界海。在这个世界海中，有一片国土，名为摩尼璎珞金刚藏佛刹；其中有佛，名为法水觉虚空无边王如来。法水如来所教化的如海大众中，有一位菩萨摩诃萨，名为观察胜法莲华幢菩萨，他与世界海微尘数的菩萨共同前来拜谒佛陀。他们各自示现十种庄严菩萨的身相云，这些身相云遍满虚空而不散灭。此外，又依序示现了十种雨一切宝莲华光明云、十种须弥宝峰云、十种日轮光云、十种宝华璎珞云、十种一切音乐云、十种末香树云、十种涂香烧香众色相云、十种一切香树云，等等。这些如世界海微尘数般的供养云，也都遍满于虚空当中而不散灭。示现了这些供养云之后，他们向佛陀顶礼以为供养，并在菩提道场的东方，各自变化成种种华光明藏师子宝座；即于其上，双足结跏趺，端身正坐。

紧临华藏世界海的南方，有一个世界海，名为一切宝月光明庄严藏世界海。在这个世界海中，有一片国土，名为无边光圆满庄严佛刹；其中有佛，名为普智光明德须弥王如来。普智如来所教化的无边大众中，有一位菩萨摩诃萨，名为普照法海慧菩萨，他与如世界海微尘数的菩萨一起，前来拜谒佛陀。他们都各自示现了十种一切庄严光明藏摩尼王云，遍布于虚空中而不散灭。又依序示现了十种雨一切妙宝庄严器具普遍照耀摩尼王云、十种宝焰炽然称扬佛名号摩尼王云、十种说一切佛法摩尼王云、十种众妙树庄严道场摩尼王云、十种宝光普照现众化佛摩尼王云、十种普现一切道场庄严像摩尼王云、十种密焰灯说诸佛境界摩尼王云、十种不思议佛刹宫殿像摩尼王云、十种普现三世佛身像摩尼王云，等等。这些如世界海微尘数的摩尼王云，也都遍布于虚空中而不散灭。示现十种摩尼王云后，他们向佛陀顶礼作为供养，并在道场的南方，各自化现了帝青宝阁浮檀金莲华藏师子宝座；在这些宝座之上，双足结跏趺，端身正坐。

紧临华藏世界海的西方，有一个世界海，名为可爱乐宝光明世界海。有这个世界海中，有一片国土，名为出生上妙资身具佛刹；其中有佛，名为香焰功德宝庄严如来。香焰如来所教化的无边大众中，有一位菩萨摩诃萨，名为月光香焰普庄严菩萨，他与世界海微尘数般的菩萨一起，前来拜谒佛陀。他们各自示现了十种一切宝香众妙华楼阁云，周遍布满虚空中而不散灭。又依序示现了十种一切无边色相众宝王楼阁云、十种一切宝灯香焰楼阁云、十种一切真珠楼阁云、十种一切宝华楼阁云、十种一切宝璎珞庄严楼阁云、十种普现十方一切庄严光明藏楼阁云、十种一切众宝末间错庄严楼阁云、十种周遍十方一切庄严楼阁云、十种一切华门铎网楼阁云，等等。这些世界海微尘数的楼阁云，也都遍满于虚空当中而不散灭。他们示现了这些楼阁云之后，即向佛陀顶礼作为供养，并在道场的西方，各自化现出真金叶大宝藏师子宝座；在这些宝座之上，双足结跏趺，端身正坐。

紧临华藏世界海的北方，有世界海，名为毗琉璃莲华光圆满藏世界海。在这个世界海中，有一片国土，名为优钵罗华庄严佛刹；其中有佛，名为普智幢音王如来。普智如来所教化的无边大众中，有一位菩萨摩诃萨，名为师子奋迅光明菩萨，他与世界海微尘数般的菩萨一起，前来拜谒佛陀。他们各自示现了十种一切香摩尼众妙树云，这些妙树云布满在虚空当中而不散灭。他们又依序示现了十种密叶妙香庄严树云、十种化现一切无边色相树庄严树云、十种一切华周布庄严树云、十种一切宝焰圆满光庄严树云、十种现一切栴檀香菩萨身庄严树云、十种现往昔道场处不思议庄严树云、十种众宝衣服藏如日光明树云、十种普发一切悦意音声树云，等等。这些世界海微尘数的树云，也都遍满于虚空当中而散灭。他们示现了这些树云之后，即向佛陀顶礼作为供养，并在道场的北方，各自变化出摩尼灯莲华藏师子宝座；在宝座之上，双足结跏趺，端身正坐。

紧临华藏世界海的东北方，有个世界海，名为阎浮檀金玻璃色幢世界海。在这个世界海中，有一片国土，名为众宝庄严佛刹；其中有佛，名为一切法无畏灯如来。无畏灯如来所教化的无边大众中，有一位菩萨摩诃萨，名为最胜光明灯无尽功德藏菩萨，他与世界海微尘数般的菩萨一起，前来拜谒佛陀。他们各自示现了十种无边色相宝莲华藏师子座云，这些师子座云遍满于虚空当中而不散灭。他们又依序示现了十种摩尼王光明藏师子座云、十种一切庄严具种种校饰师子座云、十种众宝鬘灯焰藏师子座云、十种普雨宝璎珞师子座云、十种香华宝璎珞藏师子座云、十种示现了一切佛座庄严摩尼王藏师子座云、十种户牖阶砌及诸璎珞一切庄严师子座云、十种一切摩尼树宝枝茎藏师子座云、十种宝香间饰日光明藏师子座云，等等。这些世界海微尘数的师子座云，也都遍布于虚空当中而不散灭。示现了这些师子座云之后，他们向佛陀顶礼作为供养，并在道场的东北方，各自化现了宝莲华摩尼光幢师子宝座；在这些宝座之上，双足结跏趺，端身正坐。

紧临华藏世界海的东南方，有一世界海，名为金庄严琉璃光普照世界海。在这个世界海中，有一片国土，名为清净香光明佛刹；其中有佛，名为普喜深信王如来。普喜如来所教化的无边大众中，有一位菩萨摩诃萨，名为慧灯普明菩萨，他与世界海微尘数般的菩萨一起，前来拜谒佛陀。他们各自示现了十种一切如意王摩尼帐云，这些摩尼帐云遍布在虚空中而不散灭。又依序示现了十种帝青宝一切华庄严帐云、十种一切香摩尼帐云、十种宝焰灯帐云、十种示现佛神通说法摩尼王帐云、十种现一切衣服庄严色相摩尼帐云、十种一切宝华丛光明帐云、十种宝网铃铎音帐云、十种摩尼为台莲华为网帐云、十种现一切不思议庄严具色相帐云，等等。这些世界海微尘数的宝帐云，也都遍布于虚空当中而不散灭。示现了这些帐云之后，他们向佛陀顶礼作为供养，并在道场的东南方，各自化现了宝莲华藏师子宝座；在这些宝座之上，双足结跏趺，端身正坐。

紧临华藏世界海的西南方，有世界海，名为日光遍照世界海。在这个世界海中，有一片国土，名为师子日光明佛刹其中有佛，名为普智光明音如来。普智如来所教化的无边大众中，有一位菩萨摩诃萨，名为普华光焰髻菩萨，他与世界海微尘数般的菩萨一起，前来拜谒佛陀。他们各自示现了十种众妙庄严宝盖云，遍布于虚空当中而不散灭。又依序示现了十种光明庄严华盖云、十种无边色真珠藏盖云、十种出一切菩萨悲悯音摩尼王盖云、十种众妙宝焰鬘盖云、十种妙宝严饰垂网铎盖云、十种摩尼树枝庄严盖云、十种日光普照摩尼王盖云、十种一切涂香烧香盖云、十种栴檀藏盖云、十种广大佛境界普光明庄严盖云，等等。这些世界海微尘数的众宝盖云，也都遍满于虚空之中而不散灭。示现了这些宝盖云之后，他们向佛陀顶礼作为供养，并在道场的西南方，各自化现帝青❻宝光焰庄严藏师子宝座；在这些宝座之上，双足结跏趺，端身正坐。

紧临华藏世界海的西北方，有世界海，名为宝光照耀世界海。在这个世界海中，有一片国土，名为众香庄严佛刹；其中有佛，名为无量功德海光明如来。无量功德如来所教化的无边大众中，有一位菩萨摩诃萨，名为无尽光摩尼王菩萨，他与世界海微尘数般的菩萨一起，前来拜谒佛陀。他们各自示现了十种一切宝圆满光云，这些圆满光云遍布于虚空当中而不散灭。又依序示现了十种一切宝焰圆满光云、十种一切妙华圆满光云、十种一切化佛圆满光云、十种十方佛土圆满光云、十种佛境界雷声宝树圆满光云、十种一切琉璃宝摩尼王圆满光云、十种一念中现无边众生相圆满光云、十种演一切如来大愿音圆满光云、十种演化一切众生音摩尼王圆满光云，等等。这些世界海微尘数的圆满光云，也都遍布于虚空当中而不散灭。示现了这些圆满光云之后，他们向佛陀顶礼作为供养，并在道场的西北方，各自示现出无尽光明威德藏师子宝座；在这些宝座之上，双足结跏趺，端身正坐。

紧临于华藏世界海的下方，有世界海，名为莲华香妙德藏世界海。在这个世界海中，有一片国土，名为宝师子光明照耀佛刹；其中有佛，名为法界光明如来。法界如来所教化的无边大众中，有一位菩萨摩诃萨，名为法界光焰慧菩萨，他与世界海微尘数般的菩萨一起，前来拜谒佛陀。他们各自示现了十种一切摩尼藏光明云，这些光明云遍布于虚空当中而不散灭又依序示现了十种一切香光明云、十种一切宝焰光明云、十种出一切佛说法音光明云、十种现一切佛土庄严光明云、十种一切妙华楼阁光明云、十种现一切劫中诸佛教化众生事光明云、十种一切无尽宝华蕊光明云、十种一切庄严座光明云，等等。这些世界海微尘数的光明云，也都遍布于虚空当中而不散灭。示现了这些光明云之后，他们向佛陀顶礼作为供养，并在道场的下方，各自化现出宝焰灯莲华藏师子宝座；在这些宝座之上，双足结跏趺，端身正坐。

紧临华藏世界海的上方，有一世界海，名为摩尼宝照耀庄严世界海。在这个世界海中，有一片国土，名为无相妙光明佛刹；其有佛，名为无碍功德光明王如来。无碍如来所教化的无边大众中，有一位菩萨摩诃萨，名为无碍力精进慧菩萨，他与世界海微尘数般的菩萨一起，前来拜谒佛陀。他们各自示现了十种无边色相宝光焰云，这些光焰云布满虚空之中而不散灭。又依序示现了十种摩尼宝网光焰云、十种一切广大佛土庄严光焰云、十种一切妙香光焰云、十种一切庄严光焰云、十种诸佛变化光焰云、十种众妙树华光焰云、十种一切金刚光焰云、十种说无边菩萨行摩尼光焰云、十种一切真珠灯光焰云，等等。这些世界海微尘数的光焰云，也都遍布于虚空当中而不散灭。示现了这些光焰云之后，他们向佛陀顶礼作为供养，并在道场的上方，各自化现出演佛音声光明莲华藏师子宝座；在这些宝座之上，双足结跏趺，端身正坐。

正如上述，在十亿个佛刹微尘数的世界海当中，各有十亿个佛刹微尘数的大菩萨，这些大菩萨也各有如世界海微尘般的菩萨前后围绕，伴随而来参加毗卢遮那如来的集会。

这些菩萨各个都示现出世界海微尘数的种种庄严供养云来供养佛陀，这些供养云遍布于虚空当中而不散灭。示现了这些供养云之后，他们向佛陀顶礼，作为最尊敬的供养，并且各随其所来的方位，化现出种种宝庄严师子宝座；在这些宝座之上，双足结跏趺，端身正坐。

端身正坐于师子宝座后，这些菩萨的色身毛孔之中，又同时一一化现了十个世界海微尘数种种妙色光明的一切宝；在这些妙色光明中，都出现有十个世界海微尘数的菩萨，他们都安坐在莲华藏师子宝座上。

这些菩萨都能遍入一切法界世界海中的所有微尘。在这些世界海的每一微尘，都有十个佛世界微尘数的大佛刹；在这些佛刹中，又都有三世诸佛世尊。这些菩萨都能普遍往访，并亲近供养。

而且，他们在念念当中，能和梦境般地自在显化，示现自在法门，让世界海微尘数般的众生获得开悟；念念当中，也都能以示现诸天失殁与出生的法门，让世界海微尘数般的众生获得开悟；在念念当中，以解说一切菩萨行的法门，让世界海微尘数般的众生获得开悟；在念念之中，以普遍震动一切刹土、赞叹佛陀功德神变的法门，让世界海微尘数般的众生获得开悟；在念念当中，以严净一切佛刹国土以显示一切大愿海的法门，让世界海微尘数般的众生获得开悟；在念念之中，以佛陀音声普遍摄持一切众生言辞的法门，让世界海微尘数般的众生获得开悟；在念念之中，以能雨下一切佛法云的法门，让世界海微尘数般的众生获得开悟；在念念当中，以光明普照十方国土，周遍法界示现神变的法门，让世界海微尘数般的众生获得开悟；在念念当中，以普现佛身充遍法界一切如来解脱力的法门，让世界海微尘数般的众生获得开悟；在念念当中，以普贤菩萨建立一切众会道场海的法门，让世界海微尘数般的众生获得开悟。就这样子，菩萨们能于一切法界之中，随着众生的心念，导引其达到开悟的境界。

在念念当中，每一片国土，这些菩萨都能使须弥山微尘数般堕于恶道的众生，永远脱离痛苦；使须弥山微尘数般安住在邪定❼的众生，进入解脱的正定❽；使须弥山微尘数般的众生，随其所乐，而往生于天上；使须弥山微尘数般的众生，安住在声闻❾或辟支佛❿的境地；使须弥山微尘数般的众生，能承事供养善知识⓫，具足一切福德的正行；使须弥山微尘数般的众生，发起求取正觉的无上菩提心；使须弥山微尘数般的众生，趣向菩萨永不退转的境界；使须弥山微尘数般的众生，得到清净智慧之眼，能够彻见佛陀所见到的一切平等之法；使须弥山微尘数般的众生，安住在佛陀的威神力与一切大愿海中，以无尽的智慧而求方便的力量，来清净诸佛的国土；又使须弥山微尘数般的众生，都能够安住在毗卢遮那如来广大的愿力海中，生在如来家，具备如来的种性。

这时，所有的菩萨在光明当中，同时发出微妙之声，宣说了以下的偈颂：

诸光明中演出妙音，普遍十方一切佛国，
演说佛子诸般功德，能入菩提之胜妙道。
劫海修行无有厌倦，令苦众生得证解脱，
心无下劣及劳疲等，佛子善入如斯方便。
尽诸劫海修方便行，无量无边皆无有余，
一切法门无有不入，而恒说彼性空寂灭。
三世诸佛所有愿海，一切修治普悉令尽，
即以利益一切众生，而为自行清净众业。
一切诸佛众集会中，普遍十方无有不往，
皆以甚深智慧大海，入彼如来寂灭妙法。

一一光明无有边际，悉入难思诸佛国土，

清净智眼普悉能见，是诸菩萨所行境界。

菩萨能住一毛端中，遍动十方诸国刹土，

不令众生有恐怖想，是其清净方便胜地。

一一尘中无量妙身，复现种种庄严宝刹，

一念殁生普令得见，获无碍意而庄严者。

三世所有一切劫中，一刹那中悉能普现，

知身如幻无有体相，证明法性无障碍者。

普贤胜行皆能普入，一切众生悉乐亲见，

佛子能住此妙法门，诸光明中大音而吼。

这时，世尊为使一切菩萨得证于如来威力无边的神通境界，便从眉间放出微妙的光明，其名为一切菩萨智慧光明，普遍照耀十方宝藏。这个光明之形犹如众宝妙色汇成的灯光云影，普照十方一切佛陀的刹土，令一切国土及众生都显现其中；又普遍震动连系一切世界之网，在此世界网的一一尘中，均示现有无数的佛陀；又随着众生个性意欲的不同，纷纷如雨的落下三世诸佛的妙法轮云，显示诸佛如来度众生到彼岸的波罗蜜海；又落下了无数能出离一切苦厄之云，令众生永度生死之河，达到解脱；也落下诸佛大愿之云，显现于十方一切世界中。

这眉间光明，在普贤菩萨道场上聚会的大众前，作了如上不可思议的法事后，绕行于佛陀的右侧，再从其足下摄入。

这时，佛陀身前，忽然出现一朵巨大的莲华。这朵莲华具有十种庄严的外相，非一切莲华所能及。这十种庄严，也就是用一切妙宝杂错其间，作为莲华的茎；用摩尼宝珠之王，作为莲子的含藏之处；用普现法界的众宝，作为莲叶；用散发一切香味的摩尼宝珠，作为莲须；用阎浮檀金⑫庄严莹润莲台；用微妙的珠网覆盖其上，显现了无边清净的光色；在一念当中，示现了诸佛无边而不可思议的神通变化；在一念当中，普遍发出一切微妙的音声；以摩尼宝王，映现出佛陀的妙色身；发出微妙的音声，演说着一切菩萨的修行大愿。

这朵莲华出生之后，在一念之间，从佛陀眉间的白毫相❸之中，显现一位菩萨摩诃萨，名为一切法胜音菩萨。他与世界海微尘数的菩萨同时出现，恭敬地从右方绕行如来，周匝无数次之后，顶礼佛足。

这时，胜音菩萨坐在莲华宝台之上，诸菩萨众则坐在莲华须上。他们各于其座，次第接连地安住而坐。

这位一切法胜音菩萨已经完全明了甚深法界的奥义，生起了大欢喜心，入于佛陀的圣境，智慧无碍，已经进入不可测量的佛陀法身海之中，安住在一切佛刹中诸佛如来安住之处。他身上所有的毛孔，都能示现神通威力，一念之中，能普遍观照一切的法界。十方诸佛均予他威神力的加持，使他能普遍安住在一切禅定三昧之中，尽于未来时劫之际，都能亲见诸佛如来无边法界功德大海的微妙色身，乃至亲见诸佛如来一切三昧解脱的境界，及神通变化的威力。

这时，胜音菩萨在大众之中，承佛陀威神力的加持，普遍观察十方世界，宣说如下的偈颂：

> 佛身充满遍于法界，普现一切众生之前，
> 随缘赴感靡不周遍，而恒处此菩提宝座。
> 如来一一毛孔之中，一切刹尘诸佛安坐，
> 菩萨众会共同围绕，演说普贤菩萨胜行。
> 如来安处菩提宝座，一毛孔示现多刹海，
> 一一毛孔现悉亦然，如是普周遍于法界。
> 一一刹中悉得安立，一切刹土皆悉周遍，
> 十方菩萨如云来集，莫不咸来拜诣道场。
> 一切刹土微尘数中，功德光明菩萨大海，
> 普在如来众集会中，乃至法界咸皆充遍。
> 法界微尘诸刹土中，一切众中悉皆普现，
> 如是分身妙智境界，普贤行中善能建立。

一切诸佛众集会中，胜智菩萨佥然安坐，
各各听法心生欢喜，处处修行无量劫数。
已入普贤广大愿海，各各出生众佛法海，
毗卢遮那法海之中，修行克证如来胜地。
普贤菩萨所开觉者，一切如来同赞欢喜，
已获诸佛大神通力，法界周流无不遍及。
一切刹土微尘数等，常现身云悉皆充满，
普为众生放大光明，各雨法雨称随其心。

　　这时，在大众中，又有一位菩萨摩诃萨，名为观察一切胜法莲华光慧
王菩萨，承佛陀威神力的加持，观察十方世界，宣说如下的偈颂：

如来甚深广大智，普入法界悉充满，
能随三世转法轮，与世为明导众生。
诸佛同体妙法身，无依无有差别相，
随诸众生意念现，令见佛陀妙色形。
具足一切圆满智，遍知一切胜妙法，
一切佛国刹土中，一切无不普现身。
佛陀妙身及光明，色相圆满不思议，
众生仰信安乐者，随应悉令得亲见。
于一佛陀妙身上，化为无量诸佛陀，
雷音遍满众刹土，普演法音深如海。
诸佛一一毛孔中，光明网遍满十方，
演佛微妙音声海，调伏彼难调伏者。
如来光明大海中，恒常演出深妙音，
赞佛无边功德海，及诸菩萨所应行。
佛陀常转正法轮，无量无际无有边，
所说妙法无等与，浅薄智慧不能测。

普于一切世界中，现身成显正觉尊，

各各发起神变力，法界皆悉普充满。

如来一一妙身中，示现佛等众生海，

一切微尘刹海中，普现如来神通力。

　　这时，在大众之中，又有一位菩萨摩诃萨，名为法喜慧光明菩萨，承佛陀威神力的加持，观察十方世界，宣说如下的偈颂：

佛身常显普现，法界悉皆充满，

恒演广大妙音，普震十方国土。

如来普现妙身，遍入一切世间，

随众生心乐欲，显示神通威力。

佛随众生心意，普现于其身前，

众生所亲见者，皆是佛威神力。

光明无有边际，说法亦无有量，

佛子随其智慧，能入普能观察。

佛身性空无生，而能示现出生，

法性宛如虚空，诸佛于中安住。

无住亦无有去，处处皆见佛陀，

光明靡不周遍，名称皆悉远闻。

无体无有住处，亦无生可得者，

无相亦无有形，所现皆如幻影。

佛随众生心欲，为兴诸大法云，

种种方便妙门，示开悟而调伏。

一切世界之中，见佛坐于道场，

大众共所围绕，照耀十方国土。

一切诸佛妙身，皆有无尽妙相，

示现虽无有量，色相终不得尽。

这时，在大众之中，又有一位菩萨摩诃萨，名为香焰光普明慧菩萨，承佛陀威神力的加持，观察十方世界，宣说如下的偈颂：

此会一切菩萨众，入佛如来难思地，

一一普皆能亲见，一切佛陀威神力。

智身遍入诸世界，一切佛刹微尘海，

见身安住于彼中，普亲见于诸佛陀。

如影普现于众刹，一切如来之方所，

于彼一切佛刹中，悉现神通威力事。

普贤菩萨诸行愿，修治已臻于明洁，

能于一切佛刹中，普遍见佛现神变。

其身安住一切处，一切皆已证平等，

智慧能现如是行，遍入佛陀之境界。

已证如来深智慧，普入诸佛毛孔中，

平等普照于法界，一切诸佛之刹海。

一切诸佛国土中，示现种种妙色身，

普皆现前神通力，以及种种胜名号。

能于一念刹那顷，道场示现成正觉，

普现诸大神变力，及转微妙胜法轮。

一切广大刹土中，菩萨三昧正定中，

亿劫不可思议时，一念普皆能示现。

一切诸佛国土中，普入于佛妙色身，

一一诸菩萨大众，无有边际亦无尽。

这时，大众当中，又有一位菩萨摩诃萨，名为师子奋迅慧光明菩萨，承佛陀威神之力的加持，普遍观察十方世界而宣说如下的偈颂：

摩诃毗卢遮那佛，能转微妙正法轮，

法界诸佛国土中，如云皆悉普周遍。
十方所有国土中，诸大世界微尘海，
佛陀神通大愿力，处处常转正法轮。
一切诸佛国刹土，广大大众集会中，
一一名号各不同，随众而应演妙法。
如来伟大威神力，普贤大愿海所成，
一切诸佛国土中，妙音无有不至者。
佛陀妙身等刹尘，法界普雨于法雨，
无生无有差别相，普现一切世间海。
无数诸亿时劫海，一切尘刹国土中，
往昔所有妙行事，妙音咸具演法音。
十方刹尘国土海，光明网悉普周遍，
诸光明中悉有佛，普化一切诸群生。
佛陀妙身无差别，普遍充满于法界，
普能令众见色身，随机因缘善调伏。
三世一切佛刹土，所有如来众导师，
种种名号皆殊异，为众解说皆令见。
过去未来及现在，一切诸佛陀如来，
所转微妙正法轮，此会普皆能得闻。

这时，大众当中，又有一位菩萨摩诃萨，名为法海慧功德藏菩萨，承佛陀威神力的加持，观察十方世界而宣说如下的偈颂：

此集会中诸佛子，已善修行众智慧，
斯人已能入佛海，如是方便妙法门。
一一诸佛国土中，普演广大微妙音，
演说诸佛所行处，周闻遍满十方刹。
能于一一心念中，普能观察一切法，

安住佛陀真如地，了达胜妙诸法海。

一一诸佛妙身中，亿时劫不可思议，

修习诸波罗蜜行，庄严清净佛国土。

一一微尘刹土中，普能证入一切法，

如是无所障碍者，周遍行于十方国。

一一佛国刹土中，普皆往诣悉无余，

亲见佛陀神通力，能入诸佛所行处。

诸佛广大微妙音，法界靡不周遍闻，

菩萨于此能了知，善入正法音声海。

时劫大海演妙音，其音平等无差别，

智慧周遍三世者，入彼音声微妙地。

众生所有一切音，及佛如来自在声，

获得如实音声智，一切普皆能了知。

从地而得证上地，住于如来力地中，

亿劫精勤而修行，所获胜妙法如是。

这时，大众当中，又有一位菩萨摩诃萨，名为慧灯普明菩萨，承佛陀威神力的加持，观察十方世界而宣说如下的偈颂：

一切诸佛如来，远离于众相中，

若能了知是法，乃见世间导师。

菩萨三昧之中，智慧光普明了，

能了知一切佛，如来自在体性。

见佛真实体性，则悟甚深妙法，

普能观于法界，随愿而受妙身。

从于福德海生，安住于智慧地，

能观察一切法，修行最胜妙道。

一切诸佛刹中，一切如来住所，

如是遍观法界，悉见真实体性。

十方广大佛刹，亿劫精勤修行，

能游佛正遍知❶，一切诸佛法海。

唯一佛坚密身，一切微尘中见，

无生亦无有相，普现于诸国中。

随诸众生心行，普现身于其前，

种种示现调伏，速令趣向佛道。

以佛威神力故，出现诸菩萨众，

佛力所加持故，普见诸佛如来。

一切众之导师，无量大威神力，

开悟诸菩萨众，法界悉皆周遍。

这时，在大众之中，又有一位菩萨摩诃萨，名为华焰髻普明智菩萨，承佛陀威神力的加持，观察十方世界，宣说如下的偈颂：

一切诸佛国土中，普演微妙胜法音，

称扬佛陀诸功德，法界普遍悉充满。

佛以妙法为身相，清净圆满如虚空，

所现众色与妙形，普令入此深法中。

若有深信生喜乐，及为佛陀所摄受，

当知如是之人等，能生了知佛智慧。

诸有少劣智慧者，不能了知此深法，

智慧眼清净人等，于此乃能亲睹见。

以佛威神力加持，善能观察一切法，

入住修行及出时，所见普皆能明了。

一切诸佛妙法中，法门无量无有边，

成就如来一切智，入于甚深法海中。

安住诸佛国刹土，普遍出兴一切处，

如是无去亦无来，诸佛妙法本如是。

一切广大众生海，佛身如幻如影现，

随其所解诸差别，如是亲见大导师。

一切如来毛孔中，各各普现大神通，

修行普贤胜愿力，真清净者乃能见。

佛以一一妙色身，随缘处处转法轮，

法界皆悉普周遍，一切思议莫能及。

这时，在大众之中，又有一位菩萨摩诃萨，名为威德慧无尽光菩萨，承佛陀威神力的加持，观察十方世界，宣说如下的偈颂：

一一佛国刹中，处处皆坐道场，

大众会共围绕，魔军皆悉摧伏。

佛身放大光明，遍满十方世界，

随应而普示现，色相非仅一种。

一一微尘之内，光明悉皆充满，

普见十方国土，种种诸相差别。

十方诸佛刹海，种种无量刹土，

皆悉平坦清净，帝释青宝所成。

形或覆或傍住，或似莲华合苞，

或圆或四方形，种种众多形相。

法界诸国刹土，周行无所障碍，

一切众会之中，常转胜妙法轮。

佛身不可思议，国土悉在其中，

于其一切处所，导世间演真法。

所转胜妙法轮，法性无有差别，

依于一实相理，演说一切法相。

佛以圆满音声，阐明真实妙理，

随其所解差别，普现无尽法门。

一切佛刹土中，见佛现坐道场，

佛身如影幻现，生灭皆不可得。

这时，在大众之中，又有一位菩萨摩诃萨，名为法界普明慧菩萨，承佛陀威神力的加持，观察十方世界而宣说如下的偈颂：

如来微妙色身，色相不可思议，

见者心生欢喜，恭敬信乐法要。

佛身显一切相，悉现无量佛陀，

普入十方世界，一一微尘之中。

十方国土大海，无量无边佛陀，

咸于念念之中，各各示现神通。

大智诸菩萨众，深入于佛法海，

佛力所加持故，能知如此方便。

若有已善安住，普贤诸行愿海，

见彼众国土中，一切诸佛神力。

若人能生信解，及以诸广大愿，

具足深妙智慧，通达一切法要。

能于诸佛妙身，一一普遍观察，

色声无所障碍，了达于诸境界。

能于诸佛妙身，安住佛智所行，

速入如来地中，普摄持于法界。

佛刹微尘数量，如是诸佛国土，

能令一念之中，一一尘中示现。

一切诸佛国土，及以大神通事，

悉现于一刹中，菩萨威力如是。

这时，在大众之中，又有一位菩萨摩诃萨，名为精进力无碍慧菩萨摩诃萨，承佛陀威神力的加持，观察十方世界，而宣说如下的偈颂：

佛陀演说一妙音，周闻十方诸刹土，
众音圆满悉具足，法雨普雨皆充遍。
一切诸佛言辞海，一切随类演妙音，
一切诸佛刹土中，常转清净妙法轮。
一切诸佛国土中，悉见佛陀大神变，
听佛演说妙法音，闻已能趣大菩提。
法界诸佛国刹土，一一无量微尘中，
诸佛如来解脱力，于彼普现妙色身。
法身等同于虚空，无碍无有差别相，
色形如幻如影像，种种众相皆示现。
影像如幻无方所，实相如空无体性，
智慧广大胜妙人，了达其相皆平等。
佛身性空不可取，无生无起无所作，
应物利生普现前，平等宛如虚空界。
十方所有一切佛，尽入于一毛孔中，
各各示现大神通，智眼乃能亲观见。
摩诃毗卢遮那佛，愿力周遍于法界，
一切诸佛国土中，恒转无上正法轮。
一毛孔现大神变，一切诸佛同演说，
经于无量时劫际，不可得其之边际。

如同在这个四天下的道场中，由于佛陀神力的加持，十方世界各有一亿世界海微尘数的菩萨前来集会；同样的，我们应当了解，在一切世界海中，所有的四天下、所有的道场集会中，也都显现着如此不可思议的境界。

【注释】

❶ 佛四无所畏：佛对众生说法时有四种无所畏，即：一，一切智无所畏；二，漏尽无所畏；三，说障道无所畏；四，说尽苦道无所畏。

❷ 涅槃：又作"般涅槃"、"洹泥"，梵语 nirvāṇa，意译作"圆寂"、"灭度"。指圆满一切智德，寂灭一切惑业的境地。此乃超越生死的悟境，亦为佛教终极的实践目的。

❸ 华藏世界：莲华藏世界的简称。指含藏于莲华中的功德无量、广大庄严之世界。此世界为毗卢遮那如来于过去发愿修菩萨行，所成就的清净庄严世界。

❹ 遍照至尊：即大日如来，也就是毗卢遮那佛，为佛陀的法身。毗卢遮那佛修习无量劫海的功德，乃成正觉，住莲华藏世界，放大光明，照遍十方，毛孔现出化身之云，演说无边的契经海。

❺ 两足尊：指人中至尊佛陀，即福慧具足圆满之如来也。

❻ 帝青：帝释青宝，为七宝之一，又名"因陀罗帝青"。帝释青宝为帝释天王之宝珠，以其为青色最尊贵，又称为"青主"。

❼ 邪定：凡不入佛道、不信因果者所修的偏邪禅。

❽ 正定：依于佛法解行而修的禅定。

❾ 声闻：听闻佛说四谛等教法而悟道的人。

❿ 辟支佛：乃观十二因缘，无师独悟之行者称号，又称"缘觉"或"独觉"。

⓫ 善知识：指正直而有德行，能教导众生舍恶修善，入于佛道之人。

⓬ 阎浮檀金：指流经阎浮树间的河流所产的沙金，此金色泽赤黄而带有紫焰气，为金中之最高贵者。

⓭ 白毫相：佛眉间有柔软细泽的白毫，右绕宛转恰如在日之正中，乃三十二相之一。白色为众色之本，故大乘佛教以之表示诸色之源本。

⓮ 正遍知：为佛的十号之一，即真正普遍知道一切之法。

普賢三昧品第三

卷第七

卷第七

《普贤三昧品》导读

　　此品名为"普贤三昧品"。"普贤"是说法者普贤菩萨的称号，"三昧"则表示展现的法用。这是人法合举的形式，所以合起来说可以是普贤的三昧、三昧是普贤所有；又三昧境界名为普贤、普贤即三昧。就其意义而言：理智无边名之为"普"，智随根益称之曰"贤"。又普贤在佛教中是佛绍法界大智之家，诸佛万行遍周之长子。而"三昧"意译为"正定"，正定不乱所以能受诸法，所以又称为"正受"；正定能发生正慧，使定慧等持，对诸法亦能等持，所以也称为"等持"。

　　前二品的经文中叙述了大众的集聚，而且也已提出三十七道问题需要解决。所以这一品，是为了在解答问题之前，所做的预备示现。这个正式解答问题前的预备示现就是入不可思议的禅定，也就是普贤菩萨在毗卢遮那如来前，入"一切诸佛毗卢遮那如来藏身三昧"。所以经文共分四部分：一，入三昧及其法用；二，入此三昧的行愿力与境界；三，起定；四，诸佛菩萨的赞叹。

　　为什么要先入三昧，再解答问题呢？首先是非证不宣的缘故。在大众中将所证显现，使与会者同沾其德，而明所说是有所根据，并非虚妄不实。并且以"三昧可入"、"由俗入真"的方式，来示现修行的法则、次阶。否则，实际上普贤菩萨常在三昧中，本无出入的问题。另外，也借这个过程，来展现三昧出入的异同相，善择众生业海果报、佛行业海果报。然而，这其中最主要的用心全在于要教化众生，令众生迷惑开解。

　　普贤所入的三昧是怎样的一个三昧呢？他入的三昧名称是"毗卢遮那

如来藏身"。"毗卢"是光的意思，"遮那"是指种种遍照，"如来"是法性之体，而"藏身"是含容众法之智。由三昧的名称看来，这个三昧是以法性智慧种种教行之光明，随众生的根器不同，来照烛众生，使他们皆得到法益。

所以，此三昧基本上是以法界根本智为体，以差别智、随众生智为大用。所以才说此三昧能普遍趣入一切佛陀的平等体性当中；能够在法界当中示现一切的影像，如同虚空一般广大无碍；能随顺着法界如海漩般转动，而进入一切法界海中；又能够出生所有一切的三昧妙法，普遍包容含纳十方的法界，含藏着所有使菩萨解脱的佛力智慧，等等。这都说明此三昧之用彻遍一切众法，体用广大，甚深无尽。

入此殊胜不可思议的三昧后，十方一切诸佛共同赞叹十方一切诸普贤菩萨，说明普贤菩萨能证得这个殊胜三昧的缘故。因为这个三昧的殊胜，所以这里所提到的普贤菩萨，并不是单独的在一佛座前的一尊普贤而已，而是"世界海微尘数般的诸佛刹，每一佛刹又有世界海微尘数般的诸佛，一一佛的座前，又有世界海微尘数般的普贤菩萨"，如此一来，等于有世界海微尘数的三次方的普贤同时在此显现、问答！

它们对一般人而言，是在表达无尽无量的时空与人物；但对于佛菩萨而言，却是虽然无量的众多，但依然是可了知的。而且对我们而言，一层层的展现，一次次的扩开，足以让我们随着文句心眼大开，进而了解无尽无量之不可思议！所谓的"世界海微尘数"就是如大海那么广大的所有世界微尘的数量。一个世界所有微尘的数量已经难以数计了，又何况所有世界海的微尘数！又何况在世界海微尘数中每一微尘中又有世界海微尘数般的无量诸佛！又何况在这些个无量诸佛的一一佛前，又有世界海微尘数的普贤菩萨！这样的景况，又岂是说壮观能表达的？在这里，处处显示华严世界的广大无边，无量又无尽啊！所以读此经典，已绝非单调的一人一物了！

接着，说明得此三昧之缘故，再显现证得此三昧法的种种智慧境界。诸佛摩顶普贤菩萨，以为认可。普贤从三昧起定，同时也从一切世界海微尘数的三昧门中起定，由此可知此三昧的含藏度之大，而所有的菩萨大众也因此获得种种利益。

因着普贤菩萨的三昧威力与诸佛的威神力，所有一切世界都起轻微震动，都有众宝庄严，都发出微妙的音声演说诸佛法要。而且在一切众会道场中飘下十种大摩尼王云！一切如来放大光明而说偈颂赞叹普贤菩萨，一切菩萨大众亦共同赞叹之！此品就在普贤的三昧威力与诸佛菩萨的赞叹声中结束。

卷第七
普贤三昧品第三

【原典】

尔时，普贤菩萨摩诃萨于如来前，坐莲华藏师子之座，承佛神力，入于三昧。此三昧名一切诸佛毗卢遮那如来藏身，普入一切佛平等性，能于法界示众影像，广大无碍，同于虚空，法界海漩靡不随入，出生一切诸三昧法，普能包纳十方法界，三世诸佛智光明海皆从此生，十方所有诸安立海悉能示现，含藏一切佛力解脱诸菩萨智，能令一切国土微尘普能容受无边法界，成就一切佛功德海，显示如来诸大愿海，一切诸佛所有法轮，流通护持，使无断绝。如此世界中，普贤菩萨于世尊前，入此三昧，如是尽法界、虚空界，十方三世，微细无碍，广大光明，佛眼所见、佛力能到、佛身所现一切国土，及此国土所有微尘，一一尘中有世界海微尘数佛刹，一一刹中有世界海微尘数诸佛，一一佛前有世界海微尘数普贤菩萨，皆亦入此一切诸佛毗卢遮那如来藏身三昧。

尔时，一一普贤菩萨，皆有十方一切诸佛而现其前，彼诸如来同声赞言："善哉！善哉！善男子！汝能入此一切诸佛毗卢遮那如来藏身菩萨三昧。佛子！此是十方一切诸佛共加于汝，以毗卢遮那如来本愿力故，亦以汝修一切诸佛行愿力故。所谓能转一切佛法轮故，开显一切如来智慧海故，普照十方诸安立海悉无余故，令一切众生净治杂染得清净故，普摄一切诸大国土无所著故，深入一切诸佛境界无障碍故，普示一切佛功德故，能入一切诸法实相增智慧故，观察一切诸法门故，了知一切众生根故，能持一切诸佛如来教文海故。"

尔时，十方一切诸佛，即与普贤菩萨摩诃萨，能入一切智性力智，与入法界无边量智，与成就一切佛境界智，与知一切世界海成坏智，与知一切众生界广大智，与住诸佛甚深解脱无差别诸三昧智，与入一切菩萨诸根海智，与知一切众生语言海转法轮词辩智，与普入法界一切世界海身智，与得一切佛音声智。如此世界中，如来前普贤菩萨，蒙诸佛与如是智。如是一切世界海，及彼世界海一一尘中，所有普贤，悉亦如是。何以故？证彼三昧，法如是故。是时，十方诸佛，各舒右手，摩普贤菩萨顶。其手皆以相好庄严，妙网光舒，香流焰发。复出诸佛种种妙音，及以自在神通之事。过现未来一切菩萨普贤愿海，一切如来清净法轮，及三世佛所有影像，皆于中现。如此世界中，普贤菩萨为十方佛所共摩顶。如是一切世界海，及彼世界海一一尘中，所有普贤悉亦如是，为十方佛之所摩顶。

尔时，普贤菩萨即从是三昧而起。从此三昧❶起时，即从一切世界海微尘数三昧海门起。所谓从知三世念念无差别善巧智三昧门起，从知三世一切法界所有微尘三昧门起，从现三世一切佛刹三昧门起，从现一切众生舍宅昧门起，从知一切众生心海三昧门起，从知一切众生各别名字三昧门起，从知十方法界处所各差别三昧门起，从知一切微尘中各有无边广大佛身云三昧门起，从演说一切法理趣海三昧门起。普贤菩萨从如是等三昧门起时，其诸菩萨一一各得世界海微尘数三昧海云、世界海微尘数陀罗尼海云、世界海微尘数诸法方便海云、世界海微尘数辩才门海云、世界海微尘数修行海云、世界海微尘数普照法界一切如来功德藏智光明海云、世界海微尘数一切如来诸力智慧无差别方便海云、世界海微尘数一切如来一一毛孔中各现众刹海云、世界海微尘数一一菩萨示现从兜率天宫殁下生成佛转正法轮般涅槃等海云。如此世界中，普贤菩萨从三昧起，诸菩萨众获如是益。如是一切世界海，及彼世界海所有微尘，一一尘中，悉亦如是。

尔时，十方一切世界海以诸佛威神力，及普贤菩萨三昧力故，悉皆微动。一一世界众宝庄严，及出妙音演说诸法。复于一切如来众会道场海中，普雨十种大摩尼王云。何等为十？所谓妙金星幢摩尼王云、光明照耀摩尼王云、宝轮垂下摩尼王云、众宝藏现菩萨像摩尼王云、称扬佛名摩尼王云、光明炽盛普照一切佛刹道场摩尼王云、光照十方种种变化摩尼王云、称赞一切菩萨功德摩尼王云、如日光炽盛摩尼王云、悦意乐音周闻十方摩尼王云。普雨如是十种大摩尼王云已，一切如来诸毛孔中咸放光明，于光明中，而说颂言：

　　　普贤遍住于诸刹，坐宝莲华众所观，一切神通靡不现，无量三昧皆能入。

　　　普贤恒以种种身，法界周流悉充满，三昧神通方便力，圆音广说皆无碍。

　　　一切刹中诸佛所，种种三昧现神通，一一神通悉周遍，十方国土无遗者。

　　　如一切刹如来所，彼刹尘中悉亦然，所现三昧神通事，毗卢遮那之愿力。

　　　普贤身相如虚空，依真而住非国土，随诸众生心所欲，示现普身等一切。

　　　普贤安住诸大愿，获此无量神通力，一切佛身所有刹，悉现其形而诣彼。

　　　一切众海无有边，分身住彼亦无量，所现国土皆严净，一刹那中见多劫。

　　　普贤安住一切刹，所现神通胜无比，震动十方靡不周，令其观者悉得见。

　　　一切佛智功德力，种种大法皆成满，以诸三昧方便门，示己往昔菩提行。

　　　如是自在不思议，十方国土皆示现，为显普入诸三昧，佛光云中赞功德。

尔时，一切菩萨众皆向普贤合掌瞻仰，承佛神力，同声赞言：

从诸佛法而出生，亦因如来愿力起，真如平等虚空藏，汝已严净此法身。

一切佛刹众会中，普贤遍住于其所，功德智海光明者，等照十方无不见。

普贤广大功德海，遍往十方亲近佛，一切尘中所有刹，悉能诣彼而明现。

佛子我曹常见汝，诸如来所悉亲近，住于三昧实境中，一切国土微尘劫。

佛子能以普遍身，悉诣十方诸国土，众生大海咸济度，法界微尘无不入。

入于法界一切尘，其身无尽无差别，譬如虚空悉周遍，演说如来广大法。

一切功德光明者，如云广大力殊胜，众生海中皆往诣，说佛所行无等法。

为度众生于劫海，普贤胜行皆修习，演一切法如大云，其音广大靡不闻。

国土云何得成立？诸佛云何而出现？及以一切众生海，愿随其义如实说。

此中无量大众海，悉在尊前恭敬住，为转清净妙法轮，一切诸佛皆随喜。

注释

❶ 大正本"昧"字之下原有"而"字，今依三本及宫本删之。

【白话语译】

这时，普贤菩萨在毗卢遮那如来之前，安坐在莲华藏师子宝座之上，承着佛陀威神力的加持，进入不可思议的禅定三昧境界，这个三昧的名称是：一切诸佛毗卢遮那如来藏身三昧。

这个三昧能普遍趣入一切佛陀的平等体性当中，能够在法界当中示现一切的影像。这个三昧如同虚空一般广大无碍，能随顺着法界如海漩❶般转动，而进入一切法界海中。这个三昧又能生出一切三昧妙法，普遍容纳十方的法界；过去、现在、未来三世诸佛的智慧光明大海，都是从这里显现出生的；而十方一切安立世间的大海，也都能在此圆满地示现。这个三昧含藏着能使所有菩萨解脱的一切佛力智慧，能使一切国土中的细微尘埃，普遍容受无边的法界，成就一切诸佛的功德大海，显示如来的所有大愿海；也使诸佛的所有法轮常转不绝，都能够永远获得流通护持。

好比这个世界当中，普贤菩萨在世尊的座前，进入了这个殊胜的三昧。同样的，穷尽整个法界、一切的虚空世界，甚至十方三世，这些微细无碍到只有广大光明的佛眼以才能亲见、佛力才能到达、佛身才能有所示现的国土，以及其上所有的微尘，每一粒微尘当中都有世界海微尘数的佛刹，每一佛刹又有世界海微尘数的诸佛，每一尊佛的座前又有世界海微尘数的普贤菩萨，他们也都进入一切诸佛毗卢遮那如来藏身三昧的不可思议境界当中。

这时，每一尊的普贤菩萨，都有十方一切诸佛普现在他们身前。这些如来同声赞叹普贤菩萨说："善哉！善哉！善男子啊！只有你才能趣入这个一切诸佛毗卢遮那如来藏身三昧当中。佛子啊！这是十方一切诸佛所共同加持于你的力量，是因为毗卢遮那如来本愿力的缘故，也是因为你过去修行一切诸佛行愿力的缘故，才能证得的。这些行愿的因缘就是能够转动一切诸佛正法法轮；能够开发显见一切如来的智慧大海；能够普遍照耀十方一切能安立世间的大海，没有任何遗漏；能够调治一切众生的杂染，使他们得到清净；能普遍摄持所有的大国土，而没有任何染着；能深入于一切诸佛的境界，没有任何障碍；能普遍示现一切佛陀功德；能趣入一切诸法实相而增长智慧；能观察所有法门；能够了知一切众生的根器；能够总持一切诸佛如来的教化、文辞之大海。"

这时，十方的诸佛如来，立刻赐予普贤菩萨摩诃萨能够趣入一切智慧体性力的智慧；赐予他能入法界的无边智慧；赐予他成就一切佛陀境界的智慧；赐予他了知一切世界海成坏演化的智慧；赐予他了知一切众生的广大智慧；赐予他安住于佛甚深解脱境界无差别的诸三昧智慧；赐予他趣入一切菩萨的诸根海之智慧；赐予他通晓一切众生语言海，具备转动正法轮之辩才的智慧；赐予他普遍趣入于法界中一切世界海身的智慧；也赐予他获得一切佛陀音声的智慧。

好比在这个世界中，普贤菩萨在无边无量的如来之前，蒙佛赐予以上所述的智慧；同样的，在一切世界海当中，以及这些世界海的一一微尘之中，所有的普贤菩萨也都同样获得了这样的智慧。为何如此呢？这是因为只要证得了这个三昧法，就会有这些境界现前的缘故。

此时，十方诸佛都各舒展出右手，抚摩普贤菩萨的头顶。这些佛手都具足了相好与庄严，手上微妙的网缦❷也光明地舒展着，妙香周流，散发着清净的光焰。诸佛又发出各种微妙的声音，并显现着自在神通的法事，使过去、现在、未来一切菩萨的普贤大愿力海，一切如来的清净法轮，以及三世诸佛的所有影像，都在其中示现。

好比在这世界中，普贤菩萨为十方诸佛所共同摩顶❸；同样的，在一切世界海当中，以及这些世界海的每一微尘之中的所有普贤菩萨，也都是如此受到了十方诸佛的共同摩顶。

这时，普贤菩萨从毗卢遮那如来藏身三昧的境界中安详而起。从这个三昧中起定之时，也立即从一切世界海微尘数的三昧海门中起定，也就是从了知三世念念无差别的善巧智慧三昧门起定，从了知三世一切法界所有微尘三昧门起定，从示现三世一切佛刹的三昧门起定，从示现一切众生宅舍的三昧门起定，从了知一切众生心海的三昧门起定，从了知一切众生各别名字的三昧门起定，从了知十方法界所有差别处的三昧门起定，从了知一切微尘中各有无边广大佛身云的三昧门起定，从演说一切法理趣海的三昧门起定。

普贤菩萨从这些三昧门中起定时，其余的诸菩萨都得到了世界海微尘数三昧海云、世界海微尘数陀罗尼海云、世界海微尘数诸法方便海云、世界海微尘数辩才门海云、世界海微尘数修行海云、世界海微尘数普照法界一切如来功德藏智慧光明海云、世界海微尘数一切如来诸力智慧无差别方便海云、世界海微尘数一切如来一一毛孔中各现众刹土海云、世界海微尘数一一菩萨示现从兜率天宫下生成佛转正法轮般涅槃等海云。

在这个世界之中，普贤菩萨从三昧的定境中而起，所有的菩萨同获这些利益；而在一切的世界海，以及这些世界海上所有的微尘，每一微尘当中，也都具足了如上的境界与利益。

这时，十方一切的世界海，由于诸佛的威神力，及普贤菩萨的三昧威力，都起了轻微的动摇。一切世界都以众宝来庄严，并发出了微妙的音声，演说诸佛法要。

又在一切如来法会的道场海中，普遍雨下了十种大摩尼王云。这十种大摩尼王云是妙金星幢摩尼王云、光明照耀摩尼王云、宝轮垂下摩尼王云、众宝藏现菩萨像摩尼王云、称扬佛名摩尼王云、光明炽盛普照一切佛刹道场摩尼王云、光照十方种种变化摩尼王云、称赞一切菩萨功德摩尼王云、如日光炽盛摩尼王云、悦意乐音周闻十方摩尼王云。

普遍雨下这十种摩尼王云之后，一切如来的毛孔之中，都放出了光明，在光明当中宣说着如下的偈颂：

普贤遍住于诸佛刹，坐宝莲华大众所观，
一切神通靡不示现，无量三昧皆能趣入。

普贤恒以种种妙身，法界周流普悉充满，
三昧神通方便威力，圆音广说皆悉无碍。
一切刹中诸佛方所，种种三昧现大神通，
一一神通普悉周遍，十方国土无有遗者。
如一切刹如来方所，彼刹尘中悉皆亦然，
所现三昧诸神通事，毗卢遮那之大愿力。
普贤身相犹如虚空，依真而住非依国土，
随诸众生心之所欲，示现普身遍等一切。
普贤安住诸大愿海，获此无量神通威力，
一切佛身所有刹土，悉现其形而诣彼处。
一切众海数无有边，分身住彼亦无有量，
所现国土普皆严净，一刹那中能见多劫。
普贤安住一切刹中，所现神通胜无伦比，
震动十方靡不周遍，令其观者并悉得见。
一切佛智大功德力，种种大法皆成圆满，
以诸三昧胜方便门，示己往昔菩提胜行。
如是自在不可思议，十方国土悉皆示现，
为显普入诸三昧中，佛光云中赞叹功德。

这时，所有的菩萨都向普贤合掌礼敬，承受着佛陀威神力的加持，共
同出声赞叹：

从诸佛法中而出生，亦因如来愿力而起，
真如平等如虚空藏，汝已严净此大法身。
一切佛刹众集会中，普贤遍住于其方所，
功德智海光明圣者，等照十方众无不见。
普贤广大功德胜海，遍往十方亲近诸佛，
一切尘中所有刹土，悉能诣彼而普明现。

佛子我曹能常见汝，诸如来所悉亦亲近，

住于三昧真实境中，一切国土微尘数劫。

佛子能以普遍妙身，悉诣十方诸佛国土，

众生大海咸普济度，法界微尘无不亲入。

入于法界一切微尘，其身无尽等无差别，

譬如虚空皆悉周遍，演说如来广大妙法。

一切功德光明圣者，如云广大威力殊胜，

众生海中普皆往诣，说佛所行无等等法。

为度众生于劫海中，普贤胜行皆悉修习，

演一切法宛如大云，其音广大靡不普闻。

国土云何而得成立？诸佛云何而示出现？

及以一切众生大海，愿随其义如实演说。

此中无量如海大众，悉在尊前恭敬安住，

为转清净微妙法轮，**一切诸佛普皆随喜。**

【注释】

❶ 经文中用海漩般转动来形容整个法界海的动态情形。以海形容法界，有广大深
远、含藏周遍的意义，但却是静态的表征。而海漩之动态比喻，更能显见圆融
无碍、循环不已的境界。

❷ 网缦指佛陀三十二相之一，名手足缦网相。在手足的指与指之间，有网缦般之
纤纹交互连接。

❸ 摩顶：佛陀用手抚摩弟子的头顶。

世界成就品第四

卷第七（续）

卷第七（续）
《世界成就品》导读

在这一品中，普贤菩萨为了回答第二品所提的问题，而广释世界海成就的种种因缘，使众生免于闭塞、拘于权小，而开无边、无尽、无碍、无二的圆融境地。

"世"是指三世，即过去、现在、未来。"界"指空间、界线。"成就"即能成、完具之缘，从因到果的种种因缘。经文还是以一大段散文再接一首偈颂的方式进行，偈颂皆是将散文所宣说的内涵加以归纳总持而成的。所以本品经文可分为三部分：一，遍观十种海义；二，宣说佛陀不可思议智慧，并为众生缘故而将说法要；三，宣说世界海成就之十事。

普贤菩萨从毗卢遮那如来藏身三昧中起定后，开始要宣说诸法要，宣说前先遍观十种海。这里的海，不是海洋的海，而是一种比喻，比喻广大无边，含藏容纳。普贤在上一品入三昧中，是内在地契合于本源；这一品一开始遍观，是外在地审视于万相。他所观视的十海包括世界海、众生海、诸佛海、法界海、众生业海、众生根欲海、诸佛法轮海、三世海、如来愿力海、如来神变海。这十种意义可以分为三组：

一，时间与空间——世界海、法界海、三世海；

二，佛——诸佛海、诸佛法轮海、如来愿力海、如来神变海；

三，众生——众生海、众生业海、众生根欲海。

遍观后，普贤便列举出这十种义海的各项内涵，以佛陀的智慧皆能了知的种种不可思议。这些种种不可思议的法要，普贤将圆满具足地为大众宣说。为何如此？经文丰富地列举数项，总而言之，即为使众生入佛智海，为随顺众生根器令各得信解。

接下来是本品主要的部分，宣说世界海成就的十种事项，这十种是：

一，世界海生起与具足的因缘；

二，世界海所依住之处；

三，世界海的形状；

四，世界海的体性；

五，世界海的庄严；

六，世界海的清净；

七，世界海中诸佛的现起；

八，世界海的时劫住世；

九，世界海的时劫转变差别；

十，世界海的平等无差别门。

而每一项事情，都各以十种答案来解释，也各以一首偈颂总持之。

这十大项事缘，有其循序渐进的层次，包含整个从生起到具足、依住、形状、体性、以何为庄严、各种清净方便、佛的出现，以及时间的长久、转变、坏毁等种种不同的情形，最后以平等无差别，来彰明无碍的世界海，说明众生境界、诸佛境界广大之相及重重无碍无尽之相，故说："一一世界海中，一切世界海普入一尘当中，等无差别。一一世界海中，一一微尘中一切三世诸佛广大境界，皆能普现，等无差别。"这种种的等无差别，都是佛与菩萨的愿行广大，纤尘众生也没有遗落掉。

说明这世界海种种的差别相，以及其缘起，有何意义呢？

一，知众生界广大，亦等同法界、佛界、菩萨界、虚空界，如影相入重重无尽，不一不异。使所有发心者，能知此圆满无碍之实相，而弃抛对立拘执之权相。

二，明世界之依住形相、苦乐净秽，皆是众生自己业力果报所成的，绝不从另外的原因而来。

三，佛菩萨的大慈悲、大愿力能普遍深入法界海、众生行业海，使众生到究竟彼岸。学佛者由此能发大愿心如佛，如普贤菩萨般信愿广大，入普贤之大行。

以上三点所说明的，又非只是各别独立存在，也非彼此对立矛盾，而是相摄相容的。所以，虽说世界之苦乐净秽依众生业力，但在说明世界成立之因缘时，经文亦同时并说"因如来威神力故，因理法如是故，因普贤菩萨自在愿力故"等等的佛菩萨行愿。所以，这样的世界观真是可堪玩味体解的。

卷第七（续）
世界成就品第四

【原典】

尔时，普贤菩萨摩诃萨以佛神力，遍观察一切世界海、一切众生海、一切诸佛海、一切法界海、一切众生业海、一切众生根欲海、一切诸佛法轮海、一切三世海、一切如来愿力海、一切如来神变海。如是观察已，普告一切道场众海诸菩萨言："佛子！诸佛世尊知一切世界海成坏清净智不可思议，知一切众生业海智不可思议，知一切法界安立海智不可思议，说一切无边佛海智不可思议，入一切欲解根海智不可思议，一念普知一切三世智不可思议，显示一切如来无量愿海智不可思议，示现一切佛神变海智不可思议，转法轮智不可思议，建立演说海不可思议，清净佛身不可思议，无边色相海普照明不可思议，相及随好皆清净不可思议，无边色相光明轮海具足清净不可思议，种种色相光明云海不可思议，殊胜宝焰海不可思议，成就言音海不可思议，示现三种自在海调伏成熟一切众生不可思议，勇猛调伏诸众生海无空过者不可思议，安住佛地不可思议，入如来境界不可思议，威力护持不可思议，观察一切佛智所行不可思议，诸力圆满无能摧伏不可思议，无畏功德无能过者不可思议，住无差别三昧不可思议，神通变化不可思议，清净自在智不可思议，一切佛法无能毁坏不可思议。如是等一切法，我当承佛神力，及一切如来威神力故，具足宣说。为令众生入佛智慧海故，为令一切菩萨于佛功德海中得安住故，为令一切世界海一切佛自在所庄严故，为令一切劫海中如来种性恒不断故，为令于一切世界海中显示诸法真实性故，为令随一切众生无量解海而演说故，为令随一切众生诸根海方便令生诸佛法故，为令随一切众生乐欲海摧破一切障碍山故，为令随一切众生心行海令净修治出要道故，为令一切菩萨安住普贤愿海中故。"

是时，普贤菩萨复欲令无量道场众海生欢喜故，令于一切法增长爱乐故，令生广大真实信解海故，令净治普门法界藏身故，令安立普贤愿海故，令净治入三世平等智眼故，令增长普照一切世间藏大慧海故，令生陀罗尼力持一切法轮故，令于一切道场中尽佛境界悉开示故，令开阐一切如来法门故，令增长法界广大甚深一切智性故，即说颂言：

　　智慧甚深功德海，普现十方无量国，随诸众生所应见，光明遍照转法轮。

　　十方刹海叵思议，佛无量劫皆严净，为化众生使成熟，出兴一切诸国土。

　　佛境甚深难可思，普示众生令得入，其心乐小著诸有，不能通达佛所悟。

　　若有净信坚固心，常得亲近善知识，一切诸佛与其力，此乃能入如来智。

　　离诸谄诳心清净，常乐慈悲性欢喜，志欲广大深信人，彼闻此法生欣悦。

　　安住普贤诸愿地，修行菩萨清净道，观察法界如虚空，此乃能知佛行处。

　　此诸菩萨获善利，见佛一切神通力，修余道者莫能知，普贤行人方得悟。

　　众生广大无有边，如来一切皆护念，转正法轮靡不至，毗卢遮那境界力。

　　一切刹土入我身，所住诸佛亦复然，汝应观我诸毛孔，我今示汝佛境界。

普贤行愿无边际，我已修行得具足，普眼境界广大身，是佛所行
应谛听。

尔时，普贤菩萨摩诃萨告诸大众言："诸佛子！世界海有十种事，过去、
现在、未来诸佛已说、现说、当说。何者为十？所谓世界海起具因缘、世
界海所依住、世界海形状、世界海体性、世界海庄严、世界海清净、世界
海佛出兴、世界海劫住、世界海劫转变差别、世界海无差别门。诸佛子！
略说世界海，有此十事；若广说者，与世界海微尘数等，过去、现在未来
诸佛，已说、现说、当说。诸佛子！略说以十种因缘故，一切世界海已成、
现成、当成。何者为十？所谓如来神力故、法应如是故、一切众生行业故、
一切菩萨成一切智所得故、一切众生及诸菩萨同集善根故、一切菩萨严净
国土愿力故、一切菩萨成就不退行愿故、一切菩萨清净胜解自在故、一切
如来善根所流及一切诸佛成道时自在势力故、普贤菩萨自在愿力故。诸佛
子！是为略说十种因缘；若广说者，有世界海微尘数。"

尔时，普贤菩萨欲重宣其义，承佛威力，观察十方，而说颂言：

所说无边众刹海，毗卢遮那悉严净，世尊境界不思议，智慧神通
力如是。

菩萨修行诸愿海，普随众生心所欲，众生心行广无边，菩萨国土
遍十方。

菩萨趣于一切智，勤修种种自在力，无量愿海普出生，广大刹土
皆成就。

修诸行海无有边，入佛境界亦无量，为净十方诸国土，一一土经
无量劫。

众生烦恼所扰浊，分别欲乐非一相，随心造业不思议，一切刹海
斯成立。

佛子刹海庄严藏，离垢光明宝所成，斯由广大信解心，十方所住

咸如是。

菩萨能修普贤行，游行法界微尘道，尘中悉现无量刹，清净广大如虚空。

等虚空界现神通，悉诣道场诸佛所，莲华座上示众相，一一身包一切刹。

一念普现于三世，一切刹海皆成立，佛以方便悉入中，此是毗卢所严净。

尔时，普贤菩萨复告大众言："诸佛子！一一世界海有世界海微尘数所依住，所谓或依一切庄严住，或依虚空住，或依一切宝光明住，或依一切佛光明住，或依一切宝色光明住，或依一切佛音声住，或依如幻业生大力阿修罗形金刚手住，或依一切世主身住，或依一切菩萨身住，或依普贤菩萨愿所生一切差别庄严海住。诸佛子！世界海有如是等世界海微尘数所依住。"

尔时，普贤菩萨欲重宣其义，承佛威力，观察十方，而说颂言：

遍满十方虚空界，所有一切诸国土，如来神力之所加，处处现前皆可见。

或有种种诸国土，无非离垢宝所成，清净摩尼最殊妙，炽然普现光明海。

或有清净光明刹，依止虚空界而住；或在摩尼宝海中，复有安住光明藏。

如来处此众会海，演说法轮皆巧妙，诸佛境界广无边，众生见者心欢喜。

有以摩尼作严饰，状如华灯广分布，香焰光云色炽然，覆以妙宝光明网。

或有刹土无边际，安住莲华深大海，广博清净与世殊，诸佛妙善庄严故。

或有刹海随轮转，以佛威神得安住，诸菩萨众遍在中，常见无央
广大宝。

或有住于金刚手，或复有住天主身，毗卢遮那无上尊，常于此处
转法轮。

或依宝树平均住，香焰云中亦复然；或有依诸大水中，有住坚固
金刚海。

或有依止金刚幢，或有住于华海中，广大神通无不周，毗卢遮那
此能现。

或修或短无量种，其相旋环亦非一，妙庄严藏与世殊，清净修治
乃能见。

如是种种各差别，一切皆依愿海住；或有国土常在空，诸佛如云
悉充遍。

或有在空悬覆住，或时而有或无有；或有国土极清净，住于菩萨
宝冠中。

十方诸佛大神通，一切皆于此中见，诸佛音声咸遍满，斯由业力
之所化。

或有国土周法界，清净离垢从心起，如影如幻广无边，如因陀网
各差别。

或现种种庄严藏，依止虚空而建立，诸业境界不思议，佛力显示
皆令见。

一一国土微尘内，念念示现诸佛刹，数皆无量等众生，普贤所作
恒如是。

为欲成熟众生故，是中修行经劫海，广大神变靡不兴，法界之中
悉周遍。

法界国土一一尘，诸大刹海住其中，佛云平等悉弥覆，于一切处
咸充满。

如一尘中自在用，一切尘内亦复然，诸佛菩萨大神通，毗卢遮那
悉能现。

一切广大诸刹土，如影如幻亦如焰，十方不见所从生，亦复无来无去处。

灭坏生成互循复，于虚空中无暂已，莫不皆由清净愿，广大业力之所持。

尔时，普贤菩萨复告大众言："诸佛子！世界海有种种差别形相，所谓或圆，或方，或非圆方，无量差别；或如水漩形，或如山焰形，或如树形，或如华形，或如宫殿形，或如众生形，或如佛形。如是等有世界海微尘数。"

尔时，普贤菩萨欲重宣其义，承佛威力，观察十方，而说颂言：

诸国土海种种别，种种庄严种种住，殊形共美遍十方，汝等咸应共观察。

其状或圆或有方，或复三维及八隅，摩尼轮状莲华等，一切皆由业令异。

或有清净焰庄严，真金间错多殊好，门闼竞开无壅滞，斯由业广意无杂。

刹海无边差别藏，譬如云布在虚空，宝轮布地妙庄严，诸佛光明照耀中。

一切国土心分别，种种光明而照现，佛于如是刹海中，各各示现神通力。

或有杂染或清净，受苦受乐各差别，斯由业海不思议，诸流转法恒如是。

一毛孔内难思刹，等微尘数种种住❷，一一皆有遍照尊，在众会中宣妙法。

于一尘中大小刹，种种差别如尘数，平坦高下各不同，佛悉往诣转法轮。

一切尘中所现刹，皆是本愿神通力，随其心乐种种殊，于虚空中悉能作。

一切国土所有尘，一一尘中佛皆入，普为众生起神变，毗卢遮那法如是。

尔时，普贤菩萨复告大众言："诸佛子！应知世界海有种种体，所谓或以一切宝庄严为体，或以一宝种种庄严为体，或以一切宝光明为体，或以种种色光明为体，或以一切庄严光明为体，或以不可坏金刚为体，或以佛力持为体，或以妙宝相为体，或以佛变化为体，或以日摩尼轮为体，或以极微细宝为体，或以一切宝焰为体，或以种种香为体，或以一切宝华冠为体，或以一切宝影像为体，或以一切庄严所示现为体，或以一念心普示现境界为体，或以菩萨形宝为体，或以宝华蕊为体，或以佛言音为体。"

尔时，普贤菩萨欲重宣其义，承佛威力，观察十方，而说颂言：

　　　　或有诸刹海，妙宝所合成，坚固不可坏，安住宝莲华。
　　　　或是净光明，出生不可知，一切光庄严，依止虚空住。
　　　　或净光为体，复依光明住，光云作严饰，菩萨共游处。
　　　　或有诸刹海，从于愿力生，犹如影像住，取说不可得。
　　　　或以摩尼成，普放日藏光，珠轮以严地，菩萨悉充满。
　　　　有刹宝焰成，焰云覆其上，众宝光殊妙，皆由业所得。
　　　　或从妙相生，众相庄严地，如冠共持戴，斯由佛化起。
　　　　或从心海生，随心所解住，如幻无处所，一切是分别。
　　　　或以佛光明，摩尼光为体，诸佛于中现，各起神通力。
　　　　或普贤菩萨，化现诸刹海，愿力所庄严，一切皆殊妙。

尔时，普贤菩萨复告大众言："诸佛子！应知世界海有种种庄严，所谓或以一切庄严具中出上妙云庄严，或以说一切菩萨功德庄严，或以说一切众生业报庄严，或以示现一切菩萨愿海庄严，或以表示一切三世佛影像庄严，或以一念顷示现无边劫神通境界庄严，或以出现一切佛身庄严，或以出现一切宝香云庄严，或以示现一切道场中诸珍妙物光明照耀庄严，或以示现一切普贤行愿庄严，如是等有世界海微尘数。"

尔时，普贤菩萨欲重宣其义，承佛威力，观察十方，而说颂言：

广大刹海无有边，皆由清净业所成，种种庄严种种住，一切十方皆遍满。

无边色相宝焰云，广大庄严非一种，十方刹海常出现，普演妙音而说法。

菩萨无边功德海，种种大愿所庄严，此土俱时出妙音，普震十方诸刹网。

众生业海广无量，随其感报各不同，于一切处庄严中，皆由诸佛能演说。

三世所有诸如来，神通普现诸刹海，一一事中一切佛，如是严净汝应观。

过去未来现在劫，十方一切诸国土，于彼所有大庄严，一一皆于刹中见。

一切事中无量佛，数等众生遍世间，为令调伏起神通，以此庄严国土海。

一切庄严吐妙云，种种华云香焰云，摩尼宝云常出现，刹海以此为严饰。

十方所有成道处，种种庄严皆具足，流光布迥若彩云，于此刹海咸令见。

普贤愿行诸佛子，等众生劫勤修习，无边国土悉庄严，一切处中皆显现。

尔时，普贤菩萨复告大众言："诸佛子！应知世界海有世界海微尘数清净方便海，所谓诸菩萨亲近一切善知识同善根故，增长广大功德云遍法界故，净修广大诸胜解故，观察一切菩萨境界而安住故，修治一切诸波罗蜜悉圆满故，观察一切菩萨诸地而入住故，出生一切净愿海故，修习一切出要行故，入于一切庄严海故，成就清净方便力故，如是等有世界海微尘数。"

尔时，普贤菩萨欲重宣其义，承佛威力，观察十方，而说颂言：

一切刹海诸庄严，无数方便愿力生，一切刹海常光耀，无量清净业力起。

久远亲近善知识，同修善业皆清净，慈悲广大遍众生，以此庄严诸刹海。

一切法门三昧等，禅定解脱方便地，于诸佛所悉净治，以此出生诸刹海。

发生无量决定解，能解如来等无异，忍海方便已修治，故能严净无边刹。

为利众生修胜行，福德广大常增长，譬如云布等虚空，一切刹海皆成就。

诸度无量等刹尘，悉已修行令具足，愿波罗蜜无有尽，清净刹海从此生。

净修无等一切法，生起无边出要行，种种方便化群生，如是庄严国土海。

修习庄严方便地，入佛功德法门海，普使众生竭苦源，广大净刹皆成就。

力海广大无与等，普使众生种善根，供养一切诸如来，国土无边悉清净。

尔时，普贤菩萨复告大众言："诸佛子！应知一一世界海有世界海微尘数佛出现差别，所谓或现小身，或现大身，或现短寿，或现长寿，或唯严净一佛国土，或有严净无量佛土，或唯显示一乘法轮，或有显示不可思议诸乘法轮，或现调伏少分众生，或示调伏无边众生，如是等有世界海微尘数。"

尔时，普贤菩萨欲重宣其义，承佛威力，观察十方，而说颂言：

诸佛种种方便门，出兴一切诸刹海，皆随众生心所乐，此是如来善权力。

诸佛法身不思议，无色无形无影像，能为众生现众相，随其心乐悉令见。

或为众生现短寿，或现住寿无量劫，法身十方普现前，随宜出现于世间。

或有严净不思议，十方所有诸刹海；或唯严净一国土，于一示现悉无余。

或随众生心所乐，示现难思种种乘；或有唯宣一乘法，一中方便现无量。

或有自然成正觉，令少众生住于道；或有能于一念中，开悟群迷无有数。

或于毛孔出化云，示现无量无边佛，一切世间皆现睹，种种方便度群生。

或有言音普周遍，随其心乐而说法，不可思议大劫中，调伏无量众生海。

或有无量庄严国，众会清净俨然坐，佛如云布在其中，十方刹海靡不充。

诸佛方便不思议，随众生心悉现前，普住种种庄严刹，一切国土皆周遍。

尔时，普贤菩萨复告大众言：“诸佛子！应知世界海有世界海微尘数劫住，所谓或有阿僧祇劫住，或有无量劫住，或有无边劫住，或有无等劫住，或有不可数劫住，或有不可称劫住，或有不可思劫住，或有不可量劫住，或有不可说劫住，或有不可说不可说劫住，如是等有世界海微尘数。”

尔时，普贤菩萨欲重宣其义，承佛威力，观察十方，而说颂言：

世界海中种种劫，广大方便所庄严，十方国土咸观见，数量差别悉明了。

我见十方世界海，劫数无量等众生，或长或短或无边，以佛音声今演说。

我见十方诸刹海，或住国土微尘劫，或有一劫或无数，以愿种种各不同。

或有纯净或纯染，或复染净二俱杂，愿海安立种种殊，住于众生心想中。

往昔修行刹尘劫，获大清净世界海，诸佛境界具庄严，永住无边广大劫。

有名种种宝光明，或名等音焰眼藏，离尘光明及贤劫，此清净劫摄一切。

有清净劫一佛兴，或一劫中无量现，无尽方便大愿力，入于一切种种劫。

或无量劫入一劫，或复一劫入多劫，一切劫海种种门，十方国土皆明现。

或一切劫庄严事，于一劫中皆现睹，或一劫内所庄严，普入一切无边劫。

始从一念终成劫，悉依众生心想生，一切刹海劫无边，以一方便皆清净。

尔时，普贤菩萨复告大众言："诸佛子！应知世界海有世界海微尘数劫转变差别。所谓法如是故，世界海无量成坏劫转变；染污众生住故，世界海成染污劫转变；修广大福众生住故，世界海成染净劫转变；信解菩萨住故，世界海成染净劫转变；无量众生发菩提心故，世界海纯清净劫转变；诸菩萨各各游诸世界故，世界海无边庄严劫转变；十方一切世界海诸菩萨云集故，世界海无量大庄严劫转变；诸佛世尊入涅槃故，世界海庄严灭劫转变；诸佛出现于世故，一切世界海广博严净劫转变；如来神通变化故，世界海普清净劫转变。如是等有世界海微尘数。"

尔时，普贤菩萨欲重宣其义，承佛威力，观察十方，而说颂言：

一切诸国土，皆随业力生，汝等应观察，转变相如是。

染污诸众生，业惑缠可怖，彼心令刹海，一切成染污。

若有清净心，修诸福德行，彼心令刹海，杂染及清净。

信解诸菩萨，于彼劫中生，随其心所有，杂染清净见。

无量诸众生，悉发菩提心，彼心令刹海，住劫恒清净。

无量亿菩萨，往诣于十方，庄严无有殊，劫中差别见。

一一微尘内，佛刹如尘数，菩萨共云集，国土皆清净。

世尊入涅槃，彼土庄严灭，众生无法器，世界成杂染。

若有佛兴世，一切悉珍好，随其心清净，庄严皆具足。

诸佛神通力，示现不思议，是时诸刹海，一切普清净。

尔时，普贤菩萨复告大众言："诸佛子！应知世界海有世界海微尘数无差别。所谓一一世界海中，有世界海微尘数世界无差别；一一世界海中，诸佛出现所有威力无差别；一一世界海中，一切道场遍十方法界无差别；一一世界海中，一切如来道场众会无差别；一一世界海中，一切佛光明遍法界无差别；一一世界海中，一切佛变化名号无差别；一一世界海中，一切佛音声普遍世界海无边劫住无差别；一一世界海中，法轮方便无差别；一一世界海中，一切世界海普入一尘无差别；一一世界海中，一一微尘，一切三世诸佛世尊广大境界，皆于中现无差别。诸佛子！世界海无差别，略说如是；若广说者，有世界海微尘数无差别。"

尔时，普贤菩萨欲重宣其义，承佛威力，观察十方，而说颂言：

一微尘中多刹海，处所各别悉严净，如是无量入一中，一一区分无杂越。

一一尘内难思佛，随众生心普现前，一切刹海靡不周，如是方便无差别。

一一尘中诸树王，种种庄严悉垂布，十方国土皆同现，如是一切无差别。

一一尘内微尘众，悉共围绕人中主，出过一切遍世间，亦不迫隘相杂乱。

一一尘中无量光，普遍十方诸国土，悉现诸佛菩提行，一切刹海无差别。

一一尘中无量身，变化如云普周遍，以佛神通导群品，十方国土亦无别。

一一尘中说众法，其法清净如轮转，种种方便自在门，一切皆演无差别。

一尘普演诸佛音，充满法器诸众生，遍住刹海无央劫，如是音声亦无异。

刹海无量妙庄严，于一尘中无不入，如是诸佛神通力，一切皆由业性起。

一一尘中三世佛，随其所乐悉令见，体性无来亦无去，以愿力故遍世间。

注释

❷ "住"，大正本原作 "主"，今依三本及宫本改之。

【白话语译】

这时，普贤菩萨摩诃萨在佛陀威神力的加持下，普遍观察一切的世界海、一切的众生海、一切的诸佛海、一切的法界海、一切的众生业海、一切的众生根欲海、一切的诸佛法轮海、一切的三世海、一切的如来愿力海、一切的如来神变海，然后遍告道场中如大海般众多的菩萨说："佛子啊！诸佛世尊得以了知一切世界海之形成与毁坏的清净智慧，是不可思议的；了知一切众生业力大海的智慧，是不可思议的；了知一切法界安住成立之海的智慧，是不可思议的；解说一切无边诸佛之海的智慧，是不可思议的；进入一切意欲、理解、诸根之海的智慧，是不可思议的；能于一念中普遍知晓一切过去、现在、未来世的智慧，是不可思议的；显示一切如来的无量愿力之海的智慧，是不可思议的；示现一切佛陀神变之海的智慧，是不可思议的；转动正法之轮的智慧，是不可思议的；建立诸法的演说之海，是不可思议的；清净佛陀之身，是不可思议的；能普遍照明无边色相之海，是不可思议的；清净佛陀的身相及随好❹，是不可思议的；能具足清净无边色相的光明轮之海，是不可思议的；显现种种色相光明云海，是不可思议的；殊胜的宝焰之海，是不可思议的；成就言辞音声之海，是不可思议的；示现佛陀身、语、意三种自在之海，来调伏教化、成熟一切众生，是不可思议的；以勇猛威力来调伏一切如海无量的众生，使他们解脱而没有徒空虚过之人，这是不可思议的；安住在佛地的境界，是不可思议的；进入如来的境界，是不可思议的；以威神力来护持佛法，是不可思议的；观察一切佛陀智慧以及如来所行，是不可思议的；圆满如来的诸力，具足不被摧伏的大力，是不可思议的；具足无人能及的无畏功德，是不可思议的；安住在无差别的三昧中，是不可思议的；神通变化的威力，是不可思议的；清净自在的智慧，是不可思议的；一切佛法无能毁坏，是不可思议的。

"如上所述的一切不可思议之法，我应当在佛陀的神力，以及一切如来威神力的加持之下，圆满具足地完全宣说。这是为了使一切众生能进入佛陀智慧之海；为了使一切菩萨在佛陀功德大海中得到安住；为了使一切的世界海为一切诸佛的自在所庄严；为了在一切的时劫大海中，使诸佛如来的种性永远不断绝；为了使一切的世界海中，能够显示诸法的真实性；为了随顺一切众生的无量理解之海，而为他们演说开示；为了随顺一切众生的诸种不同根器之海，以方便的法门使他们信解诸佛法；为了随顺一切众生的喜乐意欲之海，破除如山似的一切障碍；为了随顺一切众生的心行之海，使众生能清净修治一切出离之要道；也是为了使一切菩萨安住在普贤之愿力海中。"

这时，普贤菩萨又为了使无量道场中如海般的菩萨，能生出欢喜心，能对一切法增长爱乐心，能生起广大真实信解之海，能清净安治普门法界藏身，能安立普贤的愿力大海，能清净安治入于三世平等之智慧眼，能增长普照一切世间藏之大智慧海，能生起总持陀罗尼的威力来总持一切法轮，能在一切道场中开示佛陀的境界，能阐扬一切如来之法门，能增长法界甚深广大之一切智慧体性；因此之故，普贤菩萨总持以上的法要，宣说如下的偈颂：

如来智慧甚深功德海，普现十方无量诸国土，
随诸众生因缘所应见，光明遍照恒转正法轮。
十方刹海诚不可思议，佛无量劫皆庄严清净，
为度化众生咸使成熟，出兴一切诸佛国刹土。
佛境界甚深难可思议，普示众生咸令得趣入，
其心乐小染着于诸有，不能通达佛智所悟入。
若有净信生起坚固心，常得亲近一切善知识，
一切诸佛加持与其力，此乃能入如来深智慧。
离诸谄诳令心得清净，常乐慈悲性恒生欢喜，
志欲广大生深信解人，彼闻此法心生大欣悦。
安住普贤诸大愿力地，修行菩萨胜利清净道，
观察法界宛如净虚空，此乃能知诸佛所行处。

此诸菩萨能获大善利，见佛一切自在神通力，

修余道者皆莫能测知，普贤行人方能得了悟。

众生广大其数无有边，如来一切悉皆亲护念，

转正法轮无有不遍至，毗卢遮那如来境界力。

一切刹土咸入于我身，所住一切诸佛亦复然，

汝应观我妙身诸毛孔，我今示汝诸佛胜境界。

普贤广大行愿无边际，我已修行得具足圆满，

普眼境界广大微妙身，是佛所行汝今应谛听。

这时，普贤菩萨摩诃萨，普遍告知诸大众说："诸佛子啊！在世界海当中，有十种事情，是过去、现在、未来三世诸佛，在过去已说、现在宣说、未来当说的。到底是那十件事情呢？就是世界海生起与具足的因缘、世界海所依住之处、世界海的形状、世界海的体性、世界海的庄严、世界海的清净、世界海中诸佛的出现兴起、世界海的时劫住世、世界海的时劫转变差别、世界海的平等无差别门。

"诸佛子啊！如此十事只是约略说明世界海。如果要加以广泛说明其内容的话，将如同世界海微尘数量一般众多，也是三世诸佛在过去已说、现在宣说、未来当说的。

"诸佛子啊！再约略地说，因为十种因缘的缘故，这一切的世界海过去得已成就、现在正成就、未来当成就。是那十种因缘呢？就是如来威神力的缘故；理法应当如是的缘故；一切众生所行与业力的缘故；一切菩萨成就一切智所得境界的缘故；一切众生及诸菩萨共同集聚善根的缘故；一切菩萨庄严清净国土愿力的缘故；一切菩萨成就了不再退转之行愿的缘故；一切菩萨以清净之殊胜理解得到自在的缘故；一切如来的善根所流，以及一切诸佛成道之时的自在势力的缘故；普贤菩萨之自在愿力的缘故。诸佛子啊！以上是约略举出这十种因缘，如果要广泛说明的话，将有世界海微尘数般众多的因缘。"

这时，普贤菩萨为了重新宣说以上的妙义，承受着佛陀威神力的加持，

观察十方，而宣说如下的偈颂：

> 所说无边大众刹海，毗卢遮那佛悉严净，
> 世尊境界不可思议，智慧神通威力如是。
> 菩萨修行诸大愿海，普随众生心之所欲，
> 众生心行广无边际，菩萨国土遍于十方。
> 菩萨趣于佛一切智，勤修种种大自在力，
> 无量愿海普遍出生，广大刹土悉皆成就。
> 修诸行海无有边际，入佛境界亦无有量，
> 为净十方诸佛国土，一一佛土经无量劫。
> 众生烦恼之所扰浊，分别欲乐非只一相，
> 随心造业不可思议，一切刹海如斯成立。
> 佛子刹海庄严宝藏，离垢光明众宝所成，
> 斯由广大信解深心，十方所住咸亦如是。
> 菩萨能修普贤胜行，游行法界诸微尘道，
> 尘中悉现无量刹土，清净广大宛如虚空。
> 等虚空界示现神通，悉诣道场诸佛方所，
> 莲华座上示现众相，一一妙身包一切刹。
> 一念普现于三世中，一切刹海皆悉成立，
> 佛以方便悉入其中，此是毗卢佛所严净。

这时，普贤菩萨又向大众说："诸佛子啊！每一个世界海当中，都有世界海微尘数般的依住处所，有些是依一切庄严安住，有些是依虚空安住，有些是依一切宝的光明安住，有些是依一切佛的光明安住，有些是依一切宝色光明安住，有些是依一切佛的音声安住，有些是依幻业所生之大力阿修罗形金刚手安住，有些是依于一切世主神祇的身上安住，有些是依于一切菩萨的身上安住，有些是依于普贤菩萨的大愿所出生的一切差别庄严海安住。诸佛子啊！世界海有如是等等世界海微尘数般的依住处所。"

这时，普贤菩萨为了要重新宣说以上的妙义，承着佛陀威神力的加持，观察十方，而宣说如下的偈颂：

遍满十方虚空世界，所有一切诸佛国土，
如来神力之所加持，处处现前皆可得见。
或有种种诸国刹土，无非离垢众宝所成，
清净摩尼最妙殊胜，炽然普现光明大海。
或有清净光明刹土，依止虚空界而安住；
或在摩尼宝海之中，复有安住于光明藏。
如来处此众集会海，演说法轮悉皆巧妙，
诸佛境界广大无边，众生见者心生欢喜。
有以摩尼作庄严饰，状如华灯广大分布，
香焰光云妙色炽然，覆以妙宝光明之网。
或有刹土无有边际，安住莲华深广大海，
广博清净与世殊异，诸佛妙善悉庄严故。
或有刹海随轮而转，以佛威神力得安住，
诸菩萨众遍在其中，常见无央广大妙宝。
或有住于金刚手身，或复有住天主之身，
毗卢遮那无上世尊，常于此处转正法轮。
或依宝树平均而住，香焰云中亦复皆然；
或有依于诸大水中，有住于坚固金刚海。
或有依止于金刚幢，或有住于华海之中，
广大神通无不周遍，毗卢遮那此乃能现。
或长或短现无量种，其相旋环亦非一相，
妙庄严藏与世殊异，清净修治乃能亲见。
如是种种各各差别，一切皆依愿海安住，
或有国土常在空中，诸佛如云悉皆充遍。
或有在空悬覆而住，或时而有或时无有；

或有国土究极清净，住于菩萨宝冠之中。

十方诸佛大神通力，一切皆于此中示见，

诸佛音声咸遍满布，斯由业力之所化现。

或有国土周遍法界，清净离垢从心而起，

如影如幻广大无边，如因陀罗网❺各差别。

或现种种庄严宝藏，依止虚空界而建立，

诸业境界不可思议，佛力显示悉皆令见。

一一国土众微尘内，念念示现诸佛刹土，

数皆无量等诸众生，普贤所作恒为如是。

为欲成熟诸众生故，是中修行历经劫海，

广大神变靡不兴起，法界之中皆悉周遍。

法界国土一一微尘，诸大刹海安住其中，

佛云平等悉弥遍覆，于一切处咸皆充满。

如一尘中自在受用，一切尘中皆亦复然，

诸佛菩萨大神通力，毗卢遮那佛悉能现。

一切广大诸佛刹土，如影如幻亦皆如焰，

十方不见所从出生，亦复无来亦无去处。

灭坏生成互循交复，于虚空中无暂已时，

莫不皆由清净大愿，广大业力之所总持。

这时，普贤菩萨又向大众说："诸佛子啊！世界海有种种不同的差别形相有圆形、方形，或是非圆非方之形，无量差别；有些如水漩的状形，有些如山状的火焰形，有些宛如树形，有些又如花形；另外更有宫殿形，或如众生的身形，或如佛陀的形状。如是等等，有世界海微尘数般众多。"

这时，普贤菩萨为了要重新宣说以上的妙义，承受着佛陀威神力的加持，观察十方而宣说以下的偈颂：

诸国土海种种差别，种种庄严种种安住，

殊形共美遍满十方，汝等咸应共同观察。

其状或圆或有方矩，或复三维及八隅者❻，

摩尼轮状莲华形等，一切皆由业力令异。

或有清净焰光庄严，真金间错多殊妙好，

门闼竞开无壅滞塞，斯由业广意无杂染。

刹海无边众差别藏，譬如云布在虚空中，

宝轮布地微妙庄严，诸佛光明照耀其中。

一切国土依心分别，种种光明而普照现，

佛于如是刹海之中，各各示现大神通力。

或有杂染或示清净，受苦受乐各各差别，

斯由业海不可思议，诸流转中法恒如是。

一毛孔内难思佛刹，等微尘数种种安住，

一一皆有遍照至尊，在众会中宣说妙法。

于一尘中大小刹土，种种差别如微尘数，

平坦高下各有不同，佛悉往诣转正法轮。

一切尘中所现刹土，皆是本愿神通威力，

随其心乐种种殊异，于虚空中普悉能作。

一切国土所有微尘，一一尘中佛皆普入，

普为众生起大神变，毗卢遮那佛法如是。

　　这时，普贤菩萨又向大众说："诸佛子啊！应知世界海有种种的体性，也就是或是以一切宝的庄严为体性，或是以一种宝的种种庄严为体性，或是以一切宝的光明为体性，或是以种种色光明为体性，或是以一切庄严的光明为体性，或是以不可坏的金刚为体性，或是以佛力的加持为体性，或是以妙宝之相为体性，或是以佛的变化为体性，或是以日摩尼轮为体性，或是以极微细的宝为体性，或是以一切宝的火焰为体性，或是以种种香为体性，或是以一切宝的花冠为体性，或是以一切宝的影像为体性，或是以一切庄严所示现的现象为体性，或是以一念心普遍示现境界为体性，或是以菩萨形之宝为体性，或是以宝花之蕊为体性，或是以佛陀的言音为体性。"

这时，普贤菩萨为了再重新宣说以上的妙义，就承受着佛陀威神力的加持，观察十方，宣说以下的偈颂：

> 或有诸佛刹土海，一切妙宝所合成，
> 金刚坚固不可坏，安住妙宝莲华中。
> 或是清净光明中，出生一切不可知，
> 一切光明示庄严，依止虚空而安住。
> 或以清净光为体，复依光明而安住，
> 光明云作庄严饰，菩萨共同之游处。
> 或有诸佛刹土海，从于愿力而出生，
> 犹如幻影像安住，实相取说不可得。
> 或以摩尼宝成就，普放日藏大光明，
> 珠轮以为地庄严，菩萨大众悉充满。
> 有刹为宝焰所成，焰云盖覆于其上，
> 众宝光明妙殊胜，皆由净业所得成。
> 或从妙相而出生，众相微妙庄严地，
> 如冠共同所持戴，斯由佛陀化现起。
> 或从心海中出生，随心所解而安住，
> 如幻如化无处所，一切如是而分别。
> 或以佛陀智光明，摩尼光明以为体，
> 诸佛于中而显现，各起神通大威力。
> 或为普贤大菩萨，化现诸佛刹土海，
> 以大愿力所庄严，一切皆殊胜微妙。

这时，普贤菩萨又向大众说："诸佛子啊！应当了知世界海有种种的庄严，也就是或是以一切庄严器具当中出生上妙宝云作为庄严，或是以宣说一切菩萨的功德为庄严，或是以说一切众生的业报作为庄严，或是以示现一切菩萨的大愿海为庄严，或是以表示一切三世诸佛的影像作为庄严，或是以一念之际示现无边时劫的神通境界作为庄严，或是以出现一切佛身作为庄严，或是以出现一切宝香云为庄严，或是以示现一切道场之中所有珍妙宝物的光明照耀为庄严，或是以示现一切普贤行愿作为庄严。如是等等，有世界海微尘数般众多的庄严。"

这时，普贤菩萨为了再重新宣说以上的妙义，就承受着佛陀威神力的加持，观察十方，宣说以下的偈颂：

> 广大刹海无有边际，皆由清净业力所成，
> 种种庄严种种安住，一切十方悉皆遍满。
> 无边色相宝焰光云，广大庄严非仅一种，
> 十方刹海恒常出现，普演妙音而说妙法。
> 菩萨无边功德大海，种种大愿所庄严者，
> 此土俱时演出妙音，普震十方诸佛刹网。
> 众生业海广大无量，随其感报❼各各不同，
> 于一切处显庄严中，皆由诸佛而能演说。
> 三世所有诸佛如来，神通普现诸佛刹海，
> 一一事中一切诸佛，如是严净汝应现观。
> 过去未来现在时劫，十方一切诸佛国土，
> 于彼所有伟大庄严，一一皆于刹土中见。
> 一切事中无量诸佛，数等众生遍于世间，
> 为令调伏起大神通，以此庄严诸国土海。
> 一切庄严吐出妙云，种种华云香焰光云，
> 摩尼宝云常示出现，刹海以此为严宝饰。
> 十方所有佛成道处，种种庄严皆悉具足，
> 流光布迴宛若彩云，于此刹海咸令得见。
> 普贤愿行一切佛子，等众生劫精勤修习，

无边国土皆悉庄严，一切处中普皆显现。

这时，普贤菩萨又向大众说："诸佛子啊！你们应当了知，世界海之中有世界海微尘数的清净方便海。这些清净方便乃是诸菩萨众亲近一切善知识以同植善根的缘故，增长广大功德之云遍满法界的缘故，清净修行广大的一切胜解的缘故，观察一切菩萨境界而安住其中的缘故，修行净治一切的波罗蜜，且都达于圆满的缘故，观察一切菩萨各种境地而进入安住的缘故，出生一切清净之愿海的缘故，修行学习一切出离之要行的缘故，进入于一切庄严之海的缘故，成就清净方便力的缘故。如是等等，有世界海微尘数般众多的清净方便。"

这时，普贤菩萨为了再重新宣说以上的妙义，就承受着佛陀威神力的加持，观察十方，宣说以下的偈颂：

一切刹海诸庄严境，无数方便愿力而生，
一切刹海常现光耀，无量清净业力所起。
久远亲近诸善知识，同修善业皆悉清净，
慈悲广大遍诸众生，以此庄严诸佛刹海。
一切法门三昧境等，禅定解脱诸方便地，
于诸佛所皆悉净治，以此出生诸刹土海。
发生无量决定信解，能解如来等无差异，
忍海方便悉已修治，故能严净无边佛刹。
为利众生修诸胜行，福德广大常能增长，
譬如云布等遍虚空，一切刹海皆得成就。
诸度无量等刹微尘，悉已修行普令具足，
愿波罗蜜无有穷尽，清净刹海从此出生。
净修无等一切诸法，生起无边出离要行，
种种方便度化群生，如是庄严国土刹海。
修习庄严方便胜地，入佛功德法门大海，

普使众生消竭苦源，广大净刹皆得成就。

力海广大无与等比，普使众生种诸善根，

供养一切诸佛如来，国土无边悉皆清净。

这时，普贤菩萨又向大众说："诸佛子啊！你们应当了知，每一世界海中都有世界海微尘数般诸佛所示现的差别。这些诸佛所示现的差别，也就是或是出现小身，或是出现大身；或是出现短寿，或是出现长寿；或是只有庄严清净一个佛的国土，或有庄严清净无量的佛土；或是唯有显示宣说一乘❽的法轮，或有显示不可思议诸乘的教法法轮；或是示现调伏、教化少数的众生，或是示现调伏、教化无边的众生。如是等等，有世界海微尘数般众多的诸佛所示现的差别。"

这时，普贤菩萨为了再重新宣说以上的妙义，就承受着佛陀威神力的加持，观察十方而宣说以下的偈颂：

诸佛种种方便法门，出兴一切诸佛刹海，

皆随众生心所意乐，此是如来善权❾之力。

诸佛法身不可思议，无色无形无有影像，

能为众生示现众相，随其心乐悉令得见。

或为众生现短寿相，或现住寿无量时劫，

法身十方普现于前，随宜出现一切世间。

或有严净不可思议，十方所有诸佛刹海，

或唯严净一佛国土，于一示现悉无有余。

或随众生心之所乐，示现难思种种诸乘，

或有唯宣一乘妙法，一中方便示现无量。

或有自然成正等觉，令少众生住于佛道，

或有能于一念之中，开悟群迷具无有数。

或于毛孔出生化云，示现无量无边佛陀，

一切世间皆示现睹，种种方便度化群生。

或有言音皆普周遍，随其心乐而为说法，

不可思议大时劫中，调伏无量诸众生海。

或有无量庄严国土，众会清净俨然安坐，

佛如彩云布在其中，十方刹海靡不充遍。

诸佛方便不可思议，随众生心悉现在前，

普住种种庄严佛刹，一切国土皆悉周遍。

这时，普贤菩萨又向大众宣说："诸佛子啊！你们应当了知，世界海当中有世界海微尘数不同的时劫安住。这些不同的时劫安住，有的是阿僧祇❿的时劫安住，有的是无量的时劫安住，有的是无边的时劫安住，有的是无等的时劫安住，有的是不可数的时劫安住，有的是不可称的时劫安住，有的是不可思的时劫安住，有的是不可量的时劫安住，有的是不可说的时劫安住，有的是不可说不可说的时劫安住。如是等等，有世界海微尘数般众多不同的时劫安住。"

这时，普贤菩萨为了再重新宣说以上的妙义，就承受着佛陀威神力的加持，观察十方，宣说以下的偈颂：

世界海中种种时劫，广大方便之所庄严，

十方国土咸能观见，数量差别皆悉明了。

我见十方诸世界海，劫数无量等诸众生，

或长或短或现无边，以佛音声现今演说。

我见十方诸佛刹海，或住国土微尘时劫，

或有一劫或无数劫，以愿种种各有不同。

或有纯净或纯杂染，或复染净二者俱杂，

愿海安立种种殊异，住于众生心想之中。

往昔修行刹尘时劫，获大清净诸世界海，

诸佛境界具足庄严，永住无边广大时劫。

有名种种宝光明劫，或名等音焰眼藏劫，

离尘光明及贤劫等，此清净劫摄持一切。

有清净劫一佛出兴，或一劫中现无量佛，

无尽方便大愿力海，入于一切种种时劫。

或无量劫入于一劫，或复一劫入于多劫，

一切劫海种种妙门，十方国土普皆明现。

或一切劫诸庄严事，于一劫中皆能现睹，

或一劫内所有庄严，普入一切无边劫中。

始从一念终至成劫，悉依众生心想而生，

一切刹海时劫无边，以一方便皆悉清净。

这时，普贤菩萨又向大众宣说："诸佛子啊！你们应当了知，世界海中有世界海微尘数的时劫转变差别。这些转变差别，也就是因法尔❶如是之故，世界海有无量成坏劫的转变；因污染的众生依住之故，世界海转变成污染劫；因修广大福报的众生安住之故，世界海由污染劫转变为清净劫；因信解菩萨安住之故，世界海也由污染劫转变为清净劫；因无量众生发菩提心之故，世界海转变为纯然的清净劫；因诸菩萨各自游历诸世界之故，世界海转变为无边庄严劫；因十方一切世界海中，诸菩萨云游集会之故，世界海转变为无量的大庄严劫；因诸佛世尊进入涅槃之故，世界海转变为庄严灭劫；因诸佛出现于世间之故，一切世界海转变为广博庄严的清净时劫；因如来神通变化之故，世界海转变为普遍清净劫。如是等等，有世界海微尘数量般众多的时劫转变。"

这时，普贤菩萨为了再重新宣说以上的妙义，就承受着佛陀威神力的加持，观察十方，宣说以下的偈颂：

一切法界国土，皆随业力出生，

汝等应当观察，转变众相如是。

一切污染众生，业惑缠缚可怖，

彼心能令刹海，一切变成污染。

若有清净深心，修诸福德善行，
彼心能令刹海，杂染乃及清净。
信解诸菩萨众，于彼劫中出生，
随其心中所有，杂染清净普见。
无量一切众生，悉发大菩提心，
彼心能令刹海，住劫常恒清净。
无量亿菩萨众，往诣于十方界，
庄严无有殊异，劫中差别而见。
一一微尘之内，佛刹宛如尘数，
菩萨共同云集，国土悉皆清净。
世尊入于涅槃，彼土庄严消灭，
众生无有法器，世界乃成杂染。
若有佛出兴世，一切悉皆珍好，
随其心示清净，庄严皆悉具足。
诸佛神通威力，示现不可思议，
是时诸佛刹海，一切普现清净。

　　这时，普贤菩萨又向大众宣说："诸佛子啊！你们应当了知，世界海中有世界海微尘数的无差别相。这些无差别相，也就是每一世界海当中，都有世界海微尘数般的世界，平等而无差别；每一世界海当中，诸佛出现的所有威力都等无差别；每一世界海当中，一切道场遍满十方法界等无差别；每一世界海当中，一切如来道场的大众集会等无差别；每一世界海当中，一切佛陀的光明遍满法界等无差别；每一世界海当中，一切佛的变化以及名号等无差别；每一世界海当中，一切佛陀的音声遍于世界海无边劫中安住等无差别；每一世界海当中，法轮方便等无差别；每一世界海当中，一切世界海普入一尘当中等无差别；每一世界海中的每一微尘之中，其中均普现一切三世诸佛的广大境界，平等而无差别。诸佛子啊！世界海的无差别相约略如是宣说，如果要广泛说明的话，将有世界海微尘数般众多。"

这时，普贤菩萨为了再重新宣说以上的妙义，就承受着佛陀威神力的加持，观察十方，宣说以下的偈颂：

> 一微尘中众多佛刹海，处所各别悉庄严清净，
> 如是无量入一微尘中，一一区分无有杂越者。
> 一一微尘内难思诸佛，随众生心而普现于前，
> 一切刹海无有不周遍，如是方便力等无差别。
> 一一微尘之中诸树王，具种种庄严皆悉垂布，
> 十方国土皆普同出现，如是一切皆等无差别。
> 一一微尘内微尘数众，皆悉共同围绕人中主，
> 超出过于一切遍世间，亦不迫隘而相互杂乱。
> 一一微尘中具无量光，普遍十方诸佛刹国土，
> 悉现诸佛菩提胜妙行，一切刹海等无有差别。
> 一一微尘中具无量身，变化如云皆普悉周遍，
> 以佛大神通力导群品，十方国土亦皆无别相。
> 一一尘中演说众妙法，其法清净宛如轮恒转，
> 种种方便自在众妙门，一切皆演说无差别相。
> 一微尘中普演诸佛音，充满法器遍一切众生，
> 遍住刹海中无央时劫，如是音声亦等无有异。
> 刹海无量具微妙庄严，于一微尘中无不遍入，
> 如是诸佛大神通威力，一切皆由业性而现起。
> 一一尘中三世一切佛，随其所乐皆悉令得见，
> 法尔体性无来亦无去，以愿力故而遍于世间。

【注释】

❹ 随好：依随着佛陀三十二形相的八十种好。

❺ 因陀罗网：忉利天王的宫殿里，有一种用宝珠结成的网，一颗颗宝珠的光，互

相辉映，一重一重，无有穷尽。这种宝珠网，就叫作因陀罗网，也叫作帝网。

❻ 三维即三角，八隅即八角。

❼ 感报：指招感业果报应之义。

❽ 一乘：指唯一能令人成佛的教法。乘是指车乘，以喻佛的教法，能乘载人到涅槃的彼岸，故称之乘。

❾ 善权：善巧方便之意。

❿ 阿僧祇：梵语 asaṃkhya，意译作"无央数"。为印度的数目之一，无量数或极大数之意。其后的经文从无量到不可说，其意皆同。

⓫ 法尔：指诸法万象之天然、自然，而非经由任何造作之状态。

华藏世界品第五

卷第八

《华藏世界品》导读

　　经文的卷第八、九、十都是属于《华藏世界品》。此品是经由普贤菩萨来说明毗卢遮那如来所庄严清净的"华藏世界海"之形状景况，并特别回答三十七问中的佛世界海、众生海等问题。

　　"华"，自然是指莲华；"藏"，意指莲华含子之处。因为华藏世界中所有的世界、世界种，都含藏于大莲华之中，皆住在大莲华之上，所以才称为"华藏"。而此华藏世界，是毗卢遮那如来在修菩萨行时，亲近世界海微尘数的佛陀，修治世界海微尘数的大愿，所严净而成的。

　　这华藏世界位于何处呢？是由广大而繁多的风轮扶持着，这些风轮一个接一个层层往上，最上方的一个风轮称为"殊胜威光藏风轮"。此风轮扶持着"普光摩尼庄严香水海"。这个香水海中有一朵大莲华名为种种光明蕊香幢，华藏世界就安住在这朵莲华当中，有金刚轮山在四方周匝围绕着。

　　这种风轮扶持香水海、海中有华的状相，如果依众生而说是：妄想风持如来藏识、法性海，生无数因果，含摄世、出世间未来果法。如果依诸佛境界而说是以大愿风持大悲海，而生无边行华，含藏万境，重叠无碍。蕊香幢莲华的生起，是表示于根本智中起差别习、行差别行。

　　华藏世界有庄严清净的大地，又有不可说佛刹微尘数的香水海，这每一香水海当中，又各有四天下微尘数的香水河右旋围绕着香水海；大地、香水海、香水河，皆是世界海微尘数的清净功德所庄严。同时显现所有化佛、神通自在、一切变化周遍、所修愿行等境界，表达一入一切、一切入一、体相如实无差别的境象。

华藏世界中有为数不可说的香水海，一一香水海皆有一世界种类安住，每一个世界种类中又都安住了不可说数的世界。这些世界海的结合，就像帝释天的珠网一般以一大珠当中心，第二层珠贯穿围绕此珠心，第二层珠再各为珠心，让第三层珠贯穿围绕，如此次第辗转相递绕，形成四面八方看去皆是横纵相从的网状，各珠之间皆能交相互摄。

经文欲彰显这种庄严的境界，故以中间的香水海为主轴，广陈别说华藏世界海中层层相摄的情形。如此更能体会到这个不可思议的世界海。

最中间的香水海名为无边妙华光香水海，其世界种称为普照十方炽然宝光明世界种（见图一），其四周有十个香水海围绕。每一个香水海一定配一个世界种，一世界种中必包含二十重世界（见图二）。所以，这十个香水海又各领有不可说微尘数的香水海（见图三），就形成十个不可说佛刹微尘数的香水海。有这么多的香水海，就有如此多的世界种，而每一世界种又各有二十重世界。如果写成程式表示世界的数量，就成：

十个香水海 × 二十重世界 × 不可说微尘数香水海 × 二十重世界

而这样的景象都围绕在中间的香水海（无边妙华光香水海）四周，中间的香水海本身亦有二十重世界围绕（见图四）。

此品不仅在描述华藏世界的形状，而且宣说华藏世界所有庄严境界，能现诸佛境界，众生三世所行行业因果亦总现其中；就如百千明镜俱悬四面，前后影像互相澈照。因从一切法空之谛，故能隐现自在，而有"一念现三世，十方世界于一刹中现"等无碍境界。又"诸佛国土如虚空，无等无生无有相，为利众生普严净，本愿力故住其中"，把无碍的大用点出。

所以，若以如来大愿智力，众相随现；若随法性自体空无，众相都无。如此隐现随缘自在而不离一真之智，这就是华严世界的真实内容。就修行面而言，如果能修行像普贤菩萨般的愿行，则能契应此广大愿行福智境界。

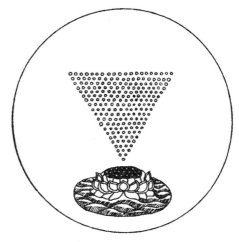

图一　普照十方炽然宝光明世界种

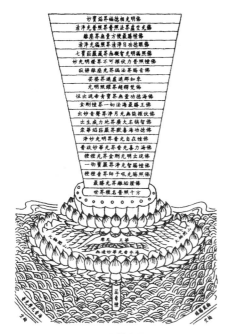

图二　二十重华藏世界之图

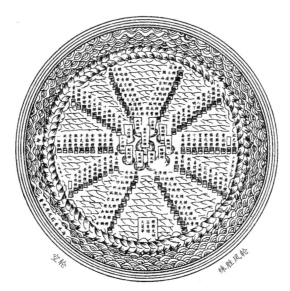

图三　周围各十百世界种形状安立图

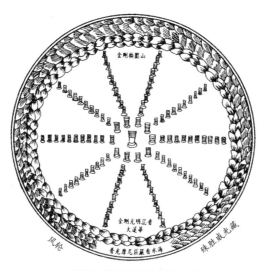

图四　华严庄严世界海安立图

卷第八
华藏世界品第五之一

【原典】

　　尔时，普贤菩萨复告大众言："诸佛子！此华藏庄严世界海，是毗卢遮那如来往昔于世界海微尘数劫修菩萨行时，一一劫中亲近世界海微尘数佛，一一佛所净修世界海微尘数大愿之所严净。诸佛子！此华藏庄严世界海，有须弥山，微尘数风轮所持。其最下风轮名平等住，能持其上一切宝焰炽然庄严。次上风轮名出生种种宝庄严，能持其上净光照耀摩尼王幢。次上风轮名宝威德，能持其上一切宝铃。次上风轮名平等焰，能持其上日光明相摩尼王轮。次上风轮名种种普庄严，能持其上光明轮华。次上风轮名普清净，能持其上一切华焰师子座。次上风轮名声遍十方，能持其上一切珠王幢。次上风轮名一切宝光明，能持其上一切摩尼王树华。次上风轮名速疾普持，能持其上一切香摩尼须弥云。次上风轮名种种宫殿游行，能持其上一切宝色香台云。诸佛子！彼须弥山微尘数风轮，最在上者，名殊胜威光藏，能持普光摩尼庄严香水海。此香水海有大莲华，名种种光明蕊香幢。华藏庄严世界海住在其中，四方均平，清净坚固，金刚轮山周匝围绕，地海众树各有区别。"

　　是时，普贤菩萨欲重宣其义，承佛神力，观察十方，而说颂言：

　　世尊往昔于诸有，微尘佛所修净业，故获种种宝光明，华藏庄严世界海。

广大悲云遍一切，舍身无量等刹尘，以昔劫海修行力，今此世界
无诸垢。

放大光明遍住空，风力所持无动摇，佛藏摩尼普严饰，如来愿力
令清净。

普散摩尼妙藏华，以昔愿力空中住，种种坚固庄严海，光云垂布
满十方。

诸摩尼中菩萨云，普诣十方光炽然，光焰成轮妙华饰，法界周流
靡不遍。

一切宝中放净光，其光普照众生海，十方国土皆周遍，咸令出苦
向菩提。

宝中佛数等众生，从其毛孔出化形，梵主帝释轮王等，一切众生
及诸佛。

化现光明等法界，光中演说诸佛名，种种方便示调伏，普应群心
无不尽。

华藏世界所有尘，一一尘中见法界，宝光现佛如云集，此是如来
刹自在。

广大愿云周法界，于一切劫化群生，普贤智地行悉成，所有庄严
从此出。

尔时，普贤菩萨复告大众言："诸佛子！此华藏庄严世界海大轮围山，
住日珠王莲华之上，栴檀摩尼以为其身，威德宝王以为其峰，妙香摩尼而
作其轮，焰藏金刚所共成立，一切香水流注其间，众宝为林，妙华开敷，
香草布地，明珠间饰，种种香华处处盈满，摩尼为网，周匝垂覆，如是等
有世界海微尘数众妙庄严。"

尔时，普贤菩萨欲重宣其义，承佛神力，观察十方，而说颂言：

世界大海无有边，宝轮清净种种色，所有庄严尽奇妙，此由如来

神力起。

摩尼宝轮妙香轮，及以真珠灯焰轮，种种妙宝为严饰，清净轮围所安住。

坚固摩尼以为藏，阎浮檀金作严饰，舒光发焰遍十方，内外映彻皆清净。

金刚摩尼所集成，复雨摩尼诸妙宝，其宝精奇非一种，放净光明普严丽。

香水分流无量色，散诸华宝及栴檀，众莲竞发如衣布，珍草罗生悉芬馥。

无量宝树普庄严，开华发蕊色炽然，种种名衣在其内，光云四照常圆满。

无量无边大菩萨，执盖焚香充法界，悉发一切妙音声，普转如来正法轮。

诸摩尼树宝末成，一一宝末现光明，毗卢遮那清净身，悉入其中普令见。

诸庄严中现佛身，无边色相无央数，悉往十方无不遍，所化众生亦无限。

一切庄严出妙音，演说如来本愿轮，十方所有净刹海，佛自在力咸令遍。

尔时，普贤菩萨复告大众言："诸佛子！此世界海大轮围山内，所有大地，一切皆以金刚所成，坚固庄严不可沮坏，清净平坦，无有高下，摩尼为轮，众宝为藏，一切众生种种形状，诸摩尼宝以为间错，散众宝末，布以莲华，香藏摩尼分置其间，诸庄严具充遍如云，三世一切诸佛国土所有庄严而为校饰，摩尼妙宝以为其网，普现如来所有境界，如天帝网于中布列。诸佛子！此世界海地有如是等世界海微尘数庄严。"

尔时，普贤菩萨欲重宣其义，承佛神力，观察十方，而说颂言：

其地平坦极清净，安住坚固无能坏，摩尼处处以为严，众宝于中相间错。

金刚为地甚可悦，宝轮宝网具庄严，莲华布上皆圆满，妙衣弥覆悉周遍。

菩萨天冠宝璎珞，悉布其地为严好，栴檀摩尼普散中，咸舒离垢妙光明。

宝华发焰出妙光，光焰如云照一切，散此妙华及众宝，普覆于地为严饰。

密云兴布满十方，广大光明无有尽，普至十方一切土，演说如来甘露法。

一切佛愿摩尼内，普现无边广大劫，最胜智者昔所行，于此宝中无不见。

其地所有摩尼宝，一切佛刹咸来入，彼诸佛刹一一尘，一切国土亦入中。

妙宝庄严华藏界，菩萨游行遍十方，演说大士诸弘愿，此是道场自在力。

摩尼妙宝庄严地，放净光明备众饰，充满法界等虚空，佛力自然如是现。

诸有修治普贤愿，入佛境界大智人，能知于此刹海中，如是一切诸神变。

尔时，普贤菩萨复告大众言："诸佛子！此世界海大地中，有十不可说佛刹微尘数香水海，一切妙宝庄严其底，妙香摩尼庄严其岸，毗卢遮那摩尼宝王以为其网，香水映彻具众宝色充满其中，种种宝华旋布其上，栴檀细末澄垽其下，演佛言音放宝光明，无边菩萨持种种盖现神通力，一切世界所有庄严悉于中现。十宝阶陛行列分布，十宝栏楯周匝围绕，四天下微尘数一切宝庄严芬陀利华敷荣水中，不可说百千亿那由他数十宝尸罗幢，恒河沙数一切宝衣铃网幢，恒河沙数无边色相宝华楼阁，百千亿那由他数十宝莲华城，四天下微尘数众宝树林，宝焰摩尼以为其网，恒河沙数栴檀香，诸佛言音光焰摩尼，不可说百千亿那由他数众宝垣墙，悉共围绕，周遍严饰。"

尔时，普贤菩萨欲重宣其义，承佛神力，观察十方，而说颂言：

此世界中大地上，有香水海摩尼严，清净妙宝布其底，安住金刚不可坏。

香藏摩尼积成岸，日焰珠轮布若云，莲华妙宝为璎珞，处处庄严净无垢。

香水澄渟具众色，宝华旋布放光明，普震音声闻远近，以佛威神演妙法。

阶陛庄严具众宝，复以摩尼为间饰，周回栏楯悉宝成，莲华珠网如云布。

摩尼宝树列成行，华蕊敷荣光赫奕，种种乐音恒竞奏，佛神通力令如是。

种种妙宝芬陀利，敷布庄严香水海，香焰光明无暂停，广大圆满皆充遍。

明珠宝幢恒炽盛，妙衣垂布为严饰，摩尼铃网演法音，令其闻者趣佛智。

妙宝莲华作城廓，众彩摩尼所严莹，真珠云影布四隅，如是庄严香水海。

垣墙缭绕皆周匝，楼阁相望布其上，无量光明恒炽然，种种庄严清净海。

毗卢遮那于往昔，种种刹海皆严净，如是广大无有边，悉是如来自在力。

尔时，普贤菩萨复告大众言："诸佛子！一一香水海，各有四天下微尘数香水河，右旋围绕，一切皆以金刚为岸，净光摩尼以为严饰，常现诸佛宝色光云，及诸众生所有言音。其河所有漩澓之处，一切诸佛所修因行种种形相，皆从中出。摩尼为网，众宝铃铎，诸世界海所有庄严，悉于中现。摩尼宝云以覆其上，其云普现华藏世界毗卢遮那十方化佛，及一切佛神通之事。复出妙音，称扬三世佛菩萨名。其香水中，常出一切宝焰光云，相续不绝。若广说者，一一河各有世界海微尘数庄严。"

尔时，普贤菩萨欲重宣其义，承佛神力，观察十方，而说颂言：

清净香流满大河，金刚妙宝为其岸，宝末为轮布其地，种种严饰皆珍好。

宝阶行列妙庄严，栏楯周回悉殊丽，真珠为藏众华饰，种种缨鬘共垂下。

香水宝光清净色，恒吐摩尼竞疾流，众华随浪皆摇动，悉奏乐音宣妙法。

细末栴檀作泥坌，一切妙宝同洄澓，香藏氛氲布在中，发焰流芬普周遍。

河中出生诸妙宝，悉放光明色炽然，其光布影成台座，华盖珠璎皆具足。

摩尼王中现佛身，光明普照十方刹，以此为轮严饰地，香水映彻常盈满。

摩尼为网金为铎，遍覆香河演佛音，克宣一切菩提道，及以普贤之妙行。

宝岸摩尼极清净，恒出如来本愿音，一切诸佛曩所行，其音普演皆令见。

其河所有漩流处，菩萨如云常踊出，悉往广大刹土中，乃至法界咸充满。

清净珠王布若云，一切香河悉弥覆，其珠等佛眉间相，炳然显现诸佛影。

尔时，普贤菩萨复告大众言："诸佛子！此诸香水河两间之地，悉以妙宝种种庄严，一一各有四天下微尘数众宝庄严。芬陀利华周匝遍满，各有四天下微尘数。众宝树林次第行列，一一树中恒出一切诸庄严云，摩尼宝王照耀其间，种种华香处处盈满。其树复出微妙音声，说诸如来一切劫中所修大愿。复散种种摩尼宝王充遍其地，所谓莲华轮摩尼宝王、香焰光云摩尼宝王、种种严饰摩尼宝王、现不可思议庄严色摩尼宝王、日光明衣藏摩尼宝王、周遍十方普垂布光网云摩尼宝王、现一切诸佛神变摩尼宝王、现一切众生业报海摩尼宝王，如是等有世界海微尘数。其香水河两间之地，一切悉具如是庄严。"

尔时，普贤菩萨欲重宣其义，承佛神力，观察十方，而说颂言：

其地平坦极清净，真金摩尼共严饰，诸树行列荫其中，耸干垂条华若云。

枝条妙宝所庄严，华焰成轮光四照，摩尼为果如云布，普使十方常现睹。

摩尼布地皆充满，众华宝末共庄严，复以摩尼作宫殿，悉现众生诸影像。

诸佛影像摩尼王，普散其地靡不周，如是赫奕遍十方，一一尘中咸见佛。

妙宝庄严善分布，真珠灯网相间错，处处悉有摩尼轮，一一皆现佛神通。

众宝庄严放大光，光中普现诸化佛，一一周行靡不遍，悉以十力广开演。

摩尼妙宝芬陀利，一切水中咸遍满，其华种种各不同，悉现光明无尽歇。

三世所有诸庄严，摩尼果中皆显现，体性无生不可取，此是如来自在力。

此地一切庄严中，悉现如来广大身，彼亦不来亦不去，佛昔愿力皆令见。

此地一一微尘中，一切佛子修行道，各见所记当来刹，随其意乐悉清净。

尔时，普贤菩萨复告大众言："诸佛子！诸佛世尊世界海，庄严不可思议。何以故？诸佛子！此华藏庄严世界海一切境界，一一皆以世界海微尘数清净功德之所庄严。"

尔时，普贤菩萨欲重宣其义，承佛神力，观察十方，而说颂言：

此刹海中一切处，悉以众宝为严饰，发焰腾空布若云，光明洞彻常弥覆。

摩尼吐云无有尽，十方佛影于中现，神通变化靡暂停，一切菩萨咸来集。

一切摩尼演佛音，其音美妙不思议，毗卢遮那昔所行，于此宝内恒闻见。

清净光明遍照尊，庄严具中皆现影，变化分身众围绕，一切刹海咸周遍。

所有化佛皆如幻，求其来处不可得，以佛境界威神力，一切刹中如是现。

如来自在神通事，悉遍十方诸国土，以此刹海净庄严，一切皆于宝中见。

十方所有诸变化，一切皆如镜中像，但由如来昔所行，神通愿力而出生。

若有能修普贤行，入于菩萨胜智海，能于一切微尘中，普现其身净众刹。

不可思议亿大劫，亲近一切诸如来，如其一切之所行，一刹那中悉能现。

诸佛国土如虚空，无等无生无有相，为利众生普严净，本愿力故住其中。

尔时，普贤菩萨复告大众言："诸佛子！此中有何等世界住？我今当说。诸佛子！此不可说佛刹微尘数香水海中，有十不可说佛刹微尘数世界种安住。一一世界种，复有十不可说佛刹微尘数世界。

"诸佛子！彼诸世界种于世界海中，各各依住，各各形状，各各体性，各各方所，各各趣入，各各庄严，各各分齐，各各行列，各各无差别，各各力加持。诸佛子！此世界种，或有依大莲华海住，或有依无边色宝华海住，或有依一切真珠藏宝璎珞海住，或有依香水海住，或有依一切华海住，或有依摩尼宝网海住，或有依漩流光海住，或有依菩萨宝庄严冠海住，或有依种种众生身海住，或有依一切佛音声摩尼王海住。如是等，若广说者，有世界海微尘数。

"诸佛子！彼一切世界种，或有作须弥山形，或作江河形，或作回转形，或作漩流形，或作轮辋形，或作坛埠形，或作树林形，或作楼阁形，或作山幢形，或作普方形，或作胎藏形，或作莲华形，或作佉勒迦形，或作众生身形，或作云形，或作诸佛相好形，或作圆满光明形，或作种种珠网形，或作一切门闼形，或作诸庄严具形。如是等，若广说者，有世界海微尘数。

"诸佛子！彼一切世界种，或有以十方摩尼云为体，或有以众色焰为体，或有以诸光明为体，或有以宝香焰为体，或有以一切宝庄严多罗华为体，或有以菩萨影像为体，或有以诸佛光明为体，或有以佛色相为体，或有以一宝光为体，或有以众宝光为体，或有以一切众生福德海音声为体，或有以一切众生诸业海音声为体，或有以一切佛境界清净音声为体，或有以一切菩萨大愿海音声为体，或有以一切佛方便音声为体，或有以一切刹庄严具成坏音声为体，或有以无边佛音声为体，或有以一切佛变化音声为体，或有以一切众生善音声为体，或有以一切佛功德海清净音声为体。如是等，若广说者，有世界海微尘数。"

尔时，普贤菩萨欲重宣其义，承佛神力，观察十方，而说颂言：

<blockquote>
刹种坚固妙庄严，广大清净光明藏，依止莲华宝海住，或有住于香海等。
</blockquote>

须弥城树坛墠形，一切刹种遍十方，种种庄严形相别，各各布列而安住。

或有体是净光明，或是华藏及宝云，或有刹种焰所成，安住摩尼不坏藏。

灯云焰彩光明等，种种无边清净色，或有言音以为体，是佛所演不思议。

或是愿力所出音，神变音声为体性，一切众生大福业，佛功德音亦如是。

刹种一一差别门，不可思议无有尽，如是十方皆遍满，广大庄严现神力。

十方所有广大刹，悉来入此世界种，虽见十方普入中，而实无来无所入。

以一刹种入一切，一切入一亦无余，体相如本无差别，无等无量悉周遍。

一切国土微尘中，普见如来在其所，愿海言音若雷震，一切众生悉调伏。

佛身周遍一切刹，无数菩萨亦充满，如来自在无等伦，普化一切诸含识。

尔时，普贤菩萨复告大众言："诸佛子！此不可说佛刹微尘数香水海，在华藏庄严世界海中，如天帝网，分布而住。诸佛子！此最中央香水海，名无边妙华光，以现一切菩萨形摩尼王幢为底。出大莲华，名一切香摩尼王庄严。有世界种而住其上，名普照十方炽然宝光明，以一切庄严具为体，有不可说佛刹微尘数世界于中布列。其最下方，有世界名最胜光遍照，以一切金刚庄严光耀轮为际，依众宝摩尼华而住。其状犹如摩尼宝形，一切宝华庄严云弥覆其上，佛刹微尘数世界周匝围绕，种种安住，种种庄严，佛号净眼离垢灯。此上过佛刹微尘数世界，有世界名种种香莲华妙庄严，以一切庄严具为际，依宝莲华网而住；其状犹如师子之座，一切宝色珠帐云弥覆其上，二佛刹微尘数世界周匝围绕，佛号师子光胜照。此上过佛刹微尘数世界，有世界名一切宝庄严普照光，以香风轮为际，依种种宝华璎珞住。其形八隅，妙光摩尼日轮云而覆其上，三佛刹微尘数世界周匝围绕，佛号净光智胜幢。此上过佛刹微尘数世界，有世界名种种光明华庄严，以一切宝王为际，依众色金刚尸罗幢海住。其状犹如摩尼莲华，以金刚摩尼宝光云而覆其上，四佛刹微尘数世界周匝围绕，纯一清净，佛号金刚光明无量精进力善出现。此上过佛刹微尘数世界，有世界名普放妙华光，以一切宝铃庄严网为际，依一切树林庄严宝轮网海住其形普方而多有隅角，梵音摩尼王云以覆其上，五佛刹微尘数世界周匝围绕，佛号香光喜力海。此上过佛刹微尘数世界，有世界名净妙光明，以宝王庄严幢为际，依金刚宫殿海住。其形四方，摩尼轮髻帐云而覆其上，六佛刹微尘数世界周匝围绕，佛号普光自在幢。此上过佛刹微尘数世界，有世界名众华焰庄严，以种种华庄严为际，依一切宝色焰海住；其状犹如楼阁之形，一切宝色衣真珠栏楯云而覆其上，七佛刹微尘数世界周匝围绕，纯一清净，佛号欢喜海功德名称自在光。此上过佛刹微尘数世界，有世界名出生威力地，以出一切声摩尼王庄严为际，依种种宝色莲华座虚空海住。其状犹如因陀罗网，以无边色华网云而覆其上，八佛刹微尘数世界周匝围绕，佛号广大名称智海幢。此上过佛刹微尘数世界，有世界名出妙音声，以心王摩尼庄严轮为际，依恒出一切妙音声庄严云摩尼王海住。其状犹如梵天身形，无量宝庄严师子座云而覆其上，九佛刹微尘数世界周匝围绕，佛号清净月光明相无能摧伏。此上过佛刹微尘数世界，有世界名金刚幢，以无边庄严真珠藏宝璎珞为际，依一切庄严宝师子座摩尼海住。其状周圆，十须弥山微尘数一切香摩尼华须弥云弥覆其上，十佛刹微尘数世界周匝围绕，纯一清净，佛号一切法海最胜王。此上过佛刹微尘数世界，有世界名恒出现帝青宝光明，以极坚牢不可坏金刚庄严为际，依种种殊异华海住。其状犹如半月之形，诸天宝帐云而覆其上，十一佛刹微尘数世界周匝围绕，佛号无量功德法。此上过佛刹微尘数世界，有世界名光明照耀，以普光庄严为际，依华旋香水海住。状如华旋，种种衣云而覆其上，十二佛刹微尘数世界周匝围绕，佛号超释梵。此上过佛刹微尘数世界，至此世界名娑婆，以金刚庄严为际，依种种色风轮所持莲华网住。状如虚空，以普圆满天宫殿庄严虚空云❶而覆其上，十三佛刹微尘数世界周匝围绕，其佛即是毗卢遮那如来世尊。此上过佛刹微尘数世界，有世界名寂静离尘光，以一切宝庄严为际，依种种宝衣海住。其状犹如执金刚形，无边色金刚云而覆其上，十四佛刹微尘数世界周匝围绕，佛号遍法界胜音。此上过佛刹微尘数世界，有世界名众妙光明灯，以一切庄严帐为际，依净华网海住。其状犹如卍字之形，摩尼树香水海云而覆其上，十五佛刹微尘数世界周匝围绕，纯一清净，佛号不可摧伏力普照幢。此上过佛刹微尘数世界，有世界名清净光遍照，以无尽宝云摩尼王为际，依种种香焰莲华海住。其状犹如龟甲之形，圆光摩尼轮栴檀云而覆其上，十六佛刹微尘数世界周匝围绕，佛号清净日功德眼。此上过佛刹微尘数世界，有世界名宝庄严藏，以一切众生形摩尼王为际，依光明藏摩尼王海住。其形八隅，以一切轮围山宝庄严华树网弥覆其上，十七佛刹微尘数世界周匝围绕，佛号无碍智光明遍照十方。此上过佛刹微尘数世界，有世界名离尘，以一切殊妙相庄严为际，依众妙华师子座海住。状如珠璎，以一切宝香摩尼王圆光云而覆其上，十八佛刹微尘数世界周匝围绕，纯一清净，佛号无量方便最胜幢。此上过佛刹微尘数世界，有世界名清净光普照，以出无尽宝云摩尼王为际，依无量色香焰须弥山海住。其状犹如宝华旋布，以无边色光明摩尼王帝青云而覆其上，十九佛刹微尘数世界周匝围绕，佛号普照法界虚空光。此上过佛刹微尘数世界，有世界名妙宝焰，以普光明日月宝为际，依一切诸天形摩尼王海住。其状犹如宝庄严具，以一切宝衣幢云及摩尼灯藏网而覆其上，二十佛刹微尘数世界周匝围绕，纯一清净，佛号福德相光明。

"诸佛子！此遍照十方炽然宝光明世界种，有如是等不可说佛刹微尘数广大世界，各各所依住，各各形状，各各体性，各各方面，各各趣入，各各庄严，各各分齐，各各行列，各各无差别，各各力加持，周匝围绕。

所谓十佛刹微尘数回转形世界、十佛刹微尘数江河形世界、十佛刹微尘数漩流形世界、十佛刹微尘数轮辋形世界、十佛刹微尘数坛墠形世界、十佛刹微尘数树林形世界、十佛刹微尘数楼观形世界、十佛刹微尘数尸罗幢形世界、十佛刹微尘数普方形世界、十佛刹微尘数胎藏形世界、十佛刹微尘数莲华形世界、十佛刹微尘数佉勒迦形世界、十佛刹微尘数种种众生形世界、十佛刹微尘数佛相形世界、十佛刹微尘数圆光形世界、十佛刹微尘数云形世界、十佛刹微尘数网形世界、十佛刹微尘数门闼形世界，如是等，有不可说佛刹微尘数。此一一世界，各有十佛刹微尘数广大世界周匝围绕。此诸世界，一一复有如上所说微尘数世界而为眷属。如是所说一切世界，皆在此无边妙华光香水海及围绕此海香水河中。"

注释

❶ "云"，大正本原无此字，今依元、明本增之。

【白话语译】

这时，普贤菩萨又对大众说："诸佛子啊！这个华藏庄严世界海，是往昔毗卢遮那如来，在世界海微尘数的时劫修学菩萨行，且在每一个时劫当中，亲近世界海微尘数的佛陀，并在佛陀的所在，修治世界海微尘数的大愿所严净而成。

"诸佛子啊！这个华藏庄严世界海，由如须弥山微尘数的风轮❶所扶持着。其中最下方的风轮，名为平等住风轮，能扶持其上的一切宝焰炽然庄严；次上的风轮，名为出生种种宝庄严风轮，能扶持其上方的净光照耀摩尼王幢；次上的风轮，名为宝威德风轮，能扶持其上方的一切宝铃；次上的风轮，名为平等焰风轮，能扶持其上方的日光明相摩尼王轮；次上的风轮，名为种种普庄严风轮，能扶持其上方的光明轮华；次上的风轮，名为普清净风轮，能扶持其上方的一切华焰师子座；次上的风轮，名为声遍十方风轮，能扶持其上方的一切珠王幢；次上的风轮，名为一切宝光明风轮，能扶持其上方的一切摩尼王树华。次上的风轮，名为速疾普持风轮，能扶持其上方的一切香摩尼须弥云；次上的风轮，名为种种宫殿游行风轮，能扶持其上方的一切宝色香台云。

"诸佛子啊！这些须弥山微尘数般的风轮，在最上方的名为殊胜威光藏风轮，能扶持普光摩尼庄严香水海❷。这个香水海有一朵大莲华，名为种种光明蕊香幢。华藏庄严世界海便安住在这朵大莲华中，四方十分均平，而且清净坚固，有金刚轮山围绕四周，大地及海上的众多宝树皆各有区别。"

这时，普贤菩萨为了重宣这个妙义，承着佛陀威神力的加持，观察十方，而宣说如下的偈颂：

世尊往昔于诸世界海，微尘诸佛所在修净业，
故获种种胜妙宝光明，成具华藏庄严世界海。

广大悲云遍覆于一切，舍身无量等诸刹微尘，
以昔劫海修行殊胜力，今此世界无有诸垢染。
放大光明遍住于虚空，风力所持安住无动摇，
佛藏摩尼普为庄严饰，如来愿力令此得清净。
普散摩尼胜妙宝藏华，以昔愿力于虚空中住，
种种坚固庄严世界海，光云垂布遍满十方界。
诸摩尼宝中妙菩萨云，普诣十方光明盛炽然，
光焰成轮妙华为宝饰，法界周流无有不周遍。
一切宝中普放清净光，其光普照一切众生海，
十方国土普皆周遍满，咸令出苦趣向大菩提。
宝中佛数遍等诸众生，从其毛孔出生幻化形，
梵主帝释轮王❸等众相，一切众生及诸佛影相。
化现光明遍等于法界，光中演说诸佛善名称，
种种方便示现调伏力，普应群心无有不尽者。
华藏世界所有众微尘，一一微尘之中见法界，
宝光现佛宛如云来集，此是如来刹土大自在。
广大愿云周遍于法界，于一切劫中教化群生，
普贤智慧地行悉成就，所有庄严从此而流出。

　　此时，普贤菩萨又向大众说："诸佛子啊！这个华藏庄严世界海的大轮围山，安住在日珠王莲华之上，用栴檀摩尼作为山的主体，用威德宝王作为山峰，用妙香摩尼作为宝轮，凡此都是用宛如火焰宝藏的金刚所造就而成；并有一切香水流注其间，各种珠宝成为林木，而各种微妙的花朵盛开其中；更有香草铺地，以明珠装饰其间，处处盈满各种香花；摩尼珠也缀为珠网，周绕垂覆其中。如是等等，有世界海微尘数般的妙物来庄严华藏世界。"

　　这时，普贤菩萨为了重宣这个妙义，承着佛陀威神力的加持，观察十方，而宣说如下的偈颂：

世界大海无有边际，宝轮清净种种妙色，
所有庄严尽皆奇妙，此由如来神力所起。
摩尼宝轮与妙香轮，及以真珠灯焰为轮，
种种妙宝为庄严饰，清净轮围之所安住。
坚固摩尼以为身藏，阎浮檀金作为严饰，
舒光发焰遍于十方，内外映彻悉皆清净。
金刚摩尼之所集成，复雨摩尼诸种妙宝，
其宝精奇非仅一种，放净光明普庄严丽。
香水分流无量妙色，散诸华宝及香栴檀，
众莲竞发如衣垂布，珍草罗生皆悉芬馥。
无量宝树普作庄严，开华发蕊光色炽然，
种种名衣列在其内，光云四照常得圆满。
无量无边大菩萨众，执盖焚香充满法界，
悉发一切微妙音声，普转如来正妙法轮。
诸摩尼树宝末所成，一一宝末显现光明，
毗卢遮那清净妙身，悉入其中普令得见。
诸庄严中示现佛身，无边色相具无央数，
悉往十方无不遍满，所化众生亦复无限。
一切庄严演出妙音，演说如来本愿之轮，
十方所有清净刹海，佛自在力咸令遍满。

这时，普贤菩萨又向大众说："诸佛子啊！这个世界海大轮围山内的所有大地，都是以金刚建立而成，所以十分的坚固庄严，任何力量均无法加以毁坏。大地上清净平坦，没有高低与不平；以摩尼宝珠为轮宝，各种珍宝藏纳其中，一切众生具足各种形貌；各种摩尼宝间错其中，并散置各类宝末，又有莲华布列；香藏摩尼分置其间，如云密集般充遍各种庄严的法具，以三世一切诸佛国土的所有庄严作为妙饰；又以摩尼妙宝作为珠网，其中能普现如来的所有不可思议境界，犹如帝释天所布列的珠网一般。诸佛子啊！这个世界海的大地，有宛如上述的世界海微尘数般的种种庄严。"

这时，普贤菩萨为了重宣这个妙义，于是承着佛陀威神力的加持，观察十方，而宣说如下的偈颂：

其地平坦极其清净，安住坚固无能坏者，
摩尼处处以为庄严，众宝于中相互间错。
金刚为地甚可悦乐，宝轮宝网具足庄严，
莲华布上悉皆圆满，妙衣弥覆皆悉周遍。
菩萨天冠妙宝璎珞，悉布其地庄严妙好，
栴檀摩尼普散其中，咸舒离垢胜妙光明。
宝华发焰恒出妙光，光焰如云普照一切，
散此妙华及众妙宝，普覆于地为庄严饰。
密云兴布遍满十方，广大光明无有穷尽，
普至十方一切佛土，演说如来甘露❹妙法。
一切佛愿摩尼之内，普现无边广大时劫，
最胜智者往昔所行，于此宝中无有不见。
其地所有众摩尼宝，一切佛刹咸来趣入，
彼诸佛刹一一微尘，一切国土亦入其中。
妙宝庄严华藏世界，菩萨游行遍十方国，
演说大士诸弘誓愿，此是道场大自在力。
摩尼妙宝庄严其地，放净光明备众宝饰，
充满法界等诸虚空，佛力自然如是示现。
诸有修治普贤大愿，入佛境界诸大智人，
能知于此佛刹海中，如是一切诸神变力。

此时，普贤菩萨又再向大众说："诸佛子啊！这个世界海的大地中，有十不可说佛刹微尘数的香水海。这些香水海，是以一切妙宝庄严其海底，以妙香摩尼宝珠来庄严其海岸，更使用了毗卢遮那摩尼宝王织成珠网；香水清莹透彻，映现着各种宝物的妙色，闪耀而庄严。这些香水海，上方有各种的宝花，回旋缤纷，下方沉淀着栴檀香的细末；而四方则自然演说着佛陀的音声，放射出众宝的光明。无边无际的菩萨纷纷持着各种宝盖，示现神通威力，让一切世界中的庄严景像，都在其中显现。而十种珍宝❺砌成的阶梯，成列分布，十种珍宝作成的栏杆，也周围环绕。四天下❻微尘数的一切宝庄严芬陀利❼华，盛开于水中。更有不可说百千亿那由他数的十宝尸罗❽幢，还有恒河❾沙数的一切宝衣铃网幢。另外，还有恒河沙数的无边色相之宝花楼阁，百千亿那由他❿数的十宝莲华城、四天下微尘的各种珍宝树林。以宝焰摩尼编成宝网，具足了恒河沙数的栴檀香，光焰摩尼演说着诸佛的言语音声，不可说百千亿那由他数的众宝所成之城垣墙围，都庄严地围绕在香水海的四周。"

这时，普贤菩萨为了重宣这个妙义，承着佛陀威神力的加持，观察十方，而宣说如下的偈颂：

> 此世界中大地之上，有香水海摩尼庄严，
> 清净妙宝布于其底，安住金刚不可毁坏。
> 香藏摩尼积成边岸，日焰珠轮分布若云，
> 莲华妙宝以为璎珞，处处庄严清净无垢。
> 香水澄渟具众妙色，宝华旋布大放光明，
> 普震音声能闻远近，以佛威神演说妙法。
> 阶陛庄严具诸众宝，复以摩尼以为间饰，
> 周回栏楯悉十宝成，莲华珠网宛如云布。
> 摩尼宝树罗列成行，华蕊敷荣光明赫奕，
> 种种乐音恒竞演奏，佛神通力能令如是。
> 种种妙宝芬陀利华，敷布庄严大香水海，
> 香焰光明无有暂停，广大圆满皆悉充遍。
> 明珠宝幢恒然炽盛，妙衣垂布以为严饰，
> 摩尼铃网演妙法音，令其闻者趣入佛智。

妙宝莲华作为城郭，　众彩摩尼之所严莹，
真珠云影满布四隅，　如是庄严大香水海。
垣墙缭绕皆周匝绕，　楼阁相望布列其上，
无量光明恒炽盛然，　种种庄严清净大海。
毗卢遮那于往昔中，　种种刹海悉皆严净，
如是广大无有边际，　悉是如来大自在力。

　　此时，普贤菩萨又再向大众说："诸佛子啊！每一个香水海，各有四天下微尘数的香水河，这些香水河皆是右旋围绕着香水海，都是以金刚为岸，用清净光明的摩尼宝作为庄严妙饰，时常显现诸佛宝色光云，发出众生的言语音声。在这些香水所有的漩流之处，显现着诸佛所有因地❶修行中的种种形相。又以摩尼为珠网，以众宝为铃铎，一切世界海中所有庄严也都在这中间示现。并且有摩尼宝云覆盖其上，这些宝云都是普现华藏世界毗卢遮那如来所示现的十方化佛，以及诸佛的神通威力所作之事。这些香水河并发出微妙的音声，称扬三世佛、菩萨的名号；又在其中，时时现有一切宝焰光云，相续不绝。如果要广说的话，这一一的香水河，各有着世界海微尘数的种种庄严。"

　　这时，普贤菩萨为了重宣这个妙义，于是承着佛陀威神力的加持，观察十方，而宣说如下的偈颂：

清净妙香流满大河，　金刚妙宝以为其岸，
宝末为轮满布其地，　种种严饰悉皆珍好。
宝阶行列微妙庄严，　栏楯周回悉显殊丽，
真珠为藏众华严饰，　种种缨鬘共布垂下。
香水宝光清净妙色，　恒吐摩尼竞疾奔流，
众华随浪悉皆摇动，　悉奏乐音宣说妙法。
细末栴檀作为泥垽，　一切妙宝共同洄澓，
香藏氛氲布列在中，　发焰流芬普悉周遍。

河中出生诸般妙宝，　悉放光明其色炽然，
其光布影成宝台座，　华盖珠璎悉皆具足。
摩尼王中显现佛身，　光明普照十方刹土，
以此为轮严饰其地，　香水映彻恒常盈满。
摩尼为网真金为铎，　遍覆香河演佛妙音，
克宣一切菩提大道，　及以普贤之微妙行。
宝岸摩尼究极清净，　恒出如来本愿音声，
一切诸佛往昔所行，　其音普演皆令得见。
其河所有漩流之处，　菩萨如云常踊出现，
悉往广大佛刹土中，　乃至法界咸皆充满。
清净珠王布列若云，　一切香河悉盖弥覆，
其珠等佛眉间毫相，　炳然显现诸佛身影。

此时，普贤菩萨又再向大众说："诸佛子啊！这些香水河之间的地带，都布饰着四天下微尘数的妙宝，十分庄严；遍绕在四周的白莲华，也有四天下微尘数般众多。更有各种宝树成林，栉比鳞次，各树时时飘现着各类的庄严云，而摩尼宝王光明地照耀其间，花香四溢。这些宝树不断发出微妙音声，演说诸佛如来在一切时劫当中所修的大愿；又散布种种的摩尼宝王，铺满于地。这些摩尼宝王名为莲华轮摩尼宝王、香焰光云摩尼宝王、种种严饰摩尼宝王、现不可思议庄严色摩尼宝王、日光明衣藏摩尼宝王、周遍十方普垂布光网云摩尼宝王、现一切诸佛神变摩尼宝王、现一切众生业报海摩尼宝王。这些摩尼宝王为数众多，如同世界海微尘数一般。这些香水河之间的地带，都具足了上述的庄严景象。"

这时，普贤菩萨为了重宣这个妙义，于是承着佛陀威神力的加持，观察十方，而宣说如下的偈颂：

其地平坦极其清净，　真金摩尼共同严饰，
诸树行列遮荫其中，　耸干垂条华萃若云。

枝条妙宝之所庄严，华焰成轮光明四照，
摩尼为果宛如云布，普使十方常现睹见。
摩尼布地悉皆充满，众华宝末共为庄严，
复以摩尼建立宫殿，悉现众生诸般影像。
诸佛影像摩尼宝王，普散其地靡不周遍，
如是赫奕遍满十方，一一尘中咸见佛陀。
妙宝庄严善巧分布，真珠灯网相互间错，
处处悉有摩尼宝轮，一一皆现佛神通力。
众宝庄严放大光明，光中普现诸化身佛，
一一周行靡不周遍，悉以十力广为开演。
摩尼妙宝芬陀利华，一切水中咸遍满布，
其华种种各不相同，悉现光明无尽无歇。
三世所有诸妙庄严，摩尼果中皆悉显现，
体性无生不可执取，此是如来大自在力。
此地一切众庄严中，悉现如来广大妙身，
彼亦不来亦无有去，佛昔愿力皆令得见。
此地一一微尘之中，一切佛子修行胜道，
各见所记当来佛刹，随其意乐悉皆清净。

　　此时，普贤菩萨又再向大众说："诸佛子啊！诸佛世尊的世界海，是庄严不可思议的。为什么呢？因为这个华藏庄严世界海中的一切境界，都是用世界海微尘数般的清净功德所庄严成的。"

　　这时，普贤菩萨为了重宣这个妙义，就承着佛陀威神力的加持，观察十方，而宣说如下的偈颂：

此刹海中一切处所，悉以众宝为庄严饰，
发焰腾空垂布若云，光明洞彻常弥盖覆。
摩尼吐云无有穷尽，十方佛影于中示现，

神通变化靡暂停时，一切菩萨咸来集会。

一切摩尼演佛音声，其音美妙不可思议，

毗卢遮那往昔所行，于此宝内恒常闻见。

清净光明遍照至尊，庄严具中普皆现影，

变化分身大众围绕，一切刹海咸普周遍。

所有化佛皆悉如幻，求其来处了不可得，

以佛境界大威神力，一切刹中如是显现。

如来自在神通诸事，悉遍十方诸国土中，

以此刹海清净庄严，一切皆于宝中示见。

十方所有诸般变化，一切皆如镜中影像，

但由如来往昔所行，神通愿力因而出生。

若有能修普贤胜行，入于菩萨胜智大海，

能于一切微尘之中，普现其身清净众刹。

不可思议亿大劫中，亲近一切诸佛如来，

如其一切之所行持，一刹那中悉能示现。

诸佛国土宛如虚空，无等无生无有众相，

为利众生普皆严净，本愿力故安住其中。

这时，普贤菩萨又再向大众说："诸佛子啊！在这些香水海中，到底有哪些种类的世界安住呢？我现在要告诉大家。

"诸佛子啊！这些为数不可说的佛刹微尘数香水海中，有十不可说佛刹微尘数的世界种安住在其中。而每一个世界种当中，又有不可说的佛刹微尘数世界。

"诸佛子啊！这些世界种，在世界海当中，有各种不同的依持安住，各种不同的形状，各种不同的体性，各种不同的地方所在，各种不同的趣入方式，各种不同的庄严，各种不同的分界齐限，各种不同的行列排法，各种无差别的体性，各种佛力的加持。

"诸佛子啊！这些世界种，有的是依大莲华海而安住，有的是依无边妙色的宝华海而安住，有的是依一切真珠藏宝璎珞海而安住，有的是依香水海而安住，有的是依一切华海而安住，有的是依摩尼宝网海而安住，有的是依漩流光海而安住，有的是依菩萨宝庄严冠海而安住，有的是依种种众生身海而安住，有的是依一切佛音声摩尼王海而安住。如是等等，如果要广泛说明的话，将有世界海微尘数般的世界安住。

"诸佛子啊！这一切的世界种，有些作须弥山形，有些作江河形，有些作回转形，或是作漩流形，或是作轮辋形，或是作祭坛形，或是作树林形，或是作楼阁形，或是作山幢形，或是作普方形，或是作胎藏❷形，或是作莲华形，或是作佉勒迦❸形，或是作众生身形，或是作云形，或是作诸佛相好形，或是作圆满光明形，或是作种种珠网形，或是作一切门闼形，或是作各种庄严具之形。如是等等，如果要广泛说明的话，将有世界海微尘数般的形状。

"诸佛子啊！这一切的世界种，有些是以十方摩尼云为体，有些是以众色焰火为体，有些是以各种光明为体，有些是以宝香焰火为体，有些是以一切宝庄严多罗❹树华为体，有些是以菩萨影像为体，有些是以诸佛光明为体，有些是以佛陀的色相为体，有些是以一种宝光为体，有些是以众多宝光为体，有些是以一切众生福德海的音声为体，有些是以一切众生的各种业海音声为体，或是以一切佛境界的清净音声为体，或是以一切菩萨的大愿海音声为体，或有以一切佛的方便音声为体，或是以一切刹庄严具成坏的音声为体，或是以无边佛陀的音声为体，或是以一切佛陀变化的音声为体，或是以一切众生的善音声为体，或是以一切佛功德海的清净音声为体。如是等等，如果要加以广说的话，将有世界海微尘数般的不同体性。"

这时，普贤菩萨为了重宣这个妙义，就承着佛陀威神力的加持，观察十方，而宣说如下的偈颂：

> 刹种坚固微妙庄严，广大清净大光明藏，
> 依止莲华宝海安住，或有住于香水海等。
>
> 须弥城树祭坛之形，一切刹种遍于十方，

种种庄严形相差别，各各布列而能安住。

或有体是清净光明，或是华藏及宝云等，

或是刹种光焰所成，安住摩尼不可坏藏。

灯云焰彩众光明等，种种无边清净妙色，

或有言音以为体性，是佛所演不可思议。

或是愿力所出音声，神变音声以为体性，

一切众生广大福业，佛功德音亦复如是。

刹种一一众差别门，不可思议无有穷尽，

如是十方普皆遍满，广大庄严示现神力。

十方所有广大佛刹，悉来入此世界种中，

虽见十方普入其中，而实无来亦无所入。

以一刹种入于一切，一切入一亦无有余，

体相如实本无差别，无等无量悉皆周遍。

一切国土微尘之中，普见如来在其方所，

愿海言音宛若雷震，一切众生悉皆调伏。

佛身周遍一切刹土，无数菩萨亦皆充满，

如来自在无等伦比，普化一切诸含识等。

　　此时，普贤菩萨又再向大众说："诸佛子啊！这些不可说佛刹微尘数般的香水海，在华藏庄严世界海当中，就宛如帝释的珠网分布般地安住着。

　　"诸佛子啊！在最中央的香水海，名为无边妙华光香水海，这香水海以现一切菩萨形的摩尼王幢为底部。上面出生大莲华，名为一切香摩尼王庄严大莲华；其上有世界种安住，名为普照十方炽然宝光明世界种。这个世界种，是以一切庄严具作为体性，有不可说佛刹微尘数的世界布列其中。

　　"在这个世界种的最下方，有一个世界，名为最胜光遍照世界。这个世界是以一切金刚庄严光耀轮为边际，依止于众宝摩尼华而安住，形状犹如摩尼宝形，上方覆盖着一切宝华庄严云，周围则有一个佛刹微尘数的世界围绕，这些世界各有种种安住、种种庄严。最胜光世界的佛陀，名号为净眼离垢灯如来。

"在最胜光世界的上方，过佛刹微尘数的世界之外，有一个世界，名为种种香莲华妙庄严世界。这个世界是以一切庄严具为边际，依止于宝莲华网而安住，形状犹如师子宝座，上方覆盖着一切宝色珠帐云，周围则有二个佛刹微尘数的世界围绕。香莲华世界的佛陀，名号为师子光胜照如来。

"在香莲华世界的上方，过佛刹微尘数的世界之外，有一个世界，名为一切宝庄严普照光世界。这个世界是以香风轮为边际，依止于种种宝华璎珞安住，形状犹如八隅形，上面覆盖着妙光摩尼日轮云，周围则有三佛刹微尘数的世界围绕。普照光明世界的佛陀，名号为净光智胜幢如来。

"在普照光明世界的上方，过佛刹微尘数的世界之外，有一个世界，名为种种光明华庄严世界。这个世界是以一切宝王为边际，依止于众色金刚尸罗幢海安住，形状犹如摩尼莲华，上方覆盖着金刚摩尼宝光云，周围则有四佛刹微尘数的世界围绕，这些世界都是纯一清净。光明华世界的佛陀，名号为金刚光明无量精进力善出现如来。

"在光明华世界的上方，过佛刹微尘数的世界之外，有一个世界，名为普放妙华光世界。这个世界是以一切宝铃庄严网为边际，依止于一切树林庄严宝轮网海安住，国土的形状方正而多有隅角，上方有梵音摩尼王云覆盖，周围则有五个佛刹微尘数的世界海围绕。妙华光世界的佛号，名为香光喜力海如来。

"在妙华光世界的上方，过佛刹微尘数般的世界之外，有一个世界，名为净妙光明世界。这个世界是以宝王庄严幢为边际，依止在金刚宫殿海安住，国土的形状四方，上方覆盖着摩尼轮髻帐云，周围则有六个佛刹微尘数的世界围绕。净妙光明世界的佛陀，名号为普光自在幢如来。

"在净妙光明世界的上方，过佛刹微尘数的世界之外，有一个世界，名为众华焰庄严世界。这个世界是以种种奇花庄严作为边际，依止于一切宝色焰海安住，国土的形状犹如楼阁，上方覆盖着一切宝色衣真珠栏楯云，周围则有七个佛刹微尘数的世界围绕，这些世界都纯一清净。众华焰世界的佛陀，名号为欢喜海功德名称自在光如来。

"在众华焰世界的上方，过佛刹微尘数的世界之外，有一个世界，名为出生威力地世界。这个世界是以出一切声的摩尼王庄严为边际，依止于种种宝色莲华座虚空海安住，形状犹如帝释天的因陀罗珠网，上方有无边色华网云覆盖，周围则有八个佛刹微尘数的世界围绕。此世界的佛陀，名号为广大名称智海幢如来。

　　"在威力地世界之上，过佛刹微尘数世界之外，有一个世界，名为出妙音声世界。这个世界是以心王摩尼庄严轮为边际，依止于恒出一切妙音声庄严云摩尼王海安住，形状犹如梵天的身形，有无量宝庄严师子座云覆盖于其上，周围则有九个佛刹微尘数的世界围绕。妙音声世界的佛陀，名号为清净月光明相无能摧伏如来。

　　"在妙音声世界之上，过佛刹微尘数的世界之外，有一个世界，名为金刚幢世界。这个世界是以无边庄严真珠藏宝璎珞为边际，依止于一切庄严宝师子座摩尼海而安住，国土的形状周圆，上方覆盖有十个须弥山微尘数的一切香摩尼华须弥云，周围有十个佛刹微尘数的世界围绕，这些世界都是纯一清净，金刚幢世界的佛陀，名号为一切法海最胜王如来。

　　"在金刚幢世界的上方，过佛刹微尘数的世界之外，有一个世界，名为恒出现帝青宝光明世界。这个世界是以极牢固不坏的金刚庄严为边际，依止于种种殊异华海安住，犹如半月之形，上方覆盖诸天宝帐云，周围则有十一个佛刹微尘数的世界围绕。帝青宝光明世界的佛陀，名号为无量功德法如来。

　　"在帝青宝光明世界之上，过佛刹微尘数的世界之外，有一个世界，名为光明照耀世界。这个世界是以普光庄严为边际，依止于华旋香水海安住，形状有如花旋，上方有种种的衣云覆盖，周围则有十二个佛刹微尘数的世界围绕。光耀世界的佛陀，名号为超释梵如来。

　　"再往上方，过佛刹微尘数的世界，就到了我们这个世界，名为娑婆世界。这个世界是以金刚庄严为边际，依止于种种妙色风轮所支持的莲华网安住，形状宛如虚空，以普圆满天宫殿庄严虚空云覆盖其上，周围则有十三个佛刹微尘数的世界围绕。娑婆世界的佛陀，即是毗卢遮那如来。

"在娑婆世界的上方，过佛刹微尘数的世界之外，有一个世界，名为寂静离尘光世界。这个世界是以一切妙宝庄严为边际，依止于种种宝衣海安住，形状犹如执金刚，上方覆盖有无边色金刚云，周围则有十四个佛刹微尘数的世界围绕。离尘光世界的佛陀，名号为遍法界胜音如来。

"在离尘光世界的上方，过佛刹微尘数的世界之外，有一个世界，名为众妙光明灯世界。这个世界是以一切庄严帐为边际，依止于净华网海安住，国土形状犹如卍字之形，上方覆盖着摩尼树香水海云，周围则有十五个佛刹微尘数的世界围绕，这些世界都是纯一清净。众妙光世界的佛陀，名号为不可摧伏力普照幢如来。

"在众妙光世界的上方，过佛刹微尘数的世界之外，有一个世界，名为清净光遍照世界。这个世界是以无尽宝云摩尼王为边际，依止于种种香焰莲华海安住，形状犹如龟甲，上方覆盖有圆光摩尼轮栴檀云，周围则有十六个佛刹微尘数的世界围绕。清净光世界的佛陀，名号为清净日功德眼如来。

"在清净光世界的上方，过佛刹微尘数的世界之外，有一个世界，名为宝庄严藏世界。这个世界是以一切众生形摩尼王为边际，依止于光明藏摩尼王海安住，国土为八隅之形，以一切轮围山宝庄严华树网弥覆其上，周围则有十七个佛刹微尘数的世界围绕。宝庄严世界的佛陀，名号为无碍智光明遍照十方如来。

"在宝庄严世界的上方，过佛刹微尘数的世界之外，有一个世界，名为离尘世界。这个世界是以一切殊妙相庄严为边际，依止于众妙华师子座海安住，形状宛如珠宝璎珞，以一切宝香摩尼王圆光云覆盖其上，周围则有十八个佛刹微尘数的世界围绕，这些世界都是纯一清净。离尘世界的佛陀，名号为无量方便最胜幢如来。

"在离尘世界的上方，过佛刹微尘数的世界之外，有一个世界，名为清净光普照世界。以出无尽宝云摩尼王为边际，依止于无量色香焰须弥山海安住，形状犹如宝花旋布，以无边色光明摩尼王帝青云覆盖其上，周围则有十九个佛刹微尘数的世界围绕。普照世界的佛陀，名号为普照法界虚空光如来。

"在普照世界的上方，过佛刹微尘数的世界之外，有一个世界，名为妙宝焰世界。此世界是以普光明日月宝为边际，依止于一切诸天形摩尼王海安住，形状犹如宝庄严宝具，上方覆盖着一切宝衣幢云及摩尼灯藏网，周围则有二十个佛刹微尘数的世界围绕，这些世界都是纯一清净。妙宝焰世界的佛陀，名号为福德相光明如来。

"诸佛子啊！这个遍照十方炽然宝光明世界种，除了有以上所说的世界之外，更有不可说佛刹微尘数的广大世界。这些世界有各种所依止安住的处所、各种不同的形状、各种相异的体性，也有各种不同的方位面向、各种趣入的方式、各种不同的庄严、各种分际齐限、各种不同的行列方式、各种无差别相、各种佛力的加持，并且为种种不同的世界所围绕，有十佛刹微尘数的回转形世界、十佛刹微尘数的江河形世界、十佛刹微尘数的漩流形世界、十佛刹微尘数的轮辋形世界、十佛刹微尘数的祭坛形世界、十佛刹微尘数的树林形世界、十佛刹微尘数的楼观形世界、十佛刹微尘数的尸罗幢形世界、十佛刹微尘数的普方形世界、十佛刹微尘数的胎藏形世界、十佛刹微尘数的莲华形世界、十佛刹微尘数的竹篓形世界、十佛刹微尘数的种种众生形世界、十佛刹微尘数的佛相形世界、十佛刹微尘数的圆光形世界、十佛刹微尘数的云形世界、十佛刹微尘数的网形世界、十佛刹微尘数的门阖形世界。如是等等的世界，有不可说佛刹微尘数。这些世界中，都各有十佛刹微尘数的广大世界围绕；而这些围绕四周的广大世界，每一个世界又有上述所说微尘数的世界作为附属的世界。

"以上所说的一切世界，都在这个无边妙华光香水海，以及围绕此海的香水河中。"

【注释】

❶ 风轮：即世界的最底层。凡一个世界的成立，于虚空上生风轮，风轮上生水轮，水轮上生金轮，因而渐生须弥山与四部洲。轮者，取其形为横圆，且其体质坚

实而称之。

❷ 香水海：为围绕须弥山的内海，其海水具有八功德，味道香冽，故名"香水海"。

❸ 轮王：转轮圣王的简称，为世间第一有福之人，具有大富、庄严、健康、长寿四种福报。转轮圣王出世时，天下太平，人民安乐，没有天灾人祸。此乃过去生中，多修福业，所以成为统治世界、有福报之大王。

❹ 甘露：即天上的灵酒、不死的神药，味甘如蜜，故称甘露。

❺ 十宝：金、银、琉璃、砗磲、玛瑙、珊瑚、琥珀、真珠、玫瑰、琴瑟等十种珍宝。

❻ 四天下：须弥山东、南、西、北四大部洲的别称。

❼ 芬陀利：梵语 puṇḍarīka，意译作"白莲华"。

❽ 尸罗：梵语 śīla，意译作"清凉"或"戒"。因为身、口、意三业的过患，热恼身心，惟戒能清凉止息炽然焚烧之势。

❾ 恒河：印度的大河，两岸多细沙。佛说法时，每以恒河之细沙比喻不可计数之多。

❿ 那由他：梵语 nayuta，意译作"兆"，为印度数目之一，相等于现在的亿数。

⓫ 因地：菩萨未证佛果之前，在因中修行时的境地。

⓬ 胎藏：指众生本有的性德，摄持含藏一切如来的功德，如母胎摄藏婴儿。

⓭ 佉勒迦：即竹篓。

⓮ 多罗：梵语 tāla，意译作"高竦树"，形似棕榈树。

卷第九
华藏世界品第五之二

【原典】

尔时，普贤菩萨复告大众言："诸佛子！此无边妙华光香水海东，次有香水海，名离垢焰藏。出大莲华，名一切香摩尼王妙庄严。有世界种而住其上，名遍照刹旋，以菩萨行吼音为体。此中最下方，有世界名宫殿庄严幢。其形四方，依一切宝庄严海住，莲华光网云弥覆其上，佛刹微尘数世界围绕，纯一清净，佛号眉间光遍照。此上过佛刹微尘数世界，有世界名德华藏，其形周圆，依一切宝华蕊海住，真珠幢师子座云弥覆其上，二佛刹微尘数世界围绕，佛号一切无边法海慧。此上过佛刹微尘数世界，有世界名善变化妙香轮，形如金刚，依一切宝庄严铃网海住，种种庄严圆光云弥覆其上，三佛刹微尘数世界围绕，佛号功德相光明普照。此上过佛刹微尘数世界，有世界名妙色光明，其状犹如摩尼宝轮，依无边色宝香水海住，普光明真珠楼阁云弥覆其上，四佛刹微尘数世界围绕，纯一清净，佛号善眷属出兴遍照。此上过佛刹微尘数世界，有世界名善盖覆，状如莲华，依金刚香水海住，离尘光明香水云弥覆其上，五佛刹微尘数世界围绕，佛号法喜无尽慧。此上过佛刹微尘数世界，有世界名尸利华光轮，其形三角，依一切坚固宝庄严海住，菩萨摩尼冠光明云弥覆其上，六佛刹微尘数世界围绕，佛号清净普光明云。此上过佛刹微尘数世界，有世界名宝莲华庄严，形如半月，依一切莲华庄严海住，一切宝华云弥覆其上，七佛刹微尘数世界围绕，纯一清净，佛号功德华清净眼。此上过佛刹微尘数世界，有世界名无垢焰庄严，其状犹如宝灯行列，依宝焰藏海住，常雨香水种种身云弥覆其上，八佛刹微尘数世界围绕，佛号慧力无能胜。此上过佛刹微尘数世界，有世界名妙梵音，形如卍字，依宝衣幢海住，一切华庄严帐云弥覆其上，九佛刹微尘数世界围绕，佛号广大目如空中净月。此上过佛刹微尘数世界，有世界名微尘数音声，其状犹如因陀罗网，依一切宝水海住，一切乐音宝盖云弥覆其上，十佛刹微尘数世界围绕，纯一清净，佛号金色须弥灯。此上过佛刹微尘数世界，有世界名宝色庄严形如卍字，依帝释形宝王海住，日光明华云弥覆其上，十一佛刹微尘数世界围绕，佛号回照法界光明智。此上过佛刹微尘数世界，有世界名金色妙光，其状犹如广大城廓，依一切宝庄严海住，道场宝华云弥覆其上，十二佛刹微尘数世界围绕，佛号宝灯普照幢。此上过佛刹微尘数世界，有世界名遍照光明轮，状如华旋，依宝衣旋海住，佛音声宝王楼阁云弥覆其上，十三佛刹微尘数世界围绕，纯一清净，佛号莲华焰遍照。此上过佛刹微尘数世界，有世界名宝藏庄严状如四洲，依宝璎珞须弥住，宝焰摩尼云弥覆其上，十四佛刹微尘数世界围绕，佛号无尽福开敷华。此上过佛刹微尘数世界，有世界名如镜像普现，其状犹如阿修罗身，依金刚莲华海住，宝冠光影云弥覆其上，十五佛刹微尘数世界围绕，佛号甘露音。此上过佛刹微尘数世界，有世界名栴檀月；其形八隅，依金刚栴檀宝海住，真珠华摩尼云弥覆其上，十六佛刹微尘数世界围绕，纯一清净，佛号最胜法无等智。此上过佛刹微尘数世界，有世界名离垢光明，其状犹如香水旋流，依无边色宝光海住，妙香光明云弥覆其上，十七佛刹微尘数世界围绕，佛号遍照虚空光明音。此上过佛刹微尘数世界，有世界名妙华庄严，其状犹如旋绕之形，依一切华海住，一切乐音摩尼云弥覆其上，十八佛刹微尘数世界围绕，佛号普现胜光明。此上过佛刹微尘数世界，有世界名胜音庄严，其状犹如师子之座，依金师子座海住，众色莲华藏师子座云弥覆其上，十九佛刹微尘数世界围绕，佛号无边功德称普光明。此上过佛刹微尘数世界，有世界名高胜灯状如佛掌，依宝衣服香幢海住，日轮普照宝王楼阁云弥覆其上，二十佛刹微尘数世界围绕，纯一清净，佛号普照虚空灯。

"诸佛子！此离垢焰藏香水海南，次有香水海，名无尽光明轮，世界种名佛幢庄严，以一切佛功德海音声为体。此中最下方，有世界名爱见华，状如宝轮，依摩尼树藏宝王海住，化现菩萨形宝藏云弥覆其上，佛刹微尘数世界围绕，纯一清净，佛号莲华光欢喜面。此上过佛刹微尘数世界，有世界名妙音，佛号须弥宝灯。此上过佛刹微尘数世界，有世界名众宝庄严光，佛号法界音声幢。此上过佛刹微尘数世界，有世界名香藏金刚，佛号光明音。此上过佛刹微尘数世界，有世界名净妙音，佛号最胜精进力。此上过佛刹微尘数世界，有世界名宝莲华庄严，佛号法城云雷音。此上过佛刹微尘数世界，有世界名与安乐，佛号大名称智慧灯。此上过佛刹微尘数世界，有世界名无垢网，佛号师子光功德海。此上过佛刹微尘数世界，有世界名华林幢遍照，佛号大智莲华光。此上过佛刹微尘数世界，有世界名无量庄严，佛号普眼法界幢。此上过佛刹微尘数世界，有世界名普光宝庄严，佛号胜智大商主。此上过佛刹微尘数世界，有世界名华王，佛号月光幢。此上过佛刹微尘数世界，有世界名离垢藏，佛号清净觉。此上过佛刹微尘数世界，有世界名宝光明，佛号一切智虚空灯。此上过佛刹微尘数世界，有世界名出生宝璎珞，佛号诸度福海相光明。此上过佛刹微尘数世界，有世界名妙轮遍覆，佛号调伏一切染著心令欢喜。此上过佛刹微尘数世界，有世界名宝华幢，佛号广博功德音大名称。此上过佛刹微尘数世界，有世界名无量庄严，佛号平等智光明功德海。此上过佛刹微尘数世界，有世界名无尽光庄严幢，状如莲华，依一切宝网海住，莲华光摩尼网弥覆其上，二十佛刹微尘数世界围绕，纯一清净，佛号法界净光明。

"诸佛子！此无尽光明轮香水海右旋，次有香水海，名金刚宝焰光，世界种，名佛光庄严藏，以称说一切如来名音声为体。此中最下方，有世界名宝焰莲华，其状犹如摩尼色眉间毫相，依一切宝色水漩海住，一切庄严楼阁云弥覆其上，佛刹微尘数世界围绕，纯一清净，佛号无垢宝光明。此上过佛刹微尘数世界，有世界名火焰藏，佛号无碍自在智慧光。此上过佛刹微尘数世界，有世界名宝轮妙庄严，佛号一切宝光明。此上过佛刹微尘数世界，有世界名栴檀树华幢，佛号清净智光明。此上过佛刹微尘数世界，有世界名佛刹妙庄严，佛号广大欢喜音。此上过佛刹微尘数世界，有世界名妙光庄严，佛号法界自在智。此上过佛刹微尘数世界，有世界名无边相，佛号无碍智。此上过佛刹微尘数世界，有世界名焰云幢，佛号演说不退轮。此上过佛刹微尘数世界，有世界名众宝庄严清净轮，佛号离垢华光明。此上过佛刹微尘数世界，有世界名广大出离，佛号无碍智日眼。此上过佛刹微尘数世界，有世界名妙庄严金刚座，佛号法界智大光明。此上过佛刹微尘数世界，有世界名智慧普庄严，佛号智炬光明王。此上过佛刹微尘数世界，有世界名莲华池深妙音，佛号一切智普照。此上过佛刹微尘数世界，有世界名种种色光明，佛号普光华王云。此上过佛刹微尘数世界，有世界名妙宝幢，佛号功德光。此上过佛刹微尘数世界，有世界名摩尼华毫相光，佛号普音云。此上过佛刹微尘数世界，有世界名甚深海，佛号十方众生主。此上过佛刹微尘数世界，有世界名须弥光，佛号法界普智音。此上过佛刹微尘数世界，有世界名金莲华，佛号福德藏普光明。此上过佛刹微尘数世界，有世界名宝庄严藏，形如卐字，依一切香摩尼庄严树海住，清净光明云弥覆其上，二十佛刹微尘数世界围绕，纯一清净，佛号大变化光明网。

"诸佛子！此金刚宝焰香水海右旋，次有香水海，名帝青宝庄严，世界种，名光照十方，依一切妙庄严莲华香云住，无边佛音声为体。于此最下方，有世界名十方无尽色藏轮，其状周回，有无量角，依无边色一切宝藏海住，因陀罗网而覆其上，佛刹微尘数世界围绕，纯一清净，佛号莲华眼光明遍照。此上过佛刹微尘数世界，有世界名净妙庄严藏，佛号无上慧大师子。此上过佛刹微尘数世界，有世界名出现莲华座，佛号遍照法界光明王。此上过佛刹微尘数世界，有世界名宝幢音，佛号大功德普名称。此上过佛刹微尘数世界，有世界名金刚宝庄严藏，佛号莲华日光明。此上过佛刹微尘数世界，有世界名因陀罗华月，佛号法自在智慧幢。此上过佛刹微尘数世界，有世界名妙轮藏，佛号大喜清净音。此上过佛刹微尘数世界，有世界名妙音藏，佛号大力善商主。此上过佛刹微尘数世界，有世界名清净月，佛号须弥光智慧力。此上过佛刹微尘数世界，有世界名无边庄严相，佛号方便愿净月光。此上过佛刹微尘数世界，有世界名妙华音，佛号法海大愿音。此上过佛刹微尘数世界，有世界名一切宝庄严，佛号功德宝光明相。此上过佛刹微尘数世界，有世界名坚固地，佛号美音最胜天。此上过佛刹微尘数世界，有世界名普光善化，佛号大精进寂静慧。此上过佛刹微尘数世界，有世界名善守护庄严行，佛号见者生欢喜。此上过佛刹微尘数世界，有世界名栴檀宝华藏，佛号甚深不可动智慧光遍照。此上过佛刹微尘数世界，有世界名现种种色相海，佛号普放不思议胜义王光明。此上过佛刹微尘数世界，有世界名化现十方大光明，佛号胜功德威光无与等。此上过佛刹微尘数世界，有世界名须弥云幢，佛号极净光明眼。此上过佛刹微尘数世界，有世界名莲华遍照，其状周圆，依无边色众妙香摩尼海住，一切乘庄严云弥覆其上，二十佛刹微尘数世界围绕，纯一清净，佛号解脱精进日。

"诸佛子！此帝青宝庄严香水海右旋，次有香水海，名金刚轮庄严底，世界种，名妙宝间错因陀罗网，普贤智所生音声为体。此中最下方，有世界名莲华网，其状犹如须弥山形，依众妙华山幢海住，佛境界摩尼王帝网云而覆其上，佛刹微尘数世界围绕，纯一清净，佛号法身普觉慧。此上过佛刹微尘数世界，有世界名无尽日光明，佛号最胜大觉慧。此上过佛刹微尘数世界，有世界名普放妙光明，佛号大福云无尽力。此上过佛刹微尘数世界，有世界名树华幢，佛号无边智法界音。此上过佛刹微尘数世界，有世界名真珠盖，佛号波罗蜜师子频申。此上过佛刹微尘数世界，有世界名无边音，佛号一切智妙觉慧。此上过佛刹微尘数世界，有世界名普见树峰，佛号普现众生前。此上过佛刹微尘数世界，有世界名师子帝网光，佛号无垢日金色光焰云。此上过佛刹微尘数世界，有世界名众宝间错，佛号帝幢最胜慧。此上过佛刹微尘数世界，有世界名无垢光明地，佛号一切力清净月。此上过佛刹微尘数世界，有世界名恒出叹佛功德音，佛号如虚空普觉慧。此上过佛刹微尘数世界，有世界名高焰藏，佛号化现十方大云幢。此上过佛刹微尘数世界，有世界名光严道场，佛号无等智遍照。此上过佛刹微尘数世界，有世界名出生一切宝庄严，佛号广度众生神通王。此上过佛刹微尘数世界，有世界名光严妙宫殿，佛号一切义成广大慧。此上过佛刹微尘数世界，有世界名离尘寂静，佛号不唐现。此上过佛刹微尘数世界，有世界名摩尼华幢，佛号悦意吉祥音。此上过佛刹微尘数世界，有世界名普云藏，其状犹如楼阁之形，依种种宫殿香水海住，一切宝灯云弥覆其上，二十佛刹微尘数世界围绕，纯一清净，佛号最胜觉神通王。

"诸佛子！此金刚轮庄严底香水海右旋，次有香水海，名莲华因陀罗网，世界种，名普现十方影，依一切香摩尼庄严莲华住，一切佛智光音声为体。此中最下方，有世界名众生海宝光明，其状犹如真珠之藏，依一切摩尼璎珞海漩住，水光明摩尼云而覆其上，佛刹微尘数世界围绕，纯一清净，佛号不思议功德遍照月。此上过佛刹微尘数世界，有世界名妙香轮，佛号无量力幢。此上过佛刹微尘数世界，有世界名妙光轮，佛号法界光音觉悟慧。此上过佛刹微尘数世界，有世界名吼声摩尼幢，佛号莲华光恒垂妙臂。此上过佛刹微尘数世界，有世界名极坚固轮，佛号不退转功德海光明。此上过佛刹微尘数世界，有世界名众行光庄严，佛号一切智普胜尊。此上过佛刹微尘数世界，有世界名师子座遍照，佛号师子光无量力觉慧。此上过佛刹微尘数世界，有世界名宝焰庄严，佛号一切法清净智。此上过佛刹微尘数世界，有世界名无量灯，佛号无忧相。此上过佛刹微尘数世界，有世界名常闻佛音，佛号自然胜威光。此上过佛刹微尘数世界，有世界名清净变化，佛号金莲华光明。此上过佛刹微尘数世界，有世界名普入十方，佛号观法界频申慧。此上过佛刹微尘数世界，有世界名炽然焰，佛号光焰树紧那罗王。此上过佛刹微尘数世界，有世界名香光遍照，佛号香灯善化王。此上过佛刹微尘数世界，有世界名无量华聚轮，佛号普现佛功德。此上过佛刹微尘数世界，有世界名众妙普清净，佛号一切法平等神通王。此上过佛刹微尘数世界，有世界名金光海，佛号十方自在大变化。此上过佛刹微尘数世界，有世界名真珠华藏，佛号法界宝光明不可思议慧。此上过佛刹微尘数世界，有世界名帝释须弥师子座，佛号胜力光。此上过佛刹微尘数世界，有世界名无边宝普照，其形四方，依华林海住，普雨无边色摩尼王帝网弥覆其上，二十佛刹微尘数世界围绕，纯一清净，佛号遍照世间最胜音。

"诸佛子！此莲华因陀罗网香水海右旋，次有香水海，名积集宝香藏，世界种，名一切威德庄严，以一切佛法轮音声为体。此中最下方，有世界名种种出生，形如金刚，依种种金刚山幢住，金刚宝光云而覆其上，佛刹微尘数世界围绕，纯一清净，佛号莲华眼。此上过佛刹微尘数世界，有世界名喜见音，佛号生喜乐。此上过佛刹微尘数世界，有世界名宝庄严幢，佛号一切智。此上过佛刹微尘数世界，有世界名多罗华普照，佛号无垢寂妙音。此上过佛刹微尘数世界，有世界名变化光，佛号清净空智慧月。此上过佛刹微尘数世界，有世界名众妙间错，佛号开示福德海密云相。此上过佛刹微尘数世界，有世界名一切庄严具妙音声，佛号欢喜云。此上过佛刹微尘数世界，有世界名莲华池，佛号名称幢。此上过佛刹微尘数世界，有世界名一切宝庄严，佛号频申观察眼。此上过佛刹微尘数世界，有世界名净妙华，佛号无尽金刚智。此上过佛刹微尘数世界，有世界名莲华庄严城，佛号日藏眼普光明。此上过佛刹微尘数世界，有世界名无量树峰，佛号一切法雷音。此上过佛刹微尘数世界，有世界名日光明，佛号开示无量智。此上过佛刹微尘数世界，有世界名依止莲华叶，佛号一切福德山。此上过佛刹微尘数世界，有世界名风普持，佛号日曜根。此上过佛刹微尘数世界，有世界名光明显现，佛号身光普照。此上过佛刹微尘数世界，有世界名香雷音金刚宝普照，佛号最胜华开敷相。此上过佛刹微尘数世界，有世界名帝网庄严，形如栏楯，依一切庄严海住，光焰楼阁云弥覆其上，二十佛刹微尘数世界围绕，纯一清净，佛号示现无畏云。

"诸佛子！此积集宝香藏香水海右旋，次有香水海，名宝庄严，世界种，名普无垢，以一切微尘中佛刹神变声为体。此中最下方，有世界名净妙平坦，形如宝身，依一切宝光轮海住，种种栴檀摩尼真珠云而覆其上，佛刹微尘数世界围绕，纯一清净，佛号难摧伏无等幢。此上过佛刹微尘数世界，有世界名炽然妙庄严，佛号莲华慧神通王。此上过佛刹微尘数世界，有世界名微妙相轮幢，佛号十方大名称无尽光。此上过佛刹微尘数世界，有世界名焰藏摩尼妙庄严，佛号大智慧见闻皆欢喜。此上过佛刹微尘数世界，有世界名妙华庄严，佛号无量力最胜智。此上过佛刹微尘数世界，有世界名出生净微尘，佛号超胜梵。此上过佛刹微尘数世界，有世界名普光明变化香，佛号香象金刚大力势。此上过佛刹微尘数世界，有世界名光明旋，佛号义成善名称。此上过佛刹微尘数世界，有世界名宝璎珞海，佛号无比光遍照。此上过佛刹微尘数世界，有世界名妙华灯幢，佛号究竟功德无碍慧灯。此上过佛刹微尘数世界，有世界名善巧庄严，佛号慧日波罗蜜。此上过佛刹微尘数世界，有世界名栴檀华普光明，佛号无边慧法界音。此上过佛刹微尘数世界，有世界名帝网幢，佛号灯光迥照。此上过佛刹微尘数世界，有世界名净华轮，佛号法界日光明。此上过佛刹微尘数世界，有世界名大威曜，佛号无边功德海法轮音。此上过佛刹微尘数世界，有世界名同安住宝莲华池，佛号开示入不可思议智。此上过佛刹微尘数世界，有世界名平坦地，佛号功德宝光明王。此上过佛刹微尘数世界，有世界名香摩尼聚，佛号无尽福德海妙庄严。此上过佛刹微尘数世界，有世界名微妙光明，佛号无等力普遍音。此上过佛刹微尘数世界，有世界名十方普坚固庄严照耀，其形八隅，依心王摩尼轮海住，一切宝庄严帐云弥覆其上，二十佛刹微尘数世界围绕，纯一清净，佛号普眼大明灯。

"诸佛子！此宝庄严香水海右旋，次有香水海，名金刚宝聚，世界种，名法界行，以一切菩萨地方便法音声为体。此中最下方，有世界名净光照耀，形如珠贯，依一切宝色珠璎海住，菩萨珠髻光明摩尼云而覆其上，佛刹微尘数世界围绕，纯一清净，佛号最胜功德光。此上过佛刹微尘数世界，有世界名妙盖，佛号法自在慧。此上过佛刹微尘数世界，有世界名宝庄严师子座，佛号大龙渊。此上过佛刹微尘数世界，有世界名出现金刚座，佛号升师子座莲华台。此上过佛刹微尘数世界，有世界名莲华胜音，佛号智光普开悟。此上过佛刹微尘数世界，有世界名善惯习，佛号持地妙光王。此上过佛刹微尘数世界，有世界名喜乐音，佛号法灯王。此上过佛刹微尘数世界，有世界名摩尼藏因陀罗网，佛号不空见。此上过佛刹微尘数世界，有世界名众妙地藏，佛号焰身幢。此上过佛刹微尘数世界，有世界名金光轮，佛号净治众生行。此上过佛刹微尘数世界，有世界名须弥山庄严，佛号一切功德云普照。此上过佛刹微尘数世界，有世界名众树形，佛号宝华相净月觉。此上过佛刹微尘数世界，有世界名无怖畏，佛号最胜金光炬。此上过佛刹微尘数世界，有世界名大名称龙王幢，佛号观等一切法。此上过佛刹微尘数世界，有世界名示现摩尼色，佛号变化日。此上过佛刹微尘数世界，有世界名光焰灯庄严，佛号宝盖光遍照。此上过佛刹微尘数世界，有世界名香光云，佛号思惟慧。此上过佛刹微尘数世界，有世界名无怨仇，佛号精进胜慧海。此上过佛刹微尘数世界，有世界名一切庄严具光明幢，佛号普现悦意莲华自在王。此上过佛刹微尘数世界，有世界名毫相庄严，形如半月，依须弥山摩尼华海住，一切庄严炽盛光摩尼王云弥覆其上，二十佛刹微尘数世界围绕，纯一清净，佛号清净眼。

　　"诸佛子！此金刚宝聚香水海右旋，次有香水海，名天城宝堞，世界种，名灯焰光明，以普示一切平等法轮音为体。此中最下方，有世界名宝月光焰轮，形如一切庄严具，依一切宝庄严华海住，琉璃色师子座云而覆其上。佛刹微尘数世界围绕，纯一清净，佛号日月自在光。此上过佛刹微尘数世界，有世界名须弥宝光，佛号无尽法宝幢。此上过佛刹微尘数世界，有世界名众妙光明幢，佛号大华聚。此上过佛刹微尘数世界，有世界名摩尼光明华，佛号人中最自在。此上过佛刹微尘数世界，有世界名普音，佛号一切智遍照。此上过佛刹微尘数世界，有世界名大树紧那罗音，佛号无量福德自在龙。此上过佛刹微尘数世界，有世界名无边净光明，佛号功德宝华光。此上过佛刹微尘数世界，有世界名最胜音，佛号一切智庄严。此上过佛刹微尘数世界，有世界名众宝间饰，佛号宝焰须弥山。此上过佛刹微尘数世界，有世界名清净须弥音，佛号出现一切行光明。此上过佛刹微尘数世界，有世界名香水盖，佛号一切波罗蜜无碍海。此上过佛刹微尘数世界，有世界名师子华网，佛号宝焰幢。此上过佛刹微尘数世界，有世界名金刚妙华灯，佛号一切大愿光。此上过佛刹微尘数世界，有世界名一切法光明地，佛号一切法广大真实义。此上过佛刹微尘数世界，有世界名真珠末平坦庄严，佛号胜慧光明网。此上过佛刹微尘数世界，有世界名琉璃华，佛号宝积幢。此上过佛刹微尘数世界，有世界名无量妙光轮，佛号大威力智海藏。此上过佛刹微尘数世界，有世界名明见十方，佛号净修一切功德幢。此上过佛刹微尘数世界，有世界名可爱乐梵音，形如佛手，依宝光网海住，菩萨身一切庄严云弥覆其上，二十佛刹微尘数世界围绕，纯一清净，佛号普照法界无碍光。"

【白话语译】

这时，普贤菩萨又对大众说："诸佛子啊！在无边妙华光香水海的东方，有一个香水海，名为离垢焰藏香水海。在这个香水海中绽开一朵大莲华，名为一切香摩尼王妙庄严大莲华，有遍照刹旋世界种安住在莲华上，这个世界种是以菩萨行吼音为本体。

"在这个世界种的最下方，有一个世界，名为宫殿庄严幢世界，呈四方形，依止于一切宝庄严海而安住，上方覆盖有莲华光网云，周遭有一个佛刹微尘数世界围绕，这些世界都是纯一清净。庄严幢世界的佛陀，名为眉间光遍照如来。

"庄严幢世界的上方，过佛刹微尘数世界之外，有一个世界，名为德华藏世界。国土为圆形，依止于一切宝华蕊海安住，上方覆盖有真珠幢师子座云，周遭有二个佛刹微尘数世界围绕。德华藏世界的佛陀，名为一切无边法海慧如来。

"德华藏世界的上方，过佛刹微尘数世界之外，有一个世界，名为善变化妙香轮世界。国土形状如金刚，依止于一切宝庄严铃网海安住，上方覆盖有种种庄严圆光云，周遭有三个佛刹微尘数世界围绕。妙香轮世界的佛陀，名为功德相光明普照如来。

"妙香轮世界的上方，过佛刹微尘数世界之外，有一个世界，名为妙色光明世界。国土的形状如摩尼宝轮，依止于无边色宝香水海安住，上方覆盖有普光明真珠楼阁云，周遭有四个佛刹微尘数世界围绕，这些世界都是纯一清净。妙色光明世界的佛陀，名为善眷属出兴遍照如来。

"妙色光明世界的上方，过佛刹微尘数世界之外，有一个世界，名为善盖覆世界。国土形状宛如莲华，依止于金刚香水海安住，上方覆盖有离尘光明香水云，周遭有五个佛刹微尘数世界围绕。善盖覆世界的佛陀，名为法喜无尽慧如来。

"善盖覆世界的上方，过佛刹微尘数世界之外，有一个世界，名为尸利华光轮世界。国土形状为三角形，依止于一切坚固宝庄严海安住，上方有菩萨摩尼冠光明覆盖，周遭有六个佛刹微尘数世界围绕。华光轮世界的佛陀，名为清净普光明云如来。

"华光轮世界的上方，过佛刹微尘数世界之外，有一个世界，名为宝莲华庄严世界。这个世界呈半月形，依止于一切莲华庄严海安住，上方有一切宝华云覆盖，周遭有七个佛刹微尘数世界围绕，这些世界都是纯一清净。宝莲华世界的佛陀，名为功德华清净眼如来。

"宝莲华世界的上方，过佛刹微尘数世界之外，有一个世界，名为无垢焰庄严世界。国土形状如宝灯行列，依止于宝焰藏海安住，上方有常雨香水种种身云覆盖，周遭有八个佛刹微尘数世界围绕。无垢焰世界的佛陀，名为慧力无能胜如来。

"无垢焰世界的上方，过佛刹微尘数世界之外，有一个世界，名为妙梵音世界。国土呈卍字形，依止于宝衣幢海安住，上方有一切华庄严帐云覆盖，周遭有九个佛刹微尘数世界围绕。妙梵音世界的佛陀，名为广大目如空中净月如来。

"妙梵音世界的上方，过佛刹微尘数世界之外，有一个世界，名为微尘数音声世界。国土形状如因陀罗网，依止于一切宝水海安住，天上有一切乐音宝盖云覆盖，周遭有十个佛刹微尘数的世界围绕，这些世界都是纯一清净。音声世界的佛陀，名为金色须弥灯如来。

"音声世界的上方，过佛刹微尘数世界之外，有一个世界，名为宝色庄严世界。国土形状如卍字，依止于帝释形宝王海安住，上方有日光明华云覆盖，周遭有十一个佛刹微尘数的世界围绕。宝色庄严世界的佛陀，名为回照法界光明智如来。

"宝色庄严世界之上，过佛刹微尘数世界之外，有一个世界，名为金色妙光世界。国土形状如大城郭，依止于一切宝庄严海安住，上方有道场宝华云覆盖，周遭有十二个佛刹微尘数世界围绕。金色妙光世界的佛陀，名为宝灯普照幢如来。

"金色妙光世界的上方，过佛刹微尘数世界之外，有一个世界，名为遍照光明轮世界。国土形状如华旋，依止于宝衣旋海安住，上方有佛音声宝王楼阁云覆盖，周遭有十三个佛刹微尘数世界围绕，都是纯一清净的世界。光明轮世界的佛陀，名为莲华焰遍照如来。

"光明轮世界的上方，过佛刹微尘数世界之外，有一个世界，名为宝藏庄严世界。国土形状如四大部洲，依止于宝璎珞须弥山安住，上方有宝焰摩尼云覆盖，周遭有十四个佛刹微尘数的世界围绕。宝藏世界的佛陀，名为无尽福开敷华如来。

"宝藏世界的上方，过佛刹微尘数世界之外，有一个世界，名为如镜像普现世界。国土形状如阿修罗身，依止于金刚莲华海安住，上方有宝冠光影云覆盖，周遭有十五个佛刹微尘数的世界围绕。镜像世界的佛陀，名为甘露音如来。

"镜像世界的上方，过佛刹微尘数世界之外，有一个世界，名为栴檀月世界。国土呈八角形，依止于金刚栴檀宝海安住，上方有真珠华摩尼云覆盖，周遭有十六个佛刹微尘数的世界围绕，都是纯一清净的世界。栴檀月世界的佛陀，名为最胜法无等智如来。

"栴檀月世界的上方，过佛刹微尘数世界之外，有一个世界，名为离垢光明世界。国土形状如香水漩流，依止于无边色宝光海安住，上方有妙香光明云覆盖，周遭有十七个佛刹微尘数的世界围绕。离垢光明世界的佛陀，名为遍照虚空光明音如来。

"离垢光明世界的上方，过佛刹微尘数世界之外，有一个世界，名为妙华庄严世界。国土犹如旋绕之形，依止于一切华海安住，上方有一切乐音摩尼云覆盖，周遭有十八个佛刹微尘数的世界围绕。妙华世界的佛陀，名为普现胜光明如来。

"妙华世界的上方，过佛刹微尘数世界之外，有一个世界，名为胜音庄严世界。国土形状如师子宝座，依止于金师子座海安住，上方有众色莲华藏师子座云覆盖，周遭有十九个佛刹微尘数的世界围绕。胜音世界的佛陀，名为无边功德称普光明如来。

"胜音世界的上方，过佛刹微尘数世界之外，有一个世界，名为高胜灯世界。国土形状宛如佛掌，依止于宝衣服香幢海安住，上方有日轮普照宝王楼阁云覆盖，周遭有二十个佛刹微尘数的世界围绕，都是纯一清净的世界。高胜灯世界的佛陀，名为普照虚空灯如来。

"诸佛子啊！在离垢焰藏香水海的南方，依次有一个香水海，名为无尽光明轮香水海。其中有世界种，名为佛幢庄严世界种，是以一切佛功德海的音声为体性。

"在这个世界种的最下方，有一个世界，名为爱见华世界。此世界的形状犹如宝轮，依止于摩尼树藏宝王海安住，上方化现菩萨形宝藏云覆盖，周遭有一个佛刹微尘数的世界围绕，都是纯一清净的世界。爱见华世界的佛陀，名为莲华光欢喜面如来。

"爱见华世界的上方，过佛刹微尘数世界之外，有一个世界，名为妙音世界；佛号名为须弥宝灯如来。

"妙音世界的上方，过佛刹微尘数世界之外，有一个世界，名为众宝庄严光世界；佛号名为法界音声幢如来。

"众宝世界的上方，过佛刹微尘数世界之外，有一个世界，名为香藏金刚世界；佛号名为光明音如来。

"香藏世界的上方，过佛刹微尘数世界之外，有一个世界，名为净妙音世界；佛号名为最胜精进力如来。

"净妙音世界的上方，过佛刹微尘数世界之外，有一个世界，名为宝莲华庄严世界；佛号名为法城云雷音如来。

"宝莲华世界的上方，过佛刹微尘数世界之外，有一个世界，名为与安乐世界；佛号名为大名称智慧灯如来。

"与安乐世界的上方，过佛刹微尘数世界之外，有一个世界，名为无垢网世界；佛号名为师子光功德海如来。

"无垢网世界的上方，过佛刹微尘数世界之外，有一个世界，名为华林幢遍照世界；佛号名为大智莲华光如来。

"遍照世界的上方，过佛刹微尘数世界之外，有一个世界，名为无量庄严世界；佛号名为普眼法界幢如来。

"无量庄严世界的上方，过佛刹微尘数世界之外，有一个世界，名为"普光宝庄严世界；佛号名为胜智大商主如来。

"普光宝世界的上方，过佛刹微尘数世界之外，有一个世界，名为华王世界；佛号名为月光幢如来。

"华王世界的上方，过佛刹微尘数世界之外，有一个世界，名为离垢藏世界；佛号名为清净觉如来。

"离垢藏世界的上方，过佛刹微尘数世界之外，有一个世界，名为宝光明世界；佛号名为一切智虚空灯如来。

"宝光明世界的上方，过佛刹微尘数世界之外，有一个世界，名为出生宝璎珞世界；佛号名为诸度福海相光明如来。

"宝璎珞世界的上方，过佛刹微尘数世界之外，有一个世界，名为妙轮遍覆世界；佛号名为调伏一切染着心令欢喜如来。

"妙轮世界的上方，过佛刹微尘数世界之外，有一个世界，名为宝华幢世界；佛号名为广博功德音大名称如来。

"宝华幢世界的上方，过佛刹微尘数世界之外，有一个世界，名为无量庄严世界；佛号名为平等智光明功德海如来。

"无量庄严世界的上方，过佛刹微尘数世界之外，有一个世界，名为无尽光庄严幢世界。形状宛如莲华，依止于一切宝网海安住，上方有莲华光摩尼网覆盖，周遭有二十个佛刹微尘数的世界围绕，都是纯一清净的世界。无尽光明世界的佛陀，名为法界净光明如来。

"诸佛子啊！紧临于无尽光明轮香水海右旋，依次又有一个香水海，名为金刚宝焰光香水海；其中有世界种，名为佛光庄严藏世界种，这个世界种是以称说一切如来名号的音声为体性。

"在佛光世界种的最下方，有一个世界，名为宝焰莲华世界。其国土的形状犹如摩尼色的眉间毫相，依止在一切宝色水漩海安住，上方并有一切庄严楼阁云覆盖，四周则有一个佛刹微尘数的世界围绕，都是纯一清净的世界。宝焰莲华世界的佛陀，名为无垢宝光明如来。

"宝焰莲华世界的上方，过佛刹微尘数世界之外，有一个世界，名为光焰藏世界；佛号名为无碍自在智慧光如来。

"光焰藏世界的上方，过佛刹微尘数世界之外，有一个世界，名为宝轮妙庄严世界；佛号名为一切宝光明如来。

"宝轮妙庄严世界的上方，过佛刹微尘数世界之外，有一个世界，名为栴檀树华幢世界；佛号名为清净智光明如来。

"栴檀树幢世界的上方，过佛刹微尘数世界之外，有一个世界，名为佛刹妙庄严世界；佛号名为广大欢喜音如来。

"佛刹世界的上方，过佛刹微尘数世界之外，有一个世界，名为妙光庄严世界；佛号名为法界自在智如来。

"妙光庄严世界的上方，过佛刹微尘数世界之外，有一个世界，名为无边相世界；佛号名为无碍智如来。

"无边相世界的上方，过佛刹微尘数世界之外，有一个世界，名为焰云幢世界；佛号名为演说不退轮如来。

"焰云幢世界的上方，过佛刹微尘数世界之外，有一个世界，名为众宝庄严清净轮世界；佛号名为离垢华光明如来。

"众宝净世界的上方，过佛刹微尘数世界之外，有一个世界，名为广大出离世界；佛号名为无碍智日眼如来。

"广大出离世界的上方，过佛刹微尘数世界之外，有一个世界，名为妙庄严金刚座世界；佛号名为法界智大光明如来。

"金刚座世界的上方，过佛刹微尘数世界之外，有一个世界，名为智慧普庄严世界；佛号名为智炬光明王如来。

"智慧普世界的上方，过佛刹微尘数世界之外，有一个世界，名为莲华池深妙音世界；佛号名为一切智普照如来。

"莲华池世界的上方，过佛刹微尘数世界之外，有一个世界，名为种种色光明世界；佛号名为普光华王云如来。

"色光明世界的上方，过佛刹微尘数世界之外，有一个世界，名为妙宝幢世界；佛号名为功德光如来。

"妙宝幢世界的上方，过佛刹微尘数世界之外，有一个世界，名为摩尼华毫相光世界；佛号名为普音云如来。

"毫相光世界的上方，过佛刹微尘数世界之外，有一个世界，名为甚深海世界；佛号名为十方众生主如来。

"甚深海世界的上方，过佛刹微尘数世界之外，有一个世界，名为须弥光世界；佛号名为法界普智音如来。

"须弥光世界的上方，过佛刹微尘数世界之外，有一个世界，名为金莲华世界；佛号名为福德藏普光明如来。

"金莲华世界的上方，过佛刹微尘数世界之外，有一个世界，名为宝庄严藏世界。国土形状宛如卍字，依止在一切香摩尼庄严树海上安住，上方有清净光明云覆盖，周遭有二十个佛刹微尘数的世界围绕，都是纯一清净的世界。宝庄严藏世界的佛号为大变化光明网如来。

"诸佛子啊！紧临于金刚宝焰香水海右旋，依次有香水海，名为帝青宝庄严香水海。在此香水海中有一个世界种，名为光照十方世界种，依止在一切妙庄严莲华香云上安住，以无边佛陀的音声为体性。

"在光照十方世界种的最下方，有一个世界，名为十方无尽色藏轮世界。这个世界呈周回形，四周有无数个角，依止在无边色一切宝藏海上安住，上方有因陀罗网覆盖，周遭有一个佛刹微尘数的世界围绕，都是纯一清净的世界。无尽色藏轮世界的佛陀，名为莲华眼光明遍照如来。

"无尽色藏轮世界上方，过佛刹微尘数世界之外，有一个世界，名为净妙庄严藏世界；佛号名为无上慧大师子如来。

"净妙藏世界上方，过佛刹微尘数世界之外，有一个世界，名为出现莲华座世界；佛号名为遍照法界光明王如来。

"出现莲华座世界上方，过佛刹微尘数世界之外，有一个世界，名为宝幢音世界；佛号名为大功德普名称如来。

"宝幢音世界上方，过佛刹微尘数世界之外，有一个世界，名为金刚宝庄严藏世界；佛号名为莲华日光明如来。

"金刚宝世界上方，过佛刹微尘数世界之外，有一个世界，名为因陀罗华月世界；佛号名为法自在智慧幢如来。

"华月世界上方，过佛刹微尘数世界之外，有一个世界，名为妙轮藏世界；佛号名为大喜清净音如来。

"妙轮藏世界上方，过佛刹微尘数世界之外，有一个世界，名为妙音藏世界；佛号名为大力善商主如来。

"妙音藏世界上方，过佛刹微尘数世界之外，有一个世界，名为清净月世界；佛号名为须弥光智慧力如来。

"清净月世界上方，过佛刹微尘数世界之外，有一个世界，名为无边庄严相世界；佛号名为方便愿净月光如来。

"无边庄严相世界上方，过佛刹微尘数世界之外，有一个世界，名为妙华音世界；佛号名为法海大愿音如来。

"妙华音世界上方，过佛刹微尘数世界之外，有一个世界，名为一切宝庄严世界；佛号名为功德宝光明相如来。

"一切宝世界上方，过佛刹微尘数世界之外，有一个世界，名为坚固地世界；佛号名为美音最胜天如来。

"坚固地世界上方，过佛刹微尘数世界之外，有一个世界，名为普光善化世界；佛号名为大精进寂静慧如来。

"善化世界上方，过佛刹微尘数世界之外，有一个世界，名为善守护庄严行世界；佛号名为见者生欢喜如来。

"善守护世界上方，过佛刹微尘数世界之外，有一个世界，名为栴檀宝华藏世界；佛号名为甚深不可动智慧光遍照如来。

"栴檀宝华世界上方，过佛刹微尘数世界之外，有一个世界，名为现种种色相海世界；佛号名为普放不思议胜义王光明如来。

"现色相海世界上方，过佛刹微尘数世界之外，有一个世界，名为化现十方大光明世界；佛号名为胜功德威光无与等如来。

"十方大光明世界上方，过佛刹微尘数世界之外，有一个世界，名为须弥云幢世界；佛号名为极净光明眼如来。

"须弥云幢世界上方，过佛刹微尘数世界之外，有一个世界，名为莲华遍照世界。国土为圆形，依止于无边色众妙香摩尼海安住，上方有一切乘庄严云覆盖，周遭有二十个佛刹微尘数的世界围绕，都是纯一清净的世界。莲华遍照世界的佛陀，名为解脱精进日如来。

"诸佛子啊！紧临于帝青宝庄严香水海右旋，依次有香水海，名为金刚轮庄严底香水海。金刚轮香水海中，有一个世界种，名为妙宝间错因陀罗网世界种，以普贤智慧所生的音声为体性。在这个世界种的最下方，有一个世界，名为莲华网世界，国土的形状犹如须弥山，依止于众妙华山幢海上安住，上方覆盖着佛境界摩尼王帝网云，周遭有一个佛刹微尘数的世界围绕，都是纯一清净的世界。莲华网世界的佛陀，名为法身普觉慧如来。

"莲华网世界上方，过佛刹微尘数世界之外，有一个世界，名为无尽日光明世界；佛号名为最胜大觉慧如来。

"日光明世界上方，过佛刹微尘数世界之外，有一个世界，名为普放妙光明世界；佛号名为大福云无尽力如来。

"普放妙光明世界上方，过佛刹微尘数世界之外，有一个世界，名为树华幢世界；佛号名为无边智法界音如来。

"树华幢世界上方，过佛刹微尘数世界之外，有一个世界，名为真珠盖世界；佛号名为波罗蜜师子频申如来。

"真珠盖世界上方，过佛刹微尘数世界之外，有一个世界，名为无边音世界；佛号名为一切智妙觉慧如来。

"无边音世界上方，过佛刹微尘数世界之外，有一个世界，名为普见树峰世界；佛号名为普现众生前如来。

"树峰世界上方，过佛刹微尘数世界之外，有一个世界，名为师子帝网光世界；佛号名为无垢日金色光焰云如来。

"师子帝网光世界上方，过佛刹微尘数世界之外，有一个世界，名为众宝间错世界；佛号名为帝幢最胜慧如来。

"众宝间错世界上方，过佛刹微尘数世界之外，有一个世界，名为无垢光明地世界；佛号名为一切力清净月如来。

"光明地世界上方，过佛刹微尘数世界之外，有一个世界，名为恒出叹佛功德音世界;佛号名为如虚空普觉慧如来。

"佛功德音世界上方,过佛刹微尘数世界之外,有一个世界,名为高焰藏世界;佛号名为化现十方大云幢如来。

"高焰藏世界上方,过佛刹微尘数世界之外,有一个世界,名为光严道场世界;佛号名为无等智遍照如来。

"光严道场世界上方,过佛刹微尘数世界之外,有一个世界,名为出生一切宝庄严世界;佛号名为广度众生神通王如来。

"出生一切宝世界上方,过佛刹微尘数世界之外,有一个世界,名为光严妙宫殿世界;佛号名为一切义成广大慧如来。

"光严殿世界上方,过佛刹微尘数世界之外,有一个世界,名为离尘寂静世界;佛号名为不唐现如来。

"离尘世界上方,过佛刹微尘数世界之外,有一个世界,名为摩尼华幢世界;佛号名为悦意吉祥音如来。

"摩尼华幢世界上方,过佛刹微尘数世界之外,有一个世界,名为普云藏世界。这个世界的国土形状犹如楼阁,依止在种种宫殿香水海之上安住,上方有一切宝灯云覆盖,周遭有二十个佛刹微尘数的世界围绕,都是纯一清净的世界。普云藏世界的佛号,名为最胜觉神通王如来。

"诸佛子啊!紧临于金刚轮庄严底香水海右旋,依次有一个香水海,名为莲华因陀罗网香水海。其中有世界种,名为普现十方影世界种,依止于一切香摩尼庄严莲华之上安住,以一切佛智光明音声为体性。

"在普现十方影世界种的最下方,有一个世界,名为众生海宝光明世界。国土的形状犹如真珠宝藏,依止于一切摩尼璎珞海漩上安住,上方有水光明摩尼云覆盖,周遭有一个佛刹微尘数的世界围绕,都是纯一清净的世界。海宝光明世界的佛号,名为不思议功德遍照月如来。

"海宝光明世界上方,过佛刹微尘数世界之外,有一个世界,名为妙香轮世界;佛号名为无量力幢如来。

"妙香轮世界上方,过佛刹微尘数世界之外,有一个世界,名为妙光轮世界；佛号名为法界光音觉悟慧如来。

"妙光轮世界上方，过佛刹微尘数世界之外，有一个世界，名为吼声摩尼幢世界；佛号名为莲华光恒垂妙臂如来。

"吼声世界上方，过佛刹微尘数世界之外，有一个世界，名为极坚固轮世界；佛号名为不退转功德海光明如来。

"坚固轮世界上方，过佛刹微尘数世界之外，有一个世界，名为众行光庄严世界；佛号名为一切智普胜尊如来。

"众行光世界上方，过佛刹微尘数世界之外，有一个世界，名为师子座遍照世界；佛号名为师子光无量力觉慧如来。

"师子座遍照世界上方，过佛刹微尘数世界之外，有一个世界，名为宝焰庄严世界；佛号名为一切法清净智如来。

"宝焰庄严世界上方，过佛刹微尘数世界之外，有一个世界，名为无量灯世界；佛号名为无忧相如来。

"无量灯世界上方，过佛刹微尘数世界之外，有一个世界，名为常闻佛音世界；佛号名为自然胜威光如来。

"常闻佛音世界上方，过佛刹微尘数世界之外，有一个世界，名为清净变化世界；佛号名为金莲华光明如来。

"清净变化世界上方，过佛刹微尘数世界之外，有一个世界，名为普入十方世界；佛号名为观法界频申慧如来。

"普入十方世界上方，过佛刹微尘数世界之外，有一个世界，名为炽然焰世界；佛号名为光焰树紧那罗王如来。

"炽然焰世界上方，过佛刹微尘数世界之外，有一个世界，名为香光遍照世界；佛号名为香灯善化王如来。

"香光世界上方，过佛刹微尘数世界之外，有一个世界，名为无量华聚轮世界；佛号名为普现佛功德如来。

"华聚轮世界上方，过佛刹微尘数世界之外，有一个世界，名为众妙普清净世界；佛号名为一切法平等神通王如来。

"普清净世界上方，过佛刹微尘数世界之外，有一个世界，名为金光海世界；佛号名为十方自在大变化如来。

"金光海世界上方，过佛刹微尘数世界之外，有一个世界，名为真珠华藏世界；佛号名为法界宝光明不可思议慧如来。

"真珠华藏世界上方，过佛刹微尘数世界之外，有一个世界，名为帝释须弥师子座世界；佛号名为胜力光如来。

"帝师子座世界上方，过佛刹微尘数世界之外，有一个世界，名为无边宝普照世界。国土的形状四方，依止于华林海安住，上方有普雨无边色摩尼王帝网覆盖，周遭有二十个佛刹微尘数的世界围绕，都是纯一清净的世界。无边宝普照世界的佛号，名为遍照世间最胜音如来。

"诸佛子啊！紧临于莲华因陀罗网香水海右旋，依次有香水海，名为积集宝香藏香水海。此香水海中，有世界种，名为一切威德庄严世界种。这个世界种，是以一切佛法轮音声为体性。

"在威德庄严世界种的最下方，有一个世界，名为种种出生世界，国土形状犹如金刚，依止于种种金刚山幢安住，上方有金刚宝光云覆盖，周遭有一个佛刹微尘数世界围绕，都是纯一清净的世界。种种出生世界的佛号，名为莲华眼如来。

"种种出生世界上方，过佛刹微尘数世界之外，有一个世界，名为喜见音世界；佛号名为生喜乐如来。

"喜见音世界上方，过佛刹微尘数世界之外，有一个世界，名为宝庄严幢世界；佛号名为一切智如来。

"宝庄严幢世界上方，过佛刹微尘数世界之外，有一个世界，名为多罗华普照世界；佛号名为无垢寂妙音如来。

"多罗华世界上方，过佛刹微尘数世界之外，有一个世界，名为变化光世界；佛号名为清净空智慧月如来。

"变化光世界上方，过佛刹微尘数世界之外，有一个世界，名为众妙间错世界；佛号名为开示福德海密云相如来。

"众妙间错世界上方，过佛刹微尘数世界之外，有一个世界，名为一切庄严具妙音声世界；佛号名为欢喜云如来。

"具妙音世界上方，过佛刹微尘数世界之外，有一个世界，名为莲华池世界；佛号名为名称幢如来。

"莲华池世界上方，过佛刹微尘数世界之外，有一个世界，名为一切宝庄严世界；佛号名为频申观察眼如来。

"一切宝庄严世界上方，过佛刹微尘数世界之外，有一个世界，名为净妙华世界；佛号名为无尽金刚智如来。

"净妙华世界上方，过佛刹微尘数世界之外，有一个世界，名为莲华庄严城世界；佛号名为日藏眼普光明如来。

"莲华城世界上方，过佛刹微尘数世界之外，有一个世界，名为无量树峰世界；佛号名为一切法雷音如来。

"无量树峰世界上方，过佛刹微尘数世界之外，有一个世界，名为日光明世界；佛号名为开示无量智如来。

"日光明世界上方，过佛刹微尘数世界之外，有一个世界，名为依止莲华叶世界；佛号名为一切福德山如来。

"莲华叶世界上方，过佛刹微尘数世界之外，有一个世界，名为风普持世界；佛号名为日曜根如来。

"风普持世界上方，过佛刹微尘数世界之外，有一个世界，名为光明显现世界；佛号名为身光普照如来。

"光明显现世界上方，过佛刹微尘数世界之外，有一个世界，名为香雷音金刚宝普照世界；佛号名为最胜华开敷相如来。

"香雷音世界上方，过佛刹微尘数世界之外，有一个世界，名为帝网庄严世界。国土形状犹如栏楯，依止于一切庄严海上安住，上方有光焰楼阁云覆盖，周遭有二十个佛刹微尘数世界围绕，都是纯一清净的世界，佛号名为示现无畏云如来。

"诸佛子啊！紧临于积集宝香藏香水海右旋，依次有香水海，名为宝庄严香水海；此香水海中有个世界种，名为普无垢世界种，是以一切微尘中佛刹神变的音声为体性。

"在无垢世界种的最下方，有一个世界，名为净妙平坦世界。国土形状犹如宝身，依止于一切宝光轮海上安住，上方有种种栴檀摩尼真珠云覆盖，周遭有一个佛刹微尘数的世界围绕，都是纯一清净的世界。净妙平坦世界的佛号，名为难摧伏无等幢如来。

"净妙平坦世界上方，过佛刹微尘数世界之外，有一个世界，名为炽然妙庄严世界；佛号名为莲华慧神通王如来。

"炽妙庄严世界上方，过佛刹微尘数世界之外，有一个世界，名为微妙相轮幢世界；佛号名为十方大名称无尽光如来。

"妙相轮幢世界上方，过佛刹微尘数世界之外，有一个世界，名为焰藏摩尼妙庄严世界；佛号名为大智慧见闻皆欢喜如来。

"焰藏摩尼世界上方，过佛刹微尘数世界之外，有一个世界，名为妙华庄严世界；佛号名为无量力最胜智如来。

"妙华庄藏世界上方，过佛刹微尘数世界之外，有一个世界，名为出生净微尘世界；佛号名为超胜梵如来。

"净微尘世界上方，过佛刹微尘数世界之外，有一个世界，名为普光明变化香世界；佛号名为香象金刚大力势如来。

"变化香世界上方，过佛刹微尘数世界之外，有一个世界，名为光明旋世界；佛号名为义成善名称如来。

"光明旋世界上方，过佛刹微尘数世界之外，有一个世界，名为宝璎珞海世界；佛号名为无比光遍照如来。

"宝璎珞海世界上方，过佛刹微尘数世界之外，有一个世界，名为妙华灯幢世界；佛号名为究竟功德无碍慧灯如来。

"妙华灯幢世界上方，过佛刹微尘数世界之外，有一个世界，名为善巧庄严世界；佛号名为慧日波罗蜜如来。

"善巧庄严世界上方，过佛刹微尘数世界之外，有一个世界，名为栴檀华普光明世界；佛号名为无边慧法界音如来。

"栴檀普光明世界上方，过佛刹微尘数世界之外，有一个世界，名为帝网幢世界；佛号名为灯光迥照如来。

"帝网幢世界上方，过佛刹微尘数世界之外，有一个世界，名为净华轮世界；佛号名为法界日光明如来。

　　"净华轮世界上方，过佛刹微尘数世界之外，有一个世界，名为大威曜世界；佛号名为无边功德海法轮音如来。

　　"大威耀世界上方，过佛刹微尘数世界之外，有一个世界，名为同安住宝莲华池世界；佛号名为开示入不可思议智如来。

　　"安住宝莲华池世界上方，过佛刹微尘数世界之外，有一个世界，名为平坦地世界；佛号名为功德宝光明王如来。

　　"平坦地世界上方，过佛刹微尘数世界之外，有一个世界，名为香摩尼聚世界；佛号名为无尽福德海妙庄严如来。

　　"香摩尼聚世界上方，过佛刹微尘数世界之外，有一个世界，名为微妙光明世界；佛号名为无等力普遍音如来。

　　"微妙光明世界上方，过佛刹微尘数世界之外，有一个世界，名为十方普坚固庄严照耀世界。国土为八角形，依止于心王摩尼轮海上安住，上方有一切宝庄严帐云覆盖，周遭有二十个佛刹微尘数的世界围绕，都是纯一清净的世界。十方普坚固世界的佛号，名为普眼大明灯如来。

　　"诸佛子啊！紧临于宝庄严香水海右旋，依次有香水海，名为金刚宝聚香水海；金刚宝聚香水海中，有个世界种，名为法界行世界种，是以一切菩萨地方便法音声为体性。

　　"在法界行世界种的最下方，有一个世界，名为净光照耀世界。国土形状犹如珠贯，依止于一切宝色珠璎海上安住，上方有菩萨珠髻光明摩尼云覆盖，周遭有一个佛刹微尘数的世界围绕，都是纯一清净的世界。佛号名为最胜功德光如来。

　　"净光照耀世界上方，过佛刹微尘数世界之外，有一个世界，名为妙盖世界；佛号名为法自在慧如来。

　　"妙盖世界上方，过佛刹微尘数世界之外，有一个世界，名为宝庄严师子座世界；佛号名为大龙渊如来。

　　"宝师子座上方，过佛刹微尘数世界之外，有一个世界，名为出现金刚座世界；佛号名为升师子座莲华台如来。

"出现金刚座世界上方，过佛刹微尘数世界之外，有一个世界，名为莲华胜音世界；佛号名为智光普开悟如来。

"莲华胜音世界上方，过佛刹微尘数世界之外，有一个世界，名为善惯习世界；佛号名为持地妙光王如来。

"善惯习世界上方，过佛刹微尘数世界之外，有一个世界，名为喜乐音世界；佛号名为法灯王如来。

"喜乐音世界上方，过佛刹微尘数世界之外，有一个世界，名为摩尼藏因陀罗网世界；佛号名为不空见如来。

"摩尼藏因陀罗网世界上方，过佛刹微尘数世界之外，有一个世界，名为众妙地藏世界；佛号名为焰身幢如来。

"众妙地藏世界上方，过佛刹微尘数世界之外，有一个世界，名为金光轮世界；佛号名为净治众生行如来。

"金光轮世界上方，过佛刹微尘数世界之外，有一个世界，名为须弥山庄严世界；佛号名为一切功德云普照如来。

"须弥山世界上方，过佛刹微尘数世界之外，有一个世界，名为众树形世界；佛号名为宝华相净月觉如来。

"众树形世界上方，过佛刹微尘数世界之外，有一个世界，名为无怖畏世界；佛号名为最胜金光炬如来。

"无布畏世界上方，过佛刹微尘数世界之外，有一个世界，名为大名称龙王幢世界；佛号名为观等一切法如来。

"龙王幢世界上方，过佛刹微尘数世界之外，有一个世界，名为示现摩尼色世界；佛号名为变化日如来。

"摩尼色世界上方，过佛刹微尘数世界之外，有一个世界，名为光焰灯庄严世界；佛号名为宝盖光遍照如来。

"光焰灯世界上方，过佛刹微尘数世界之外，有一个世界，名为香光云世界；佛号名为思惟慧如来。

"香光云世界上方，过佛刹微尘数世界之外，有一个世界，名为无怨仇世界；佛号名为精进胜慧海如来。

"无怨仇世界上方，过佛刹微尘数世界之外，有一个世界，名为一切庄严具光明幢世界；佛号名为普现悦意莲华自在王如来。

"具光明幢世界上方，过佛刹微尘数世界之外，有一个世界，名为毫相庄严世界。国土为半月形，依止于须弥山摩尼华海上安住，上方有一切庄严炽盛光摩尼王云覆盖，周遭有二十个佛刹微尘数的世界围绕，都是纯一清净的世界。毫相庄严世界的佛号，名为清净眼如来。

"诸佛子啊！紧临金刚宝聚香水海右旋，依次有香水海，名为天城宝堞香水海。这个香水海中，有个世界种，名为灯焰光明世界种，是以普示一切平等法轮音为体性。

"在灯焰光明世界种的最下方，有一个世界，名为宝月光焰轮世界。这个世界的形状如一切庄严具，依止于一切宝庄严华海上安住，上方有琉璃色师子座云覆盖，周遭有一个佛刹微尘数的世界围绕，都是纯一清净的世界。佛号名为日月自在光如来。

"宝月光世界上方，过佛刹微尘数世界之外，有一个世界，名为须弥宝光世界；佛号名为无尽法宝幢如来。

"须弥宝光世界上方，过佛刹微尘数世界之外，有一个世界，名为众妙光明幢世界；佛号名为大华聚如来。

"妙光明幢世界上方，过佛刹微尘数世界之外，有一个世界，名为摩尼光明华世界；佛号名为人中最自在如来。

"摩尼光明华世界上方，过佛刹微尘数世界之外，有一个世界，名为普音世界；佛号名为一切智遍照如来。

"普音世界上方，过佛刹微尘数世界之外，有一个世界，名为大树紧那罗音世界；佛号名为无量福德自在龙如来。

"紧那罗音世界上方，过佛刹微尘数世界之外，有一个世界，名为无边净光明世界；佛号名为功德宝华光如来。

"无边净光明世界上方，过佛刹微尘数世界之外，有一个世界，名为最胜音世界；佛号名为一切智庄严如来。

"最胜音世界上方，过佛刹微尘数世界之外，有一个世界，名为众宝间饰世界；佛号名为宝焰须弥山如来。

"众宝间饰世界上方，过佛刹微尘数世界之外，有一个世界，名为清净须弥音世界；佛号名为出现一切行光明如来。

"须弥音世界上方，过佛刹微尘数世界之外，有一个世界，名为香水盖世界；佛号名为一切波罗蜜无碍海如来。

"香水盖世界上方，过佛刹微尘数世界之外，有一个世界，名为师子华网世界；佛号名为宝焰幢如来。

"师子华网世界上方，过佛刹微尘数世界之外，有一个世界，名为金刚妙华灯世界；佛号名为一切大愿光如来。

"金刚妙华灯世界上方，过佛刹微尘数世界之外，有一个世界，名为一切法光明地世界；佛号名为一切法广大真实义如来。

"一切法光明地世界上方，过佛刹微尘数世界之外，有一个世界，名为真珠末平坦庄严世界；佛号名为胜慧光明网如来。

"真珠末平坦世界上方，过佛刹微尘数世界之外，有一个世界，名为琉璃华世界；佛号名为宝积幢如来。

"琉璃华世界上方，过佛刹微尘数世界之外，有一个世界，名为无量妙光轮世界；佛号名为大威力智海藏如来。

"无量妙光轮世界上方，过佛刹微尘数世界之外，有一个世界，名为明见十方世界；佛号名为净修一切功德幢如来。

"明见十方世界上方，过佛刹微尘数世界之外，有一个世界，名为可爱乐梵音世界。此世界国土形状宛如佛手，依止于宝光网海上安住，上方有菩萨身一切庄严云覆盖，周遭有二十个佛刹微尘数的世界围绕，都是纯一清净的世界。可爱乐梵音世界的佛号，名为普照法界无碍光如来。"

卷第十
华藏世界品第五之三

【原典】

　　尔时，普贤菩萨复告大众言"诸佛子！彼离垢焰藏香水海东，次有香水海，名变化微妙身，此海中，有世界种名善布差别方。次有香水海，名金刚眼幢，世界种名庄严法界桥。次有香水海，名种种莲华妙庄严，世界种名恒出十方变化。次有香水海，名无间宝王轮，世界种名宝莲华茎密云。次有香水海，名妙香焰普庄严，世界种名毗卢遮那变化行。次有香水海，名宝末阎浮幢，世界种名诸佛护念境界。次有香水海，名一切色炽然光，世界种名最胜光遍照。次有香水海，名一切庄严具境界，世界种名宝焰灯。如是等不可说佛刹微尘数香水海，其最近轮围山香水海，名玻璃地，世界种名常放光明，以世界海清净劫音声为体。此中最下方，有世界名可爱净光幢，佛刹微尘数世界围绕，纯一清净，佛号最胜三昧精进慧。此上过十佛刹微尘数世界，与金刚幢世界齐等，有世界名香庄严幢，十佛刹微尘数世界围绕，纯一清净，佛号无障碍法界灯。此上过三佛刹微尘数世界，与婆婆世界齐等，有世界名放光明藏，佛号遍法界无障碍慧明。此上过七佛刹微尘数世界，至此世界种最上方，有世界名最胜身香，二十佛刹微尘数世界围绕，纯一清净，佛号觉分华。

　　"诸佛子！彼无尽光明轮香水海外，次有香水海，名具足妙光，世界种名遍无垢。次有香水海，名光耀盖，世界种名无边普庄严。次有香水海，名妙宝庄严，世界种名香摩尼轨度形。次有香水海，名出佛音声，世界种名善建立庄严。次有香水海，名香幢须弥藏，世界种名光明遍满。次有香水海，名栴檀妙光明，世界种名华焰轮。次有香水海，名风力持，世界种名宝焰云幢。次有香水海，名帝释身庄严，世界种名真珠藏。次有香水海，名平坦严净，世界种名毗琉璃末种种庄严。如是等不可说佛刹微尘数香水海，其最近轮围山香水海，名妙树华，世界种名出生诸方广大刹，以一切佛摧伏魔音为体。此中最下方，有世界名焰炬幢，佛号世间功德海。此上过十佛刹微尘数世界，与金刚幢世界齐等，有世界名出生宝，佛号师子力宝云。此上与娑婆世界齐等，有世界名衣服幢，佛号一切智海王。于此世界种最上方，有世界名宝璎珞师子光明，佛号善变化莲华幢。

"诸佛子！彼金刚焰光明香水海外，次有香水海，名一切庄严具莹饰幢，世界种名清净行庄严。次有香水海，名一切宝华光耀海，世界种名功德相庄严。次有香水海，名莲华开敷，世界种名菩萨摩尼冠庄严。次有香水海，名妙宝衣服，世界种名净珠轮。次有香水海，名可爱华遍照，世界种名百光云照耀。次有香水海，名遍虚空大光明，世界种名宝光普照。次有香水海，名妙华庄严幢，世界种名金月眼璎珞。次有香水海，名真珠香海藏，世界种名佛光明。次有香水海，名宝轮光明，世界种名善化现佛境界光明。如是等不可说佛刹微尘数香水海，其最近轮围山香水海，名无边轮庄严底，世界种名无量方差别，以一切国土种种言说音为体。此中最下方，有世界名金刚华盖，佛号无尽相光明普门音。此上过十佛刹微尘数世界，有世界，与金刚幢世界齐等，名出生宝衣幢，佛号福德云大威势。此上与娑婆世界齐等，有世界名众宝具妙庄严，佛号胜慧海。于此世界种最上方，有世界名日光明衣服幢，佛号智日莲华云。

"诸佛子！彼帝青宝庄严香水海外，次有香水海，名阿修罗宫殿，世界种名香水光所持。次有香水海，名宝师子庄严，世界种名遍示十方一切宝。次有香水海，名宫殿色光明云，世界种名宝轮妙庄严。次有香水海，名出大莲华，世界种名妙庄严遍照法界。次有香水海，名灯焰妙眼，世界种名遍观察十方变化。次有香水海，名不思议庄严轮，世界种名十方光明普名称。次有香水海，名宝积庄严，世界种名灯光照耀。次有香水海，名清净宝光明，世界种名须弥无能为碍风。次有香水海，名宝衣栏楯，世界种名如来身光明。如是等不可说佛刹微尘数香水海，其最近轮围山香水海，名树庄严幢，世界种名安住帝网，以一切菩萨智地音声为体。此中最下方，有世界名妙金色，佛号香焰胜威光。此上过十佛刹微尘数世界，与金刚幢世界齐等，有世界名摩尼树华，佛号无碍普现。此上与娑婆世界齐等，有世界名毗琉璃妙庄严，佛号法自在坚固慧。于此世界种最上方，有世界名梵音妙庄严，佛号莲华开敷光明王。

"诸佛子！彼金刚轮庄严底香水海外，次有香水海，名化现莲华处，世界种名国土平正。次有香水海，名摩尼光，世界种名遍法界无迷惑。次有香水海，名众妙香日摩尼，世界种名普现十方。次有香水海，名恒纳宝流，世界种名普行佛言音。次有香水海，名无边深妙音，世界种名无边方差别。次有香水海，名坚实积聚，世界种名无量处差别。次有香水海，名清净梵音，世界种名普清净庄严。次有香水海，名栴檀栏楯音声藏，世界种名迥出幢。次有香水海，名妙香宝王光庄严，世界种名普现光明力。

"诸佛子！彼莲华因陀罗网香水海外，次有香水海，名银莲华妙庄严，世界种名普遍行。次有香水海，名毗琉璃竹密焰云，世界种名普出十方音。次有香水海，名十方光焰聚，世界种名恒出变化分布十方。次有香水海，名出现真金摩尼幢，世界种名金刚幢相。次有香水海，名平等大庄严，世界种名法界勇猛旋。次有香水海，名宝华丛无尽光，世界种名无边净光明。次有香水海，名妙金幢，世界种名演说微密处。次有香水海，名光影遍照，世界种名普庄严。次有香水海，名寂音，世界种名现前垂布。如是等不可说佛刹微尘数香水海，其最近轮围山香水海，名密焰云幢，世界种名一切光庄严，以一切如来道场众会音为体。于此最下方，有世界名净眼庄严，佛号金刚月遍照十方。此上过十佛刹微尘数世界，与金刚幢世界齐等，有世界名莲华德，佛号大精进善觉慧。此上与娑婆世界齐等，有世界名金刚密庄严，佛号娑罗王幢。此上过七佛刹微尘数世界，有世界名净海庄严，佛号威德绝伦无能制伏。

"诸佛子！彼积集宝香藏香水海外，次有香水海，名一切宝光明遍照，世界种名无垢称庄严。次有香水海，名众宝华开敷，世界种名虚空相。次有香水海，名吉祥幄遍照，世界种名无碍光普庄严。次有香水海，名栴檀树华，世界种名普现十方旋。次有香水海，名出生妙色宝，世界种名胜幢周遍行。次有香水海，名普生金刚华，世界种名现不思议庄严。次有香水海，名心王摩尼轮严饰，世界种名示现无碍佛光明。次有香水海，名积集宝璎珞，世界种名净除疑。次有香水海，名真珠轮普庄严，世界种名诸佛愿所流……。如是等不可说佛刹微尘数香水海，其最近轮围山香水海，名阎浮檀宝藏轮，世界种名普音幢，以入一切智门音声为体。此中最下方，有世界名华蕊焰，佛号精进施。此上过十佛刹微尘数世界，与金刚幢世界齐等，有世界名莲华光明幢，佛号一切功德最胜心王。此上过三佛刹微尘数世界，与娑婆世界齐等，有世界名十力庄严，佛号善出现无量功德王。于此世界种最上方，有世界名摩尼香山幢，佛号广大善眼净除疑。

"诸佛子！彼宝庄严香水海外，次有香水海，名持须弥光明藏，世界种名出生广大云。次有香水海，名种种庄严大威力境界，世界种名无碍净庄严。次有香水海，名密布宝莲华，世界种名最胜灯庄严。次有香水海，名依止一切宝庄严，世界种名日光明网藏。次有香水海，名众多严净，世界种名宝华依处。次有香水海，名极聪慧行，世界种名最胜形庄严。次有香水海，名持妙摩尼峰，世界种名普净虚空藏。次有香水海，名大光遍照，世界种名帝青炬光明。次有香水海，名可爱摩尼珠充满遍照，世界种名普吼声。如是等不可说佛刹微尘数香水海，其最近轮围山香水海，名出帝青宝，世界种名周遍无差别，以一切菩萨震吼声为体。此中最下方，有世界名妙胜藏，佛号最胜功德慧。此上过十佛刹微尘数世界，与金刚幢世界齐等，有世界名庄严相，佛号超胜大光明。此上与娑婆世界齐等，有世界名琉璃轮普庄严，佛号须弥灯。于此世界种最上方，有世界名华幢海，佛号无尽变化妙慧云。

"诸佛子！彼金刚宝聚香水海外，次有香水海，名崇饰宝埤堄，世界种名秀出宝幢。次有香水海，名宝幢庄严，世界种名现一切光明。次有香水海，名妙宝云，世界种名一切宝庄严光明遍照。次有香水海，名宝树华庄严，世界种名妙华间饰。次有香水海，名妙宝衣庄严，世界种名光明海。次有香水海，名宝树峰，世界种名宝焰云。次有香水海，名示现光明，世界种名入金刚无所碍。次有香水海，名莲华普庄严，世界种名无边岸海渊。次有香水海，名妙宝庄严，世界种名普示现国土藏。如是等不可说佛刹微尘数香水海，其最近轮围山香水海，名不可坏海，世界种名妙轮间错莲华场，以一切佛力所出音为体。此中最下方，有世界名最妙香，佛号变化无量尘数光。此上过十佛刹微尘数世界，与金刚幢世界齐等，有世界名不思议差别庄严门，佛号无量智。此上与娑婆世界齐等，有世界名十方光明妙华藏，佛号师子眼光焰云。于此最上方，有世界名海音声，佛号水天光焰门。

"诸佛子！彼天城宝堞香水海外，次有香水海，名焰轮赫奕光，世界种名不可说种种庄严。次有香水海，名宝尘路，世界种名普入无量旋。次有香水海，名具一切庄严，世界种名宝光遍照。次有香水海，名布众宝网，世界种名安布深密。次有香水海，名妙宝庄严幢，世界种名世界海明了音。次有香水海，名日宫清净影，世界种名遍入因陀罗网。次有香水海，名一切鼓乐美妙音，世界种名圆满平正。次有香水海，名种种妙庄严，世界种名净密光焰云。次有香水海，名周遍宝焰灯，世界种名随佛本愿种种形。如是等不可说佛刹微尘数香水海，其最近轮围山香水海，名积集璎珞衣，世界种名化现妙衣，以三世一切佛音声为体。此中最下方，有香水海，名因陀罗华藏，世界名发生欢喜，佛刹微尘数世界围绕，纯一清净，佛号坚悟智。此上过十佛刹微尘数世界，与金刚幢世界齐等，有世界名宝网庄严，十佛刹微尘数世界围绕，纯一清净，佛号无量欢喜光。此上过三佛刹微尘数世界，与娑婆世界齐等，有世界名宝莲华师子座，十三佛刹微尘数世界围绕，佛号最清净不空闻。此上过七佛刹微尘数世界，至此世界种最上方，有世界名宝色龙光明，二十佛刹微尘数世界围绕，纯一清净，佛号遍法界普照明。

"诸佛子！如是十不可说佛刹微尘数香水海中，有十不可说佛刹微尘数世界种，皆依现一切菩萨形摩尼王幢庄严莲华住，各各庄严际无有间断，各各放宝色光明，各各光明云而覆其上，各各庄严具，各各劫差别，各各佛出现，各各演法海，各各众生遍充满，各各十方普趣入，各各一切佛神力所加持。此一一世界种中，一切世界依种种庄严住，递相接连，成世界网，于华藏庄严世界海，种种差别，周遍建立。"

尔时，普贤菩萨欲重宣其意，承佛威力，而说颂言：

华藏世界海，法界等无别，庄严极清净，安住于虚空。
此世界海中，刹种难思议，一一皆自在，各各无杂乱。
华藏世界海，刹种善安布，殊形异庄严，种种相不同。
诸佛变化音，种种为其体，随其业力见，刹种妙严饰。
须弥山城网，水旋轮圆形，广大莲华开，彼彼互围绕。
山幢楼阁形，旋转金刚形，如是不思议，广大诸刹种。
大海真珠焰，光网不思议，如是诸刹种，悉在莲华住。
一一诸刹种，光网不可说，光中现众刹，普遍十方海。
一切诸刹种，所有庄严具，国土悉入中，普见无有尽。
刹种不思议，世界无边际，种种妙严好，皆由大仙力。
一切刹种中，世界不思议，或成或有坏，或有已坏灭。
譬如林中叶，有生亦有落，如是刹种中，世界有成坏。
譬如依树林，种种果差别，如是依刹种，种种众生住。
譬如种子别，生果各殊异，业力差别故，众生刹不同。
譬如心王宝，随心见众色，众生心净故，得见清净刹。
譬如大龙王，兴云遍虚空，如是佛愿力，出生诸国土。
如幻师咒术，能现种种事，众生业力故，国土不思议。
譬如众绩像，画师之所作，如是一切刹，心画师所成。
众生身各异，随心分别起，如是刹种种，莫不皆由业。
譬如见导师，种种色差别，随众生心行，见诸刹亦然。
一切诸刹际，周布莲华网，种种相不同，庄严悉清净。
彼诸莲华网，刹网所安住，种种庄严事，种种众生居。
或有刹土中，险恶不平坦，由众生烦恼，于彼如是见。

杂染及清净，无量诸刹种，随众生心起，菩萨力所持。

或有刹土中，杂染及清净，斯由业力起，菩萨之所化。

有刹放光明，离垢宝所成，种种妙严饰，诸佛令清净。

一一刹种中，劫烧不思议，所现虽败恶，其处常坚固。

由众生业力，出生多刹土，依止于风轮，及以水轮住。

世界法如是，种种见不同，而实无有生，亦复无灭坏。

一一心念中，出生无量刹，以佛威神力，悉见净无垢。

有刹泥土成，其体甚坚硬❶，黑暗无光照，恶业者所居。

有刹金刚成，杂染大忧怖，苦多而乐少，薄福之所处。

或有用铁成，或以赤铜作，石山险可畏，罪恶者充满。

刹中有地狱，众生苦无救，常在黑暗中，焰海所烧然。

或复有畜生，种种丑陋形，由其自恶业，常受诸苦恼。

或见阎罗界，饥渴所煎逼，登上大火山，受诸极重苦。

或有诸刹土，七宝所合成，种种诸宫殿，斯由净业得。

汝应观世间，其中人与天，净业果成就，随时受快乐。

一一毛孔中，亿刹不思议，种种相庄严，未曾有迫隘。

众生各各业，世界无量种，于中取著生，受苦乐不同。

有刹众宝成，常放无边光，金刚妙莲华，庄严净无垢。

有刹光为体，依止光轮住，金色栴檀香，焰云普照明。

有刹月轮成，香衣悉周布，于一莲华内，菩萨皆充满。

有刹众宝成，色相无诸垢，譬如天帝网，光明恒照耀。

有刹香为体，或是金刚华，摩尼光影形，观察甚清净。

或有难思刹，华旋所成就，化佛皆充满，菩萨普光明。

或有清净刹，悉是众华树，妙枝布道场，荫以摩尼云。

有刹净光照，金刚华所成，有是佛化音，无边列成网。

有刹如菩萨，摩尼妙宝冠，或有如座形，从化光明出。

或是栴檀末，或是眉间光，或佛光中音，而成斯妙刹。

有见清净刹，以一光庄严，或见多庄严，种种皆奇妙。

或用十国土，妙物作严饰，或以千土中，大切为庄校。

或以亿刹物，庄严于一土，种种相不同，皆如影像现。

不可说土物，庄严于一刹，各各放光明，如来愿力起。

或有诸国土，愿力所净治，一切庄严中，普见众刹海。

诸修普贤愿，所得清净土，三世刹庄严，一切于中现。

佛子汝应观，刹种威神力，未来诸国土，如梦悉令见。

十方诸世界，过去国土海，咸于一刹中，现像犹如化。

三世一切佛，及以其国土，于一刹种中，一切悉观见。

一切佛神力，尘中现众土，种种悉明见，如影无真实。

或有众多刹，其形如大海，或如须弥山，世界不思议。

有刹善安住，其形如帝网，或如树林形，诸佛满其中。

或作宝轮形，或有莲华状，八隅备众饰，种种悉清净。

或有如座形，或复有三隅，或如佉勒迦，城廓梵王身。

或如天主髻，或有如半月，或如摩尼山，或如日轮形。

或有世界形，譬如香海旋，或作光明轮，佛昔所严净。

或有轮辋形，或有坛墠形，或如佛毫相，肉髻广长眼。

或有如佛手，或如金刚杵，或如焰山形，菩萨悉周遍。

或如师子形，或如海蚌形，无量诸色相，体性各差别。

于一刹种中，刹形无有尽，皆由佛愿力，护念得安住。

有刹住一劫，或住于十劫，乃至过百千，国土微尘数。

或于一劫中，见刹有成坏，或无量无数，乃至不思议。

或有刹有佛，或有刹无佛，或有唯一佛，或有无量佛。

国土若无佛，他方世界中，有佛变化来，为现诸能事。

没天与降神，处胎及出生，降魔成正觉，转无上法轮。

随众生心乐，示现种种相，为转妙法轮，悉应其根欲。

一一佛刹中，一佛出兴世，经于亿千岁，演说无上法。

众生非法器，不能见诸佛，若有心乐者，一切处皆见。

一一刹土中，各有佛兴世，一切刹中佛，亿数不思议。

此中一一佛，现无量神变，悉遍于法界，调伏众生海。

有刹无光明，黑暗多恐惧，苦触如刀剑，见者自酸毒。

或有诸天光，或有宫殿光，或日月光明，刹网难思议。

有刹自光明，或树放净光，未曾有苦恼，众生福力故。

或有山光明，或有摩尼光，或以灯光照，悉众生业力。

或有佛光明，菩萨满其中，有是莲华光，焰色甚严好。

有刹华光照，有以香水照，涂香烧香照，皆由净愿力。

有以云光照，摩尼蚌光照，佛神力光照，能宣悦意声。

或以宝光照，或金刚焰照，净音能远震，所至无众苦。

或有摩尼光，或是严具光，或道场光明，照耀众会中。

佛放大光明，化佛满其中，其光普照触，法界悉周遍。

有刹甚可畏，嗥叫大苦声，其声极酸楚，闻者生厌怖。

地狱畜生道，及以阎罗处，是浊恶世界，恒出忧苦声。

或有国土中，常出可乐音，悦意顺其教，斯由净业得。

或有国土中，恒闻帝释音，或闻梵天音，一切世主音。

或有诸刹土，云中出妙声，宝海摩尼树，及乐音遍满。

诸佛圆光内，化声无有尽，及菩萨妙音，周闻十方刹。

不可思议国，普转法轮声，愿海所出声，修行妙音声。

三世一切佛，出生诸世界，名号皆具足，音声无有尽。

或有刹中闻，一切佛力音，地度及无量，如是法皆演。

普贤誓愿力，亿刹演妙音，其音若雷震，住劫亦无尽。

佛于清净国，示现自在音，十方法界中，一切无不闻。

注释

❶ "硬"，大正本原作"鞭"，今依三本及宫本改之。

【白话语译】

这时，普贤菩萨又向大众说："诸佛子啊！在离垢焰藏香水海的东边，依次有香水海，名为变化微妙身香水海。在变化微妙身香水海中，有一个世界种，名为善布差别方世界种。

"再依次有香水海，名为金刚眼幢香水海；此香水海的世界种，名为庄严法界桥世界种。

"依次又有香水海，名为种种莲华妙庄严香水海；此香水海的世界种，恒出十方变化世界种。

"依次又有香水海，名为无间宝王轮香水海；此香水海的世界种，宝莲华茎密云世界种。

"依次又有香水海，名为妙香焰普庄严香水海；此香水海的世界种，毗卢遮那变化行世界种。

"依次又有香水海，名为宝末阎浮幢香水海；此香水海的世界种，诸佛护念境界世界种。

"依次又有香水海，名为一切色炽然光香水海；此香水海的世界种，最胜光遍照世界种。

"依次又有香水海，名为一切庄严具境界香水海；此香水海的世界种，名为宝焰灯世界种。

"有以上等等不可说佛刹微尘数的香水海。

"在这些香水海中，最接近轮围山的香水海，名为玻璃地香水海；此香水海的世界种，名为常放光明世界种，是以世界海清净劫音声作为体性。

"在常放光明世界种的最下方，有一个世界，可爱乐净光幢世界，周遭有佛刹微尘数的世界围绕，都是纯一清净没有杂染的世界。净光幢世界的佛号名为最胜三昧精进慧如来。

"净光幢世界上方，过十佛刹微尘数世界之外名为与金刚幢世界齐等的地方，有一个世界，名为香庄严幢世界，四周有十佛刹微尘数的世界围绕，都是纯一清净。香庄严幢世界的佛号名为无障碍法界灯如来。

"香庄严幢世界上方，过三佛刹微尘数世界之外，与我们婆婆世界齐等的地方，有一个世界，名为放光明藏世界。其佛号名为遍法界无障碍慧明如来。

"放光明藏世界上方，过七佛刹微尘数世界之外，到了常放光明世界种的最上方，有一个世界，名为最胜身香世界。这个世界有二十个佛刹微尘数的世界围绕，都是纯一清净。最胜身香世界的佛号名为觉分华如来。

"诸佛子啊！紧临于无尽光明轮香水海，依次又有香水海，名为具足妙光香水海；此香水海的世界种名为遍无垢世界种。

"依次又有香水海，名为光耀盖香水海；此香水海的世界种，无边普庄严世界种。

"依次又有香水海，名为妙宝庄严香水海；此香水海中的世界种，香摩尼轨度形世界种。

"依次又有香水海，名为出佛音声香水海；此香水海的世界种，名为善建立庄严世界种。

"依次又有香水海，名为香幢须弥藏香水海；此香水海的世界种，光明遍满世界种。

"依次又有香水海，名为栴檀妙光明香水海；此香水海的世界种，华焰轮世界种。

"依次又有香水海，名为风力持香水海；此香水海的世界种，名为宝焰云幢世界种。

"依次又有香水海，名为帝释身庄严香水海；此香水海的世界种，真珠藏世界种。

"依次又有香水海，名为平坦严净香水海；此香水海的世界种，名为毗琉璃末种种庄严世界种。

"有以上等等不可说佛刹微尘数的香水海。

"在这些香水海中，最接近轮围山的香水海，名为妙树华香水海；此香水海的世界种，名为出生诸方广大刹世界种，是以一切佛摧伏魔音为体性。

"在出生诸方广大刹世界种的最下方，有一个世界，名为焰炬幢世界，其佛号名为世界功德海如来。

"焰炬幢世界上方，过十佛刹微尘数世界之外，与金刚幢世界平齐的地方，有一个世界，出生宝世界，其佛号名为师子力宝云如来。

"在与我们娑婆世界平齐的地方，又有一个世界，衣服幢世界，其佛号名为一切智海王如来。

"而在出生诸方广大刹世界种的最上方，有一个世界，名为宝璎珞师子光明世界，其佛号名为善变化莲华幢如来。

"诸佛子啊！在紧临着金刚焰光明香水海，依次有香水海，名为一切庄严具莹饰幢香水海；此香水海的世界种，名为清净行庄严世界种。

"依次又有香水海，名为一切宝华光耀海香水海；此香水海的世界种，功德相庄严世界种。

"依次又有香水海，名为莲华开敷香水海；此香水海的世界种，名为菩萨摩尼冠庄严世界种。

"依次又有香水海，名为妙宝衣服香水海；此香水海的世界种，名为净珠轮世界种。

"依次又有香水海，名为可爱华遍照香水海；此香水海的世界种，百光云照耀世界种。

"依次又有香水海，名为遍虚空大光明香水海；此香水海的世界种，宝光普照世界种。

"依次又有香水海，名为妙华庄严幢香水海；此香水海的世界种，金月眼璎珞世界种。

"依次又有香水海，名为真珠香海藏香水海；此香水海的世界种，佛光明世界种。

"依次又有香水海，名为宝轮光明香水海；此香水海的世界种，名为善化现佛境界光明世界种。

"有以上等等不可说佛刹微尘数的香水海。

"在这些香水海中，最接近轮围山的香水海，名为无边轮庄严底香水海；这个香水海的世界种，名为无量方差别世界种，是以一切国土种种言说音为体性。

"在无量方差别世界种的最下方，有一个世界，名为金刚华盖世界，其佛号名为无尽相光明普门音如来。

"金刚华盖世界上方，过十佛刹微尘数世界之外，在与金刚幢世界平齐的地方，有一个世界，名为出生宝衣幢世界，其佛号名为福德云大威势如来。

"在与我们娑婆世界平齐的地方，有一个世界，名为众宝具妙庄严世界；佛号胜慧海如来。

"而在无量方差别世界种的最上方，有一个世界，名为日光明衣服幢世界，其佛号，名为智日莲华云如来。

"诸佛子啊！紧临于帝青宝庄严香水海，依次有香水海，名为阿修罗宫殿香水海；此香水海的世界种，名为香水光所持世界种。

"依次又有香水海，名为宝师子庄严香水海；此香水海的世界种，名为遍示十方一切宝世界种。

"依次又有香水海，名为宫殿色光明云香水海；此香水海的世界种，宝轮妙庄严世界种。

"依次又有香水海，名为出大莲华香水海；此香水海的世界种，名为妙庄严遍照法界世界种。

"依次又有香水海，名为灯焰妙眼香水海；此香水海的世界种，名为遍观察十方变化世界种。

"依次又有香水海，名为不思议庄严轮香水海；此香水海的世界种，名为十方光明普名称世界种。

"依次又有香水海，名为宝积庄严香水海；此香水海的世界种，名为灯光照耀世界种。

"依次又有香水海，名为清净宝光明香水海；此香水海的世界种，名为须弥无能为碍风世界种。

"依次又有香水海，名为宝衣栏楯香水海；此香水海的世界种，名为如来身光明世界种。

"有以上等等不可说佛刹微尘数的香水海。

"在这些香水海中，最接近轮围山的香水海，名为树庄严幢香水海；此香水海的世界种，名为安住帝网世界种，是以一切菩萨智地音声为体性。

"在安住帝网世界种的最下方，有一个世界，名为妙金色世界，其佛号名为香焰胜威光如来。

"妙金色世界上方，过十佛刹微尘数世界之外，在与金刚幢世界平齐的地方，有一个世界，名为摩尼树华世界，其佛号名为无碍普现如来。

"在与我们娑婆世界平齐的地方，有一个世界，名为毗琉璃妙庄严世界，其佛号名为法自在坚固慧如来。

"而在安住帝网世界种的最上方，有一个世界，名为梵音妙庄严世界，其佛号名为莲华开敷光明王如来。

"诸佛子啊！紧临于金刚轮庄严底香水海，依次有香水海，名为化现莲华处香水海；此香水海的世界种，名为国土平正世界种。

"依次又有香水海，名为摩尼光香水海；此香水海的世界种，名为遍法界无迷惑世界种。

"依次又有香水海，名为众妙香日摩尼香水海；此香水海的世界种，名为普现十方世界种。

"依次又有香水海，名为恒纳宝流香水海；此香水海的世界种，名为普行佛言音世界种。

"依次又有香水海，名为无边深妙音香水海；此香水海的世界种，名为无边方差别世界种。

"依次又有香水海，名为坚实积聚香水海；此香水海的世界种，名为无量处差别世界种。

"依次又有香水海，名为清净梵音香水海；此香水海的世界种，名为普清净庄严世界种。

"依次又有香水海，名为栴檀栏楯音声藏香水海；此香水海的世界种，名为迥出幢世界种。

"依次又有香水海，名为妙香宝王光庄严香水海；此香水海的世界种，名为普现光明力世界种。

"诸佛子啊！紧临于莲华因陀罗网香水海，依次又有香水海，名为银莲华妙庄严香水海；此香水海的世界种，名为普遍行世界种。

"依次又有香水海，名为毗琉璃竹密焰云香水海；此香水海的世界种，名为普出十方音世界种。

"依次又有香水海，名为十方光焰聚香水海；此香水海的世界种，名为恒出变化分布十方世界种。

"依次又有香水海，名为出现真金摩尼幢香水海；名为此香水海的世界种，名为金刚幢相世界种。

"依次又有香水海，名为平等大庄严香水海；此香水海的世界种，名为法界勇猛旋世界种。

"依次又有香水海，名为宝华丛无尽光香水海；此香水海的世界种，名为无边净光明世界种。

"依次又有香水海，名为妙金幢香水海；此香水海的世界种，名为演说微密处世界种。

"依次又有香水海，名为光影遍照香水海；此香水海的世界种，名为普庄严世界种。

"依次又有香水海，名为寂音香水海；此香水海的世界种，名为现前垂布世界种。

"有以上等等不可说佛刹微尘数的香水海。

"在这些香水海中，最接近轮围山的香水海，名为密焰云幢香水海；这个香水海的世界种，名为一切光庄严世界种，是以一切如来道场众会的音声为体性。

"在一切光世界种的最下方，有一个世界，名为净眼庄严世界，其佛号名为金刚月遍照十方如来。

"净眼庄严世界上方，过十佛刹微尘数世界之外，在与金刚幢世界平齐的地方，有一个世界，名为莲华德世界，其佛号名为大精进善觉慧如来。

"在莲华德世界上方，与娑婆世界平齐的地方，有一个世界，名为金刚密庄严世界，其佛号名为娑罗王幢如来。

"金刚密世界上方，过七佛刹微尘数的世界之外，有一个世界，名为净海庄严世界，其佛号名为威德绝伦无能制伏如来。

"诸佛子啊！紧临于积集宝香藏香水海，依次有香水海，名为一切宝光明遍照香水海；此香水海中有世界种，名为无垢称庄严世界种。

"依次又有香水海，名为众宝华开敷香水海；此香水海的世界种，名为虚空相世界种。

"依次又有香水海，名为吉祥幄遍照香水海；此香水海的世界种，名为无碍光普庄严世界种。

"依次又有香水海，名为栴檀树华香水海；此香水海的世界种，名为普现十方旋世界种。

"依次又有香水海，名为出生妙色宝香水海；此香水海的世界种，名为胜幢周遍行世界种。

"依次又有香水海，名为普生金刚华香水海；此香水海的世界种，名为现不思议庄严世界种。

"依次又有香水海，名为心王摩尼轮严饰香水海；此香水海的世界种，名为示现无碍佛光明世界种。

"依次又有香水海，名为积集宝璎珞香水海；此香水海的世界种，名为净除疑世界种。

"依次又有香水海，名为真珠轮普庄严香水海；此香水海的世界种，名为诸佛愿所流世界种。

"有以上等等不可说佛刹微尘数的香水海。

"在这些香水海中，最接近轮围山的香水海，名为阎浮檀宝藏轮香水海；这个香水海的世界种，名为普音幢世界种，是以入一切智门音声为体性。

"在普音幢世界种的最下方，有一个世界，名为华蕊焰世界，其佛号名为精进施如来。

"华蕊焰世界上方，过十佛刹微尘数世界之外，在与金刚幢世界平齐的地方，有一个世界，名为莲华光明幢世界，其佛号名为一切功德最胜心王如来。

"莲华光明幢世界上方，过三佛刹微尘数世界，在与我们娑婆世界平齐的地方，有一个世界，名为十力庄严世界，其佛号名为善出现无量功德王如来。

"而在普音幢世界种的最上方，有一个世界，名为摩尼香山幢世界，其佛号名为广大善眼净除疑如来。

"诸佛子啊！紧临于宝庄严香水海，依次有香水海，名为持须弥光明藏香水海；此香水海的世界种，名为出生广大云世界种。

"依次又有香水海，名为种种庄严大威力境界香水海；此香水海的世界种，名为无碍净庄严世界种。

"依次又有香水海，名为密布宝莲华香水海；此香水海的世界种，名为最胜灯庄严世界种。

"依次又有香水海，名为依止一切宝庄严香水海；此香水海的世界种，名为日光明网藏世界种。

"依次又有香水海，名为众多严净香水海；此香水海的世界种，名为宝华依处世界种。

"依次又有香水海，名为极聪慧行香水海；此香水海的世界种，名为最胜形庄严世界种。

"依次又有香水海，名为持妙摩尼峰香水海；此香水海的世界种，名为普净虚空藏世界种。

"依次又有香水海，名为大光遍照香水海；此香水海的世界种，名为帝青炬光明世界种。

"依次又有香水海，名为可爱摩尼珠充满遍照香水海；此香水海的世界种，名为普吼声世界种。

"有以上等等不可说佛刹微尘数的香水海。

“在这些香水海中，最接近轮围山的香水海，名为出帝青宝香水海；这个香水海的世界种，名为周遍无差别世界种，是以一切菩萨震吼声为体性。

“在周遍无差别世界种的最下方，有一个世界，名为妙胜藏世界，其佛号名为最胜功德慧如来。

“妙胜藏世界上方，过十佛刹微尘数世界之外，在与金刚幢世界平齐的地方，有一个世界，名为庄严相世界，其佛号名为超胜大光明如来。

“庄严相世界上方，在与娑婆世界平齐的地方，有一个世界，名为琉璃轮普庄严世界，其佛号名为须弥灯如来。

“而在周遍无差别世界种的最上方，有一个世界，名为华幢海世界，其佛号名为无尽变化妙慧云如来。

“诸佛子啊！紧临于金刚宝聚香水海，依次有香水海，名为崇饰宝埤堄香水海；此香水海的世界种，名为秀出宝幢世界种。

“依次又有香水海，名为宝幢庄严香水海；此香水海的世界种，名为现一切光明世界种。

“依次又有香水海，名为妙宝云香水海；此香水海的世界种，名为一切宝庄严光明遍照世界种。

“依次又有香水海，名为宝树华庄严香水海；此香水海的世界种，名为妙华间饰世界种。

“依次又有香水海，名为妙宝衣庄严香水海；此香水海的世界种，名为光明海世界种。

“依次又有香水海，名为宝树峰香水海；此香水海的世界种，名为宝焰云世界种。

“依次又有香水海，名为示现光明香水海；此香水海的世界种，名为入金刚无所碍世界种。

“依次又有香水海，名为莲华普庄严香水海；此香水海的世界种，名为无边岸海渊世界种。

“依次又有香水海，妙宝庄严香水海；此香水海的世界种，名为普示现国土藏世界种。

"有以上等等不可说佛刹微尘数的香水海。

"在这些香水海中，最接近轮围山的香水海，名为不可坏海香水海；这个香水海的世界种，名为妙轮间错莲华场世界种，是以一切佛力所出音声为体性。

"在妙轮间错莲华场世界种的最下方，有一个世界，名为最妙香世界，其佛号名为变化无量尘数光如来。

"最妙香世界上方，过十佛刹微尘数世界之外，在与金刚幢世界平齐的地方，有一个世界，名为不思议差别庄严门世界，其佛号名为无量智如来。

"不思议差别世界上方，在与娑婆世界平齐的地方，有一个世界，名为十方光明妙华藏世界，其佛号名为师子眼光焰云如来。

"而在妙轮间错莲华场世界种的最上方，有一个世界，名为海音声世界，其佛号名为水天光焰门如来。

"诸佛子啊！紧临于天城宝堞香水海，依次有香水海，名为焰轮赫奕光香水海；此香水海的世界种，名为不可说种种庄严世界种。

"依次又有香水海，名为宝尘路香水海；此香水海的世界种，名为普入无量旋世界种。

"依次又有香水海，名为具一切庄严香水海；此香水海的世界种，名为宝光遍照世界种。

"依次又有香水海，名为布众宝网香水海；此香水海的世界种，名为安布深密世界种。

"依次又有香水海，名为妙宝庄严幢香水海；此香水海的世界种，名为世界海明了音世界种。

"依次又有香水海，名为日宫清净影香水海；此香水海的世界种，名为遍入因陀罗网世界种。

"依次又有香水海，名为一切鼓乐美妙音香水海；此香水海的世界种，名为圆满平正世界种。

"依次又有香水海，名为种种妙庄严香水海；此香水海的世界种，名为净密光焰云世界种。

"依次又有香水海，周遍宝焰灯香水海；此香水海的世界种，随佛本愿种种形世界种。

"有以上等等不可说佛刹微尘数的香水海。

"在这些香水海中，最接近轮围山的香水海，名为积集璎珞衣香水海；这个香水海的世界种，名为化现妙衣世界种，是以三世一切佛的音声为体性。

"在化现妙衣世界种的最下方，有一个香水海，名为因陀罗华藏香水海。这个香水海的世界，名为发生欢喜世界，周遭有佛刹微尘数的世界围绕，都是纯一清净。发生欢喜世界的佛号名为坚悟智如来。

"发生欢喜世界上方，过十佛刹微尘数世界之外，在与金刚幢世界平齐的地方，有一个世界，名为宝网庄严世界，周遭有十佛刹微尘数的世界围绕，都是纯一清净。宝网庄严世界的佛号名为无量欢喜光如来。

"宝网庄严世界上方，过三佛刹微尘数世界之外，在与我们娑婆世界平齐的地方，有一个世界，名为宝莲华师子座世界，四周有十三佛刹微尘数的世界围绕，佛号名为最清净不空闻如来。

"宝莲华师子座世界上方，过七佛刹微尘数世界之外，就到了化现妙衣世界种的最上方，有一个世界，名为宝色龙光明世界，四周有二十佛刹微尘数世界围绕，都是纯一清净的国土。宝色光明世界的佛号名为遍法界普照明如来。

"诸佛子啊！在以上十个不可说佛刹微尘数的香水海中，有十个不可说佛刹微尘数的世界种，都是依止于现一切菩萨形摩尼王幢庄严莲华上安住。这些世界种各自皆以庄严为边际，其中没有任何间断；也都各自放射出宝色的光明，而以各种的光明云覆盖在世界的上方。这些世界各自具足庄严的宝具，显示着彼此之间的时劫差别；各个世界种中都有佛陀出现，这些佛陀都各自畅演浩瀚的佛法；每个世界种也都充满了众生；这些世界种能自十方普遍趣入，也各自具足了一切佛所加持的威神力。在这些世界种当中，一切的世界都依止于各种的庄严安住，相续不绝地连接成世界之网。在华藏庄严世界海当中，每一个世界依着个别的差异，周遍地建立起自己的国土。”

这时，普贤菩萨为了重新宣告所说的妙义，承受佛陀威神力的加持，而宣说如下的偈颂：

华藏世界大海，法界等无差别，
庄严极其清净，安住处于虚空。
于此世界海中，刹种难以思议，
一一皆得自在，各各无有杂乱。
华藏世界大海，刹种善巧安布，
殊形异相庄严，种种妙相不同。
诸佛变化音声，种种为其体性，
随其业力所见，刹种妙庄严饰。
须弥山城网形，水旋轮圆形状，
广大莲华开敷，彼彼相互围绕。
或山幢楼阁形，或旋转金刚形，
如是不可思议，广大诸般刹种。
大海真珠之焰，光网不可思议，
如是诸般刹种，悉在莲华中住。
一一诸般刹种，光网不可言说，
光中亦现众刹，普遍十方大海。
一切诸般刹种，所有庄严之具，
国土悉入其中，普见无有穷尽。
刹种不可思议，世界无有边际，
种种妙好庄严，皆由大仙神力❶。
一切众刹种中，世界不可思议，
或成或有沮坏，或有已坏灭者。
譬如林中树叶，有生亦有落时，

如是刹种之中，世界有成有坏。

譬如依于树林，种种果实差别，
如是依于刹种，种种众生安住。

譬如种子有别，生果亦各殊异，
业力差别之故，众生住刹不同。

譬如心王妙宝，随心而见众色，
众生心清净故，得见清净佛刹。

譬如大海龙王，兴云遍布虚空，
如是诸佛愿力，出生诸佛国土。

宛如幻师咒术，能现种种情事，
众生业力之故，国土不可思议。

譬如众缋之像，画师之所造作，
如是一切佛刹，为心画师所成。

众生身各有异，随心分别而起，
如是刹土种种，莫不皆由业生。

譬如睹见导师，种种众色差别，
随于众生心行，见诸佛刹亦然。

一切诸刹边际，周布莲华之网，
种种众相不同，庄严悉皆清净。

彼诸莲华之网，为刹网所安住，
种种庄严众事，种种众生安居。

或有刹土之中，险恶而不平坦，
斯由众生烦恼，于彼乃如是见。

杂染以及清净，无量诸刹土种，
随诸众生心起，菩萨力所加持。

或有刹土之中，杂染以及清净，
斯由业力而起，菩萨之所教化。

有刹放大光明，离垢宝所成就，

种种妙庄严饰，诸佛悉令清净。

一一佛刹种中，劫烧不可思议，
所现虽见败恶，其处常为坚固。

乃由众生业力，出生众多刹土，
依止于风轮上，及以水轮安住。

世界法尔如是，种种所见不同，
而实无有生者，亦复无有灭坏。

一一心念之中，出生无量刹土，
以佛威神之力，悉见清净无垢。

有刹泥土所成，其体甚为坚硬，
黑暗无光照耀，恶业者所居住。

有刹金刚所成，杂染大忧怖畏，
苦多而乐少有，薄福者之所处。

或有用铁铸成，或以赤铜造作，
石山险阻可畏，罪恶者能充满。

刹中有诸地狱，众生苦无救者，
常在黑暗之中，为焰海所燃烧。

或复有众畜生，种种丑陋形貌，
由其自身恶业，常受诸般苦恼。

或见阎罗鬼界，饥渴之所煎逼，
登上大火山中，受诸极重苦恼。

或有诸刹土中，为七宝所合成，
种种诸般宫殿，斯由净业所得。

汝应普观世间，其中人与天众，
净业果所成就，随时受诸快乐。

一一毛孔之中，亿刹不可思议，
种种妙相庄严，未曾有所迫隘。

众生各各业力，世界无量种种，

于中取着而生，身受苦乐不同。

有刹众宝所成，常放无边光明，

金刚妙宝莲华，庄严清净无垢。

有刹光明为体，依止光轮安住，

金色栴檀妙香，焰云普遍照明。

有刹月轮所成，香衣悉周遍布，

于一莲华之内，菩萨悉皆充满。

有刹众宝所成，色相无诸垢染，

譬如天帝珠网，光明恒能照耀。

有刹妙香为体，或是金刚宝华，

摩尼光影妙形，观察甚为清净。

或有难思刹土，为华旋所成就，

化佛悉皆充满，菩萨普放光明。

或有清净妙刹，悉是众华树满，

妙枝圆布道场，荫以摩尼宝云。

有刹清净光照，金刚华所成就，

有是佛化音声，无边行列成网。

有刹宛如菩萨，摩尼妙宝胜冠，

或有如宝座形，从化光明出生。

或是栴檀香末，或是眉间光明，

或佛光中音声，而成如斯妙刹。

有见清净佛刹，恒以一光庄严，

或见多光庄严，种种皆甚奇妙。

或用十国土中，妙物作庄严饰，

或以千国土中，一切为庄严校。

或以亿刹宝物，庄严于一土中，

种种众相不同，皆如影像示现。

不可说土众物，庄严于一刹土，

各各放大光明，如来愿力所起。
或有诸国中土，为愿力所净治，
一切妙庄严中，普见众刹土海。
诸修普贤大愿，所得清净国土，
三世佛刹庄严，一切于中亦现。
佛子汝应观察，刹种大威神力，
未来诸佛国土，如梦悉令得见。
十方一切世界，过去众国土海，
咸于一刹之中，现像犹如幻化。
三世一切诸佛，及以其国刹土，
于一刹种之中，一切悉能观见。
一切佛威神力，尘中示现众土，
种种悉皆明见，如影无有真实。
或有众多刹土，其形宛如大海，
或如须弥山形，世界不可思议。
有刹善能安住，其形如帝释网，
或如树林之形，诸佛充满其中。
或作宝轮之形，或有莲华形状，
八隅备满众饰，种种悉皆清净。
或有如宝座形，或复有三隅形，
或如佉勒迦形，城郭梵王身形。
或如天主之髻，或有如半月形，
或如摩尼山形，或如日轮之形。
或有世界形状，譬如香水海旋，
或作光明轮状，佛往昔所严净。
或有轮辋之形，或有祭坛之形，
或如佛白毫相，肉髻广长佛眼。
或有如佛手形，或如金刚杵状，

或如焰山之形，菩萨皆悉周遍。

或如师子之形，或如海蚌形状，

无量诸种色相，体性各各差别。

于一刹种之中，刹形无有穷尽，

皆由佛陀愿力，护念而得安住。

有刹或住一劫，或住于十时劫，

乃至过于百千，国土微尘数劫。

或于一劫之中，见刹有成有坏，

或劫无量无数，乃至不可思议。

或有刹有佛陀，或有刹无佛陀，

或有唯一佛陀，或有无量诸佛。

国土若无有佛，他方世界之中，

有佛变化前来，为现诸佛能事。

示没天与降神，处胎及出生时，

降魔而成正觉，恒转无上法轮。

随诸众生心乐，示现种种妙相，

为转胜妙法轮，悉应众生根欲。

一一佛刹之中，一佛出兴于世，

经于亿千岁时，演说无上妙法。

众生者非法器，不能睹见诸佛，

若有心乐佛者，一切处悉皆见。

一一佛刹土中，各有诸佛兴世，

一切刹中佛陀，亿数不可思议。

此中一一佛陀，可现无量神变，

悉遍周于法界，调伏众生大海。

有刹无有光明，黑暗多生恐惧，

苦触宛如刀剑，见者如自酸毒。

或有诸天光明，或有众宫殿光，

或现日月光明，刹网难以思议。

有刹自生光明，或树咸放净光，

未曾有诸苦恼，众生福力之故。

或有山放光明，或有摩尼光明，

或以灯光照耀，皆悉众生业力。

或有佛陀光明，菩萨充满其中，

有是莲华光明，焰色甚庄严好。

有刹华光照耀，有以香水照耀，

以涂香烧香照，皆由清净愿力。

有以云光照耀，摩尼蚌光明照，

佛神力光照耀，能宣悦意音声。

或以宝光照耀，或金刚焰光照，

清净音能远震，所至无众苦恼。

或有摩尼光明，或是庄严具光，

或有道场光明，照耀大众会中。

佛陀放大光明，化佛充满其中，

其光普遍照触，法界悉皆周遍。

有刹甚可怖畏，嗥叫出大苦声，

其声极为酸楚，闻者心生厌怖。

地狱畜生恶道，及以阎罗❷处所，

如是浊恶世界，恒出忧苦众声。

或有国土之中，常出可爱乐音，

悦意顺其教化，斯由净业所得。

或有国土之中，恒闻帝释音声，

或闻梵天之音，或一切世主音。

或有诸刹土中，云中常出妙声，

宝海摩尼树中，及乐音皆遍满。

诸佛圆光之内，化声无有穷尽，

及众菩萨妙音，周闻满十方刹。

不可思议国土，普转法轮音声，

愿海所出妙声，修行众妙音声。

三世一切诸佛，出生诸般世界，

名号悉皆具足，音声无有穷尽。

或有刹中听闻，一切佛力音声，

十地六度无量，如是妙法皆演。

普贤大誓愿力，亿刹恒演妙音，

其音宛若雷震，住劫亦无穷尽。

佛于清净国土，示现自在音声，

十方法界之中，一切无不遍闻。

【注释】

❶ 大仙神力：即佛陀的神通力。大仙，此处指佛。

❷ 阎罗：即阎罗王，为掌管幽冥界的主神。又广义而言，阎罗除指阎罗王外，尚泛指整个幽冥世界（地狱）。

毗卢遮那品第六

卷第十一

《毗卢遮那品》导读

　　前五品在华严大会中，所有集众、说法行仪，各种道场庄严、殊胜境界，这些人、事、地、物、时的示现，都是因往昔所有大众在毗卢遮那如来处，所修功德、所发大愿，才来到这个大会的。当然，也是毗卢遮那如来累劫累世修习菩萨行、亲近诸佛、发大悲愿的缘故才得庄严成就的。所以这一品就来宣讲毗卢遮那如来往昔的种种因缘。

　　这一品中共有四位佛陀出世，名虽有异，却是随世间因缘而别定的，其总称都是"毗卢遮那如来"。此名的意义是以种种教行之光，遍照一切，破诸业暗，以广、深为特色。

　　往昔在种种庄严劫时，于普门净光明世界海中，有世界叫作胜音。此世界有个大林区，名摩尼华枝轮。在大林的东边有一大城，名焰光明城。在此居住的人都成就业报神足，能乘空往来，内心有什么样的想望，想望之物都会应念而至。经文所举的四佛，都在这个大林中出世成正觉。

　　这个胜音世界第一位出世的佛为一切功德山须弥胜云佛。他成正觉时，焰光明城的城王便率夫人、宫女、大臣、太子、太子夫人等来见佛陀。其中大威光太子见佛光明即时证得十种法门，闻法之后，即获一切功德须弥胜云佛宿世所集的法海光明；且立即为一切世间显示如来行海、普贤行愿等等，而令众生皆能发菩提心。

　　这位大威光太子在一切功德山须弥胜云佛灭度以后，在他的城中又有波罗蜜善眼庄严王佛成正觉。此佛灭度后又有第三位"最胜功德海如来"出世成正觉，其后又有第四位"普闻莲华眼幢如来"出世。大威光王子皆

卷第十一·《毗卢遮那品》导读

各别在这四位佛前，得各种法益，广发无量行愿。其中第四佛出世时，大威光王子已命终，生寂静宝宫天城中为大天王，但仍率天众到道场来。而这位大威光王子所发大愿，最重要的是以修诸普贤行为要，而得以周遍庄严佛刹海。

本来此品中应有十须弥山数如来出世的，但经文只举四位而已。一方面是或因其余如来出世，可依例了知；二来，经文可尽，如来之愿无穷，故只彰明其无尽，而不必一一列举啊！

卷第十一

毗卢遮那品第六

【原典】

尔时，普贤菩萨复告大众言："诸佛子！乃往古世过世界微尘数劫，复倍是数，有世界海，名普门净光明。此世界海中，有世界名胜音，依摩尼华网海住，须弥山微尘数世界而为眷属。其形正圆，其地具有无量庄严，三百重众宝树轮围山所共围绕，一切宝云而覆其上，清净无垢，光明照曜，城邑宫殿如须弥山，衣服饮食随念而至，其劫名曰种种庄严。

"诸佛子！彼胜音世界中，有香水海名清净光明。其海中有大莲华须弥山出现，名华焰普庄严幢，十宝栏楯周匝围绕。于其山上有一大林，名摩尼华枝轮；无量华楼阁，无量宝台观，周回布列；无量妙香幢，无量宝山幢，迴极庄严。无量宝芬陀利华，处处敷荣；无量香摩尼莲华网，周匝垂布；乐音和悦，香云照曜，数各无量，不可纪极。有百万亿那由他城，周匝围绕，种种众生，于中止住。

"诸佛子！此林东有一大城，名焰光明，人王所都，百万亿那由他城周匝围绕；清净妙宝所共成立，纵广各有七千由旬。七宝为廓，楼橹却敌，悉皆崇丽。七重宝堑，香水盈满。优钵罗华、波头摩华、拘物头华、芬陀利华，悉是众宝，处处分布以为严饰。宝多罗树七重围绕，宫殿楼阁悉宝庄严，种种妙网张施其上，涂香散华芬莹其中。有百万亿那由他门，悉宝庄严，一一门前，各有四十九宝尸罗幢次第行列复有百万亿园林周匝围绕，其中皆有种种杂香、摩尼树香，周流普熏；众鸟和鸣，听者欢悦。此大城中所有居人，靡不成就业报神足，乘空往来，行同诸天，心有所欲，应念皆至。其城次南，有一天城，名树华庄严。其次右旋，有大龙城，名曰究竟。次有夜叉城，名金刚胜妙幢。次有乾闼婆城，名曰妙宫。次有阿修罗城，名曰宝轮。次有迦楼罗城，名妙宝庄严。次有紧那罗城，名游戏快乐。次有摩睺罗城，名金刚幢❶。次有梵天王城，名种种妙庄严。如是等百万亿那由他数。此一一城，各有百万亿那由他楼阁所共围绕，一一皆有无量庄严。

"诸佛子！此宝华枝轮大林之中，有一道场，名宝华遍照，以众大宝分布庄严，摩尼华轮遍满开敷，然以香灯，具众宝色，焰云弥覆，光网普照，诸庄严具常出妙宝，一切乐中恒奏雅音，摩尼宝王现菩萨身，种种妙华周遍十方。其道场前，有一大海，名香摩尼金刚；出大莲华，名华蕊焰轮，其华广大百亿由旬，茎、叶、须、台，皆是妙宝，十不可说百千亿那由他莲华所共围绕，常放光明，恒出妙音，周遍十方。

"诸佛子！彼胜音世界最初劫中，有十须弥山微尘数如来出兴于世。其第一佛，号一切功德山须弥胜云。诸佛子！应知彼佛将出现时，一百年前，此摩尼华枝轮大林中，一切庄严，周遍清净。所谓出不思议宝焰云，发叹佛功德音，演无数佛音声，舒光布网，弥覆十方❷，宫殿楼阁，互相照曜，宝华光明，腾聚成云。复出妙音，说一切众生前世所行广大善根，说三世一切诸佛名号，说诸菩萨所修愿行究竟之道，说诸如来转妙法轮种种言辞，现如是等庄严之相，显示如来常出于世。其世界中，一切诸王见此相故，善根成熟，悉欲见佛而来道场。

"尔时，一切功德山须弥胜云佛，于其道场大莲华中忽然出现，其身周普等真法界，一切佛刹皆示出生，一切道场悉诣其所，无边妙色具足清净，一切世间无能映夺，具众宝相一一分明，一切宫殿悉现其像，一切众生咸得目见无边化佛从其身出，种种色光充满法界。如于此清净光明香水海，华焰庄严幢须弥顶上，摩尼华枝轮大林中，出现其身而坐于座。其胜音世界，有六十八千亿须弥山顶，悉亦于彼现身而坐。尔时，彼佛即于眉间放大光明，其光名发起一切善根音，十佛刹微尘数光明而为眷属，充满一切十方国土。若有众生应可调伏，其光照触，即自开悟，息诸惑热，裂诸盖网，摧诸障山，净诸垢浊，发大信解，生胜善根，永离一切诸难恐怖，灭除一切身心苦恼，起见佛心，趣一切智。时，一切世间主，并其眷属无量百千，蒙佛光明所开觉故，悉诣佛所头面礼足。

"诸佛子！彼焰光明大城中，有王名喜见善慧，统领百万亿那由他城，夫人、采女三万七千人，福吉祥为上首；王子五百人❸，大威光为上首；大威光太子有十千夫人，妙见为上首。

"尔时，大威光太子见佛光明已，以昔所修善根力故，即时证得十种法门。何谓为十？所谓证得一切诸佛功德轮三昧，证得一切佛法普门陀罗尼，证得广大方便藏般若波罗蜜，证得调伏一切众生大庄严大慈，证得普云音大悲，证得生无边功德最胜心大喜，证得如实觉悟一切法大舍，证得广大方便平等藏大神通，证得增长信解力大愿，证得普入一切智光明辩才门。

"尔时，大威光太子获得如是法光明已，承佛威力，普观大众，而说颂言：

世尊坐道场，清净大光明，譬如千日出，普照虚空界。

无量亿千劫，导师时乃现，佛今出世间，一切所瞻奉。

汝观佛光明，化佛难思议，一切宫殿中，寂然而正受。

汝观佛神通，毛孔出焰云，照耀于世间，光明无有尽。

汝应观佛身，光网极清净，现形等一切，遍满于十方。

妙音遍世间，闻者皆欣乐，随诸众生语，赞叹佛功德。

世尊光所照，众生悉安乐，有苦皆灭除，心生大欢喜。

观诸菩萨众，十方来萃止，悉放摩尼云，现前称赞佛。

道场出妙音，其音极深远，能灭众生苦，此是佛神力。

一切咸恭敬，心生大欢喜，共在世尊前，瞻仰于法王。

"诸佛子！彼大威光太子说此颂时，以佛神力，其声普遍胜音世界。时，喜见善慧王闻此颂已，心大欢喜，观诸眷属，而说颂言：

汝应速召集，一切诸王众，王子及大臣，城邑宰官等。
普告诸城内，疾应击大鼓，共集所有人，俱行往见佛。
一切四衢道，悉应鸣宝铎，妻子眷属俱，共往观如来。
一切诸城郭，宜令悉清净，普建胜妙幢，摩尼以严饰。
宝帐罗众网，妓乐如云布，严备在虚空，处处令充满。
道路皆严净，普雨妙衣服，巾驭汝宝乘，与我同观佛。
各各随自力，普雨庄严具，一切如云布，遍满虚空中。
香焰莲华盖，半月宝璎珞，及无数妙衣，汝等皆应雨。
须弥香水海，上妙摩尼轮，及清净栴檀，悉应雨满空。
众宝华璎珞，庄严净无垢，及以摩尼灯，皆令在空住。
一切持向佛，心生大欢喜，妻子眷属俱，往见世所尊。

"尔时，喜见善慧王与三万七千夫人、采女俱，福吉祥为上首；五百王子俱，大威光为上首；六万大臣俱，慧力为上首。如是等七十七百千亿那由他众，前后围绕，从焰光明大城出。以王力故，一切大众乘空而往，诸供养具遍满虚空。至于佛所，顶礼佛足，却坐一面。复有妙华城善化幢天王，与十亿那由他眷属俱；复有究竟大城净光龙王，与二十五亿眷属俱；复有金刚胜幢城猛健夜叉王，与七十七亿眷属俱。复有无垢城喜见乾闼婆王，与九十七亿眷属俱。复有妙轮城净色思惟阿修罗王，与五十八亿眷属俱。复有妙庄严城十力行迦楼罗王，与九十九千眷属俱。复有游戏快乐城金刚德紧那罗王，与十八亿眷属俱。复有金刚幢城宝称幢摩睺罗伽王，与三亿百千那由他眷属俱。复有净妙庄严城最胜梵王，与十八亿眷属俱。如是等百万亿那由他大城中，所有诸王并其眷属，悉共往诣一切功德须弥胜云如来所，顶礼佛足，却坐一面。

"时，彼如来为欲调伏诸众生故，于众会道场海中，说普集一切三世佛自在法修多罗，世界微尘数修多罗而为眷属，随众生心，悉令获益。是时，大威光菩萨闻是法已，即获一切功德须弥胜云佛宿世所集法海光明。所谓得一切法聚平等三昧智光明，一切法悉入最初菩提心中住智光明，十方法界普光明藏清净眼智光明，观察一切佛法大愿海智光明，入无边功德海清净行智光明，趣向不退转大力速疾藏智光明，法界中无量变化力出离轮智光明，决定入无量功德圆满海智光明，了知一切佛决定解庄严成就海智光明，了知法界无边佛现一切众生前神通海智光明，了知一切佛力无所畏法智光明。尔时，大威光菩萨得如是无量智光明已，承佛威力，而说颂言：

> 我闻佛妙法，而得智光明，以是见世尊，往昔所行事。
> 一切所生处，名号身差别，及供养于佛，如是我咸见。
> 往昔诸佛所，一切皆承事，无量劫修行，严净诸刹海。
> 舍施于自身，广大无涯际，修治最胜行，严净诸刹海。
> 耳鼻头手足，及以诸宫殿，舍之无有量，严净诸刹海。
> 能于一一刹，亿劫不思议，修习菩提行，严净诸刹海。
> 普贤大愿力，一切佛海中，修行无量行，严净诸刹海。
> 如因日光照，还见于日轮，我以佛智光，见佛所行道。
> 我观佛刹海，清净大光明，寂静证菩提，法界悉周遍。
> 我当如世尊，广净诸刹海，以佛威神力，修习菩提行。

"诸佛子！时，大威光菩萨，以见一切功德山须弥胜云佛，承事供养故，于如来所心得悟了，为一切世间，显示如来往昔行海，显示往昔菩萨行方便，显示一切佛功德海，显示普入一切法界清净智，显示一切道场中成佛自在力，显示佛力无畏、无差别智，显示普示现如来身，显示不可思议佛神变，显示庄严无量清净佛土，显示普贤菩萨所有行愿，令如须弥山微尘数众生发菩提心，佛刹微尘数众生成就如来清净国土。尔时，一切功德山须弥胜云佛，为大威光菩萨而说颂言：

善哉大威光，福藏广名称，为利众生故，发趣菩提道。

汝获智光明，法界悉充遍，福慧咸广大，当得深智海。

一刹中修行，经于刹尘劫，如汝见于我，当获如是智。

非诸劣行者，能知此方便，获大精进力，乃能净刹海。

一一微尘中，无量劫修行，彼人乃能得，庄严诸佛刹。

为一一众生，轮回经劫海，其心不疲懈，当成世导师。

供养一一佛，悉尽未来际，心无暂疲厌，当成无上道。

三世一切佛，当共满汝愿，一切佛会中，汝身安住彼。

一切诸如来，誓愿无有边，大智通达者，能知此方便。

大光供养我，故获大威力，令尘数众生，成熟向菩提。

诸修普贤行，大名称菩萨，庄严佛刹海，法界普周遍。

"诸佛子！汝等应知彼大庄严劫中，有恒河沙数小劫，人寿命二小劫。诸佛子！彼一切功德须弥胜云佛，寿命五十亿岁。彼佛灭度后，有佛出世，名波罗蜜善眼庄严王，亦于彼摩尼华枝轮大林中而成正觉。尔时，大威光童子见彼如来成等正觉现神通力，即得念佛三昧，名无边海藏门。即得陀罗尼，名大智力法渊。即得大慈，名普随众生调伏度脱。即得大悲，名遍覆一切境界云。即得大喜，名一切佛功德海威力藏。即得大舍，名法性虚空平等清净。即得般若波罗蜜，名自性离垢法界清净身。即得神通，名无碍光普随现。即得辩才，名善入离垢渊。即得智光，名一切佛法清净藏。如是等十千法门，皆得通达。尔时，大威光童子承佛威力，为诸眷属而说颂言：

不可思议亿劫中，导世明师难一遇，此土众生多善利，而今得见第二佛。

佛身普放大光明，色相无边极清净，如云充满一切土，处处称扬佛功德。

光明所照咸欢喜，众生有苦悉除灭，各令恭敬起慈心，此是如来自在用。

出不思议变化云，放无量色光明网，十方国土皆充满，此佛神通之所现。

一一毛孔现光云，普遍虚空发大音，所有幽冥靡不照，地狱众苦咸令灭。

如来妙音遍十方，一切言音咸具演，随诸众生宿善力，此是大师神变用。

无量无边大众海，佛于其中皆出现，普转无尽妙法轮，调伏一切诸众生。

佛神通力无有边，一切刹中皆出现，善逝如是智无碍，为利众生成正觉。

汝等应生欢喜心，踊跃爱乐极尊重，我当与汝同诣彼，若见如来众苦灭。

发心回向趣菩提，慈念一切诸众生，悉住普贤广大愿，当如法王得自在。

"诸佛子！大威光童子说此颂时，以佛神力，其声无碍，一切世界皆悉得闻，无量众生发菩提心。时，大威光王子，与其父母，并诸眷属，及无量百千亿那由他众生，前后围绕，宝盖如云，遍覆虚空，共诣波罗蜜善眼庄严王如来所。其佛为说法界体性清净庄严修多罗，世界海微尘等修多罗，而为眷属。彼诸大众闻此经已，得清净智，名入一切净方便。得于地，名离垢光明。得波罗蜜轮，名示现一切世间爱乐庄严。得增广行轮，名普入一切刹土无边光明清净见。得趣向行轮，名离垢福德云光明幢。得随入证轮，名一切法海广大光明。得转深发趣行，名大智庄严。得灌顶智慧海，名无功用修极妙见。得显了大光明，名如来功德海相光影遍照。得出生愿力清净智，名无量愿力信解藏。时，彼佛为大威光菩萨而说颂言：

善哉功德智慧海，发心趣向大菩提，汝当得佛不思议，普为众生作依处。

汝已出生大智海，悉能遍了一切法，当以难思妙方便，入佛无尽
所行境。

已见诸佛功德云，已入无尽智慧地，诸波罗蜜方便海，大名称者
当满足。

已得方便总持门，及以无尽辩才门，种种行愿皆修习，当成无等
大智慧。

汝已出生诸愿海，汝已入于三昧海，当具种种大神通，不可思议
诸佛法。

究竟法界不思议，广大深心已清净，普见十方一切佛，离垢庄严
众刹海。

汝已入我菩提行，昔时本事方便海，如我修行所净治，如是妙行
汝皆悟。

我于无量一一刹，种种供养诸佛海，如彼修行所得果，如是庄严
汝咸见。

广大劫海无有尽，一切刹中修净行，坚固誓愿不可思，当得如来
此神力。

诸佛供养尽无余，国土庄严悉清净，一切劫中修妙行，汝当成佛
大功德。

"诸佛子！波罗蜜善眼庄严王如来入涅槃已，喜见善慧王寻亦去世，
大威光童子受转轮王位。彼摩尼华枝轮大林中第三如来出现于世，名最胜
功德海。时，大威光转轮圣王，见彼如来成佛之相，与其眷属，及四兵众，
城邑、聚落一切人民，并持七宝，俱往佛所，以一切香摩尼庄严大楼阁奉
上于佛。时，彼如来于其林中，说菩萨普眼光明行修多罗，世界微尘数修
多罗而为眷属。尔时，大威光菩萨闻此法已，得三昧，名大福德普光明。
得此三昧故，悉能了知一切菩萨、一切众生，过、现、未来福、非福海。时，
彼佛为大威光菩萨而说颂言：

善哉福德大威光，汝等今来至我所，愍念一切众生海，发胜菩提大愿心。

汝为一切苦众生，起大悲心令解脱，当作群迷所依怙，是名菩萨方便行。

若有菩萨能坚固，修诸胜行无厌怠，最胜最上无碍解，如是妙智彼当得。

福德光者福幢者，福德处者福海者，普贤菩萨所有愿，是汝大光能趣入。

汝能以此广大愿，入不思议诸佛海，诸佛福海无有边，汝以妙解皆能见。

汝于十方国土中，悉见无量无边佛，彼佛往昔诸行海，如是一切汝咸见。

若有住此方便海，必得入于智地中，此是随顺诸佛学，决定当成一切智。

汝于一切刹海中，微尘劫海修诸行，一切如来诸行海，汝皆学已当成佛。

如汝所见十方中，一切刹海极严净，汝刹严净亦如是，无边愿者所当得。

今此道场众会海，闻汝愿已生欣乐，皆入普贤广大乘，发心回向趣菩提。

无边国土一一中，悉入修行经劫海，以诸愿力能圆满，普贤菩萨一切行。

"诸佛子！彼摩尼华枝轮大林中，复有佛出，号名称普闻莲华眼幢。是时，大威光于此命终，生须弥山上寂静宝宫天城中，为大天王，名离垢福德幢。共诸天众俱诣佛所，雨宝华云，以为供养。时，彼如来为说广大方便普门遍照修多罗，世界海微尘数修多罗而为眷属。时，天王众闻此经已，得三昧，名普门欢喜藏。以三昧力，能入一切法实相海。获是益已，从道场出，还归本处。"

注释

❶ 大正本原无"次有紧……幢"二十一字，今依明、宫本增之。

❷ "方"，大正本原作"万"，今依三本及宫本改之。

❸ 大正本"人"字之下原有细注"别本云二万五千人"，今依三本删之。

【白话语译】

这时，普贤菩萨又对大众说道："诸佛子啊！在远古时，也就是超过世界微尘数一倍以上的时劫以前，有一个世界海，名为普门净光明世界海。在此一世界海中，有一个世界，名为胜音世界，这个世界是依止在摩尼华网海上安住，并有须弥山微尘数的世界为其从属。

"胜音世界的国土呈正圆形，大地上无限庄严，四周并为三百重的宝树轮围山所围绕，上方更有一切宝云覆盖，清净无垢，光明照耀。此一世界的城邑宫殿一如须弥山般庄严，居民的衣服与饮食，都能随其意念自然生现。这个时劫名为种种庄严时劫。

"诸佛子啊！在这个胜音世界当中，有一个香水海，名为清净光明香水海。在此一香水海中，有一座莲华须弥山涌现，其名为华焰普庄严幢须弥山，四周并有十宝栏楯围绕着。在这座须弥山上，有一片大树林，名为摩尼华枝轮林。这片林子中，罗布着无数的花楼阁、宝台观，更有无数的妙香幢与宝山幢，庄严无比。林中处处盛开着珍贵芬芳的白莲华，无数的香摩尼莲华织成之网则垂布周遭。悦耳的乐音与光耀的香云，为数之多，不可计算。更有百万亿那由他数量的城池，周绕着树林。在这些城中，各类众生随性安住。

"诸佛子啊！在这片树林的东边有一座大城，名为焰光明城。这是一座人间国王的都城，四周有百万亿那由他等不可计量的城池围绕。这也是以清净妙宝共筑的都城，纵横都有七千由旬❶，以七宝为城郭，以楼橹来御敌，十分崇伟壮丽。更有七重的宝堑城河，香水盈满其中。优钵罗❷华、波头摩❸华、拘物头❹华、芬陀利华，如此青、红、黄、白四色的莲华众宝，遍布四处，作为庄严的妙饰。更有七重的宝多罗树围绕，所有的宫殿楼阁都满溢妙宝庄严，上方张挂着各种美妙的宝网，而芬芳的涂香与散花更莹列其中。

"城中有百万亿那由他数的门，都十分宝贵庄严。每一扇门前，并有四十九座宝尸罗幢次第陈列着，更有百万亿的园林周匝围绕，各种妙香与摩尼树香缭绕其间；而众鸟和鸣，更令听者心生欢悦。

"这座大城中的居民们，都成就了业报的神足通，能够自在地乘空往来，宛如天神般地飞行；他们心想何处，便能应念而至。

"紧临于城的南方，有一座大城，名为树华庄严天城；再往右旋，有一座大龙城，名为究竟城；依次又有夜叉城，名为金刚胜妙幢城；依次又有乾闼婆城，名为妙宫城；依次又有阿修罗城，名为宝轮城；依次又有迦楼罗城，名为妙宝庄严城；依次又有紧那罗城，名为游戏快乐城；依次又有摩睺罗城，名为金刚幢城；依次更有梵天王城，名为种种妙庄严城，有以上等等百万亿那由他数的大城。这些城中，各围绕着百万亿那由他数的楼阁，每一座楼阁均无比庄严。

"诸佛子啊！在这片宝华枝轮大林中，有一座道场，名为宝华遍照道场。这座道场，庄严布饰着各种大宝，更有圆轮般的摩尼华遍满盛开，一片繁华。道场中燃着香灯，珍宝妙色般的焰光如彩云笼罩着，似网的光明更普照道场。道场中庄严的宝具时常涌现妙宝，众乐也恒奏着幽雅和悦之音。在摩尼宝珠之王中，则示现着菩萨的身影。各种美妙的花朵，遍布十方，随处可见。

"在此道场前，有一片大海，名为香摩尼金刚海。海中生出一朵大莲华，名为华蕊焰轮莲华。这朵莲华十分硕大，有百亿由旬那般宽广，上方的茎、叶、须、台都是由妙宝所形成，四周围绕着十个不可说百千亿那由他数量的莲华。这朵莲华经常放射着光明，演奏着妙音，遍满十方。

"诸佛子啊！在这胜音世界的最初时劫中，有十个须弥山微尘数的佛陀出兴于世。第一尊的佛陀，名号为一切功德山须弥胜云如来。诸佛子啊！你们应当知道，于此佛陀出现的一百年前，在这座摩尼华枝轮大林中，所有的庄严妙饰都周遍清净。

"这里提及的庄严清净就是所谓的出现不可思议的宝焰云；发出赞叹佛陀功德的音声；演出无数佛陀的音声；散发光明，令其如网般垂布盖覆着十方；所有的宫殿楼阁都互相映照；其中的宝华光明，翻腾凝集成天空中的光云；以美妙的音声，演说一切众生前生前世所行的广大善根；演说三世一切诸佛的名号；演说诸菩萨所修的愿行与究竟之道；演说诸佛如来转妙法轮的种种言辞说法。当时，这座大林示现了如上等等的庄严妙相，显示佛陀如来经常出现于世界。

"在这个世界中，诸王由于目睹这些瑞相，得以成熟善根。都想亲见佛陀，而来到道场之中。

"这时，一切功德山须弥胜云佛，忽然现身于其道场中的大莲华中。他的妙身遍满，等于真实的法界，一切的佛刹示现出生，而一切的道场也都能前往拜谒。他的无边妙色，具足清净；一切的世间，没有能映夺他的光明；他具足了众宝妙相，而且都是清晰分明。这时，所有宫殿都示现了佛陀的形象，而一切众生都得以见到无边的化佛；又从其身现出各色的光明，充满整个法界。

"如同在清净光明香水海中，华焰庄严幢须弥山的山顶上，摩尼华枝轮大林当中，佛陀现身安坐于宝座之上。同样的，在胜音世界之中，佛陀也同时现身安坐在六十八千亿须弥山的山顶上。

"这时，佛陀从其眉间放射出大片光明。这光明的名称为发起一切善根音光明，有十佛刹微尘数的光明为其从属，充塞着一切的十方国土。如果有众生理应可以调伏的，经过此光明的照耀，就能即刻自行开悟，消除一切迷惑与热恼，碎裂一切迷盖疑网，摧毁一切障碍之山，清净一切染垢污浊；并同时发起广大的信解，生起胜善的善根。这些众生会永远离弃一切的障难与恐怖，袪除一切身心的苦恼；生起见佛的心，趣向一切智慧。

"这时，一切世间之主与众天神们，及他们的从属，无量无边，由于蒙受佛陀光明的开示而觉悟，共同来到佛陀的道场，五体投地向佛陀致最深忱的礼敬。

"诸佛子啊！在这座光明大城中，有一位国王，名为喜见善慧王，他统领着百万亿那由他数的城池。这位国王的夫人、采女共有三万七千人，并以福吉祥夫人为首；王子有五百人，以大威光太子为首；大威光太子则有万位夫人，其中又以妙见夫人为首。

"这时，大威光太子见到佛陀之后，基于往昔所修行的善根力，当下就证得了十种法门。这十种法门就是所谓的证得一切诸佛功德轮三昧禅定，证得一切佛法普门总持陀罗尼，证得广大方便藏般若波罗蜜，证得调伏一切众生的庄严大慈，证得普云音的大悲，证得出生无边功德的最胜心大喜，证得如实觉悟一切法的大舍，证得广大方便平等藏的大神通，证得增长信解力的大愿，证得普入一切智光明辩才门。

　　"这时，大威光太子获得了以上的妙法光明之后，承受着佛陀威神力的加持，普遍观察大众，宣说如下的偈颂：

世尊安坐道场中，示现清净大光明，
譬如千日同时出，普照一切虚空界。
无量亿千时劫来，导师因时乃示现，
佛今出现于世间，一切众生所瞻奉。
汝观佛陀大光明，化佛普现难思议，
安住一切宫殿中，寂然三昧而正受❺。
汝观佛陀大神通，毛孔出生火焰云，
普遍照耀于世间，光明广大无有尽。
汝应观诸佛陀身，光网遍满极清净，
现形普等于一切，充遍满布于十方。
妙音遍转于世间，闻者悉皆生欣乐，
随诸众生之语词，赞叹佛陀胜功德。
世尊光明所照耀，众生悉皆得安乐，
有苦悉皆得灭除，心生无量大欢喜。
观诸一切菩萨众，十方咸来集萃止，
悉放摩尼宝光云，现前称赞佛如来。
道场演出微妙音，其音殊善极深远，
能灭众生诸苦恼，此是佛陀威神力。
一切咸皆表恭敬，心生广大胜欢喜，

共在世尊如来前，恭敬瞻仰于法王。

"诸佛子啊！当大威光太子宣说这则偈颂时，由于有佛陀威神力的加持，微妙的声音传遍于胜音世界之中。这时，喜见善慧王听闻了这则偈颂，心中立时生起大欢喜，观察一切眷属大众，而宣说以下的偈颂：

汝应速速召集，一切诸国王众，
王子以及大臣，城邑众宰官等。
普告诸城之内，疾应齐击大鼓，
共集所有人等，俱行往见佛陀。
一切四衢大道，悉应敲鸣宝铎，
妻子眷属同俱，共往观佛如来。
一切诸城郭中，宜令悉皆清净，
普建胜妙宝幢，摩尼以为严饰。
宝帐罗众网等，妓乐宛如云布，
严备在虚空中，处处皆令充满。
道路悉皆严净，普雨胜妙衣服，
巾驭汝宝车乘，与我同观佛陀。
各各自随其力，普雨庄严宝具，
一切宛如云布，遍满在虚空中。
香焰莲华宝盖，半月宝璎珞等，
以及无数妙衣，汝等皆应雨下。
须弥香水大海，上妙摩尼宝轮，
及清净栴檀香，悉应雨满空中。
众宝华与璎珞，庄严清净无垢，
及以摩尼灯具，皆令在空中住。
一切持向佛陀，心生广大欢喜，
妻子与眷属俱，往见世所尊崇。

"这时，喜见善慧王与以福吉祥夫人为首的三万七千位夫人、采女一齐，也与以大威光太子为首的五百位王子一齐，也与以慧力大臣为首的六万六臣一齐，喜见善慧王与如上七十七百千亿那由他数的大众一齐，前后拥簇着，从焰光明大城中出发。以大王的神力，大众乘空前往道场，而所有的供养器具，也遍满在虚空之中。他们到达佛陀的道场后，五体投地顶礼佛足，安坐在一边。

"这时，又有妙华城的善化幢天王，伴随着十亿那由他数的从属；更有究竟大城的净光龙王，伴随着二十五亿从属；又有金刚胜幢城的猛健夜叉王，与七十七亿从属一齐；又有无垢城的喜见乾闼婆王，与九十七亿从属一齐；又有妙轮城的净色思惟阿修罗王，与五十八亿从属一齐；又有妙庄严城的十力行迦楼罗王，与九十九千从属一齐；又有游戏快乐城的金刚德紧那罗王，与十八亿从属一齐；又有金刚幢城的宝称幢摩睺罗伽王，与三亿百千那由他数从属一齐；又有净妙庄严城的最胜梵王，与十八亿从属一齐，有如上百万亿那由他数的大城之中的诸王们，以及他们的眷属，都共同前往朝礼一切功德须弥胜云如来的道场。他们到了道场之后，五体投地顶礼佛足，安坐在一旁。

"这时，一切功德须弥胜云如来为了要调伏这些众生，就在大众集会的道场海当中，宣说普集一切三世佛自在法修多罗❻。宣说这部经典时，有世界微尘数的修多罗经典为其从属，随应众生的心，都令他们获得利益。

"这时，大威光菩萨听闻这些法之后，获得了一切功德须弥胜云佛宿世所修集的一切法海光明。

"这些法海光明即所谓的得到一切法聚平等三昧的智光明，一切法悉入最初菩提心中住的智光明，十方法界普光明藏清净眼的智光明，观察一切佛法大愿海的智光明，入无边功德海清净行的智光明，趣向不退转大力速疾藏的智光明，法界中无量变化力出离轮的智光明，决定入无量功德圆满海的智光明，了知一切佛决定解庄严成就海的智光明，了知法界无边佛现一切众生前神通海的智光明，了知一切佛力、无所畏法的智光明。

"这时，大威光菩萨得到以上的无量智慧光明之后，承受着佛陀威神力的加持，宣说如下的偈颂：

我闻佛陀微妙法，而得智慧大光明，

以是亲见于世尊，往昔所行众胜事。

一切所生之处所，名号妙身等差别，

以及供养于诸佛，如是我皆咸亲见。

往昔诸佛之所在，一切悉皆能承事，

无量劫来勤修行，庄严清净诸刹海。

能舍布施于自身，广大无边无涯际，

修行净治最胜行，庄严清净诸刹海。

眼耳鼻舌头手足，及以一切诸宫殿，

舍之布施无有量，庄严清净诸刹海。

能于一一刹土中，亿劫不可思议时，

修习胜妙菩提行，庄严清净诸刹海。

普贤广大愿力海，一切诸佛大海中，

勤能修行无量行，庄严清净诸刹海。

如因日光之照耀，还能亲见于日轮，

我以佛陀智慧光，能见佛陀所行道。

我观诸佛众刹海，清净广大胜光明，

寂静亲证大菩提，法界悉皆普周遍。

我当行如佛世尊，广为清净诸刹海，

以佛威神加持力，修习胜妙菩提行。

"诸佛子啊！这时大威光菩萨因为亲见一切功德山须弥胜云佛，并且承事供养的缘故，在如来的所在，心中得到了悟。他为一切的世间显示了佛陀往昔的修行胜海，显示了往昔修习的菩萨行方便，显示了一切佛的功德大海，显示了普入于一切法界的清净智慧，显示了在一切道场中成佛的自在威力，显示了佛力的无畏，无差别智慧，显示了普遍示现如来的妙身，显示了不可思议的佛陀神变，显示了庄严无量清净的佛土，也显示了普贤菩萨的所有愿行，他令广大如须弥山微尘数般的众生发起了菩提心，也令佛刹微尘数的众生成就了佛陀清净的国土。

"这时,一切功德山须弥胜云佛为大威光菩萨宣说如下的偈颂:

善哉大威光菩萨,福藏广大善名称,
为利众生之缘故,发心趣向菩提道。
汝获大智慧光明,法界悉皆普充遍,
福慧智慧咸广大,当得甚深智慧海。
于一刹中勤修行,经于刹土微尘劫,
如汝今日见于我,当获如是胜智慧。
非诸劣下之行者,能知如此胜方便,
获得广大精进力,乃能清净众刹海。
能于一一微尘中,无量劫来勤修行,
彼人乃能亲证得,清净庄严诸佛刹。
能为一一之众生,轮回经于时劫海,
其心不生疲懈意,当成世间大导师。
供养一一之佛陀,悉尽未来之时际,
心无暂时之疲厌,当成无上之佛道。
三世一切诸佛陀,当共满足汝大愿,
一切诸佛众会中,汝身皆能安住彼。
一切诸佛陀如来,誓愿广大无有边,
大智通达一切者,能知如此胜方便。
大智光明供养我,故获广大之威力,
能令尘数诸众生,成熟趣向大菩提。
所有修习普贤行,一切大名称菩萨,
庄严诸佛刹土海,法界皆悉普周遍。

"诸佛子啊!你们应该知道,在这个大庄严劫当中,有恒河沙数的小劫,而人类的寿命只不过是二小劫。诸佛子啊!这位一切功德须弥胜云佛的寿命为五十亿岁。当这一位佛陀灭度之后，有另一位佛陀出世，名为波罗蜜善眼庄严王如来。波罗蜜善眼庄严王如来也是于摩尼华枝轮大林当中成就正觉。

"这时，大威光童子见到这位如来成就了正等正觉之后，示现神通之力，即时得证了念佛三昧，名为无边海藏门念佛三昧；也即时得证总持陀罗尼的境界，名为大智力法渊陀罗尼；又即时得证大慈的境界，名为普随众生调伏度脱大慈；又即时证得了大悲的境界，名为遍覆一切境界云大悲；又即时证得了大喜的境界，名为一切功德海威力藏大喜；又即时证得了大舍的境界，名为法性虚空、平等清净大舍；又即时证得了般若波罗蜜，名为自性离垢法界清净身般若波罗蜜；又即时证得了神通境界，名为无碍光普随现神通；又即时证得了辩才无碍，名为善入离垢渊辩才；又即时证得了智慧光明，名为一切佛法清净藏智慧光明。大威光童子通达了以上等等的万种法门。

"这时，大威光童子承受着佛陀威神力的加持，为一切从属宣说如下的偈颂：

> 不可思议亿时劫中，导世明师难一值遇，
> 此土众生多具善利，而今乃得见第二佛。
> 佛身普放广大光明，色相无边极为清净，
> 如云充满一切刹土，处处称扬佛陀功德。
> 光明所照咸生欢喜，众生有苦悉皆除灭，
> 各令恭敬生起慈心，此是如来自在妙用。
> 出生不思议变化云，垂放无量色光明网，
> 十方国土悉皆充满，此佛神通力之所现。
> 一一毛孔示现光云，普遍虚空发大音声，
> 所有幽冥靡不照耀，地狱众苦咸令除灭。
> 如来妙音遍满十方，一切言音咸具演说，
> 随诸众生宿世善力，此是大师神变力用。
> 无量无边众生大海，佛于其中皆能出现，

普转无尽胜妙法轮，调伏一切诸众生等。

佛神通力无有边际，一切刹中悉皆出现，

善逝如是智慧无碍，为利众生圆成正觉。

汝等应生欢喜之心，踊跃爱乐究极尊重，

我当与汝同诣彼处，若见如来众苦消灭。

发心回向趣大菩提，慈念一切诸般众生，

悉住普贤广大愿海，当如法王得大自在。

"诸佛子啊！大威光童子由于佛陀神力的加持，在宣说这则偈颂时，他的声音没有任何障碍，一切世界都能够听闻得到，无量众生也发起了菩提心。

"这时，大威光王子与他的父母，以及所有的从属，更有无量百千亿那由他数的众生，在宛如云彩遍覆虚空的宝盖之下，前后围绕，共同来拜谒波罗蜜善眼庄严王如来的道场。佛陀也为他们宣说法界体性清净庄严修多罗，伴随着这部经典的，则有世界海微尘数的修多罗为其从属。

"这时，大众听闻这部经典之后，证得了清净的智慧，名为入一切净方便清净智；得证了菩萨地的境界，名为离垢光明地；得证了能到彼岸的波罗蜜轮，名为示现一切世间爱乐庄严波罗蜜轮；得证了增广行持之轮，名为普入一切刹土无边增光明清净见增广行轮；得证了趣向菩提胜行之轮，名为离垢福德云光明幢趣向行轮；得证了随顺入证之轮，名为一切法海广大光明随入证轮；得证了转深发心的趣向菩提胜行，名为大智庄严转深发趣行；得证了灌顶智慧海，名为无功用修极妙见灌顶智慧海；得证了显现大光明，名为如来功德海相光影遍照显了大光明；得证了出生愿力的清净智慧，名为无量愿力信解藏出生愿力清净智。

"这时，波罗蜜善眼庄严王佛为大威光菩萨宣说了如下的偈颂：

善哉功德智慧大海，发心趣向大菩提行，

汝当得佛不可思议，普为众生作依怙处。

汝已出生大智慧海，悉能遍了一切法要，

当以难思胜妙方便，入佛无尽所行境界。

已见诸佛大功德云，已入无尽智慧妙地，

诸波罗蜜方便大海，大名称者皆当满足。

已得方便总持要门，及以无尽大辩才门，

种种行愿悉皆修习，当成无等大智慧者。

汝已出生诸大愿海，汝已入于大三昧海，

当具种种大神通力，不可思议诸佛妙法。

究竟法界不可思议，广大深心已得清净，

普见十方一切诸佛，离垢庄严众刹土海。

汝已入我大菩提行，昔时本事众方便海，

如我修行所清净治，如是妙行汝皆了悟。

我于无量一一刹中，种种供养诸佛大海，

如彼修行所得胜果，如是庄严汝咸亲见。

广大劫海无有穷尽，一切刹中修清净行，

坚固誓愿不可思议，当得如来此神威力。

诸佛供养尽无有余，国土庄严悉皆清净，

一切劫中深修妙行，汝当成佛具大功德。

"诸佛子啊！波罗蜜善眼庄严王如来进入涅槃之后，喜见善慧王也接着去世了，大威光童子继承了转轮王位。

"这时，在摩尼华枝轮的大林当中，第三位如来又出现于世间，这位如来名为最胜功德海佛。此时，大威光转轮圣王见到了最胜功德海如来成佛之相，旋即与所有的眷属，及随从的四兵❼大众，和城邑聚落里的所有人民，持着七宝❽，一起前往佛陀的道场。他们以一切香摩尼庄严的大楼阁供养佛陀。

"这时，最胜功德海如来在树林之中宣说菩萨普眼光明行修多罗，这部经典有世界海微尘数量的修多罗作为从属。这时，大威光菩萨听闻这个法之后，证得了三昧禅定，名为大福德普光明三昧。由于证得这个三昧的缘故，能够了知一切菩萨、一切众生于三世中的福海与非福海。

"这时，最胜功德海佛为大威光菩萨宣说如下的偈颂：

善哉福德大威光菩萨，汝等今日已来至我所，
悯念一切众生大海故，发起殊胜菩提大愿心。
汝为一切诸苦恼众生，生起大悲心令得解脱，
当作群迷大众所依怙，是则名为菩萨方便行。
若有菩萨心生坚固意，修诸胜行无有厌怠心，
最胜最上具足无碍解，如是妙智彼当能得证。
是名福德光者福幢者，亦为福德处者福海者，
普贤菩萨所有大愿力，是汝大光明所能趣入。
汝能以此广大殊胜愿，趣入不可思议诸佛海，
诸佛福德大海无有边，汝以妙解悉皆能得见。
汝于十方佛国刹土中，悉见无量无边诸佛陀，
彼佛往昔一切修行海，如是一切汝皆咸亲见。
若有住此殊胜方便海，必得趣入于智慧地中，
此是随顺一切诸佛学，决定圆满当成一切智。
汝于一切刹土大海中，微尘劫海勤修诸胜行，
一切如来所有诸行海，汝皆学已当圆成佛陀。
如汝所见十方国土中，一切刹海极庄严清净，
汝刹庄严清净亦如是，具无边大愿者所当得。
今此道场众会大海中，闻汝愿已心中生欣乐，
皆入普贤殊胜广大乘，发心回向趣入大菩提。
无边一一佛国刹土中，悉皆趣入修行经劫海，
以诸大愿力而能圆满，普贤菩萨一切广大行。

"诸佛子啊！在这片摩尼华枝轮大林中，接着又有佛陀出世，此佛陀

名号为名称普闻莲华眼幢佛。

"当时，大威光菩萨于此命终，再出生于须弥山上的寂静宝宫的天城中，成为大天天王，名为离垢福德幢天王。此时他与诸天众一齐来到佛陀的道场，从天上雨下宝华云来供养佛陀。

"这时，名称普闻莲华眼幢如来为离垢福德幢天王演说广大方便普门遍照修多罗，这部经典有世界海微尘数量般众多的修多罗作为从属经典。此时，天王及大众听闻了这部经典之后，证得了禅定三昧，名为普门欢喜藏三昧。以这个三昧的威力，能进入于一切法的实相之海。他们获得了此一利益之后，离开道场，复归于本处。"

【注释】

❶ 由旬：梵语 yojana，印度计算里程的数目，一由旬约为四十里。

❷ 优钵罗：青莲华。

❸ 波头摩：红莲华。

❹ 拘物头：黄莲华。

❺ 正受：梵语 samāpatti，译作"等至"、"正定现前"，是三昧、三摩地或禅定的异名。即入禅定，于定心中离邪乱，心正而无念无想，如此受纳其所对之境，故称为正受。

❻ 修多罗：梵语 sūtra，意译作"契经"。契是上契诸佛妙理，下契众生根机。经是线的意思，如经之于纬，贯穿法义，使不散失。修多罗为佛经中的一种文体。

❼ 四兵：象兵、马兵、车兵、步兵四种，为转轮圣王出游时随从之兵列。

❽ 七宝：金、银、琉璃、砗磲、玛瑙、珊瑚、琥珀并称为七宝。

如来名号品第七

卷第十二

卷第十二

《如来名号品》导读

　　从这一品始，又从世尊在摩竭提国始成正觉说起，开启另一段的胜会。所以一般称前六品为第一会，此品起为第二会。就总体而言，是应前面"名号海"之问而答的。

　　第二会的主要场所在"普光明殿"，此品由文殊菩萨来宣说。首先，与会的菩萨众心中思惟了三十八个问题。世尊知道菩萨心念，各随其类为诸菩萨示现神通。东方世界以文殊师利菩萨为首，另外九方世界亦分别由觉首、财首、宝首、功德首、目首、精进首、法首、智首、贤首菩萨为首，各从其世界带领菩萨众来拜诣佛陀。这十位带领的菩萨相当重要，因为此后经文中很多法要妙理，都由这些菩萨与文殊交互问答而成。接着，文殊师利菩萨承佛威力，来说此四天下以及东、西、南、北、东北、东南、西南、西北、上、下等十方的各种如来名号。娑婆世界就有百亿四天下，这当中也有百亿万种种如来名号。除了娑婆世界外，它四周十方世界的如来名号又各各有别。

　　此品，众菩萨所思惟的问题分四大类：

　　一，佛刹、佛住、佛刹庄严、佛法性、佛刹清净、佛所说法、佛刹体性、佛威德、佛刹成就、佛大菩提；

　　二，菩萨之十住、十行、十回向、十藏、十地、十愿、十定、十通、十顶；

　　三，如来地、如来境界、如来神力、如来所行、如来力、如来无畏、如来三昧、如来神通、如来自在、如来无碍；

　　四，如来眼、如来耳、如来鼻、如来舌、如来身、如来意、如来辩才、如来智慧、如来最胜。

这些问题与第一会所问的是大同小异，特别的是，前会以各种菩萨海来问菩萨之内涵，而此会则以菩萨的阶次来说明这内涵的种种差别相。有关菩萨的阶次，会分别在往后的经文中回答，这是相当重要的部分。

如来为什么有这么多不同的名号呢？又代表什么意义呢？这可大略分为五种：

一，以法界自体根本智缘以成佛号。这是要令众生了知根本无明，而能随名入真如根本之智，如不动智佛、无碍智佛等等。

二，如来示成正觉，约自德缘以成佛号。这是指十方诸佛成正觉时，共同具备的十种名号，如调御丈夫、如来、应供等。

三，约如来利生方便缘，约位进修以成佛号。这是为了引导众生于某一法、某一阶次，或自得利之法门而命名，主要是契理契机而立的。如佛名中有"月"者，即指法身本源清凉、调柔如月。

四，明如来以一切众生随根所乐缘，以成佛号。这是以众生根类而有名号，为佛、为天、为神、为主等等，令众生不起恶、不作恶。

五，约法界体用平等缘，一切诸法总名佛号。以一切法及名言缘起无性、平等如如，所以一切法及名言皆是佛号。

前一会以如来和普贤为搭配，是显现已行佛果和已行之果，令众生生起信心。这一会是以如来和文殊来搭配，便是展示自己入信修行，成妙慧之本母。这是因为文殊代表自心简择、无相妙慧、诸佛之母，有创发启蒙之义，所以十信法上便以他为引缘。而且以名号的周遍无尽，各随众生知见而有，众生无尽佛名亦无尽，十方世界无有一名非佛名。佛名既是因应而有，所以一切佛名便也无所著了。虽以名号为主，但非单指名号而已，而是指如来的身、语、意业遍周一切。佛果海的身、语、意业既然如此广博无尽，而且皆是应众生而有，所以众生与佛三业应是非异，而同入如来性海，如此方能心生大信大愿！

卷第十二

如来名号品第七

【原典】

尔时，世尊在摩竭提国阿兰若法菩提场中，始成正觉，于普光明殿坐莲华藏师子之座，妙悟皆满，二行永绝，达无相法，住于佛住，得佛平等，到无障处，不可转法，所行无碍，立不思议，普见三世。与十佛刹微尘数诸菩萨俱，莫不皆是一生补处，悉从他方而共来集，普善观察诸众生界、法界世界、涅槃界诸业果报、心行次第、一切文义，世、出世间，有为、无为，过、现、未来。

时，诸菩萨作是思惟："若世尊见愍我等，愿随所乐，开示佛刹、佛住、佛刹庄严、佛法性、佛刹清净、佛所说法、佛刹体性、佛威德、佛刹成就、佛大菩提。如十方一切世界诸佛世尊，为成就一切菩萨故，令如来种性不断故，救护一切众生故，令诸众生永离一切烦恼故，了知一切诸行故，演说一切诸法故，净除一切杂染故，永断一切疑网故，拔除一切希望故，灭坏一切爱著处故，说诸菩萨十住、十行、十回向、十藏、十地、十愿、十定、十通、十顶，及说如来地、如来境界、如来神力、如来所行、如来力、如来无畏、如来三昧、如来神通、如来自在、如来无碍、如来眼、如来耳、如来鼻、如来舌、如来身、如来意、如来辩才、如来智慧、如来最胜。愿佛世尊，亦为我说！"

尔时，世尊知诸菩萨心之所念，各随其类为现神通。现神通已，东方过十佛刹微尘数世界，有世界名金色，佛号不动智。彼世界中，有菩萨名文殊师利，与十佛刹微尘数诸菩萨俱，来诣佛所，到已作礼，即于东方化作莲华藏师子之座，结跏趺坐。南方过十佛刹微尘数世界，有世界名妙色，佛号无碍智。彼有菩萨，名曰觉首，与十佛刹微尘数诸菩萨俱，来诣佛所，到已作礼，即于南方化作莲华藏师子之座，结跏趺坐。西方过十佛刹微尘数世界，有世界名莲华色，佛号灭暗智。彼有菩萨名曰财首，与十佛刹微尘数诸菩萨俱，来诣佛所，到已作礼，即于西方化作莲华藏师子之座，结跏趺坐。北方过十佛刹微尘数世界，有世界名蔄卜华色，佛号威仪智。彼有菩萨，名曰宝首，与十佛刹微尘数诸菩萨俱，来诣佛所，到已作礼，即于北方化作莲华藏师子之座，结跏趺坐。东北方过十佛刹微尘数世界，有世界名优钵罗华色，佛号明相智。彼有菩萨，名功德首，与十佛刹微尘数诸菩萨俱，来诣佛所，到已作礼，即于东北方化作莲华藏师子之座，结跏趺坐。东南方过十佛刹微尘数世界，有世界名金色，佛号究竟智。彼有菩萨，名目首，与十佛刹微尘数诸菩萨俱，来诣佛所，到已作礼，即于东南方化作莲华藏师子之座，结跏趺坐。西南方过十佛刹微尘数世界，有世界名宝色，佛号最胜智。彼有菩萨，名精进首，与十佛刹微尘数诸菩萨俱，来诣佛所，到已作礼，即于西南方化作莲华藏师子之座，结跏趺坐。西北方过十佛刹微尘数世界，有世界名金刚色，佛号自在智。彼有菩萨，名法首，与十佛刹微尘数诸菩萨俱，来诣佛所，到已作礼，即于西北方化作莲华藏师子之座，结跏趺坐。下方过十佛刹微尘数世界，有世界名玻璃色，佛号梵智。彼有菩萨，名智首，与十佛刹微尘数诸菩萨俱，来诣佛所，到已作礼，即于下方化作莲华藏师子之座，结跏趺坐。上方过十佛刹微尘数世界，有世界名平等色，佛号观察智。彼有菩萨，名贤首，与十佛刹微尘数诸菩萨俱，来诣佛所，到已作礼，即于上方化作莲华藏师子之座，结跏趺坐。

尔时，文殊师利菩萨摩诃萨承佛威力，普观一切菩萨众会，而作是言"此诸菩萨，甚为希有！诸佛子！佛国土不可思议，佛住、佛刹庄严、佛法性、佛刹清净、佛说法、佛出现、佛刹成就、佛阿耨多罗三藐三菩提皆不可思议。何以故？诸佛子！十方世界一切诸佛，知诸众生乐欲不同，随其所应，说法调伏，如是乃至等法界、虚空界。诸佛子！如来于此娑婆世界诸四天下，种种身、种种名、种种色相、种种修短、种种寿量、种种处所、种种诸根、种种生处、种种语业、种种观察，令诸众生各别知见。

"诸佛子！如来于此四天下中，或名一切义成，或名圆满月，或名师子吼，或名释迦牟尼，或名第七仙，或名毗卢遮那，或名瞿昙氏，或名大沙门，或名最胜，或名导师。如是等其数十千，令诸众生各别知见。

"诸佛子！此四天下东，次有世界名为善护。如来于彼，或名金刚，或名自在，或名有智慧，或名难胜，或名云王，或名无诤，或名能为主，或名心欢喜，或名无与等，或名断言论。如是等其数十千，令诸众生各别知见。

"诸佛子！此四天下南，次有世界名为难忍。如来于彼，或名帝释，或名宝称，或名离垢，或名实语，或名能调伏，或名具足喜，或名大名称，或名能利益，或名无边，或名最胜。如是等其数十千，令诸众生各别知见。

"诸佛子！此四天下西，次有世界名为亲慧。如来于彼，或名水天，或名喜见，或名最胜王，或名调伏天，或名真实慧，或名到究竟，或名欢喜，或名法慧，或名所作已办，或名善住。如是等其数十千，令诸众生各别知见。

"诸佛子！此四天下北，次有世界名有师子。如来于彼，或名大牟尼，或名苦行，或名世所尊，或名最胜田，或名一切智，或名善意，或名清净，或名墅罗跋那，或名最上施，或名苦行得。如是等其数十千，令诸众生各别知见。

"诸佛子！此四天下东北方，次有世界名妙观察。如来于彼，或名调伏魔，或名成就，或名息灭，或名贤天，或名离贪，或名胜慧，或名心平等，或名无能胜，或名智慧音，或名难出现。如是等其数十千，令诸众生各别知见。

"诸佛子！此四天下东南方，次有世界名为喜乐。如来于彼，或名极威严，或名光焰聚，或名遍知，或名秘密，或名解脱，或名性安住，或名如法行，或名净眼王，或名大勇健，或名精进力。如是等其数十千，令诸众生各别知见。

"诸佛子！此四天下西南方，次有世界名甚坚牢。如来于彼，或名安住，或名智王，或名圆满，或名不动，或名妙眼，或名顶王，或名自在音，或名一切施，或名持众仙，或名胜须弥。如是等其数十千，令诸众生各别知见。

"诸佛子！此四天下西北方，次有世界名为妙地。如来于彼，或名普遍，或名光焰，或名摩尼髻，或名可忆念，或名无上义，或名常喜乐，或名性清净，或名圆满光，或名修臂，或名住本。如是等其数十千，令诸众生各别知见。

"诸佛子！此四天下次下方，有世界名为焰慧。如来于彼，或名集善根，或名师子相，或名猛利慧，或名金色焰，或名一切知识，或名究竟音，或名作利益，或名到究竟，或名真实天，或名普遍胜。如是等其数十千，令诸众生各别知见。

"诸佛子！此四天下次上方，有世界名曰持地。如❶来于彼，或名有智慧，或名清净面，或名觉慧，或名上首，或名行庄严，或名发欢喜，或名意成满，或名如盛火，或名持戒，或名一道。如是等其数十千，令诸众生各别知见。诸佛子！此娑婆世界有百亿四天下，如来于中，有百亿万种种名号，令诸众生各别知见。

"诸佛子！此娑婆世界东，次有世界名为密训。如来于彼，或名平等，或名殊胜，或名安慰，或名开晓意，或名闻慧❷，或名真实语，或名得自在，或名最胜身，或名大勇猛，或名无等智。如是等百亿万种种名号，令诸众生各别知见。

"诸佛子！此娑婆世界南，次有世界名曰丰溢。如来于彼，或名本性，或名勤意，或名无上尊，或名大智炬，或名无所依，或名光明藏，或名智慧藏，或名福德藏，或名天中天，或名大自在❸。如是等百亿万种种名号，令诸众生各别知见。

"诸佛子！此娑婆世界西，次有世界名为离垢。如来于彼，或名意成，或名知道，或名安住本，或名能解缚，或名通达义，或名乐分别，或名最胜见，或名调伏行，或名众苦行，或名具足力。如是等百亿万种种名号，令诸众生各别知见。

"诸佛子！此娑婆世界北，次有世界名曰丰乐。如来于彼，或名薝卜华色，或名日藏，或名善住，或名现神通，或名性超迈，或名慧日，或名无碍，或名如月现，或名迅疾风，或名清净身。如是等百亿万种种名号，令诸众生各别知见。

"诸佛子！此娑婆世界东北方，次有世界名为摄取。如来于彼，或名永离苦，或名普解脱，或名大伏藏，或名解脱智，或名过去藏，或名宝光明，或名离世间，或名无碍地，或名净信藏，或名心不动。如是等百亿万种种名号，令诸众生各别知见。

"诸佛子！此娑婆世界东南方，次有世界名为饶益。如来于彼，或名现光明，或名尽智，或名美音，或名胜根，或名庄严盖，或名精进根，或名到分别彼岸，或名胜定，或名简言辞，或名智慧海。如是等百亿万种种名号，令诸众生各别知见。

"诸佛子！此娑婆世界西南方，次有世界名为鲜少。如来于彼，或名牟尼主，或名具众宝，或名世解脱，或名遍知根，或名胜言辞，或名明了见，或名根自在，或名大仙师，或名开导业，或名金刚师子。如是等百亿万种种名号，令诸众生各别知见。

"诸佛子！此娑婆世界西北方，次有世界名为欢喜。如来于彼，或名妙华聚，或名栴檀盖，或名莲华藏，或名超越诸法，或名法宝，或名复出生，或名净妙盖，或名广大眼，或名有善法，或名专念法，或名网藏。如是等百亿万种种名号，令诸众生各别知见。

"诸佛子！此娑婆世界次下方，有世界名为关钥。如来于彼，或名发起焰，或名调伏毒，或名帝释弓，或名无常所，或名觉悟本，或名断增长，或名大速疾，或名常乐施，或名分别道，或名摧伏幢。如是等百亿万种种名号，令诸众生各别知见。

"诸佛子！此娑婆世界次上方，有世界名曰振音。如来于彼，或名勇猛幢，或名无量宝，或名乐大施，或名天光，或名吉兴，或名超境界，或名一切主，或名不退轮，或名离众恶，或名一切智。如是等百亿万种种名号，令诸众生各别知见。

"诸佛子！如娑婆世界，如是东方百千亿无数无量，无边无等，不可数、不可称、不可思、不可量、不可说，尽法界、虚空界诸世界中，如来名号，种种不同。南西北方，四维上下，亦复如是。如世尊昔为菩萨时，以种种谈论、种种语言、种种音声，种种业，种种报，种种处，种种方便、种种根、种种信解、种种地位而得成熟，亦令众生如是知见而为说法。"

注释

❶ "如"，大正本原作"名"，今依前后文意改之。

❷ 大正本原无"或名闻慧"四字，今依明、宫本增之。

❸ 大正本原无"或名无上……在"四十字，今依元、明、宫本增之。

【白话语译】

当时，世尊在摩竭提国的阿兰若法菩提场中，刚刚成就了正觉，圆满成佛，安坐于普光明殿中莲华藏师子宝座上。佛陀微妙的觉悟都已经圆满，烦恼障与所知障二行也已永远断绝，达到了无相法的成就，安住于佛所安住的境界。他已得到诸佛所证的平等妙果，到达无障碍之境，证入了不可动摇之法，所行一切都已无障碍。他安立于不可思议、超越一切言说思虑的境界，能普见过去、现在、未来三世。

这时，佛陀与十佛刹微尘数的诸菩萨共聚。从他方世界共同前来参加法会的这些菩萨莫不皆是一生补处❶，即候补佛位的菩萨。他们普遍善于观察一切的众生界、法界、世界与涅槃界等等的诸业果报及心行次第，也善于观察一切的文章义理，以及世间、出世间，有为、无为，过去、现在、未来等。

此时，诸菩萨心中生起了如此的思惟："如果世尊体恤我们，但愿能随着吾人心所向往，为我们开示佛刹、佛住、佛刹的庄严、佛陀的法性、佛刹的清净、佛所说法、佛刹的体性、佛的威德、佛刹的成就、佛的大菩提等等。就好像十方一切世界中，诸佛世尊为了成就一切菩萨的缘故，为了使如来的种性永不断绝的缘故，为了救护一切众生的缘故，为了使一切众生永离烦恼的缘故，为了通晓一切诸行的缘故，为了演说一切诸法的缘故，为了清除一切杂染的缘故，为了永断一切疑网的缘故，为了拔除一切希望期待的缘故，也为了销毁一切爱着之处的缘故，而演说一切菩萨的十住、十行、十回向、十藏、十地、十愿、十定、十通、十顶的境界，也演说如来地、如来的境界、如来的神力、如来所行、如来之力、如来的无畏、如来的三昧、如来的神通、如来的自在、如来的无碍、如来的眼、如来的耳、如来的鼻、如来的舌、如来的身、如来的意、如来的辩才、如来的智慧、如来最殊胜之处等等。希望世尊也能为我们如此开示！"

这时，世尊明白诸菩萨的心念，便依照他们各种不同的心意，示现神通。

示现神通之后，在东方过十佛刹微尘数世界之外，有一个世界，名为金色世界。金色世界的佛，号为不动智如来。在这个世界中，有一位菩萨，名为文殊师利菩萨。他与十佛刹微尘数的诸菩萨一起，来到了佛陀的处所。他恭敬地向佛陀顶礼，并在东方化现出莲华藏师子之座，结跏趺安坐其上。

在南方过十佛刹微尘数世界之外，有一个世界，名为妙色世界。妙色世界的佛，号为无碍智如来。在这个世界中，有一位菩萨，名为觉首菩萨，也与十佛刹微尘数的诸菩萨一起，来到了佛陀所在之处。到达之后，他们恭敬地向佛陀顶礼，旋即在南方化现出莲华藏师子之座，并结跏趺安坐其上。

在西方过十佛刹微尘数世界之外，有一个世界，名为莲华色世界。莲华色世界的佛，号为灭暗智如来。在这个世界中，有一位菩萨，名为财首菩萨。他也与十佛刹微尘数的诸菩萨一起，来同来拜诣佛陀。到达之后作礼致敬，在西方化现出莲华藏师子之座，并结跏趺安坐其上。

在北方过十佛刹微尘数世界之外，有一个世界，名为薝卜❷华色世界。其世界的佛，号为威仪智如来。在这个世界中，有一位菩萨，名为宝首菩萨。他与十佛刹微尘数的诸菩萨一起，前来拜诣佛陀。到达之后，作礼致敬一番，就立即在道场北方化现出莲华藏师子之座，并结跏趺安坐其上。

在东北方过十佛刹微尘数世界之外，有一个世界，名为优钵罗华色世界。其世界的佛，号为明相智如来。在这个世界中，有一位菩萨，名为功德首菩萨。他与十佛刹微尘数的诸菩萨，共同前来参拜佛陀。他恭敬地向佛陀顶礼之后，立即于道场东北方化现出莲华藏师子之座，并结跏趺安坐其上。

在东南方过十佛刹微尘数世界之外，有一个世界，名为金色世界。其世界的佛，号为究竟智如来。在这个世界中，有一位菩萨，名为目首菩萨。他与佛刹微尘数的诸菩萨共同前来拜诣佛陀。他到达之后，向佛陀作礼致敬，便立即在道场的东南方化现出莲华藏师子之座，并结跏趺安坐其上。

在西南方过十佛刹微尘数世界之外，有一个世界，名为宝色世界。其世界的佛，号为最胜智如来。在这个世界中，有一位菩萨，名为精进首菩萨。他与十佛刹微尘数的诸菩萨一起，共同来参诣佛陀。他到达之后，向佛陀作礼致敬，并立即在道场的西南方化现出莲华藏师子之座，并结跏趺安坐其上。

在西北方过十佛刹微尘数世界之外，有一个世界，名为金刚色世界。其世界的佛，号为自在智如来。在这个世界中，有一位菩萨，名为法首菩萨。他与十佛刹微尘数的诸菩萨共同前来参拜佛陀。到达之后，向佛陀作礼致敬，就在道场的西北方化现出莲华藏师子之座，并结跏趺安坐其上。

在下方过十佛刹微尘数世界之外，有一个世界，号为玻璃色世界，这个世界的佛，号为梵智如来。在这个世界中，有一位菩萨，名智首菩萨。他与十佛刹微尘数的诸菩萨一起，共同来参拜佛陀。到达之后，他向佛陀作礼致敬，就在道场的下方，化现出莲华藏师子之座，并结跏趺安坐其上。

在上方过十佛刹微尘数世界之外，有一个世界，名为平等色世界。其世界的佛，号为观察智如来。在这个世界中，有一位菩萨，名为贤首菩萨。他与十佛刹微尘数的诸菩萨一起，来到佛陀之处，参诣佛陀。到达之后，他向佛陀作礼致敬，旋即在道场的上方化现出莲华藏师子之座，并结跏趺安坐其上。

这时，文殊师利菩萨摩诃萨承着佛陀威神力的加持，普遍观察诸菩萨的法会，向大家宣说："这些从十方世界前来的诸菩萨真是很难得。

"诸佛子啊！佛陀的国土实在是不可思议，而佛所安住、佛刹的庄严、佛的法性、佛刹的清净、佛所说法、佛的出现、佛刹的成就，乃至佛陀的无上正等正觉，也都是不可思议。为什么呢？诸佛子啊！十方世界的一切诸佛，知道众生们的喜乐意欲不同，所以能与之相应，为他们说法，来加以调伏。如此不断地进行教化，遍及等法界、虚空界的一切众生。

"诸佛子啊！佛陀在这个婆婆世界的一切四天下中，有各种的身体、名号、形貌、高矮大小、寿命长短、居住处所、诸种身根，及各种的出生处所、语业、观察，使众生能够随自己的因缘来分别了知。

"诸佛子啊！佛陀在这个四天下中，或是名为一切义成❸，或是名为圆满月，或是名为师子吼，或是名为释迦牟尼，或是名为第七仙，有时名为毗卢遮那，或是名为瞿昙❹氏，或是名为大沙门❺，或是名为最胜，或是名为导师。如此种种的名号，数量不下万个，这是为了使众生都得以各别认识如来。

"诸佛子啊！在这个四天下的东方，依次有一个世界，名为善护世界。如来在那个世界，或是名为金刚，或是名为自在，或是名为有智慧，或是名为难胜，或是名为云王，或是名为无净，或是名为能为主，或是名为心欢喜，或是名为无与等，或是名为断言论。如此种种的名号，数量不下万个，这是为了使众生都得以各别认识如来。

"诸佛子啊！在这个四天下的南方，依次有一个世界，名为难忍世界。如来在那个世界，或是名为帝释，或是名为宝称，或是名为离垢，或是名为实语，或是名为能调伏，或是名为具足喜，或是名为大名称，或是名为能利益，或是名为无边，或是名为最胜。如此种种的名号，数量不下万种，这是为了使众生都得以各别认识如来。

"诸佛子啊！在这个四天下的西方，依次有一个世界，名为亲慧世界。如来在那个世界，或是名为水天，或是名为喜见，或是名为最胜王，或是名为调伏天，或是名为真实慧，或是名为到究竟，或是名为欢喜，或是名为法慧，或是名为所作已办，或是名为善住。如此种种的名号，数量不下万种，这是为了使众生都得以各别认识如来。

"诸佛子啊！在这个四天下的北方，依次有一个世界，名为有师子世界。如来在那个世界，或是名为大牟尼，或是名为苦行，或是名为世尊，或是名为最胜田，或是名为一切知，或是名为善意，或是名为清净，或是名为璧罗跋那❻，或是名为最上施，或是名为苦行得。如此种种的名号，数量不下万种，这是为了使众生都得以各别认识如来。

"诸佛子啊！在这个四天下的东北方，依次又有世界，名为妙观察世界。如来在那个世界，或是名为调伏魔，或是名为成就，或是名为息灭，或是名为贤天，或是名为离贪，或是名为胜慧，或是名为心平等，或是名为无能胜，或是名为智慧音，或是名为难出现。如此种种的名号，数量不下万种，这是为了使众生都得以各别认识如来。

"诸佛子啊！在这个四天下的东南方，依次又世界，名为喜乐世界。如来在那个世界，或是名为极威严，或是名为光焰聚，或是名为遍知，或是名为秘密，或是名为解脱，或是名为性安住，或是名为如法行，或是名为净眼王，或是名为大勇健，或是名为精进力。如此种种的名号，数量不下万种，这是为了使众生都得以各别认识如来。

"诸佛子啊！在这个四天下的西南方，依次又有世界，名为甚坚牢世界。如来在那个世界，或是名为安住，或是名为智王，或是名为圆满，或是名为不动，或是名为妙眼，或是名为顶王，或是名为自在音，或是名为一切施，或是名为持众仙，或是名为胜须弥。如此种种的名号，数量不下万种，这是为了使众生都得以各别认识如来。

"诸佛子啊！在这个四天下的西北方，依次又有世界，名为妙地世界。如来在那个世界，或是名为普遍，或是名为光焰，或是名为摩尼髻，或是名为可忆念，或是名为无上义，或是名为常喜乐，或是名为性清净，或是名为圆满光，或是名为修臂，或是名为住本。如此种种的名号，数量不下万种，这是为了使众生都得以各别认识如来。

"诸佛子啊！在这个四天下的下方，依次又有世界，名为焰慧世界。如来在那个世界，或是名为集善根，或是名为师子相，或是名为猛利慧，或是名为金色焰，或是名为一切知识，或是名为究竟音，或是名为作利益，或是名为到究竟，或是名为真实天，或是名为普遍胜。如此种种的名号，数量不下万种，这是为了使众生都得以各别认识如来。

"诸佛子啊！在这个四天下的上方，依次又有世界，名为持地世界。如来在那个世界，或是名为有智慧，或是名为清净面，或是名为觉慧，或是名为上首，或是名为行庄严，或是名为发欢喜，或是名为意成满，或是名为如盛火，或是名为持戒，或是名为一道。如此种种的名号，数量不下万种，这是为了使众生都得以各别认识如来。

"诸佛子啊！娑婆世界共有百亿个四天下，如来在当中共有百亿万种不同的名号，使一切的众生都得以各别认识如来。

"诸佛子啊！在娑婆世界的东方，依次又有世界，名为密训世界。如来在密训世界中，或是名为平等，或是名为殊胜，或是名为安慰，或是名为开晓意，或是名为闻慧，或是名为真实语，或是名为得自在，或是名为最胜身，或是名为大勇猛，或是名为无等智。如此百亿万种不同的名号，使众生都得以各别认识如来。

"诸佛子啊！在娑婆世界的南方，依次又有世界，名为丰溢世界。如来在丰溢世界中，或是名为本性，或是名为勤意，或是名为无上尊，或是名为大智炬，或是名为无所依，或是名为光明藏，或是名为智慧藏，或是名为福德藏，或是名为天中天，或是名为大自在。如此百亿万种不同的名号，使众生都得以各别认识如来。

"诸佛子啊！在娑婆世界的西方，依次又有世界，名为离垢世界。如来在离垢世界中，或是名为意成，或是名为知道，或是名为安住本，或是名为能解缚，或是名为通达义，或是名为乐分别，或是名为最胜见，或是名为调伏行，或是名为众苦行，或是名为具足力。如此百亿万种不同的名号，使众生都得以各别认识如来。

"诸佛子啊！在娑婆世界的北方，依次又有世界，名为丰乐世界。如来在丰乐世界中，或是名为薝卜华色，或是名为日藏，或是名为善住，或是名为现神通，或是名为性超迈，或是名为慧日，或是名为无碍，或是名为如月现，或是名为迅疾风，或是名为清净身。如此百亿万种不同的名号，使众生都得以各别认识如来。

"诸佛子啊！在娑婆世界的东北方，依次又有世界，名为摄取世界。如来在摄取世界中，或是名为永离苦，或是名为普解脱，或是名为大伏藏，或是名为解脱智，或是名为过去藏，或是名为宝光明，或是名为离世间，或是名为无碍地，或是名为净信藏，或是名为心不动。如此百亿万种不同的名号，使众生都得以各别认识如来。

"诸佛子啊！在娑婆世界的东南方，依次又有世界，名为饶益世界。如来在饶益世界中，或是名为现光明，或是名为尽智，或是名为美音，或是名为胜根，或是名为庄严盖，或是名为精进根，或是名为到分别彼岸，或是名为胜定，或是名为简言辞，或是名为智慧海。如此百亿万种不同的名号，使众生都得以各别认识如来。

"诸佛子啊！在娑婆世界的西南方，依次又有世界，名为鲜少世界。如来在鲜少世界中，或是名为牟尼王，或是名为具众宝，或是名为世解脱，或是名为遍知根，或是名为胜言辞，或是名为明了见，或是名为根自在，或是名为大仙师，或是名为开导业，或是名为金刚师子。如此百亿万种不同的名号，使众生都得以各别认识如来。

"诸佛子啊！在娑婆世界的西北方，依次又有世界，名为欢喜世界。如来在欢喜世界中，或是名为妙华聚，或是名为栴檀盖，或是名为莲华藏，或是名为超越诸法，或是名为法宝，或是名为复出生，或是名为净妙盖，或是名为广大眼，或是名为有善法，或是名为专念法，或是名为网藏。如此百亿万种不同的名号，使众生都得以各别认识如来。

"诸佛子啊！在娑婆世界的下方，有一个世界，名为关钥世界。如来在关钥世界中，或是名为发起焰，或是名为调伏毒，或是名为帝释弓，或是名为无常所，或是名为觉悟本，或是名为断增长，或是名为大速疾，或是名为常乐施，或是名为分别道，或是名为摧伏幢。如此百亿万种不同的名号，使众生都得以各别认识如来。

"诸佛子啊！在娑婆世界的上方，有一个世界，名为振音世界。如来在振音世界中，或是名为勇猛幢，或是名为无量宝，或是名为乐大施，或是名为天光，或是名为吉兴，或是名为超境界，或是名为一切主，或是名为不退轮，或是名为离众恶，或是名为一切智。如上百亿万种不同的名号，使众生都得以各别认识如来。

"诸佛子啊！就如娑婆世界一般，在东方百千亿无数、无量、无边、无等、不可数、不可称、不可思、不可量、不可说，尽法界、虚空界的诸世界中，如来也有各种不同的名号，而南方、西方、北方，以及四维上下，均是如此。

"犹如世尊往昔身为菩萨之时，以各种的谈论、各种的语言、各种的音声、各种的业行、各种的报得、各种的处所、各种的方便、各种的身根、各种的信解、各种的地位来修行，终得圆满成熟，同样的，如此无量的如来名号，是为了使众生都得以各别认识如来，以接受各种的说法教化，而得圆满成熟。"

【注释】

❶ 一生补处：指等觉位之最后身菩萨，后补佛位，隔一生即将成佛。

❷ 蒨卜：意译作"金色花树"。产于印度的山地森林，树身高大，叶面光滑，所生金色香花，灿然若金，香闻数里。

❸ 一切义成：即"悉达多"之意译。释尊身为太子时之名。

❹ 瞿昙：梵语 Gautama，为印度刹帝利种姓之一，是释迦牟尼佛的姓氏。

❺ 沙门：梵语 Śramaṇa，意译作"息恶"、"净志"等，为出家修行者的称呼。

❻ 瑿罗跋那：正确应作"瑿湿弗罗跋那"，是梵语 īśvaravāṇa 的音译，即自在音声之义，指佛之圆音。

四圣谛品第八

卷第十二（续）
《四圣谛品》导读

　　此品一方面是广敷佛种种语业，而为前面"佛所说法"的问题作回答，也同时应答前一会中的"佛演说海"这一问。四圣谛是佛法根本要旨，前品举佛名以为归止，此品立法以为仰赖。

　　四圣谛是指"苦"、"集"、"灭"、"道"。为何称为圣？称为谛？圣有正、无上之意，谛以真谛、谛实、审谛为解。以此四法来总摄一切法，而四圣谛亦随根随义，而立名不同，以达无量法门对治众生烦恼，无量法德利益众生根性。而佛法之门门遍周，也在此表示出来。

　　内文依然是由文殊菩萨来宣说，将苦、集、灭、道在娑婆世界的异名约略说出，而总共有四百亿十千个名号。除此娑婆世界外的十方世界，亦对此四圣谛各有异名，也是各有四百亿十千个。这些都是随众生心之所乐，而能使众生调伏的。不仅如此，这十方也各有不可说的世界数，这些世界又各有十方世界，这些总总世界的四圣谛名号亦各有百亿万种。诸四圣谛名号，皆随众生心之所乐，令其调伏。

卷第十二（续）
四圣谛品第八

【原典】

尔时，文殊师利菩萨摩诃萨告诸菩萨言："诸佛子！苦圣谛，此娑婆世界中，或名罪，或名逼迫，或名变异，或名攀缘，或名聚，或名刺，或名依根，或名虚诳，或名痛疮处，或名愚夫行。诸佛子！苦集圣谛，此娑婆世界中，或名系缚，或名灭坏，或名爱著义，或名妄觉念，或名趣入，或名决定，或名网，或名戏论，或名随行，或名颠倒根。诸佛子！苦灭圣谛，此娑婆世界中，或名无诤，或名离尘，或名寂静，或名无相，或名无没，或名无自性，或名无障碍，或名灭，或名体真实，或名住自性。诸佛子！苦灭道圣谛，此娑婆世界中，或名一乘，或名趣寂，或名导引，或名究竟无分别，或名平等，或名舍担，或名无所趣，或名随圣意，或名仙人行，或名十藏。诸佛子！此娑婆世界说四圣谛，有如是等四百亿十千名，随众生心，悉令调伏。

"诸佛子！此娑婆世界所言苦圣谛者，彼密训世界中，或名营求根，或名不出离，或名系缚本，或名作所不应作，或名普斗诤，或名分析悉无力，或名作所依，或名极苦，或名躁动，或名形状物。诸佛子！所言苦集圣谛者，彼密训世界中，或名顺生死，或名染著，或名烧然，或名流转，或名败坏根，或名续诸有，或名恶行，或名爱著，或名病源，或名分数。诸佛子！所言苦灭圣谛者，彼密训世界中，或名第一义，或名出离，或名可赞叹，或名安隐，或名善入处，或名调伏，或名一分，或名无罪，或名离贪，或名决定。诸佛子！所言苦灭道圣谛者，彼密训世界中，或名猛将，或名上行，或名超出，或名有方便，或名平等眼，或名离边，或名了悟，或名摄取，或名最胜眼，或名观方。诸佛子！密训世界说四圣谛，有如是等四百亿十千名，随众生心，悉令调伏。

"诸佛子！此娑婆世界所言苦圣谛者，彼最胜世界中，或名恐怖，或名分段，或名可厌恶，或名须承事，或名变异，或名招引怨，或名能欺夺，或名难共事，或名妄分别，或名有势力。诸佛子！所言苦集圣谛者，彼最胜世界中，或名败坏，或名痴根，或名大冤，或名利刃，或名灭味，或名仇对，或名非己物，或名恶导引，或名增黑暗，或名坏善利。诸佛子！所言苦灭圣谛者，彼最胜世界中，或名大义，或名饶益，或名义中义，或名无量，或名所应见，或名离分别，或名最上调伏，或名常平等，或名可同住，或名无为。诸佛子！所言苦灭道圣谛者，彼最胜世界中，或名能烧然，或名最上品，或名决定，或名无能破，或名深方便，或名出离，或名不下劣，或名通达，或名解脱性，或名能度脱。诸佛子！最胜世界说四圣谛，有如是等四百亿十千名。随众生心，悉令调伏。

"诸佛子！此娑婆世界所言苦圣谛者，彼离垢世界中，或名悔恨，或名资待，或名展转，或名住城，或名一味，或名非法，或名居宅，或名妄著处，或名虚妄见，或名无有数。诸佛子！所言苦集圣谛者，彼离垢世界中，或名无实物，或名但有语，或名非洁白，或名生地，或名执取，或名鄙贱，或名增长，或名重担，或名能生，或名粗犷。诸佛子！所言苦灭圣谛者，彼离垢世界中，或名无等等，或名普除尽，或名离垢，或名最胜根，或名称会，或名无资待，或名灭惑，或名最上，或名毕竟，或名破印。诸佛子！所言苦灭道圣谛者，彼离垢世界中，或名坚固物，或名方便分，或名解脱本，或名本性实，或名不可毁，或名最清净，或名诸有边，或名受寄全，或名作究竟，或名净分别。诸佛子！离垢世界说四圣谛，有如是等四百亿十千名，随众生心，悉令调伏。

"诸佛子！此娑婆世界所言苦圣谛者，彼丰溢世界中，或名爱染处，或名险害根，或名有海分，或名积集成，或名差别根，或名增长，或名生灭，或名障碍，或名刀剑本，或名数所成。诸佛子！所言苦集圣谛者，彼丰溢世界中，或名可恶，或名名字，或名无尽，或名分数，或名不可爱，或名能攫噬，或名粗鄙物，或名爱著，或名器，或名动。诸佛子！所言苦灭圣谛者，彼丰溢世界中，或名相续断，或名开显，或名无文字，或名无所修，或名无所见，或名无所作，或名寂灭，或名已烧尽，或名舍重担，或名已除坏。诸佛子！所言苦灭道圣谛者，彼丰溢世界中，或名寂灭行，或名出离行，或名勤修证，或名安隐去，或名无量寿，或名善了知，或名究竟道，或名难修习，或名至彼岸，或名无能胜。诸佛子！丰溢世界说四圣谛，有如是等四百亿十千名，随众生心，悉令调伏。

"诸佛子！此娑婆世界所言苦圣谛者，彼摄取世界中，或名能劫夺，或名非善友，或名多恐怖，或名种种戏论，或名地狱性，或名非实义，或名贪欲担，或名深重根，或名随心转，或名根本空。诸佛子！所言苦集圣谛者，彼摄取世界中，或名贪著，或名恶成办，或名过恶，或名速疾，或名能执取，或名想，或名有果，或名无可说，或名无可取，或名流转。诸佛子！所言苦灭圣谛者，彼摄取世界中，或名不退转，或名离言说，或名无相状，或名可欣乐，或名坚固，或名上妙，或名离痴，或名灭尽，或名远恶，或名出离。诸佛子！所言苦灭道圣谛者，彼摄取世界中，或名离言，或名无诤，或名教导，或名善回向，或名大善巧，或名差别方便，或名如虚空，或名寂静行，或名胜智，或名能了义。诸佛子！摄取世界说四圣谛，有如是等四百亿十千名，随众生心，悉令调伏。

"诸佛子！此娑婆世界所言苦圣谛者，彼饶益世界中，或名重担，或名不坚，或名如贼，或名老死，或名爱所成，或名流转，或名疲劳，或名恶相状，或名生长，或名利刃。诸佛子！所言苦集圣谛者，彼饶益世界中，或名败坏，或名浑浊，或名退失，或名无力，或名丧失，或名乖违，或名不和合，或名所作，或名取，或名意欲。诸佛子！所言苦灭圣谛者，彼饶益世界中，或名出狱，或名真实，或名离难，或名覆护，或名离恶，或名随顺，或名根本，或名舍因，或名无为，或名无相续。诸佛子！所言苦灭道圣谛者，彼饶益世界中，或名达无所有，或名一切印，或名三昧藏，或名得光明，或名不退法，或名能尽有，或名广大路，或名能调伏，或名有安隐，或名不流转根。诸佛子！饶益世界说四圣谛，有如是等四百亿十千名，随众生心，悉令调伏。

"诸佛子！此娑婆世界所言苦圣谛者，彼鲜少世界中，或名险乐欲，或名系缚处，或名邪行，或名随受，或名无惭耻，或名贪欲根，或名恒河流，或名常破坏，或名炬火性，或名多忧恼。诸佛子！所言苦集圣谛者，彼鲜少世界中，或名广地，或名能趣，或名远慧，或名留难，或名恐怖，或名放逸，或名摄取，或名著处，或名宅主，或名连缚。诸佛子！所言苦灭圣谛者，彼鲜少世界中，或名充满，或名不死，或名无我，或名无自性，或名分别尽，或名安乐住，或名无限量，或名断流转，或名绝行处，或名不二。诸佛子！所言苦灭道圣谛者，彼鲜少世界中，或名大光明，或名演说海，或名简择义，或名和合法，或名离取著，或名断相续，或名广大路，或名平等因，或名净方便，或名最胜见。诸佛子！鲜少世界说四圣谛，有如是等四百亿十千名，随众生心，悉令调伏。

"诸佛子！此娑婆世界所言苦圣谛者，彼欢喜世界中，或名流转，或名出生，或名失利❹，或名染著，或名重担，或名差别，或名内险，或名集会，或名恶舍宅，或名苦恼性。诸佛子！所言苦集圣谛者，彼欢喜世界中，或名地，或名方便，或名非时，或名非实法，或名无底，或名摄取，或名离戒，或名烦恼法，或名狭劣见，或名垢聚。诸佛子！所言苦灭圣谛者，彼欢喜世界中，或名破依止，或名不放逸，或名真实，或名平等，或名善净，或名无病，或名无曲，或名无相，或名自在，或名无生。诸佛子！所言苦灭道圣谛者，彼欢喜世界中，或名入胜界，或名断集，或名超等类，或名广大性，或名分别尽，或名神力道，或名众方便，或名正念行，或名常寂路，或名摄解脱。诸佛子！欢喜世界说四圣谛，有如是等四百亿十千名，随众生心，悉令调伏。

"诸佛子！此娑婆世界所言苦圣谛者，彼关钥世界中，或名败坏相，或名如坏器，或名我所成，或名诸趣身，或名数流转，或名众恶门，或名性苦，或名可弃舍，或名无味，或名来去。诸佛子！所言苦集圣谛者，彼关钥世界中，或名行，或名愤毒，或名和合，或名受支，或名我心，或名杂毒，或名虚称，或名乖违，或名热恼，或名惊骇。诸佛子！所言苦灭圣谛者，彼关钥世界中，或名无积集，或名不可得，或名妙药，或名不可坏，或名无著，或名无量，或名广大，或名觉分，或名离染，或名无障碍。诸佛子！所言苦灭道圣谛者，彼关钥世界中，或名安隐行，或名离欲，或名究竟实，或名入义，或名性究竟，或名净现，或名摄念，或名趣解脱，或名救济，或名胜行。诸佛子！关钥世界说四圣谛，有如是等四百亿十千名，随众生心，悉令调伏。

"诸佛子！此娑婆世界所言苦圣谛者，彼振音世界中，或名匿疵，或名世间，或名所依，或名傲慢，或名染著性，或名驶流，或名不可乐，或名覆藏，或名速灭，或名难调。诸佛子！所言苦集圣谛者，彼振音世界中，或名须制伏，或名心趣，或名能缚，或名随念起，或名至后边，或名共和合，或名分别，或名门，或名飘动，或名隐覆。诸佛子！所言苦灭圣谛者，彼振音世界中，或名无依处，或名不可取，或名转还，或名离净，或名小，或名大，或名善净，或名无尽，或名广博，或名无等价。诸佛子！所言苦灭道圣谛者，彼振音世界中，或名观察，或名能摧敌，或名了知印，或名能入性，或名难敌对，或名无限义，或名能入智，或名和合道，或名恒不动，或名殊胜义。诸佛子！振音世界说四圣谛，有如是等四百亿十千名，随众生心，悉令调伏。

"诸佛子！如此娑婆世界中说四圣谛，有四百亿十千名。如是，东方百千亿无数无量、无边无等、不可数、不可称、不可思、不可量、不可说，尽法界、虚空界、所有世界，彼一一世界中说四圣谛，亦各有四百亿十千名、随众生心，悉令调伏。如东方，南、西、北方，四维上下，亦复如是。诸佛子！如娑婆世界，有如上所说；十方世界，彼一切世界亦各有如是。十方世界，一一世界中，说苦圣谛有百亿万种名，说集圣谛、灭圣谛、道圣谛亦各有百亿万种名，皆随众生心之所乐，令其调伏。"

注释

❹ 大正本原无"或名失利"四字，今依明、宫本增之。

【白话语译】

这时，文殊师利菩萨摩诃萨告诉在场的众菩萨"诸佛子啊！在我们娑婆世界当中，所谓的苦圣谛，或是名为罪，或是名为逼迫，或是名为变异，或是名为攀缘，或是名为聚，或是名为刺，或是名为依根，或是名为虚诳，或是名为痈疮处，或是名为愚夫行。

"诸佛子啊！在我们娑婆世界当中，所谓的苦集圣谛，或是名为系缚，或是名为灭坏，或是名为爱着义，或是名为妄觉念，或是名为趣入，或是名为决定，或是名为网，或是名为戏论，或是名为随行，或是名为颠倒根。

"诸佛子啊！在我们娑婆世界当中，所谓的苦灭圣谛，或是名为无诤，或是名为离尘，或是名为寂静，或是名为无相，或是名为无没，或是名为无自性，或是名为无障碍，或是名为灭，或是名为体真实，或是名为住自性。

"诸佛子啊！在我们娑婆世界当中，所谓的苦灭道圣谛，或是名为一乘，或是名为趣寂❼，或是名为导引，或是名为究竟无分别，或是名为平等，或是名为舍担，或是名为无所趣，或是名为随圣意，或是名为仙人行，或是名为十藏。

"诸佛子啊！在我们娑婆世界当中所宣说的四圣谛法门，有如上种种四百亿万种不同的名称，能让众生随着心念而得到教化调伏。

"诸佛子啊！娑婆世界所说的苦圣谛，在密训世界当中，或是名为营求根，或是名为不出离，或是名为系缚本，或是名为作所不应作，或是名为普斗净，或是名为分析悉无力❽，或是名为作所依，或是名为极苦，或是名为躁动，或是名为形状物❾。

"诸佛子啊！娑婆世界所说的苦集圣谛，在密训世界当中，或是名为顺生死，或是名为染着，或是名为烧然，或是名为流转，或是名为败坏根，或是名为续诸有，或是名为恶行，或是名为爱着，或是名为病源，或是名为分数❿。

"诸佛子啊！娑婆世界所说的苦灭圣谛，在密训世界当中，或是名为第一义，或是名为出离，或是名为可赞叹，或是名为安隐，或是名为善入处，或是名为调伏，或是名为一分❶，或是名为无罪，或是名为离贪，或是名为决定。

"诸佛子啊！娑婆世界所说的苦灭道圣谛，在密训世界当中，或是名为猛将，或是名为上行❷，或是名为超出，或是名为有方便，或是名为平等眼，或是名为离边，或是名为了悟，或是名为摄取，或是名为最胜眼，或是名为观方。

"诸佛子啊！在密训世界当中所说的四圣谛，有如上四百亿万种不同的名称，能让众生随着心念而得到教化调伏。

"诸佛子啊！娑婆世界所说的苦圣谛，在最胜世界当中，或是名为恐怖，或是名为分段，或是名为可厌恶，或是名为须承事，或是名为变异，或是名为招引怨，或是名为能欺夺，或是名为难共事，或是名为妄分别，或是名为有势力。

"诸佛子啊！娑婆世界所说的苦集圣谛，在最胜世界当中，或是名为败坏，或是名为痴根，或是名为大冤，或是名为利刃，或是名为灭味，或是名为仇对，或是名为非己物❸，或是名为恶导引，或是名为增黑暗，或是名为坏善利。

"诸佛子啊！娑婆世界所说的苦灭圣谛，在最胜世界当中，或是名为大义，或是名为饶益，或是名为义中义，或是名为无量，或是名为所应见，或是名为离分别，或是名为最上调伏，或是名为常平等，或是名为可同住，或是名为无为。

"诸佛子啊！娑婆世界所说的苦灭道圣谛，在最胜世界当中，或是名为能烧然，或是名为最上品，或是名为决定，或是名为无能破，或是名为深方便，或是名为出离，或是名为不下劣，或是名为通达，或是名为解脱性，或是名为能度脱。

"诸佛子啊！在最胜世界中所说的四圣谛，有如上四百亿万种不同的名称，能让众生随着心念而得到教化调伏。

"诸佛子啊！娑婆世界所说的苦圣谛，在离垢世界当中，或是名为悔恨，或是名为资待，或是名为展转，或是名为住城，或是名为一味，或是名为非法，或是名为居宅，或是名为妄着处，或是名为虚妄见，或是名为无有数。

"诸佛子啊！娑婆世界所说的苦集圣谛，在离垢世界当中，或是名为无实物，或是名为但有语，或是名为非洁白，或是名为生地，或是名为执取，或是名为鄙贱，或是名为增长，或是名为重担，或是名为能生，或是名为粗犷❹。

"诸佛子啊！娑婆世界所说的苦灭圣谛，在离垢世界当中，或是名为无等等，或是名为普除尽，或是名为离垢，或是名为最胜根，或是名为称会，或是名为无资待，或是名为灭惑，或是名为最上，或是名为毕竟，或是名为破印❺。

"诸佛子啊！娑婆世界所说的苦灭道圣谛，在离垢世界当中，或是名为坚固物，或是名为方便分，或是名为解脱本，或是名为本性实，或是名为不可毁，或是名为最清净，或是名为诸有边，或是名为受寄全，或是名为作究竟，或是名为净分别。

"诸佛子啊！在离垢世界当中所说的四圣谛，有如上四百亿万种不同的名称，能让众生随着心念而得到教化调伏。

"诸佛子啊！娑婆世界所说的苦圣谛，在丰溢世界当中，或是名为爱染处，或是名为险害根，或是名为有海分，或是名为积集成，或是名为差别根，或是名为增长，或是名为生灭，或是名为障碍，或是名为刀剑本，或是名为数所成。

"诸佛子啊！娑婆世界所说的苦集圣谛，在丰溢世界当中，或是名为可恶，或是名为名字，或是名为无尽，或是名为分数，或是名为不可爱，或是名为能攫噬，或是名为粗鄙物，或是名为爱着，或是名为器，或是名为动。

"诸佛子啊！娑婆世界所说的苦灭圣谛，在丰溢世界当中，或是名为相续断，或是名为开显，或是名为无文字，或是名为无所修❻，或是名为无所见，或是名为无所作，或是名为寂灭，或是名为已烧尽，或是名为舍重担，或是名为已除坏。

"诸佛子啊！娑婆世界所说的苦灭道圣谛，在丰溢世界当中，或是名为寂灭行，或是名为出离行，或是名为勤修证，或是名为安隐去，或是名为无量寿，或是名为善了知，或是名为究竟道，或是名为难修习，或是名为至彼岸，或是名为无能胜。

"诸佛子啊！在丰溢世界当中所说的四圣谛，有如上四百亿万种不同的名称，能让众生随着心念而得到教化调伏。

"诸佛子啊！娑婆世界所说的苦圣谛，在摄取世界当中，或是名为能劫夺，或是名为非善友，或是名为多恐怖，或是名为种种戏论，或是名为地狱性，或是名为非实义，或是名为贪欲担，或是名为深重根，或是名为随心转，或是名为根本空。

"诸佛子啊！娑婆世界所说的苦集圣谛，在摄取世界当中，或是名为贪着，或是名为恶成办，或是名为过恶，或是名为速疾，或是名为能执取，或是名为想，或是名为有果，或是名为无可说，或是名为无可取，或是名为流转。

"诸佛子啊！娑婆世界所说的苦灭圣谛，在摄取世界当中，或是名为不退转，或是名为离言说，或是名为无相状，或是名为可欣乐，或是名为坚固，或是名为上妙，或是名为离痴，或是名为灭尽，或是名为远恶，或是名为出离。

"诸佛子啊！娑婆世界所说的苦灭道圣谛，在摄取世界当中，或是名为离言，或是名为无净，或是名为教导，或是名为善回向，或是名为大善巧，或是名为差别方便，或是名为如虚空，或是名为寂静行，或是名为胜智，或是名为能了义。

"诸佛子啊！在摄取世界当中所说的四圣谛，有如上四百亿万种不同的名称，能让众生随着心念而得到教化调伏。

"诸佛子啊！娑婆世界所说的苦圣谛，在饶益世界当中，或是名为重担，或是名为不坚，或是名为如贼，或是名为老死，或是名为爱所成，或是名为流转，或是名为疲劳，或是名为恶相状，或是名为生长，或是名为利刃。

"诸佛子啊！娑婆世界所说的苦集圣谛，在饶益世界当中，或是名为败坏，或是名为浑浊，或是名为退失，或是名为无力，或是名为丧失，或是名为乖违，或是名为不和合，或是名为所作，或是名为取，或是名为意欲。

"诸佛子啊！娑婆世界所说的苦灭圣谛，在饶益世界当中，或是名为出狱，或是名为真实，或是名为离难，或是名为覆护，或是名为离恶，或是名为随顺，或是名为根本，或是名为舍因❶，或是名为无为，或是名为无相续。

"诸佛子啊！娑婆世界所说的苦灭道圣谛，在饶益世界当中，或是名为达无所有，或是名为一切印，或是名为三昧藏，或是名为得光明，或是名为不退法，或是名为能尽有，或是名为广大路，或是名为能调伏，或是名为安隐，或是名为不流转根。

"诸佛子啊！在饶益世界当中所说的四圣谛，有如上四百亿万种不同的名称，能让众生随着心念而得到教化调伏。

"诸佛子啊！娑婆世界所说的苦圣谛，在鲜少世界当中，或是名为险乐欲，或是名为系缚处，或是名为邪行，或是名为随受，或是名为无惭耻，或是名为贪欲根，或是名为恒河流，或是名为常破坏，或是名为炬火性，或是名为多忧恼。

"诸佛子啊！娑婆世界所说的苦集圣谛，在鲜少世界当中，或是名为广地❶，或是名为能趣，或是名为远慧，或是名为留难，或是名为恐怖，或是名为放逸，或是名为摄取，或是名为着处，或是名为宅主❶，或是名为连缚。

"诸佛子啊！娑婆世界所说的苦灭圣谛，在鲜少世界当中，或是名为充满，或是名为不死，或是名为无我，或是名为无自性，或是名为分别尽，或是名为安乐住，或是名为无限量，或是名为断流转，或是名为绝行处，或是名为不二。

"诸佛子啊！娑婆世界所说的苦灭道圣谛，在鲜少世界当中，或是名为大光明，或是名为演说海，或是名为简择义，或是名为和合法，或是名为离取着，或是名为断相续，或是名为广大路，或是名为平等因，或是名为净方便，或是名为最胜见。

"诸佛子啊！在鲜少世界中所说的四圣谛，有如上四百亿万种不同的名称，能让众生随着心念而得到教化调伏。

"诸佛子啊！娑婆世界所说的苦圣谛，在欢喜世界当中，或是名为流转，或是名为出生，或是名为失利，或是名为染着，或是名为重担，或是名为差别，或是名为内险，或是名为集会，或是名为恶舍宅，或是名为苦恼性。

"诸佛子啊！娑婆世界所说的苦集圣谛，在欢喜世界当中，或是名为地，或是名为方便，或是名为非时，或是名为非实法，或是名为无底，或是名为摄取，或是名为离戒，或是名为烦恼法，或是名为狭劣见，或是名为垢聚。

"诸佛子啊！娑婆世界所说的苦灭圣谛，在欢喜世界当中，或是名为破依止，或是名为不放逸，或是名为真实，或是名为平等，或是名为善净，或是名为无病，或是名为无曲，或是名为无相，或是名为自在，或是名为无生。

"诸佛子啊！娑婆世界所说的苦灭道圣谛，在欢喜世界当中，或是名为入胜界，或是名为断集，或是名为超等类，或是名为广大性，或是名为分别尽，或是名为神力道，或是名为众方便，或是名为正念行，或是名为常寂路，或是名为摄解脱。

"诸佛子啊！在欢喜世界中所说的四圣谛，有如上四百亿万种不同的名称，能让众生随着心念而得到教化调伏。

"诸佛子啊！娑婆世界所说的苦圣谛，在关钥世界当中，或是名为败坏相，或是名为如坏器，或是名为我所成，或是名为诸趣身，或是名为数流转，或是名为众恶门，或是名为性苦，或是名为可弃舍，或是名为无味，或是名为来去。

"诸佛子啊！娑婆世界所说的苦集圣谛，在关钥世界当中，或是名为行，或是名为愤毒，或是名为和合，或是名为受支，或是名为我心，或是名为杂毒，或是名为虚称，或是名为乖违，或是名为热恼，或是名为惊骇。

"诸佛子啊！娑婆世界所说的苦灭圣谛，在关钥世界当中，或是名为无积集，或是名为不可得，或是名为妙药，或是名为不可坏，或是名为无着，或是名为无量，或是名为广大，或是名为觉分，或是名为离染，或是名为无障碍。

"诸佛子啊！娑婆世界所说的苦灭道圣谛，在关钥世界当中，或是名为安隐行，或是名为离欲，或是名为究竟实，或是名为入义，或是名为性究竟，或是名为净现，或是名为摄念，或是名为趣解脱，或是名为救济，或是名为胜行。

"诸佛子啊！在关钥世界中所说的四圣谛，有如上四百亿万种不同的名称，能让众生随着心念而得到教化调伏。

"诸佛子啊！娑婆世界所说的苦圣谛，在振音世界当中，或是名为匿疵，或是名为世间，或是名为所依，或是名为傲慢，或是名为染着性，或是名为驶流，或是名为不可乐，或是名为覆藏，或是名为速灭，或是名为难调。

"诸佛子啊！娑婆世界所说的苦集圣谛，在振音世界当中，或是名为须制伏，或是名为心趣，或是名为能缚，或是名为随念起，或是名为至后边，或是名为共和合，或是名为分别，或是名为门，或是名为飘动，或是名为隐覆。

"诸佛子啊！娑婆世界所说的苦灭圣谛，在振音世界当中，或是名为无依处，或是名为不可取，或是名为转还，或是名为离净，或是名为小，或是名为大❷，或是名为善净，或是名为无尽，或是名为广博，或是名为无等价。

"诸佛子啊！娑婆世界所说的苦灭道圣谛，在振音世界当中，或是名为观察，或是名为能摧敌，或是名为了知印，或是名为能入性，或是名为难敌对，或是名为无限义，或是名为能入智，或是名为和合道，或是名为恒不动，或是名为殊胜义。

"诸佛子啊！在振音世界中所说的四圣谛，有如上四百亿万种不同的名称，能让众生随着心念而得到教化调伏。

　　"诸佛子啊！就如以上所说，在我们娑婆世界中所说的四圣谛，有四百亿万种不同的名称，同样的，在东方百千亿、无数、无量、无边、无等、不可数、不可称、不可思、不可量、不可说，尽法界、虚空界中的所有世界，也如同娑婆世界般，其每一世界中所说的四圣谛，都各有四百亿十千种不同的名称。这些名称能随着众生心念的不同，方便地使他们得到教化调伏。又同样的，南方、西方、北方，以及四维上下的世界，也都是如此。所以，十方世界的每一个世界中所宣说的苦圣谛，也都有百亿万种的不同名称，所宣说的集圣谛、灭圣谛、道圣谛，也都各有百亿万种的名称。这些名称都能随应众生的心意，方便地使他们得到教化调伏。"

【注释】

❼ 趣寂：为趣入寂静涅槃之意，即二乘行者。

❽ 分析苦的本质，终无实体的缘故。

❾ 有形之物皆是苦的缘故。

❿ 分数：分别惑染，其数无量。

⓫ 一分：寂灭之理平等无二、不可分，故称为一分。

⓬ 上行：指趣入最上灭谛之行。

⓭ 非己物：指自己的本性清净，而妄惑并非自己之物。

⓮ 粗犷：即粗恶。

⓯ 破印：以蜡印比喻五蕴（身心）相续不断，意指破除生死相续，永久不生。

⓰ 无所修：即修行已至究竟，更无可修的缘故。

⓱ 舍因：意指涅槃无因，其本体是果的缘故。

⓲ 广地：意指能生大苦之树，故称之。

⓳ 宅主：为火宅之主，即指无明。

⓴ 灭谛之理，小则无内，不容受任何一；大则无外，穷尽法界，故称为大或小。